U0906891

2021

最具公众影响力公共关系案例集

CHINA'S MOST INFLUENTIAL PUBLIC RELATIONS CASE STUDIES IN 2021

金旗奖编委会　编著

中国财富出版社有限公司

图书在版编目（CIP）数据

2021最具公众影响力公共关系案例集 / 金旗奖编委会编著 .— 北京 ：中国财富出版社有限公司，2022.4

ISBN 978-7-5047-7697-6

Ⅰ. ① 2… Ⅱ . ①金… Ⅲ . ①公共关系学—案例 Ⅳ . ① C912.31

中国版本图书馆 CIP 数据核字（2022）第 069132 号

策划编辑 李　如　　**责任编辑** 邢有涛　李　如　　**版权编辑** 李　洋
责任印制 梁　凡　　**责任校对** 卓闪闪　　**责任发行** 杨　江

出版发行 中国财富出版社有限公司
社　　址 北京市丰台区南四环西路 188 号 5 区 20 楼　　**邮政编码** 100070
电　　话 010-52227588 转 2098（发行部）　　010-52227588 转 321（总编室）
010-52227566（24 小时读者服务）　　010-52227588 转 305（质检部）
网　　址 http ：//www.cfpress.com.cn　　**排　　版** 宝蕾元
经　　销 新华书店　　**印　　刷** 宝蕾元仁浩（天津）印刷有限公司
书　　号 ISBN 978-7-5047-7697-6/C・0240
开　　本 787mm × 1092mm　1/16　　**版　　次** 2022 年 8 月第 1 版
印　　张 37　　**印　　次** 2022 年 8 月第 1 次印刷
字　　数 785 千字　　**定　　价** 128.00 元

本书编委会

主　　编：银小冬

编审委员会（按姓氏音序排列）：

陈先红　程曼丽　傅　悦　李国威　商　容
杨美虹

编　　委（按姓氏音序排列）：

陈小桃　陈永东　郭为文　何春晖　胡绪雷
黄玲忆　霍　静　匡冀南　李　玲　李志军
刘　畅　隆伟利　彭焕萍　邵松岩　孙瑞祥
汪　珺　王　兵　王　呈　王洪波　王晓晖
魏家东　吴　磊　星　亮　闫　浩　杨　晨
杨　苓　杨智予　姚利权　殷　俊　于　剑
袁　凌　岳　慧　张洪伟　张　辉　张景云
张　宁　郑　威　朱立阳　朱瞻宇　左　跃

前　言 | PREFACE

品牌向上助力企业可持续增长

“向上”是2021年的关键词，政治、经济、社会等各个领域都涌动着一股向上的热潮。这一年，中国航天取得重大突破；这一年，中国奥运健儿决胜东京奥运会；这一年，各种新业态不断涌现，新消费浪潮席卷全国……

我们认为，打造向上品牌是新时代企业的必然选择。助力企业打造向上品牌是2021金旗奖的重要使命。

2020年我们联合中国传媒大学广告学院发布了《后疫情时代向上品牌指数测评研究报告》。我们看到企业对社会的引领价值，看到在危难时刻企业对于社会的帮助和支撑作用。我们发现越来越多的企业在谈品牌向上。在和很多品牌管理者的沟通中，我能够强烈感觉到他们对这个概念的认同，甚至很多企业已经超越预期，成为行业典范。

为什么这个时代会有越来越多的企业谈到品牌向上呢？

全球企业发展到今天，尤其对于中国企业来说，在物质极度丰富的当下，企业的价值已不仅是生产更多更好的产品以满足人们的需求，还有与消费者结成价值共同体和利益共同体，把品牌价值观贯穿在企业每一个品牌行为当中，体现一个品牌对于社会的引领。

我们看到，注重打造向上品牌的企业，业绩往往远超同行业的平均值。它们中的不少是上市公司，并且经年累月地持续履行自己的社会责任。它们不断创新，自我颠覆，在激烈的竞争中获得商业成功的同时，坚持倡导和输出有价值的产品和企业文化。另外，它们都有全球化的格局和视野，它们所比肩的已经不再是某个区域内的第一、某个行业内的第一，它们要做的是全球的第一，甚至将引领全人类在某个领域里的突破作为企业自身的使命。

由此我们认为，向上品牌应该具有四个特征：增长、责任、创新、全球视野。

一个向上的品牌必须要有良性的增长业绩，保持盈利是企业创造社会价值的基础，这种增长一定是可持续的增长，是建立在对人类、环境、世界友好的基础之上，同时为品牌建立持续价值的，不是依靠过度营销，不是依靠资本吹大，不是创造一个“只会赚钱的企业”，而是建设一个把产品做深、文化做透、自身做强的有价值的企业。

向上品牌是在消费者心目中具有良好的企业社会责任形象的品牌，这些品牌能够将责任意识融入企业基因，实现从践行责任到创造价值。

向上品牌是拥有能够引领人类向上发展的创新力的品牌，它们是坚持自我、绝不跟随、用科技引领人类社会不断向前发展的品牌。

正是人类的不断创新推动着社会向前发展，向上品牌应该具备这种不断创新的精神。同时，创新是国家硬实力的展现，中国的航天技术、高铁技术，短短几十年，让中国在世界上成为翘楚，这种创新同样可以引领企业向上。

向上品牌还需要具有全球视野，是面向未来的品牌。

全球联合抗疫再一次彰显了人类社会安危相依、命运与共的根本属性，逆全球化是暂时的，全球化一定是趋势，任何高新技术要想对全人类有价值、有意义，就必须跨越一切的阻碍和壁垒去寻求最广泛的人类需求，去开辟最大规模的消费市场。

人类的开放协作达到空前的程度，全人类的财富总量和生活水平在这个进程中也都加速增长和提高。从世界文明的视域看，向上是促进人类进步的强大精神力量。历史证明，越是危难时刻、苦难关头，越是需要这种力量。

倡导向上影响力，助力企业打造向上品牌，也是金旗奖从2020年开始，直至未来重要的使命。我们希望能用向上品牌去定义那些具有责任感、为社会创造贡献的企业品牌。它们不只追求商业利益，更在推动社会进步中扮演重要角色；它们用向上价值观构建品牌力量，推动企业永续增长；它们代表这个时代真正的商业文明。

让我们共同向上，在追求向上的征途中携手更多的同行者和同路人。

银小冬
金旗奖组委会主席　17PR（公共关系网）创始人

目　录 | CONTENTS

2021 最具公众影响力企业公关传播大奖 / 121

2021 最具公众影响力市场公关活动大奖 / 189

2021 最具公众影响力实效营销大奖 / 313

2021 最具公众影响力娱乐营销大奖 / 341

2021 最具公众影响力电视剧推广案例大奖 / 355

2021 最具公众影响力短视频营销大奖 / 367

2021 最具公众影响力品牌TVC大奖 / 385

2021 最具公众影响力社交媒体运营营销大奖 / 399

2021 最具公众影响力社交媒体战役营销大奖 / 413

2021最具公众影响力
全场大奖

#奥运冠军终身免费玩欢乐谷#微博热搜话题营销

执行时间：2021年8月6日—7日

企业名称：深圳华侨城股份有限公司

品牌名称：欢乐谷

代理公司：上海哲基数字科技有限公司

获奖类别：金旗奖——2021最具公众影响力全场大奖

项目概述

14岁中国小将全红婵在东京奥运会强势摘金后表达了想去游乐园的愿望，一时间，华侨城、长隆、方特等不少文旅企业纷纷发声，邀请奥运冠军全红婵及其家人队友们来打卡，开启了一场旅游企业“团宠”奥运健儿的大型行动。

欢乐谷迅速决策，面向奥运冠军提供终身年卡，并向获得奖牌的选手及教练提供优惠政策。通过一场“短平快”的社交媒体活动，欢乐谷高站位切入此轮致敬奥运健儿的大型行动，从众多品牌中脱颖而出，展示了欢乐谷的品牌特质、品牌价值和品牌温度，广泛吸引用户参与话题讨论，打造爆款社会化营销案例。

项目调研

（1）网络平台舆论环境积极正向。由于东京奥运会没有线下观赛，所有的关注都聚焦在媒体平台上。

奥运赛场上积极拼搏的运动健儿极大鼓舞了国人，吸引了奥运会期间微博的巨大流量。

因此东京奥运会是品牌打造社交话题的重要时间窗口：一套新的偶像标准已经初具雏形，刻苦训练、积极向上的体育健儿代表了一种社会提倡、国人期待的价值观方向。品牌以奥运为切入点，激励、回馈奥运健儿，是非常恰当的且应立刻付诸行动。

（2）多个品牌已经行动，实现差异化成为挑战。8月5日下午，主题公园品牌长隆展开行动，宣布邀请全红婵及中国游泳队前往游玩，并赠送年卡。8月5日晚，#广州长隆给跳水队送年卡#话题短暂登上微博热搜榜。华侨城集团带领包括欢乐海岸、甘坑客家小镇、欢乐田园、古劳水乡等众多品牌齐发声。8月5日晚，新浪广东通过微博发起#广东人民推荐全红婵去哪玩#话题，再一次将网友的热情推向高峰。

在这样的背景下，欢乐谷仅依靠前期发出的邀请，是不足以从众多品牌中脱颖而出的，如何设计一个全新话题，打造爆款案例，成为品牌方面临的重要课题。

项目策划

1.传播策略

在众多品牌致敬奥运健儿的大环境下，欢乐谷需要站上新高度，思考话题设计，并从策略上体现差异。

2.内容创意

首先，是华侨城品牌的高维路径。

上海哲基数字科技有限公司深圳分公司是华侨城集团与欢乐谷的品牌公关全案年服务商，因此8月5日晚分别与两家紧急召开会议，鉴于华侨城集团母公司的定位，以及遍布全国的多元复合业态，建议由华侨城集团战略性放弃流量，充分发挥中央企业（简称央企）的高站位和高格局，主动升维，聚焦#国家队宠国家队#话题，设计互动玩法，广泛邀请各央企兄弟单位微博联动，在共同庆贺奥运健儿取得佳绩的同时，将企业的发展成就融入其中，展示国家队实力与国家荣誉，同欢乐谷的市场化营销手段拉开区隔、留足空间。

其次，是欢乐谷品牌的议题设置。

项目组摒弃传统的企业蹭热点逻辑，从“议题设置+传播管理”的角度进行内容再造。以“公众性+争议性”为审视原则，项目组将最初设定的话题#欢乐谷向奥运健儿致敬#调整为副话题，重新设置#奥运冠军终身免费玩欢乐谷#为主话题。

公众性：比起欢乐谷要做什么，网民更关心的是奥运冠军，因此在话题设计上，项目组将主体位置留给奥运冠军，并主动将欢乐谷“降格”为一种场所性表达，即在此话题中，欢乐谷不以品牌的身份出现，这样的“降格”表达实现了一个具有新闻性、满足公众期待的话题。

争议性：由于微博话题的字数限制，必须决定话题词是锁定在“奥运冠军”还是“奥运健儿”。有赖于前期设计的#欢乐谷向奥运健儿致敬#的副话题，项目组最终决定主话题只保留“奥运冠军”。多数情况下，网民热情和急切的表达会超过冷静克制的阅读，因而话题在设计时，充分考虑了“良性讨论”的纳入：是否只有冠军值得最高礼遇？

通过议题设置项目组预设了三类互动受众：第一类为“吃瓜”网友，只是看热闹，不会发表意见；第二类为“叫好”网友，为欢乐谷品牌的正能量鼓掌；第三类为“质疑”网友，认为亚军、季军甚至是遗憾未得奖牌的选手，都值得尊敬。

“叫好”网友和“质疑”网友之间，将会围绕“是否应该唯成绩论”展开多轮讨论与互动，这本质上是一次由欢乐谷主动发起的积极讨论，无论哪种观点，都有充足的出发点和论据，讨论也是源于对奥运冠军的尊重和喜爱。议题由此真正进入公共舆论场，发酵出更多内容。

项目执行

（1）传播内容：“1张卡面设计+1条官宣微博”构成本项目所有传播物料，以“短平快”的方式推进。

奥运冠军终身年卡卡面设计

（2）华侨城集团高维话题互动：8月6日，由华侨城集团官方微博发起并@各央企官博，添加#国家队宠国家队#统一话题，将各央企的发展成就与游乐园的环境氛围做创意贴靠，为各央企展示成果打开空间；各央企官博收到华侨城集团的@后，转评回应，其中中国核电、南方电网、中国船舶、中国电子等众多国有企业积极参与。

（3）欢乐谷热搜话题打造：8月6日8：00，品牌官微正式发布消息，并创建话题#奥

运冠军终身免费玩欢乐谷#，新浪广东、凤凰网体育、网易体育等众多机构类大号，以及各领域微博达人纷纷加入话题传播，并带领微博网友热烈讨论。

#奥运冠军终身免费玩欢乐谷#于8月6日22：49登上全国热搜榜，23：10全国搜索量迅速上升进入第二个高峰值，直至23：55达到顶峰。

最终，主话题#奥运冠军终身免费玩欢乐谷#阅读量超3.5亿次，讨论量超3.8万次，登上热搜榜第一。副话题#欢乐谷向奥运健儿致敬#阅读量超728万次，讨论量超3000次。

话题最终成功登上热搜榜第一

项目评估

微博平台：双话题累计超3.6亿次阅读，4万次讨论。8月6日微博热搜榜前50在榜时间超10.5小时，占据全国热搜第一时间长达2.5小时。

资讯平台：在未发布任何新闻稿件的情况下，获得百度、今日头条等资讯平台的主动关注和报道，累计新增超600万条搜索结果。

视频平台：在未主动生产任何视频的情况下，新浪视频、抖音、快手等短视频平台及各大机构媒体和自媒体自发制作视频报道，累计实现视频播放超1500万次。

问答社区：知乎、虎扑等社区平台，亦实现网友自发创建话题及讨论，相关深度发帖内容近300条，总浏览量超155万人次。

全平台累计实现曝光总量近4亿次。

本活动具有以下亮点。

（1）以“1张卡面设计+1条官宣微博”，撬动近4亿次曝光。全程品牌官方放出物料仅为“一张图片+一段微博官宣信息”，通过有效议题设置激发公众参与讨论热情，并吸引机构媒体、自媒体、大V（微博上活跃，有着大群粉丝的用户）、KOL（关键意见领袖）的主动报道和传播，参与者自发为品牌创作了海量的资讯稿件、评论文章、视频新闻等。

（2）以40万元预算，实现全国热搜榜第一。此次社交媒体战役，项目组基于对议题设置的充分信心，未选择采买微博商业热搜点位资源，仅依靠部分微博KOL参与，并在过程中引导网友正向积极讨论，成功以低成本实现了热搜榜第一。

（3）以一场社交营销战役，推动股价上涨。8月6日晚微博热搜榜第一为欢乐谷所属的上市公司“华侨城A”的股市表现带来了极大的助力。8月6日—7日，华侨城A收获两个“涨停”，虽然周末股市并未开市，但这股热情依然持续到了8月9日（周一），直接推动股价上涨5.8%。

（4）从开始策划到登顶，27小时实现目标。由于事件新闻性转瞬即逝，留给执行团队的时间异常紧张，整场营销活动于8月5日20：00正式拉开序幕，经与华侨城集团和欢乐谷的快速会议和灵活决策，至8月6日22：49登顶热搜榜，全程只用约27小时，成功帮助欢乐谷在这轮热点中脱颖而出。

（5）话题吸引受众广泛，讨论热烈活泼。本次活动中，话题更是吸引了前奥运冠军冯喆的参与，并与网友形成了有趣的互动。

亲历者说 周浩宇　上海哲基数字科技有限公司深圳分公司总经理

品牌在面对热点时，对参与哪些热点、以何种角度参与，往往会陷入迷茫，在流量营销占据主流的今天，KPI（关键绩效指标）让品牌背负了巨大的流量焦虑。而品牌只有做出智慧的抉择，才能带来真正有意义、有价值的传播行动。

以欢乐谷国民级主题公园品牌的定位，参与这个国民级的热议话题，是应有之义。但与此同时，品牌不可喧宾夺主，应当考虑设计的话题，是否能为受众带来价值、带去思考。

回溯这轮营销，欢乐谷对我们的尊重与认可，决定了我们能够以“公众性+争议性”原则，在倡导积极正能量的前提下，开展议题设置。

而执行过程中，面对流程、预算、资源等平时需耗费一定时间才能推进的事项，欢乐谷给予了我们充分授权，在先解决有没有、再解决好不好的共同认知下，不纠缠细节，把内容创造空间交给广大网友，最终在约短短的27小时超额实现目标。

因此，这场营销战役，不仅仅是欢乐谷品牌的成绩，也不仅仅是我们团队倾力打造的爆款案例，更是品牌人、营销人“策略优先、尊重常识”的一次成功携手。

案例点评

点评专家：星亮　暨南大学新闻与传播学院广告学系教授、博士研究生导师

“长这么大从来没去过游乐园和动物园，比赛结束后最想做的事情就是去游乐园抓娃娃。”东京奥运会“无水花”跳水冠军全红婵的这句奶声奶气的大实话，重击了多少人的心？项目组为欢乐谷筹划的这场社交营销，为游乐界掀起“团宠”热潮，不仅满足了全红婵的心愿，更顺遂了国人的心意。尚未出场已然大热，注定要引爆全网热潮，实施效果何止最好？这样一个案例，拿到全场大奖，毫无意外！

腾讯医典康康短视频运营①

执行时间：2020年7月1日
企业名称：腾讯科技（深圳）有限公司
品牌名称：腾讯医典
代理公司：北京锐易纵横文化传播有限公司
获奖类别：金旗奖——2021最具公众影响力全场大奖

项目概述

两性一直是被人们关注的话题，但网络上很多不良内容的泛滥，造成人们对性闭口不谈，从而也造成了人们性知识的缺乏。腾讯医典康康以两性作为栏目的主题制作短视频内容，初衷在于改变人们“谈性色变”的现状，向大众科普两性知识和传递健康积极的两性关系价值观。从品牌角度，该项目旨在提高腾讯医典在整个短视频平台的知名度，特别是在两性知识教育中做出重要的品牌示范。这是整个腾讯医典矩阵扩张的重要一环。

腾讯医典康康短视频

① 本文中所涉及的照片，腾讯科技（深圳）有限公司均已得到被拍摄者的使用许可。

项目策划

1.调研

随着社会的发展，两性话题其实被越来越多的人所接纳，但现在的性教育依旧有待完善，要让所有人了解并知道什么是“性”，什么是发生“性关系”，什么是“性安全”。这些知识都有必要开诚布公告诉大众，而不是生物老师讲到“你为什么来到这个世界”“妈妈和爸爸的卵子和精子结合”，引来学生们的羞涩和哄笑。教育孩子直面并正视性知识不是玩笑话。栏目以此为核心将两性知识融入日常生活，满足日常生活中用户对两性知识的迫切需求，同时向社会传递正确的两性价值观。

2.目标

改变人们“谈性色变”的态度，向受众传递正确的两性知识，同时提升腾讯医典在整个短视频平台的知名度，特别是在两性知识教育中的重要的示范作用。这是整个腾讯医典矩阵扩张和推广的重要一环。

3.策略

（1）内容：始终以实用的被大众广泛需要的两性知识为出发点。

（2）形式：以幽默搞笑风格来科普两性知识。

（3）情感：以剧情作为铺垫，展现小情侣日常遇到的那些“性”问题，与此同时融入男女在日常交往中情感和价值观上的冲突，以此引起受众的共鸣。

（4）创新：不仅关注年轻人喜爱的娱乐话题，还关注大众所关心的社会话题。结合栏目的风格和调性，展现新的玩法，迎合受众喜好和需求。

4.受众

16～32岁，需要了解和学习两性知识的广大男女，并着重关注一大批在生活中遇到两性问题的年轻男女。

5.内容创意

（1）两性并不羞耻。两性与日常生活并不分离，只有将两性话题融入生活，两性教育才能真正被推广，腾讯医典康康就是把两性话题融入日常生活中，让两性话题不再被“神秘化”。

（2）性教育其实可以很有趣。两性教育的方式可以很多样，两性知识的学习并不一定通过学校里男女生分开上的生理课，也不一定通过网上长篇大论的性知识讲座。腾讯医典康康以两性话题为主题，用幽默的表现形式衍生出生理知识和性别认知等相关内容，逗趣的科普小剧场背后是对医学的科学认知。不把“性”作为噱头打擦边球，它所讲述的正是学校生理课缺失的内容。在讲到一些比较敏感的内容时，其还会使用最新的“网络梗”，让内容更加贴近年轻群体。内容搞笑、接地气，同时不失专业性。

栏目形式："剧情＋科普"，"逗趣情侣日常开车趣事＋鬼马医生突如其来的科普＋意想不到的结局反转"，让视频更有看点。比如：女生可能正在做春梦，被一旁的男友和鬼马医生听见，于是鬼马医生对男生进行了一系列关于春梦的科普，可事实却是女生梦见了大油条，而不是所谓的春梦。

栏目人设："鬼马医生＋逗趣情侣"的组合被粉丝亲切称为"一家三口"。

（3）传递正确的价值观。除了两性知识，栏目还会通过对热点事件和热门话题的讨论，输出健康正向的理念，倡导两性交往中正确的价值观，打破传统思想对年轻人自由恋爱的禁锢和对特殊性别取向人群的刻板印象。

项目执行

1.栏目制作

（1）前期选题策划：选用备受关注的热点话题和能引起共鸣的关于两性的话题作为选题。

（2）脚本创作：日常男女情感话题和网络热点相结合，创作脚本。

（3）视频拍摄：导演现场把控，结合演员表演将文字脚本通过镜头语言可视化。

2.栏目上线

内部渠道（微信视频号、企鹅号、看一看＋、微视）和外部渠道（抖音、快手、小红书、哔哩哔哩、央视频、微博、全民小视频）同步投放。以微信视频号为主的内部渠道和以抖音、快手为主的外部渠道同步投放，发布平台达到11个。

3.栏目推广运营

（1）通过社群的形式对内容进行宣传和推广，在以视频号为主的内部渠道中达到了单条最高500百万次播放的效果。

（2）通过流量推广、参与网上热点话题、创建关于两性的话题，在快手等平台打造出了关于两性的大V号。

项目评估

截至2021年8月，腾讯医典康康相关视频全网总播放15亿次，粉丝总量为280万个，制作集数为400多期。短视频平台发布400多条视频，内容包括两性相处、性生活安全、两性心理健康、两性生理常识等。

在抖音、快手、小红书、哔哩哔哩、央视频、微博、全民小视频上，账号粉丝达200

万人，其中快手平台粉丝达120万人，每月播放2000万人，最高单条播放1000万次，最高点赞达100万次。视频还同步到腾讯系内部渠道，如微信视频号、企鹅号、看一看+、微视，这些渠道的总粉丝达60万人，每月播放达2000多万次。

栏目获得粉丝热烈反响，腾讯医典康康在全网平台收获了大量粉丝，发布的内容引起粉丝大量讨论和反馈。粉丝会自觉在粉丝群内部做两性健康知识问答。为感谢粉丝对栏目的支持，栏目专门拍摄制作了一周年特辑，并为粉丝准备了玩偶、月卡以及演员亲笔签名和感谢信等礼物，获得了广大粉丝的祝福。栏目更获得了平台荣誉，腾讯医典康康2020年在快手平台被评选为“快健康·综合实力机构”。

亲历者说 **王熙尧　北京锐易纵横文化传播有限公司资深短视频编导**

在这个短视频百家争鸣、遍地开花的时代，医疗科普貌似以一种“另类”的身份在夹缝中游弋，一方面医疗科普本身极具科学性与严谨性，趣味性稍弱；另一方面不懂如何将医疗科普内容与短视频表达结合，形成一个友好的输出形态，再加上两性科普题材自带敏感性，如何将两者有效结合？

树立健康两性观，突破两性羞耻壁垒。

“诙谐”成了其中最好的调味剂，科普两性知识的第一点就是要正视两性，我们通过无厘头的戏剧包装，让“羞于表达”变成“诙谐段子”，让“虎狼之词”变成“流行热梗”，降低观看门槛，提升用户互动。

观众们能会心一笑地观看完一支视频，也许这就是我们在两性科普道路上迈出的一小步。

案例点评

点评专家：李国威　北京闻远达诚管理咨询创始人

两性话题传播是一把双刃剑，腾讯医典康康短视频运营准确把握了正向价值观，在平常人们羞于启齿的内容上处理得当，以趣味性获得关注和讨论，且不会触犯公众敏感神经，实现了寓教于乐的理想传播状态，体现了对舆论、公众心理、娱乐、幽默等众多维度的准确把握，值得业界参考学习。

“ZIPPO × 东来也”年货节电商营销

执行时间： 2020年12月21日—2021年1月31日

企业名称： 之宝（中国）户外产品有限公司

品牌名称： ZIPPO（之宝）

代理公司： 上海百秋电子商务有限公司

获奖类别： 金旗奖——2021最具公众影响力全场大奖

项目概述

自品牌诞生以来，近90年的发展历程中，IP（知识产权）合作是ZIPPO建立品牌知名度主要的营销方式和方法之一。因此，在2021年年货节期间，ZIPPO携手东来也，为中国潮流年轻人准备了一份别样的“新年礼物”。

“ZIPPO ×东来也”年货节电商营销是传统品类在新消费格局和后疫情时代下再次焕新的经典案例，也是品牌站内外全域营销模式的一次成功尝试。活动联名国潮IP设计，洞察年轻人春节期间的消费心理，让广告投入价值最大化，并为品牌的后续活动持续性提供优质建议，是一次极富创造力和执行力的电商营销活动。

项目策划

1.调研和课题

（1）“需则需之”：在后疫情时代，消费结构发生变化，非刚需产品销量走低，对ZIPPO打火机的销售有所影响。

（2）“拒绝伪国潮”：年轻人对国潮的定义并不是简单在产品上增添中国元素，而是对于中国文化的认可和理解。

（3）"春节送礼太传统"：全民电商时代，年货采购更加便捷，年轻人开始头痛如何给父辈送出"新意"。

（4）"品效合一思维"：越来越多的广告主希望广告效果被看见，营销推广在提升品牌声量的同时，也要兼顾以电商平台投资回报率为导向，最大化实现品效合一。

2.目标和策略

（1）人：转变消费者对ZIPPO的传统品牌认知，基于品牌新主张"We Inspire·一起燃"，在营销活动中，通过每一支打火机的"内在故事"，向"95后"年轻人传递全新的品牌精神。

（2）货：生动化产品故事。本次产品的设计来源，是与国潮IP东来也的联合碰撞。将年轻人对传统文化的喜爱和传承，与时下年轻生活中的态度表达相结合，形成带有美好寓意与国潮美学的全新产品故事。在整个创意过程中，挖掘国潮IP的文化价值并传达ZIPPO的品牌灵感，是创意策略中的两个关键要素。

（3）场：营销战场在春节，要让ZIPPO成为春节送礼清单中的一员。通过BGC/PGC/UGC①三种形式的短视频内容，传递产品在春节期间的寓意及品牌主张，满足"年轻人送礼送新鲜"的需求。

（4）品：源自对产品使用场景的挖掘和重塑。

（5）效：源自24×7的精细化投放运营及极致的数据追踪，实现"素材断舍离"。

3.创意和数据

（1）好的营销主题创意，要简洁有力，也要言之有理。营销主题"BUFF②到家"解读如下：后疫情时代，人们对家乡的思念更为迫切，"回家"的意愿变得更强；ZIPPO品牌强调鼓励年轻人；东来也强调为中国祈福文化"加BUFF"；而春节又是一个互相赠送祝福的时节，人/货/场都为了某个事物"添加增益"；春节送礼，自然是亲自送到家的。

因此，"BUFF到家"击中了春节期间大众的心，也诠释了品牌方、IP方及目标人群"祈求增益加持"的初心，让大众都能感受到"BUFF到家"的温暖。

（2）存量时代，想要有优质的内容设计规划，先要做好市场细分。结合设计和人群需求，对每款产品赋予不同的含义。针对喜欢春节麻将局的丈人，安排女婿送给他代表"发财"的产品。针对喜欢春节娱乐局的男生，安排女友送给他代表"五杀"的产品。针对希望工作顺利的职场人，送给他们代表"奥利给"的产品。

---

① BGC是品牌生产内容；PGC是专业生产内容；UGC是用户生产内容。

② BUFF：游戏用语，网络流行词。原意为增益，在游戏中通常指能增强角色自身能力的"魔法"或"效果"。

宣传海报

（3）内容矩阵的搭建，能提供多维度的消费者洞察数据样本。BGC：以产品展示为核心的TVC（电视广告片）。PGC：以场景营造为核心的达人短视频。UGC：以产品介绍为核心的口播短视频。

（4）设定分阶段投放计划和媒介素材投放A/B测试，为电商渠道成交爆发做铺垫。产品普测：以UGC口播短视频在泛人群中进行投放，快速筛选大众心中的优质款。产品聚焦：对已测试产品建立排序梯队，表现优异产品，给予更多资源，包含邀请达人录制短视频、调整品牌TVC露出顺序，并扩容和优化投放人群包。集中发力：针对优异产品，同步释放BGC/PGC/UGC，同时持续优化人群包，让优质内容遇到优质人群，提高从站外平台至站内平台的转化率和成交率。

项目执行

实时监控：每日定时检测社交媒体互动传播情况，站外媒体至电商平台的跳转情况及电商平台后链路转化情况。

实时反馈：每日与上下游平台和执行人员开数据分析会议，总结数据优劣势，并讨论次日行动点。

信息共享：各端口充分理解每日、每周及阶段周期内的营销目标。

项目评估

（1）品。执行期间，“过年送礼”“新年送礼”关键词登上小红书搜索Top10。小红书互动区涌现大量优质正向产品讨论内容及相关评论。

（2）效。站外平台投放千人曝光成本下降，曝光量对应提升。站内店铺“入店引流单价”下降71%，进店客流提升。在站外媒体投放渠道中，当日直接成交投资回报率接近1。结合已有促销数据，保守投资回报率为1.3。

亲历者说 张涛　之宝（中国）户外产品有限公司大中华区销售总监

春节是一个非常具有中国特色且每个品牌开年必争的营销节点。ZIPPO作为一个始终保持年轻活力的品牌，以“We Inspire· 一起燃”作为品牌主张，精心设计和宣传每一支打火机的内在故事，以更好地燃起“95后”的热情，建立品牌忠诚度。2021年的春节，我们联合国潮IP东来也推出春节系列产品，采用年轻人喜欢的设计、故事和营销方式，让ZIPPO打火机成为年轻人新年送礼清单上的新成员。并且我们在执行期间，搭建全域营销链路，合理运用“人货场”矩阵，精准直击和聚拢核心消费者，实现品效合一。

案例点评

点评专家：胡绪雷　首汽约车副总裁

ZIPPO作为全球知名打火机品牌，与国内知名网红IP结合，结合国潮联名打造经典。打火机除了用来点火，也可用来秀技能、收藏、送礼，虽然看起来都很“不务正业”，但实际上ZIPPO这个案例以一种轻松有趣的方式，把产品卖点植入消费者心智，并扩大受众边界至该产品传统市场之外，产品价值已然超越打火机的使用价值本身，独特的营销视角使其跳出平庸，值得借鉴。

B站×中科院公众科学日social传播

执行时间：2021年5月22日—24日
企业名称：上海哔哩哔哩科技有限公司
品牌名称：哔哩哔哩（bilibili，简称B站）
代理公司：北京众行互动数字文化传媒有限公司
获奖类别：金旗奖——2021最具公众影响力全场大奖

项目概述

中国科学院（简称中科院）第十七届公众科学日于5月22日至24日举行。2021年，B站与中科院进行三部分合作：第一，22日，在中科院物理所搭建主题为“科学很可爱”的B站线下品牌展台；第二，22日至23日两天直播，22日B站UP主（上传者）参观实验室、23日中科院在B站直播间亮相，展示科研成果；第三，24日，开展知识科普青年群像传播。项目希望借中科院背书与公众科学日势能，加强B站科学内容品类的大众认知。

项目策划

1.内容创意

（1）线下展台直播：B站展区以“哔哩哔哩无限科技公司”概念，吸引约4000人深度体验。外场应用“哔哩哔哩无限科技公司”概念，打造哔哩哔哩科学充电站；内场设计分区域全方位展示知识区内容，以极客手工、虚拟互动为核心内容。

（2）中科院盲盒直播：以闯关打卡的游戏互动形式串联整体内容。现场邀请小艾大叔、才疏学浅的才浅、极客匠等7位UP主围绕“科学很可爱”的主题在直播中利用答题互动向

公众科普科学知识和站内文化。

（3）邀请UP主创作“中科院博士中二图鉴”混剪视频，一系列中科院机构在B站的有趣、可爱科普素材，和中科院在大众印象中的严肃形象、距离感形成强反差。

（4）邀请鬼谷藏龙与重磅嘉宾共同直播，同时打造#网友做一支视频查阅30篇文献#新闻事件，放大鬼谷藏龙用科研精神做视频的传播点，推广以其为代表的科普类UP主。

（5）知识科普青年群像打造，邀请垂直领域博主卢诗翰等人以真情实感“安利”站内科普群像，实现从科普领域到泛知识领域的破圈。

2.媒介策略

（1）站内活动页中宣传线下展台直播活动及中科院盲盒直播活动。

（2）邀请新华社、中央电视台（简称央视）、《人民日报》、《科技日报》、钛媒体等20余家媒体现场参与。

（3）微博成为本项目的宣传主阵地，联动新闻类、知识类、科普类、泛娱乐类KOL，投放内容以B站线下展台相关物料、UP主芳斯塔芙外宣物料、“中科院博士中二图鉴”混剪视频、知识科普青年群像打造等为主，扩大B站科学内容品类的大众认知。

（4）微信公众号共约稿6篇优质内容，首次在中科院项目中尝试条漫和播客形式。

（5）在短视频平台如抖音投放“中科院博士中二图鉴”混剪视频，使中科院机构在B站形成形象反差，更加接地气。

（6）在分享属性较强的豆瓣论坛投放相关帖子，预告直播内容。

（7）以“专业科普”作为传播抓手，在虎扑投放鬼谷藏龙与重磅嘉宾的直播预告帖。

（8）社群投放：覆盖科技、商业、媒体、互联网领域社群超13万人。

3.传播策划

围绕传播主题“科学很可爱”，从B站线下展台和B站科学科普生态两个大方向进行传播。

（1）B站线下展台以屡次登上热搜的UP主自制三星堆黄金面具的展出为主要传播抓手，打造#中科院展出网友自制黄金面具#新闻事件，铺设B站展台及活动现场图，登上同城榜热搜。

（2）以中科院投放在B站的科普视频为抓手，选择大众感兴趣的话题打造中科院反差向话题#中科院博士论证天下有情人终将分手# #中科院博士中二图鉴##网友做一支视频查阅30篇文献#。

（3）打造知识科普青年群像，利用垂直领域博主的深度长文实现破圈。

（4）借用嘉宾在豆瓣和虎扑的热度进行对外宣传，扩大影响力。

项目执行

5月22日，在中科院物理所搭建主题为“科学很可爱”的B站线下品牌展台。邀20余家媒体现场参与活动，进行#中科院展出网友自制黄金面具#新闻事件传播。

5月22日，B站“中科院博士中二图鉴”混剪视频上线，在微博进行相关传播。

5月23日，中科院盲盒直播，鬼谷藏龙个人向话题传播。

5月24日，知识科普青年群像传播。

项目评估

在当时极其不利于项目传播的气氛下，微博话题总阅读量达1.3亿次，互动13万人次，北京同城榜热搜第一，并获热搜推荐位；央视对B站展台进行报道。自制混剪视频总播放量700 万次，获当日站内热门。知识青年群像单篇安利长微博获9个圈层共24位KOL自主转发，实现了从科普领域到泛知识领域的破圈。

B站展区以“哔哩哔哩无限科技公司”概念，吸引约4000人深度体验。相关传播话题持续在榜16小时，并被收录进微博热搜推荐位，引来《光明日报》转发。邀约新华社、央视、《人民日报》、《科技日报》、钛媒体等20余家媒体现场参与活动，其中新华社发布2篇稿件，央视《朝闻天下》节目对活动进行了新闻报道。

站内专题页总浏览量达185 万人次，B站首次与中科院实现官方规模性合作，入驻认证且开播的院所达42所（2020年是4所），站内科学机构供给能力大大提升。线上直播实际数据超过预期，直播间播放量累计260 万次以上（预期为100万次）；直播间总互动弹幕数约15 万条；当日开播账号“二次元的中科院物理所”PCU① 4242人，“中科院格致论道讲坛”PCU 7601人，较往年数据均有上涨。

“中科院博士中二图鉴”混剪视频总播放量超700万次，获当日站内热门，抖音单支视频播放量110万次。天马推荐点击率达3.16%，超平均水平（1.9%）。视频内容颠覆普通用户对于中科院科研人员的传统印象，用户评论大量提及“中科院在B站不一样”，并引发科研群体关注。

传播话题#网友做一支视频查阅30篇文献#收获@光明日报、@科技日报等8个蓝V

① PCU：最高同时在线人数。

自主转发，鬼谷藏龙相关内容被搬运至百度知道、新浪网、ZAKER新闻、虎扑等平台。提前预判论文季热度，登上综合前排。

知识科普青年群像单篇微博约1.7万次转发、评论和点赞，实现了从科普领域到泛知识领域的破圈，既有媒体蓝V转发，也有文化、文学、法学、历史、军事、动漫、游戏、电竞等领域共计24个KOL转发，获得大量真实好评，如“让年轻人爱上科普，这个使命既艰难又可爱”“热爱科学的人大多是相似的”。

微信公众号共约稿6篇，首次在中科院项目中尝试条漫和播客形式，阅读量合计33万人次，其中《环球时报》相关内容、人类关怀计划（条漫）阅读量均达10万次。

传播日当天，袁隆平、吴孟超两位院士逝世，且多地突发地震，趣味向话题热度中断，项目组及时调整传播策略，截取B站缅怀弹幕墙的直播画面，获得较好口碑。

亲历者说 **高凌波　北京众行互动数字文化传媒有限公司项目负责人**

在时间非常紧张的情况下，执行团队迅速高效地完成了此次项目传播。传播当天我们意外得知袁隆平、吴孟超院士去世及多地突发地震的新闻，这给整个项目传播带来了极大的困难。执行团队反应非常迅速，及时调整传播策略。以直播间嘉宾佩戴的麦穗别针这一小细节作为传播亮点，引导大众关注，口碑声量俱佳。此次传播效果也十分显著，仅鬼谷藏龙B站账号（芳斯塔芙）涨粉6000人以上。

案例点评

点评专家：张宁　中国新闻史教育学会公共关系分会副会长，中国高等教育学会公共关系教育专业委员会副理事长，中山大学传播与设计学院教授、博导，中山大学公共传播研究所所长

作为一个有个性、有特点、社区感和学习氛围超强的社交媒体平台，B站与中科院的科学传播活动可谓强强联合、效果卓群。中科院作为出众的科普内容生产方，选择B站这样一个年轻人聚集、知识交流热烈的传播平台，以极客手工、虚拟互动为核心策展内容，借助直播、UP主原创视频和多位UP主集体传播的方式，不断推出优质科普内容，获得了较大范围的转发和点赞，并让这些优质科普内容以其他方式传播。同时，社交媒体平台上的传播能与主流传统媒体保持互动，抓住科普热点事件形成超级话题。中科院通过社交媒体平台进行科学传播的立意和B站充分发挥本平台的传播优势让科普活动借助网络媒体进行多维度传播的方式，不得不赞。

工业型企业互联网创新营销
——远东社交媒体矩阵运营

执行时间： 2021年1月1日—8月31日

企业名称： 远东控股集团有限公司

品牌名称： 远东

代理公司： 远东股份品牌文化部

获奖类别： 金旗奖——2021最具公众影响力全场大奖

项目概述

从互联网催生的新锐品牌中，远东洞察到了互联网营销机遇和流量红利风口；从传统制造业企业的互联网营销进程中，远东总结了在思维局限、行业限制、投入产出、组织架

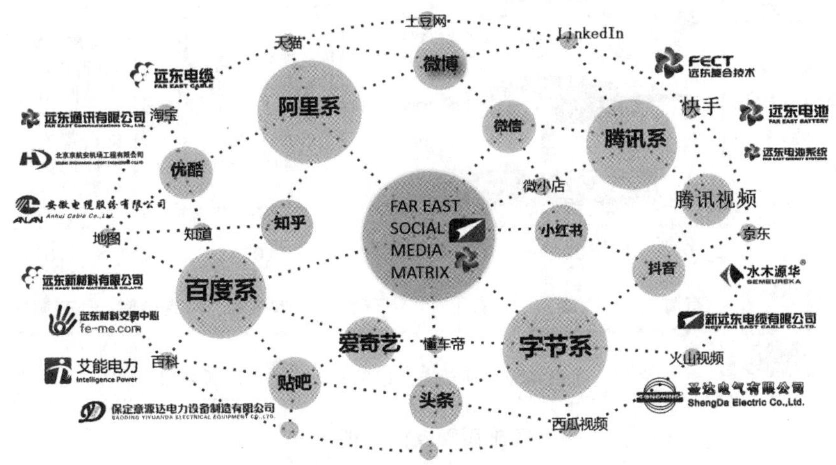

四大体系16个子公司近百个账号的矩阵

构、专业人才五个层面的行业困局。工业型企业如何“破局”并“玩转互联网营销”？远东确定围绕品牌形象、社会价值、人格化IP三个方面建立社媒矩阵，将远东从行业尊敬品牌打造成消费者品牌，同步建立自己的流量池，做好品牌的长期价值。

项目策划

在社交传播矩阵建设中，远东将微信公众平台作为深度沟通的支点进行口碑塑造，将微博作为粉丝吸引中心进行品牌曝光，将今日头条作为资讯传递渠道引导决策，将知乎作为科普平台进行线缆专业知识普及，通过抖音进行泛娱乐沟通开拓市场等。根据品牌定位及各平台的调性，制作相关内容进行有效传播，增强与受众的链接，实现品牌曝光及营销转化。

远东的客户群体覆盖B端（企业）和C端（消费者），鉴于受众定位的差异，远东在运营社交媒体时融入了分层策略，在不同产业领域根据业务实际，差异化运营同平台不同账号，打造远东控股集团、远东股份、远东电缆等细分品牌，加强品牌综合实力与竞争力，极大提高品牌知名度和美誉度。以社交媒体传播为有力抓手，成功打造一个多元化、全方位的传播体系，帮助远东这个国内龙头工业品牌开出新花，焕发生机。

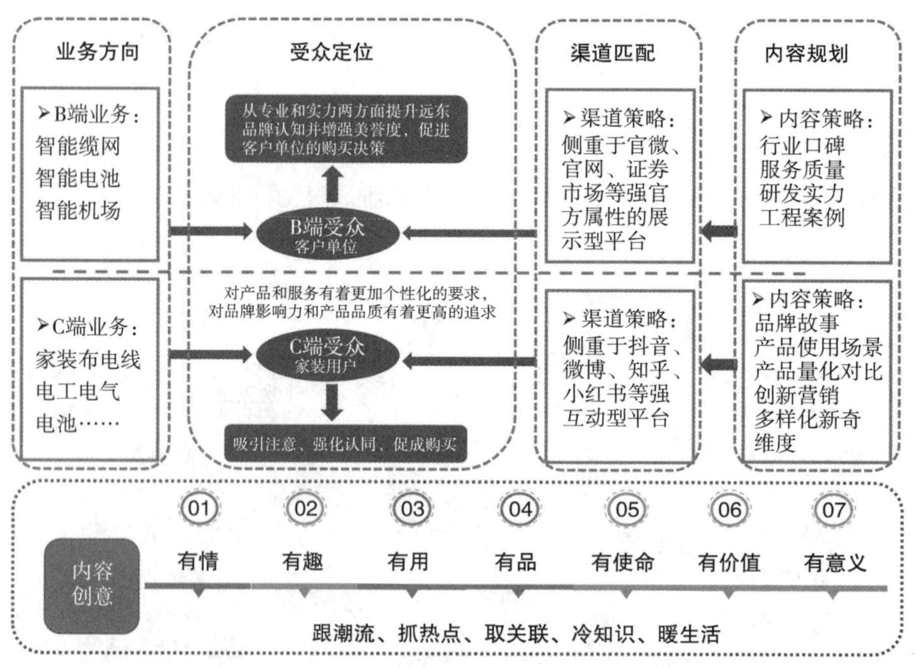

实施策略及内容创意

1.目标受众：场景占位（B端+C端）

对目标受众进行场景细分，并进行场景占位。利于远东业务原本强关联的G端[①]和大B端受众，结合细分业务布局拓展覆盖中B端、小B端、C端受众。针对受众具体角色的利益诉求，精准匹配传播的主体、内容、渠道，实现精准触达并强化认知。

2.媒介策略：以“双微”[②]为核心，向泛社会化拓展

新营销环境下，消费者决策链路已发生根本变化，变得更全、更快。互联网带来效率的提升，营销理念与逻辑也在快速迭代，用户从接触产品、了解产品到购买产品的路径正在急速缩短。未来，多媒体载体会越来越多，如电脑、平板及各种智能终端……屏幕与媒介是无处不在的。因此，精准锁定，快速触动，营销闭环，是品牌方运营社交媒体矩阵的重点考量。

综合分析现阶段的社交媒体平台特征，“双微”凭借“强互动的官方”特征，依旧是矩阵式运营过程中的核心平台。同时，小红书、抖音等泛社交媒体平台爆发式增长，短视频和直播凭借更强的即时互动性，大大提升了品牌方运营的即时效果感知，具备明显的营销价值，是必要的拓展渠道。

布局核心社交媒体，以强关系、强链接催生更多用户互动内容，具体包括平行覆盖多种场景下多种关系群体用户的不同社交需求的综合型平台，满足某些特定受众的细分社交互动需求的垂直型平台。泛社交媒体平台则通过内容促进社交互动并引导搭建用户关系，具体包括以短视频、直播、咨询等类型的内容引导用户互动。

3.传播策略：买点化、破圈化

基于受众定位，并结合各主流社交媒体渠道特征分析，对远东品牌进行细分定位，进而切实推进差异化精准运营，建立各具特色的社交媒体分层体系，实现传播的破圈层化。

主品牌：以集团总部为主体的“远东控股”账号，主要面向行业和社会公众，以企业新闻、文化活动等内容，提高远东知名度、塑造品牌形象、宣传远东品牌，具体侧重实力、背景、企业文化、发展故事，截至发稿前已累计开设并运营14个社交媒体平台账号。

上市公司品牌：以远东智慧能源股份有限公司为主体的“远东股份”账号，主要面向资本市场和企业用户，以工程案例、技术研发、二级市场热点等内容，展现公司在智能缆网、智能电池、智慧机场三大业务中的核心竞争力，打造行业领军形象，截至发稿前已累计开设并运营15个社交媒体平台账号。

子公司品牌：以各子公司业务为主体分别开设账号，其中主要为“远东电缆”账号，主要面向客户群体，以企业新闻（签约战略协议、客户参访、荣誉）、工程案例、技术研

---

① G端指政府客户。

② “双微”指微博和微信。

发、电缆知识、奖项荣誉等内容，塑造公司全球智能线缆行业龙头企业的形象，截至发稿前已累计开设15个社交媒体平台账号。

企业家品牌：以公司创始人为主体开设“蒋锡培”账号，主要面向政企单位和社会公众，以文化活动、企业家观点等内容，传播远东企业文化、发展历程，提升个人品牌影响力，与远东品牌相互作用，截至发稿前累计开设11个社交媒体平台账号。

项目执行

社交媒体矩阵运营需要明确的内容生产体系和规范的社交媒体平台管理体系作为支撑，对此远东采取“一个中心＋各子公司＋全体员工”的策略进行横纵管理，并建立完善的新闻制度，保障业务推进。

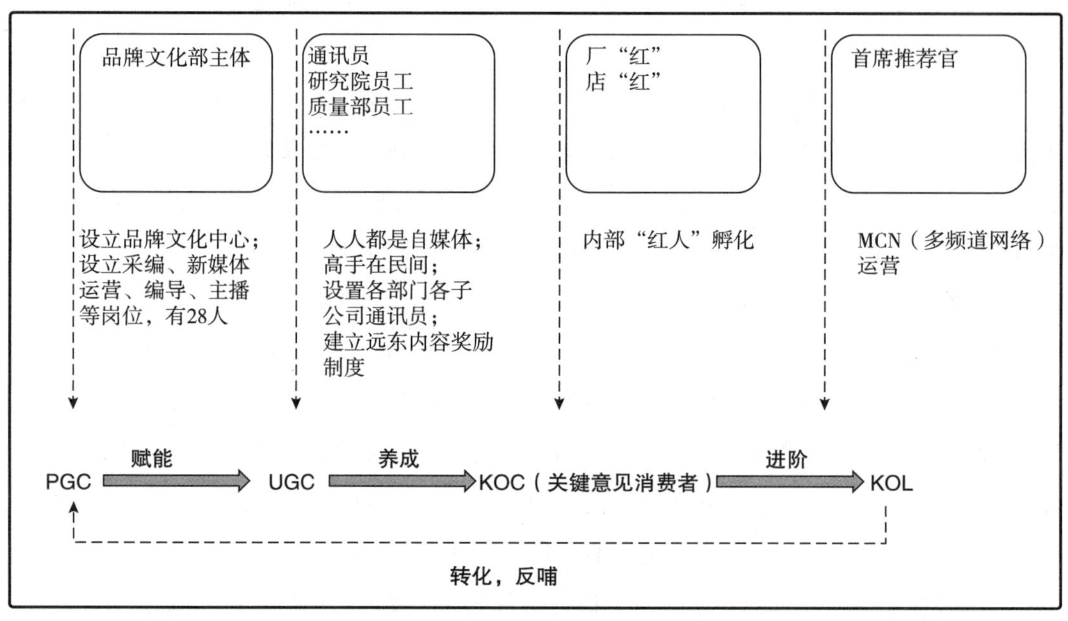

内容生产及成长链路

内容生产体系方面，基于年度品牌战略规划，由品牌文化部进行总规划、总督导、总评估、总运营，从专题层面对年度传播内容按月搭建框架，依据月度框架并结合下月的具体业务安排细化月度计划，逐步细化到每周、每日。社交媒体平台管理体系方面，由品牌文化部和各子公司及相关部门分别精准管理，品牌文化部全面督导。制度保障方面，全面贯彻落实新闻宣传制度，具体包括用企业福利激发行为、用企业文化养成习惯、用企业制度和专业素养规范运营。

项目评估

1.效果综述

通过对社交媒体的矩阵式运营，全面打通内容输出和营销转化的业务体系。对内，加强企业文化建设，加强内部向心力，培养员工群体的品牌素养，且造福员工；对外，将足够好的内容输出并通过运营精准触达受众，引导受众，强化受众对远东品牌和产品的认同感，有效实现营销转化，且持续沉淀私域流量。

2.市场反应

2021年上半年，远东通过社交媒体输出了5924条内容（包括图文、海报、短视频、微电影等），通过95个社交媒体的运营，实现了2318.61万次的传播量，粉丝量扩充至781.3万人，并建立11个社群，收集了1324条营销线索，拓展了76家经销商，实现了213.65万元销售额。基于良性闭环的业务体系，回馈内容生产环节，给予专项奖金11.3万元，累计颁发了36项品牌传播奖。这个过程中，企业品牌获得了多家专业机构的认可，包括海帆奖——最佳传播奖、最in B2B品牌全球化奖、TopDigital品牌创新营销奖、金梧奖新媒体运营案例等荣誉。

3.项目亮点

（1）系统性的差异化运营：从业务分析推导受众的差异化定位，并结合社交媒体平台特征匹配差异化定位的细分品牌，进而有目的地策划响应的内容，实现差异化受众、差异化传播渠道、差异化细分品牌、差异化内容策划等组成的系统性差异化社交媒体运营模式，使得内容精准触达目标受众，最大化运营效果。

（2）贯穿全业务链：基于社交媒体平台的运营，以品牌文化部为枢纽，打通全链路业务逻辑，包括对内的内容生产、员工赋能、福利回馈、运营管理，对外的营销转化、社群运营，相辅相成。

（3）完善的内容生产体系：赋能企业文化建设，提升员工品牌素养。

（4）闭合的营销转化：运营过程中直接触达客户，通过完善购买途径（抖音店铺、主流平台的电商链接、线下营销网点），实现全触点式闭合营销转化。

（5）工业型企业互联网新玩法：打破“自嗨式”的传统运营逻辑，明确定位，贯彻差异化的精准传播策略，通过社交媒体矩阵触达目标受众，并实现营销转化，为工业型企业互联网创新营销提供新的系统参考案例。

亲历者说 龙云 远东控股集团有限公司品牌文化部总监

作为传统型制造业企业，搭建自媒体运营矩阵面临五大难题。

我们定下了围绕品牌形象、社会价值和IP三个方面建立矩阵，将远东从行业尊敬品牌打造成消费者品牌，同步建立自己的流量池的目标。

受众上，场景化细分，抢占位。

传播上，卖点化，破圈化。

内容上，形成7有策略，并设定奖励制度推动通讯员机制的建立。

媒介上，细扫描，针对性运营。

除了继续丰富矩阵，“死磕”内容外，也希望矩阵能赋能工业型企业，做好社会化媒体运营。

案例点评

点评专家：张洪伟 安斯泰来中国企业沟通部总监

B2B（企业对企业）品牌的社会化媒体传播历来是一个难点，兼顾B2B与B2C（企业对消费者）的复合型品牌社会化传播更是难上加难，远东通过两个策略成功突围，打造了一个社会化媒体整合传播的经典案例。

第一，“分级”而不“分离”。B2B与B2C合并传播的目标人群分级是关键，根据传播内容的调研结果可以发现，案例中电缆产业与家装虽然面向不同受众，但案例成功将远东的核心业务以“电”进行“串联”，将整体品牌形象和产品线同步推进，实现了“分级”而不“分离”的整体传播，最终实现“one voice（一个声音）”的目标。

第二，打造丰富的传播矩阵和内容产出。有“双微”作为信息传播的重点，又有抖音、小红书等“种草”平台，完善的传播矩阵让远东品牌在社会化媒体领域的触角更加深入，同时让新的B2C品牌快速深入人心。平台搭建好以后，传播活动最考验品牌的持续内容输出能力，品牌显然是“有备而来”，剧情、教育、种草、直播，内容生产体系的输出能力让人眼前一亮。

提高社会化传播内容的有机性，让前期的投入更加可持续，是品牌可以继续探讨的方向。

住个智能家——拯救时间潜逃者

执行时间：2021年3月18日—4月25日

企业名称：北京京东世纪贸易有限公司

品牌名称：京东

代理公司：青岛尊道传媒有限公司

获奖类别：金旗奖——2021最具公众影响力全场大奖

项目概述

后疫情时代，人们越发重视居家生活的品质，在消费大环境的影响下人们对于智能家居的接受度也明显提升。与此同时，智能家居生态行业在不断升级。2021年4月，京东智能业务部欲打造智能家居改造类项目，以线上线下结合、多平台联动的形式强化住个智能家IP形象，进而传递京东智能为用户实现智能家的品牌理念。

住个智能家

项目策划

1.实施策略

传播有价值、有噱头的内容。

以拯救时间潜逃者为主题，创新线上线下、站内站外传播形式，打造传播闭环，实现有效引流。

预热期制作职场人生活化描述的预热TVC，引起目标群体的强烈共鸣；高潮期以“48小时爆改视频+24小时生活直播+明星带货直播”形式，强塑住个智能家IP形象，增强消费者“购买智能家居产品上京东”“用京东智能打造智能生活”的意识。

预热TVC截图

2.内容创意

前期对目标消费群体进行深入研究，总结刻画出一个没有自己时间的时间潜逃者形象，以时间潜逃者的求助信为线索，进而构思出主题故事——拯救时间潜逃者。

求助者——时间潜逃者：她，是一个都市职场人，也是一个“标签人”，妈妈、妻子、女儿、领导……重重标签加身，职场生活重重琐事堆叠，属于自己的时间越来越少。

拯救者——住个智能家：栏目组收到时间潜逃者来信求助，开启拯救时间潜逃者计划——智能家改造（48小时爆改）。

3.媒介策略

线上线下共同发力，合作房源提供线下宣发场地（售楼处大屏、社区主通道展架、展板宣传等），成功打开线下市场，为线上直播间引流。

站内站外矩阵布局，京东站内带货图文铺排种草，直接促进转化；站外主发力平台微博、抖音、微信视频号进行视频传播，打造话题热度，将站外流量引至站内。继而在站外资讯类平台铺量宣发，引发多触点曝光，引流至站内京东智能店铺及官方号主页，提高住个智能家IP认知度，提升京东智能市场影响力。

将微博作为话题传播主力平台，创建话题#如何拯救你的时间焦虑#，借助社会性话题提高曝光量。

京东、微博、微信视频号三平台同步直播，生活直播和明星带货相结合，最大限度触及用户，同时吸纳明星粉丝。

4.传播规划

保持传播主题的一致性：以拯救时间潜逃者为主题，用一封时间潜逃者的求助信串联各个活动板块。

保持主视觉海报的一致性，强化IP认知。前期宣发的海报、专题页、爆改视频以及直播的视觉效果保持统一，保持互动的一体性，强化受众对IP的认知。

全平台话题传播，微博、抖音、知乎、B站、快手、豆瓣、腾讯、微信视频号多平台发力。

项目执行

2021年3月18日至4月6日，公关团队线下探访、体验了多家智能生活体验馆，经过一番深度调研，发起了拯救时间潜逃者计划。

4月9日，以微博话题#如何拯救你的时间焦虑#拉开活动序幕。4月12日，预热视频全平台上线，拯救时间潜逃者计划正式启动。

4月14日，住个智能家智能家居场景设计团队入驻青岛，携手公关团队开始了为期两天的智能升级与改造。

4月17日19：00，27小时超长混合场直播开播，以真实记录一家人的24小时智能家居生活。4月18日明星直播前，48小时爆改视频全网宣发，七大智能场景梦幻联动。4月18日19：00明星带货直播与24小时生活直播无缝衔接，明星于莎莎、倍轻松品牌高管强力助阵直播间，为智能家居代言。

项目评估

1.效果综述

项目组历时约一个月，通过线上线下、站内站外打造了一系列品效合一的传播活动，借助多领域、多样化的媒体平台为住个智能家创造了持续且有效的传播声量，提升了IP认知度。

2.受众/市场反应

“线下布展+线上本地社群推广”成功为住个智能家打开了青岛本地市场。同时，微博话题引发热议，阅读量高达5481.8万次，讨论度达1.2万。

3.媒体统计

住个智能家官方号直播访问量首次突破400万人次大关，“京东+微博+微信视频号”三平台直播观看量总计445.4万人次。

直播结束后，海外网对住个智能家新房改造项目进行内容报道，引起首发关注；随后，新华网、中国新闻网、中金在线、中华网科技、大众网、每日经济网、凤凰网财经、大河网、青岛网及中国网新闻等国内知名媒体跟随关注，并综合报道。官方传统媒体的相继报道，后被陆续收录至百度平台。

活动累计曝光量达1.7亿次，官方账号新增粉丝数达11.84万人，直播涨粉占比95.2%，7日引导成交金额达79.94万元。

4.项目亮点

（1）创新传播模式，助力行业经济复苏。采用“线下布展+线上本地社群推广”的形式，将健康家居生活理念传达至千家万户，在提升品牌知名度的同时，为经济复苏贡献了力量。站内外联动。强化了住个智能家的IP认知，实现宣发联动，将站外优质流量引至京东站内，粉丝量大幅上涨。

线下布展

（2）“直播矩阵+全渠道”引流布局，构建营销闭环。研究各平台玩法，多平台传播，最大化触达用户，实现有效引流，将站外优质流量引流至站内27小时超长混合场直播。站内打造创新直播玩法，24小时真实全屋实景全记录直播，解决淡季流量转化问题；收割场直播邀请明星于莎莎、品牌推荐官做客直播间，借助明星流量强势提升直播间流量。

亲历者说 **邵晨曦　青岛尊道传媒有限公司副总裁**

经过前期调研，我们关注到以“80后”为主的都市职场人的社会窘状，工作时间不断延长，家务劳动时间以及可自由支配时间被不断压缩。因此，我们借助住个智能家发起了拯救时间潜逃者计划，以打破这一僵局，为更多人提供全屋智能解决方案。

庆幸的是，京东智能家装改造方案几近成熟，无论是改造前智能方案的制订，还是改造后智能产品间的场景联动设置，智能改造师都全程参与，使得48小时爆改视频以及24小时生活直播都能顺利拍摄，达到了预期效果。

案例点评

专家点评：张景云　北京工商大学商学院教授

该案例将“智能家”和“拯救时间”与京东智能紧密相连，在深度挖掘目标消费群体痛点的基础上，借助微博社会性话题，分阶段引爆营销主题，完成了站外引流、蓄水与站内转化，实现了从培养用户心智到强化品牌IP，最后到落地购买的流量转化。在视频内容创意中，从生活中“小人物”（比如，来自东北的“85后”女性——时秒）的生活经历入手，京东智能家团队根据她的“求救信”，进行为期两天的智能升级与改造，打造了回家、离家、观影、智能晾晒、客卫节能、晚安、起夜七大智能场景，通过消费教育，引导人们理解并认识智能家居，最终产生购买行为。

红星美凯龙爱家日品牌传播①

执行时间：2020年12月8日—15日

企业名称：红星美凯龙家具集团

品牌名称：红星美凯龙

代理公司：北京行行行广告有限公司

获奖类别：金旗奖——2021最具公众影响力全场大奖

项目概述

红星美凯龙爱家日IP走过10年时光，一直以来都在延续温情与感动的传统传播方向，10年中，消费者老了一批又一批，年轻群体对于红星美凯龙这样一个传统家具品牌认知减弱，品牌沟通实效减弱。品牌希望通过第11个红星美凯龙爱家日，重新唤醒年轻人对品牌的感知。

疫情给社会中每个行业、每个人都带来巨大的影响。但也正因如此，项目组发现，“被迫宅家”的人们，拉近了与“家”的关系。

陪伴孩子、陪伴父母、与伴侣相处、一个人也过得更有仪式感……在焦虑不安的大环境下，项目组见证了厨房一日游、阳台景观和餐桌乒乓球等诸多正能量的快乐。

原来“爱家”这件事并不困难，每个人在“经营”家的过程中，都创造并留下很多回忆。

项目策划

2020年受到疫情影响，整个市场处于低迷状态，大众情绪很低落，感到不快乐。在这

① 本文中所涉及的照片，红星美凯龙家具集团均已得到被拍摄者的使用许可。

样的情况下，“温情”的创意点会显得有些沉重，传递“快乐情绪”去带动IP与大众沟通是行之有效的做法。

提到KPI，许多人会感到沉重。不过，世界上有一种KPI，能让人感受到温馨和幸福，那就是为家制定的KPI。幸福家庭，对家都有很好的预期和规划。这也是为什么有的人生活越来越幸福。事业要成功，要“先赢一个亿”。家要幸福，也许只需要一些新的改变，比如一些小小的行动。

（1）信息层链接：以爱家KPI为核心信息，以分享的方式，让大家理解爱家的精神。

（2）创意链接：让大创意拥抱内容思维。以泛娱乐脱口秀形式，把品牌信息融入用户生活。

（3）传播渠道链接：从媒介传播改为内容分发。通过段子等碎片化内容，全网分发。

项目执行

第一阶段预热期：李雪琴发布视频为红星美凯龙爱家日传播活动做预热，官方发布主视觉海报及预告片官宣活动开启。

第二阶段引爆期：发布“家的KPI”脱口秀TVC，通过优质有梗的内容引爆全网讨论，唤醒大众对“家的KPI”的认识与重视，传递本次的活动主题——“定个KPI，让家更有爱”。

第三阶段发酵期：围绕脱口秀TVC产出优质衍生物料如金句海报、TVC台词长图、TVC套剪视频、李雪琴表情包等，通过密集、精准传播，将TVC亮点及活动内容在微博平台上进一步扩大传播，通过微信朋友圈群聊图对百大蓝V 联名活动进行收官总结。

项目评估

1.效果综述

（1）利用互联网多平台联动，把控传播节奏，实现整体传播声量最大化。

（2）全面联动红星美凯龙自有媒体渠道以及商务拓展渠道，实现线上、线下共同发声，获得业内及品牌内部一致好评。

2.市场反应

整体传播覆盖千万受众，话题阅读量上亿次，并带动超百位家居行业同人共同展开爱家活动。

#李雪琴的爱家KPI#话题在活动当天冲上热搜榜第三，创造1.1亿次话题阅读量，脱口秀TVC累计总播放量超428万次，并吸引脱口秀演员赵晓卉主动进行评论和互动。联动微博、微信KOL进行外围话题传播，创造总曝光量3.5亿次。

3.项目亮点

（1）李雪琴脱口秀《爱家就是说》小剧场。邀请当红艺人李雪琴，围绕爱家KPI主题，通过脱口秀的形式，打造红星美凯龙爱家日经典段子，以软性宣传而非硬性广告售卖，巧妙帮助品牌实现自身价值沟通。

（2）内容营销，标配内容打法。避开使用KOL发布模式的营销套路，以内容宣传的方式进行扩散与互动。先导片造悬念，发布后与脱口秀新秀赵晓卉互动造话题，后续与跨行业百大蓝V互动造声量。

“家的KPI”脱口秀TVC李雪琴截图

（3）全网分发，长尾放大。通过“内容片段+热点内容+全国门店连锁播放”的方式，对红星美凯龙的用户、商户进行全方位覆盖，把传播发挥到极致。

4.媒体统计

与当红脱口秀明星李雪琴合作，以“定个KPI，让家更有爱”为核心主题，定制“家的KPI”脱口秀TVC，作为本次项目的传播主物料，以微博为传播主阵地进行传播，TVC获得累计超428万次播放量。

以#李雪琴的年底KPI#为本次活动的微博主话题，12月10日活动当天，该话题登上微博热搜榜第三，话题累计获得超1.1亿次阅读及9.9万次讨论。

李雪琴官方微博发布活动预热视频，为本次活动引爆宣传做预热，引发全网关注及热议，总曝光量368万次，微博累计互动数16490次，视频累计播放量70.3万次，其中脱口秀演员赵晓卉进行自发评论。

共计32位微博、微信KOL为活动进行外围传播，总曝光量超35089万次，累计获得总互动量21.64万次。

邀请百大蓝V参与活动，跨行业联合发声，破圈层使传播效果最大化。

亲历者说 **贾丹　北京行行行广告有限公司高级客户总监**

疫情下，2020年人们“被迫宅家”。

恰逢红星美凯龙爱家日的第11年，我们希望品牌在本次传播中可以作为一个陪伴者，通过一种轻松、活泼、幽默的方式让受众知道爱家可以拥有更多可能性。我们希望用有趣、幽默的方式去回应2020，并用年轻人的文化去跟他们沟通。

在2020年的特殊背景下，我们可以看到红星美凯龙始终站在大众的身侧，以一个陪伴者的角色诠释爱家的更多可能性，从中感受到品牌的关怀。

案例点评

点评专家：吴磊（Brad Burgess）　ICR高级副总裁

我非常喜欢本案例的项目概述。疫情给社会带来了挑战，但品牌看到了一个机会：亲近家庭的机会。

事实上，这与我个人的经历非常接近。项目组通过一个引人入胜的口号，通过一场有趣的脱口秀吸引年轻观众，并围绕主题进行宣传，从而提高了人们对该活动和主题的认识。在这次活动中，似乎没有太多“以品牌为主”的信息，我个人觉得这让人耳目一新。我想知道在这段时间内，品牌知名度是否有明显提高，销售是否因此受到影响。因为它看起来棒极了。

7 华晨宝马产品大使俱乐部①

执行时间： 2020年9月1日—2021年9月6日

企业名称： 华晨宝马汽车有限公司

品牌名称： BMW（宝马）

获奖类别： 金旗奖——2021最具公众影响力全场大奖

项目概述

2016年，华晨宝马产品大使俱乐部正式成立，旨在为沈阳生产基地的近2万名员工提供一个可以更加全面且及时了解公司产品的平台，鼓励并赋能员工参与到公司及产品的沟通宣传中，从而增强员工自豪感、荣誉感及归属感。同时，华晨宝马产品大使作为员工的

华晨宝马产品大使俱乐部“Meet New Friend”

① 本文中所涉及的照片，华晨宝马汽车有限公司均已得到被拍摄者的使用许可。

形象代表，也肩负着对外塑造企业员工形象的重任。华晨宝马产品大使俱乐部作为员工内部沟通项目，在成立的几年时间里蓬勃发展，累计240名员工加入该俱乐部，该俱乐部累计举办30余场品牌历史、产品及表达培训，经过培训后，50余名产品大使对8款华晨宝马车型进行了42场产品介绍。

经过调查问卷与面对面信息采集，项目组发现产品大使及其他员工对公司的新产品、新技术以及战略的了解需求与日俱增，特别是面对新能源市场的飞速发展及国家政策和市场导向变化，员工对环境保护、新能源产业及产品、可持续发展等热门话题越来越感兴趣。

项目策划

2020年，宝马集团及华晨宝马的发展战略及新车型推出，华晨宝马产品大使俱乐部也继续推陈出新，在新车型创新纯电动BMW iX3宣讲及产品体验的基础上，收集铁西工厂主办公楼一天的可回收垃圾作为原材料，带领员工进行艺术创作。2021年，产品大使自发挖掘工作中的“小亮点，冷知识”，并剪辑成“冷知识”小视频，在内部宣传频道上线。

活动一：新车型创新纯电动BMW iX3产品沟通

目标：以华晨宝马产品大使作为主体对内部（宝马员工）及外部（访客、车主等）进行产品宣讲，从而传达华晨宝马坚决践行可持续发展的方针。

受众：华晨宝马沈阳生产基地员工、部分访客及车主。

传播策略：线上线下在内部全方位露出，全面覆盖华晨宝马沈阳生产基地的员工，方便员工通过多渠道观看，让内部影响力最大化。

传播内容：新能源市场概况及创新纯电动BMW iX3 产品亮点。

线上：以产品大使的视角对新产品的亮点进行介绍，公司内部主页弹窗提醒、员工手机端App（应用程序）头图宣传，吸引员工注意力。

线下：三厂一中心（华晨宝马大东、铁西、动力总成工厂及研发中心）电视同步上线视频。

在一周时间内分别在三厂一中心进行实车展示及产品介绍。

从外观、内饰、动力系统（电池）及互联驾驶四个维度向员工介绍创新纯电动BMW iX3 车型。

新产品试驾：理论与实践相结合，利用不同的路面情况让产品大使全面体验创新纯电动BMW iX3 的驾驶乐趣，并与燃油版BMW X3 进行对比，在经销商店由员工向车主和潜在车主进行产品宣讲。

华晨宝马产品大使俱乐部主题试驾

活动二：悦见·再生之美主题活动

目标：通过回收、改造、组合、设计，将华晨宝马铁西工厂主办公楼一天的可回收垃圾，以艺术的视角再生，赋予它们新的生命，从而引发员工以及公众的反思，提醒大家尽量使用非一次性制品，减少垃圾的产生。活动旨在达到以下三个方面的目标。

一是意识。通过对工厂办公楼一天的垃圾回收以及最后的艺术展示，让内部员工意识到日常生活垃圾的数量。

二是认同。通过现场活动、产品大使介绍以及线上视频使员工认识到减少一次性垃圾产出、保护环境的重要性。

悦见·再生之美艺术装置

三是倡导。每一位员工都是华晨宝马坚持践行可持续发展理念的重要组成部分，通过这样的活动来倡导员工从身边的点滴做起，从减少一次性制品使用做起，选择绿色、低碳的生活方式。

受众：主要为华晨宝马产品大使及其他内部员工。

传播策略：在内部线上线下全方位露出，全面覆盖华晨宝马沈阳生产基地的员工，方便员工通过多渠道观看，让内部影响力最大化。同时，本活动也作为华晨宝马"2021地球一小时"主活动的一部分，在公司内外新闻稿件中传播。

传播内容：悦见·再生之美艺术装置创作背景；华晨宝马汽车有限公司可持续发展理念；华晨宝马汽车有限公司绿色生产基地；华晨宝马汽车有限公司新能源产品。

活动三："冷知识"视频线上传播

目标：通过产品大使发现和提供的生产小细节制作1分钟"冷知识"视频，使员工多维度了解工厂质量管理、数字化、可持续发展等理念。

受众：内部员工。

传播策略：线上传播，全面触达员工。在App中上线，全员可看。内容短小，观看性强。1分钟视频，观看完整性好。

传播内容：内部质量、生产小亮点，冷知识。

项目执行

活动一：新车型创新纯电动BMW iX3产品沟通

2020年8月至9月，华晨宝马产品大使俱乐部结合创新纯电动BMW iX3全球首发热度，在工厂内部进行活动预热。同时邀请市场部产品经理对产品大使进行产品知识培训，撰写线上视频文案，并进行视频拍摄。

2020年9月17日，"Meet New Friend—创新纯电动BMW iX3"相关视频全面上线，在工厂各电视滚动播放。"Meet New Friend—创新纯电动 BMW iX3"相关视频在员工手机端App上线，同时链接线下活动。

9月21日至25 日，"Meet New Friend—创新纯电动BMW iX3"在三厂一中心进行，利用午休时间，员工可以近距离接触、了解新车型。同期，华晨宝马产品大使在华晨宝马铁西工厂AAAA级景区为公共访客介绍新车型，加强了新产品的落地宣传。

11 月，16名华晨宝马产品大使参加了产品试驾活动，并在经销商店内为车主与潜在车主介绍新能源市场情况以及创新纯电动BMW iX3产品。

活动二：悦见·再生之美主题活动

12月10日，收集华晨宝马铁西工厂主办公楼一天产生的可回收垃圾，包括易拉罐、塑料瓶、纸箱等。

12月19日，结合本地学校资源，在鲁迅美术学院老师的带领下，产品大使代表们一同创意搭建了艺术装置。

2021年3月24日，线上（微信公众号Wejoy，员工手机App JoyChat）线下（各厂区电子海报屏）同步开启预热。

2021年3月26日至4月23日，悦见·再生之美艺术装置开始在三厂一中心进行巡回展示，产品大使也将华晨宝马生产基地的可持续发展成绩和未来战略与同事们分享。

2021年7月，艺术装置在沈阳市府恒隆展出，为期1个月。

2021年8月，艺术装置落户沈阳桑陌艺术中心。

活动三："冷知识"视频线上传播

2021年3月，华晨宝马产品大使俱乐部"冷知识"项目启动，同期在华晨宝马产品大使俱乐部项目群内向产品大使们征集话题及有意愿出镜的演员。

2021年4月16日，视频第一弹上线。

2021年5月14日，视频第二弹上线。

2021年9月7日，视频第三弹上线。

项目评估

活动一：新车型创新纯电动BMW iX3产品沟通

相关视频累计触达约7000名员工。厂内线下宣讲累计触达约1000名员工。产品大使对外宣讲累计触达公共访客及车主约300人。

活动二：悦见·再生之美主题活动

悦见·再生之美主题活动内部线上宣传累计触达3100余名员工。悦见·再生之美主题活动外部线上宣传累计触达1900次阅读。华晨宝马"2021地球一小时"主活动对外累计发布323篇新闻稿，触达138万名读者。同时，活动影响公司餐厅，其开始使用纸质吸管，纸杯用量减少。

活动三："冷知识"视频线上传播

视频第一弹累计触达1400余名员工。视频第二弹累计触达2500余名员工。视频第三弹累计触达1400余名员工。

低预算：所有活动积极调动和整合内外部资源，项目总体花费控制在5万元以内。

高互动：线上线下互动，调动员工积极性。

发掘员工潜质，激发员工热情：通过产品大使向内部同事和外部公众介绍华晨宝马品牌及产品，为员工提供展示天赋和才能的平台，从而激发员工对公司、对产品的热情。

覆盖面广：活动及人员覆盖沈阳生产基地三厂一中心；从人力资源、财务控制、采购等职能部门员工到各车间生产一线员工均参与其中。

直接支持销售：自成立以来，项目累计直接带动销售134辆车，同时支持销售/市场活动，为经销商店内客户、工厂参观游客进行了品牌及车型讲解。

亲历者说　郑阳阳　华晨宝马汽车有限公司公共关系与企业社会责任部工厂沟通部资深专员

华晨宝马产品大使俱乐部是我进入华晨宝马汽车有限公司接触的第一个项目。几年的时间里，华晨宝马产品大使俱乐部由最初只有成员20人发展成为一个成员200人的员工俱乐部。通过华晨宝马产品大使俱乐部的平台，我们深切地感受到员工对公司、对品牌的热爱；同样，我们深度挖掘了员工们多样的才华并赋予他们展示的舞台。

案例点评

点评专家：李玲　安踏集团副总裁、企业对外发言人

该传播案例是一个全面的、系统化的典型案例，在主题和内容丰富度上很好地满足了传播目标的需求，参与性强、多维度互补、主题鲜明、形式多样，而且投入产出比非常高，是值得推广的企业内部员工沟通的好案例。但如果这个传播案例可以升级产品大使的角色与定位，针对产品大使与公司文化做更好的培养与包装，让产品大使真正获得荣耀，在公司的一些重要的场合有更好的身份认同感，这个案例的含金量会更高，员工获得感会更强。这个角色本身就带有很强的符号感，这会令项目可持续性更强，项目也有机会成为可以传承的企业文化与内部经典。

赛诺菲疫苗“优苗人生”企业品牌传播项目①

执行时间：2020年9月1日—2021年9月6日

企业名称：深圳赛诺菲巴斯德生物制品有限公司

品牌名称：五联疫苗潘太欣（Pentaxim®）

代理公司：广东博雅公共关系有限公司上海分公司

获奖类别：金旗奖——2021最具公众影响力全场大奖

项目概述

1. 项目背景

2021年4月24日至30日是第35个世界免疫周，世界免疫周旨在提升公众对于免疫接种拯救生命的重要性的认知，并鼓励家庭为预防致命性疾病而让自己的孩子及时获得免疫接种。赛诺菲疫苗作为百年疫苗世家，一直以建立公众对疫苗的科学、正确认知为己任。

中国疫苗行业2021年还面临一个严峻的挑战：新冠疫苗数以亿计的大规模接种给基层疾控带来极大压力。

2. 项目目标

（1）积极响应世界免疫周号召，持续建立疫苗对于拯救生命和保护健康的重要性的正确认知，展现企业社会责任感，发挥行业引领作用。

（2）通过产品价值传播，对当下新冠疫苗和免疫规划疫苗接种对基层疾控资源带来的巨大压力提出了赛诺菲疫苗的解决方案，提升品牌认知度与好感度，为妈妈们提供宝宝疫苗接种的新选项。

---

① 本文中所涉及的照片，深圳赛诺菲巴斯德生物制品有限公司均已得到被拍摄者的使用许可。

项目策划

1. 项目调研结果

（1）“新冠疫苗＋免疫规划疫苗”增加了公共卫生医疗系统整体负荷。在新冠疫苗70%接种率和免疫规划疫苗90%接种率的两座大山下，资源有限的基层接种队伍面临挑战。

（2）儿童五联疫苗较免疫规划疫苗减少8次接种。儿童五联疫苗全程只需接种4次就可预防5种疾病，能极大提高接种效率，缓解接种点的接种压力。与此同时，减少儿童和家长往返接种点的次数，从而减少人群聚集与新冠病毒交叉感染的风险。

（3）妈妈们对五联疫苗及其价值的认知不足或过晚，常常导致失去更多接种选择。认知上，在给新生儿打疫苗这件司空见惯的事背后，一个选择容易被忽视：给新生儿打疫苗对于每个妈妈而言更像是肌肉反应，妈妈较少主动地去了解疫苗免疫背后更多的“知识点”，容易忽略更适合自己的选择。情感上，妈妈都希望给宝宝最好最安全的，呵护宝宝健康快乐成长。五联疫苗二月龄接种，承接“母胎免疫”，能预防5种疾病，少打8针副作用风险降低。

2. 项目实施策略

（1）内容与创意策略：以“优苗人生——每一个孩子都是一个好苗子，每个好苗子都值得更好的守护”为本次传播主题。摒弃说教，用一支疫苗的拟人视角，理解和肯定每一位妈妈为宝宝的深情付出与长情陪伴，自然输出产品核心优势。

（2）媒介策略：与线上垂直平台及线下接种渠道进行战略合作，线上线下双向导流，在垂直平台发起热点话题对母婴圈进行精准触达的同时，结合权威媒体定调背书，利用健康行业主流媒体纵深触达，布局大众都市类媒体圈层辐射公众，最大化传播影响力。

（3）公关策略：将五联疫苗“少打8针”的产品优势，转化至为医务工作者“减负”的沟通角度，联动权威媒体，升华企业对助力国家实现新冠疫苗接种目标和全民免疫规划目标的重大意义。

3. 项目传播规划

阶段一：微电影和海报发布。制作“优苗人生”系列微电影和海报，让站在幕后的疫苗走到台前，作为与妈妈共同守护孩子成长的重要伙伴，讲述动人的母爱故事。

阶段二：垂直引爆热点话题，大众媒体强势破圈。作为传播战役的原点，在母婴垂直平台宝宝树发布#五联疫苗凭啥被偏爱#话题页，美柚、妈妈网、妈妈帮同步推广导流，垂直类KOL承接话题讨论。行业大号传播五联疫苗优势，强调行业领军地位，打造行业影响力，升华行业使命感。《南方都市报》、InsDaily等具有大众影响力的媒体端宣发，令“优苗人生”故事得到高度曝光。

阶段三：深度承接用户需求转化，探索品效合一。“联合疫苗全国接种机构地图”H5上线，方便家长查询和直观呈现联合疫苗接种点，打通宝宝打疫苗的“最后一公里”，推动传播流量向业务转化。

携手战略合作方美中宜和妇儿医院，共同探索线上线下双向推广的创新模式。一方面通过美中宜和线上H5，实现疫苗接种方案的线下导流；另一方面充分利用美中宜和院区为线上导流，助力“优苗人生”疫苗科普内容深度露出。

阶段四：联动权威媒体及行业媒体，与行业共振、与政府同频。抓住世界免疫周时机，联动权威媒体，如《人民日报》、人民健康客户端 、新华网；行业媒体，如预防界、医药代表、疫苗圈；地方都市类媒体，如《新民晚报》《南方日报》《羊城晚报》及《深圳特区报》等，围绕儿童五联疫苗对助力国家层面实现新冠疫苗接种目标和全民免疫规划目标、共筑全民免疫屏障的重大意义，进行高效和及时沟通。

项目执行

2021年世界免疫周到来之前，以母婴垂直平台宝宝树作为传播战役的原点，#五联疫苗凭啥被偏爱#话题页率先建立完毕，美柚、妈妈网、妈妈帮同步推广导流；垂直类KOL承接话题讨论，为传播提前预热铺垫。4月25日，“优苗人生”微电影及海报正式发布，《南方都市报》、InsDaily等具有大众影响力的媒体端发布以传播微电影为主要目的的专题报道，为微电影及“联合疫苗全国接种机构地图”H5引流。合作方美中宜和妇儿医院线上线下同步宣传，助力“优苗人生”内容露出。此外，世界免疫周期间，权威媒体对本次传播展开了各角度的深入报道。

项目评估

在整体曝光方面，项目视频全网播放量超100万次；微信公众号文章总阅读量近30万次，其中InsDaily单篇文章阅读量超17万次；宝宝树五联疫苗专区文章总浏览量96.8万次，互动13.3万次。宝宝树#优苗人生#话题实现96.8万次浏览，有13.3万名用户参与互动。关键信息以100%传达率，触及了近11亿人次的目标受众。

在媒体反应方面，众多媒体对项目进行了关注与跟进，形成了超250篇新闻报道：新华社、中国新闻社、《人民日报》、《科技日报》、光明网、中国经济报道等权威媒体面向全国，定调定性；《羊城晚报》、《新民晚报》、深圳热线、苏州都市网、南方+等地方都市类媒体，与《南方都市报》、凤凰网、腾讯网、网易、InsDaily、E药奶爸等大众及生活方式类

媒体广泛传播，辐射大众；《生命时报》、《健康报》、《中国医药报》、《E药经理人》、人民日报健康客户端、家庭医生在线、疫苗圈、预防界等健康行业媒体权威背书；宝宝树、Meet you、妈妈网、妈妈帮等母婴垂直媒体，实现精准触达。

在项目亮点方面，项目在品牌侧洞察精准，创意角度新颖，故事有温度；在商业侧联动美中宜和妇儿医院，贯穿从认知到行动全链路，品效合一；在社会侧不止于商业诉求，洞悉基层接种队伍的压力并提出解决方案，引发共鸣。

主视觉海报

亲历者说 龚淑萍　赛诺菲疫苗中国交流传媒负责人

在新冠疫苗与免疫规划疫苗接种率双重压力之下，公共卫生医疗系统面临挑战。在此背景下，我们积极响应第35个世界免疫周号召，启动全新企业品牌计划“优苗人生”，针对目标受众的痛点，多维度精准触达受众圈层，同时巧妙借势，抓准时机，深度联动行业和权威媒体，实现了与行业共振、与政府同频的高效沟通，打破常规，探索线上线下双向推广的创新模式及传播策略，成功推动传播流量向业务转化的目的。我们将持续努力，以独特视角，深入洞悉受众的需求和痛点，利用打动人心的传播内容带来影响力，让疫苗科普真正走进大家的心中。

案例点评

点评专家：姚利权　浙江工业大学广告学系系主任、副教授、硕士生导师、信息与传播研究所副所长

本项目洞察精准、创意新颖、媒介选择合理、活动方式有效，形成了良好的传播效果及社会影响力，提升了公众对品牌的认知度与好感度，建立了公众对疫苗科学的认知，体现了企业的社会责任感，发挥了企业在行业的引领作用，是一次很好的公关传播项目。

主要亮点如下。第一，洞察到位和精准。项目主要针对的受众目标是孕期及新手妈妈，针对这一群体强烈的母爱及认知上存在的一些不足来展开整体的传播活动，针对性强。第二，创意新颖和独特。项目通过系列微电影及海报，从一支疫苗的拟人视角进行阐述，故事有温度也有力量。第三，媒介及营销活动形成线上线下共振。线上平台（载体）与线下渠道双向打通，线上热点话题与权威媒体双向赋能，形成共振效应，除了达到品牌的商业诉求之外，也能为国家实现全民免疫规划目标助力，产生良好的社会效益。

2021 中粮福临门中国女排整合营销传播

执行时间： 2021年6月27日—8月8日

企业名称： 中粮福临门食品营销有限公司

品牌名称： 中粮福临门

代理公司： 腾提度（北京）文化传播有限公司

获奖类别： 金旗奖——2021最具公众影响力全场大奖

项目概述

自2019年年底，中国女排与中粮福临门合作以来，两个“国家队”强强携手，作为亲密伙伴相互扶持，持续向广大民众传递健康理念。

2021年是东京奥运年，中粮福临门以“全民福将，祝福女排”为主题，持续向公众弘扬女排精神，携一众文体明星号召国民，共同打造“史上最强福将团”，为中国女排加油呐喊。

通过系列组合拳，项目组将全民对女排的热爱和民族自豪感推向高潮，以情感共鸣和幸福感驱动更多网友参与和自发传播，在全网形成巨大的声量，将营销活动发酵成全民事件。

项目策划

1.营销任务

品牌层面：以女排营销为抓手，与消费者沟通“有家就有福临门”的品牌理念。

产品层面：传递中粮福临门作为“国民骄傲”指定用油的品牌身份，塑造中粮福临门“国民粮油”的行业地位。

用户层面：激扬情绪、引发关注、营造品牌归属感，以硬核[①]及暖心相结合的方式输出“有家就有福临门”的品牌理念。

2.营销策略

以“福将计划”为抓手，以“1+3+3”为行动纲领，打造一套连贯的公关组合拳，形成极具穿透力的品牌理念。

一个核心：“有家就有福临门”的品牌理念。

三条主线：东京线、定基调——联动央视、高举高打，“有家就有福临门”的品牌理念硬核植入奥运热点演播室节目；活动线、求实效——联动亿万家庭、点亮排球梦想、共享排球激情，让“国民好油，给女排的也是给您的”消费主张再次深入人心；情感线、扬精神——抢抓奥运节点，结合节日社交场景暖心输出“有家就有福临门”的品牌理念。

三个阶段：奥运前“攻”，奥运中“守”，奥运后“传”，即“攻守传”三个阶段。

3.内容创意

（1）以全民福将精神内核，进行品牌区隔营销。2021年的夏天，那些与东京赛场有关的人和事，成了国内各个媒体平台刷屏的内容和创意来源。无法入场观赛，却始终饱含热情坚守在“一线”、独具慧眼、信手造梗、随时能发现破防燃点的观众们，也在其中找到了自己的位置。

中粮福临门正是基于对这种“大赛期间狂热的全民自发参与感”的敏锐洞察，充分调动几十年来各年龄段、各民族、各地域社会大众对于中国女排的共同记忆、深厚情感，进行品牌区隔营销，从赛事期间扎堆的体育营销品牌中一举突围。

作为国民粮油品牌，中粮福临门不仅仅看到了女排精神本身，更发现了那些几十年来深受女排精神影响的一代代国人。因此，中粮福临门把“福将”引申为追求幸福的人，提出“家家有福将，人人是福将”的口号，以“福将”概念让消费者在女排与品牌之间实现身份融合，找到共同价值。女排、消费者、品牌，在“全民福将，祝福女排”的口号中，实现三位一体，完美融合。

（2）系列营销组合拳，玩转内容共创。借势新媒体互动形式的多元化呈现，奥运营销步入全面短视频营销时代。多个版本的中国女排燃情祝福片《福将》，将陈忠和、赵蕊蕊、徐云丽、张歌等前女排将帅，郎朗、黄奕、安琥、倪萍、金龟子、董浩、韩乔生、马艳丽、钱红等一众文体名人，以及其他不同城市、不同民族、不同行业、不同年龄的“福将”们串联起来，共同打造“史上最强福将团”，为中国女排东京大赛加油呐喊。

“做自己的福将，为中国女排加油。”简单却富有激情的参与方式，掀起赛场外的热血

① 硬核是一个网络流行词，原指说唱音乐有力量或游戏有难度，后来意为强悍、彪悍。

呐喊。户外大屏和线上传播平台高频更新的UGC短视频，充分提升消费者归属感；多家体育、生活类头部媒体跟进报道；同步在北京、杭州、西安、成都、武汉等多座城市举办线下互动活动，“福将”接力，燃爆了整个赛季。

4.媒介策略

（1）以新媒体撬动私域流量。微博、微信、视频号、今日头条等新媒体同时发力，“头部+腰部+尾部”账号组合，建构全网矩阵式传播，快速渗透至各个视角，引发全民关注。

（2）抓紧权威媒体和奥运特权媒体。通过新华社、央视等媒体和奥运特权媒体的合作，以高端资源为中粮福临门的营销提供独家的展示机会和极具权威性的背书定调。

（3）聚焦重点城市户外大屏，展示UGC。在中粮福临门的全国重点销售城市，将UGC视频在城市地标大屏、公共交通媒体上进行投放，提升消费者的参与感。

项目执行

1. 营销主题一脉相承，“有家就有福临门”品牌内涵深入亿万人心

营销过程中不断挖掘更高层次的精神内核，传递更有温度的品牌人文关怀。从“全民福将，祝福女排”到为远征意大利的女排送去“关爱”，从携手国厨走进北仑基地，烹饪“家宴”再到“家里有爱，福将再来”的口号推广，“有家就有福临门”日益深入人心。

2. 情感共鸣引领，借助“福将”凝结品牌与消费者的关联意象，沉淀品牌资产

以1981年女排首次夺冠40周年为情感点，发出“全民福将，祝福女排”征集令，整合线上线下资源，打造“史上最强福将团”，为中粮福临门沉淀可持续的品牌资产。

3. 携手央视新媒体、新华网和女排大V实现内容共创，抢占泛奥运营销声量高地

携手央视新媒体打造《冠军家味道》，10位女排“福将”、2位明星大厨为女排“添菜”；携手新华网推出《今日奖牌榜》，全民见证中国冲榜；花絮看专栏，与女排大V“我爱女排”携手打造专栏“福将播报”，第一时间分享暖心的女排花絮。

项目评估

1.效果综述

横跨几十年的时代记忆和情感，代表了中国人对于幸福的不懈追求，对顽强战斗和勇敢拼搏的价值认同。

30天足迹遍布30城，多维传播引爆声量，全民参与。

以“福将”为主题，以“做自己的福将”为情感共鸣，构建社交关系链，突出了品牌温馨的属性，进而让消费者更加理解“有家就有福临门”的品牌理念，从而在未来进一步释放品牌价值。

2.媒体统计

项目整体总覆盖数超18.5亿次，以下为部分细项数据。数十位KOL超大规模联动，阅读量、点赞评论量累计约2.05亿次。微博主话题10天内两度登上热搜榜前十，阅读量超1.1亿次。互动H5点亮全国34个省级行政区，朋友圈访问数量超855万次。线下征集活动走进5座城市，收集祝福超过50万条。投放全国18个城市，如北京、广州、深圳、重庆、成都、乌鲁木齐、南京、西安等的地标大屏，覆盖数1.38亿次。联合新华网推出《今日奖牌榜》，累计曝光10亿人次。央视新媒体8期《冠军家味道》节目，点击量超375.1万次。全媒体矩阵关注，图文报道覆盖数超8300万次。

在奥运前后众多品牌的女排营销中，中粮福临门能够实现营销卡位，除了精心策划和强有力的执行外，创造唯一性也是脱颖而出的关键。

宋世雄、郎平、张斌本年度唯一一次同台畅聊女排精神。陈忠和同期唯一出席的排球普及活动。奥运同期唯一与央视新媒体深度合作的女排类节目。女排出征东京，唯一全方位支持并收获郎平感谢的品牌。国内同期唯一一个举办全国青少年排球邀请赛的品牌。

本次金旗奖对2021中粮福临门中国女排整合营销传播的加冕，不仅是对中粮福临门品牌营销影响力和创新力的肯定，更是对该项目丰富品牌营销方法论的认可，即“让社会大众成为营销过程中的主角，从社会价值思考品牌推广的方向”。相信在未来，积攒的营销势能必将释放更大的品牌价值。

亲历者说 **苏玲　腾提度（北京）文化传播有限公司总裁、创始人**

作为一名从央视走出来的营销人，我想着重分享中粮福临门与央视合作的这档《冠军家味道》节目。项目从2020年1月开始启动策划，历经全球疫情的一波三折，终于能在东京奥运会同步播出。在公司全体小伙伴不懈努力与坚持下，在各方价值观与多元诉求重重磨合下，我们成功实现了中粮福临门品牌与央视体育频道、广告经营部门、节目具体制作机构等多个单位的复合型诉求。这是继2016里约奥运会《奥林匹克在里约》大型直播节目的商业运行之后，我们在大赛年的又一次突破与创新。演播室福气满满，调性十足，主持人嘉宾谈笑风生，其乐融融。可以说，本次活动预算比以往精简，品牌效果却更加凸显。

案例点评

点评专家：商容　微软亚太研发集团传播及公共事务副总裁

民以食为天。中粮福临门同中国女排整合营销传播，主推“营养家”和“家香味”两个系列，以“营养家，健康加”和“用味道去想家”的理念，传递“有家就有福临门”的品牌主张。国货正当潮，中粮福临门无愧“国民粮油第一品牌”的美誉。奥运、女排、公益，环环相扣，层层递进，联动 UGC 共振，充分调动时代记忆和情感共鸣。这是一个经典的品牌产品合一的整合传播案例。

2021最具公众影响力企业社会责任大奖

BMW儿童交通安全训练营[①]

执行时间：2021年1月1日—9月1日

企业名称：宝马（中国）汽车贸易有限公司及华晨宝马汽车有限公司

品牌名称：BMW

代理公司：蓝色光标数据科技股份有限公司

获奖类别：金旗奖——2021最具公众影响力企业社会责任大奖

项目概述

BMW儿童交通安全训练营项目是BMW 2005年发起的针对中国儿童交通安全社会问题的企业社会责任项目。该项目旨在提高儿童及家长的交通安全意识，其过去十余年的发展亦是BMW长期贡献的最佳例证。

公众层面：发现、解决交通安全问题；通过创新的形式，进一步助力深化儿童交通安全教育。

利益相关方层面：发挥自身核心竞争优势，以创新形式联动利益相关方，致力于为安全出行做出贡献。

项目策划

1.洞察

全国道路交通安全形势总体平稳，当前影响道路交通安全的因素依然很多。不文明的

① 本文中所涉及的照片，华晨宝马汽车有限公司均已得到被拍摄者的使用许可。

加塞行为、路怒行为、不礼让斑马线行为正在成为影响儿童交通安全的新隐患。2021年公安部交通管理局公布《道路交通安全宣传教育提升行动计划（2021—2023）》，力求全面提高交通安全意识、法治意识、规则意识和文明意识。可见，提升交通出行主题的规则意识和文明意识，已经成为交通安全教育新课题。

2. 目标

提升全民交通安全文明意识，助力文明意识落地，营造安全文明的出行环境。

3. 策略

针对目前交通安全教育面临的儿童学校教育与家庭社会教育落差、知识讲授与安全文明综合素养提升落差，围绕交通安全环境下提升文明意识面临的痛点及根源性问题，BMW儿童交通安全训练营2021年发起了“礼行天下”交通安全文明意识提升行动，从中华优秀传统文化的“礼文化”中发现交通文明意识提升的着力点，创造性地将“礼文化”落实到具体的交通安全教育情境中。

（1）持续丰富内容。将中华民族优秀传统文化中的“礼文化”与交通安全文明意识有机融合，这不仅是落实政府提倡弘扬优秀中华传统创造性转化及创新性发展的有效探索，也是切实提升交通安全文明意识的创新举措。

（2）深度联结利益相关方。BMW儿童交通安全训练营利用自身品牌积累下的多方资源，深度联结利益相关方，联合中国少年儿童新闻出版总社、经销商伙伴、地方交警及车主志愿者深入社区和学校，持续开展儿童交通安全文明体验课，力图实现交通安全全社会共建共享共治。

4. 创意

（1）开发交通安全文明课程和礼仪包。在传统文化、教育心理、交通安全、法律法规等各领域专家的支持下，共同总结出“文明交通”的核心内涵是“礼”，与中国少年儿童新闻出版总社合作，围绕具体场景梳理出“行走之礼”“乘车之礼”“开车之礼”的核心内容，并以此为基础开发交通安全文明课程及交通安全文明礼仪包，捐赠给各地交警、学生、经销商和车主志愿者，通过使用礼仪包，联合礼仪相关方深入社区和学校，开展“礼行天下”儿童交通安全文明体验课。

（2）BMW儿童交通安全训练营推出经销商领创店儿童角。推出经销商领创店新设计，整合BMW儿童交通安全训练营内容，打造儿童角。

（3）2021 BMW儿童交通安全训练营线下快闪营。结合“礼行天下”的主题在北京、无锡、合肥、深圳四地开展2021 BMW儿童交通安全训练营线下快闪营，并向公众开放，让更多的家长和小朋友能够在生动有趣的互动环节中学习交通安全知识，提升交通安全文明意识。

2021 BMW儿童交通安全训练营线下快闪营

（4）发起老司机行车礼仪征集。结合交通文明意识中的各种交通文明礼仪，在“My BMW”App上发起老司机行车礼仪征集，号召BMW车主及粉丝参与其中，共同分享日常生活中的文明礼仪及交通规则，共同构建安全和谐的道路交通环境。

（5）发布“安安熊讲道礼”表情包。根据时下年轻人社交方式，利用BMW儿童交通安全训练营大使安安熊的卡通形象，结合交通安全文明礼仪及交通规则创造一系列“安安熊讲道礼”表情包并对外发布，号召大家在社交过程中潜移默化地传播交通安全文明礼仪。

5.媒介策略

创新线上传播：通过线上征集的传播形式，深入联动媒体，沟通消费者，扩大传播影响力。

内外联动：传播中与政府部门、媒体、KOL、经销商、内部员工、车主等利益相关方进行联动，提供多种素材，利益相关方积极联动，参与共同传播。

权威发布：通过政府平台和权威媒体发声，强调项目行业领导力，提升话题的权威性。

项目执行

2021年5月28日，BMW儿童交通安全训练营与中国少年儿童新闻出版总社主办“有礼行天下，安全伴童行”儿童道路交通安全宣传教育提升行动研讨会，宣布2021 BMW儿童交通安全训练营正式开营，并邀请公安部道路交通安全研究中心代表、法律专家、传媒专家、文化专家及涵盖新闻、汽车等领域媒体参加，从“礼”入手，从安全意识、法治意识、规则意识和文明意识角度，就如何提升儿童交通安全教育、打造文明有礼的出行环境进行讨论。

"礼行天下"儿童交通安全文明体验课

快闪营在重点城市北京、无锡、合肥、深圳举办，辐射周边乡镇，为乡镇学校捐赠交通安全宣传品，普及道路交通安全宣传教育，免费向公众开放。参与者可以在互动中学习到交通安全法律法规，也可以感受到文明礼仪在交通安全中起到的重要作用。

项目评估

作为BMW在中国开展的历时最久的企业社会责任项目，BMW儿童交通安全训练营成功构建了一套社会化的教育体系，弥补了儿童安全教育领域社会力量的不足。项目已连续开展十余年，走过全国20个省市的69座城市，惠及超1亿人，是企业参与儿童安全教育的成功范例，赢得了政府相关部门、媒体、合作伙伴及公众的广泛认可。

截至2021年9月1日，项目共收集到3450篇全部正面新闻报道，央视频、中国交通频道、《中国新闻周刊》等权威媒体刊登报道。"有礼行天下，安全伴童行"儿童道路交通安全宣传教育提升行动研讨会暨2021 BMW儿童交通安全训练营开营仪式总触达超52189098人次；"那些年孩子发出的灵魂拷问"系列交通安全文明问题在线征集共收获1032793次阅读，触达8850587人次。

截至2021年9月1日，项目组已举办北京、无锡两站快闪营活动，共100名核心媒体，2886名公众参与。

亲历者说 **杨新斌　华晨宝马汽车有限公司企业社会责任高级经理**

BMW儿童交通安全训练营发展到2021年，已成为BMW企业社会责任在行业里的独特IP，已成长为行业内，乃至交通安全教育领域的议题设置者。BMW儿童交通安全训练营能够保持十余年的长久生命力，凭借的是项目对社会热点问题的持续关注，对形式内容与社会议题的创新求变，我们坚持以创新的思维提出切实可行的解决方案，持续不断丰富内容，并深度联结利益相关方，如车主、经销商、政府机构等。

拥有十余年历史的BMW儿童交通安全训练营是BMW长期坚持履行企业社会责任的最佳例证。项目能长期保持活力，离不开BMW对儿童交通安全领域的长期关注，对社会热点问题的研究，以及践行企业社会责任时的创新思维模式。

案例点评

点评专家：殷俊　二级教授，重庆工商大学高层次人才特聘教授、博士生导师、艺术学院院长，重庆市元宇宙视听传播研究院院长

该案例通过提高儿童及家长的交通安全意识、法治意识、规则意识、文明意识，充分贯彻了“生命至上，安全第一”的理念，在为改善社会交通安全环境做出实质性贡献的同时，也为儿童交通安全意识的培养做出了表率。在齐心协力传播儿童交通安全知识、提升儿童交通安全教育的同时，也取得了社会公益效果，人性化、创意化地提升了BMW的品牌价值，展现了企业的社会责任感，必然赢得政府相关部门、媒体、经销商及社会公众的广泛认可。

拜耳"健康中国行"科普巡讲会

执行时间：2020年9月—2021年7月

企业名称：拜耳（中国）有限公司

品牌名称：拜耳

代理公司：北京明思力公关顾问有限公司上海分公司

获奖类别：金旗奖——2021最具公众影响力企业社会责任大奖

项目概述

为响应政府"健康中国"的号召，满足疫情后公众的健康诉求，践行企业愿景，拜耳"健康中国行"科普巡讲会正式启动，项目组深入社区为居民普及健康知识，构建完整可持续的公益生态圈，并强化企业负责任的公民形象。

项目策划

1.项目调研

《"健康中国2030"规划纲要》提出广泛开展健康社区等的建设，加强健康教育，倡导健康文明生活方式，提高社会参与度和全民健康水平。健康是人类的刚性需求。在后疫情时代，每个人都是自己健康的第一责任人，越来越多的人主动关注并获取健康知识。怀揣"共享健康，消除饥饿"的愿景，拜耳发挥自身在医药健康领域的核心竞争力，致力于深入社区推动健康科普，提升公众的健康意识和健康素养，创造美好生活。

2.受众分析

政府：政府努力实现"健康中国2030"的目标，正加快推动从以治病为中心转变为以人民健康为中心，动员全社会落实预防为主方针，提高全民健康水平。

医药健康领域专家：医师有宣传卫生健康知识、对患者进行健康教育的责任，专家更是如此，通过健康科普讲座，使更多公众受益，同时增强自身在相关领域的知名度和领导力。

连锁药店：医药健康科普是药店“新营销”的重要一环，药店在弘扬健康科学知识与理念的同时，可以在消费者心中撒下“良心药店”的“种子”。

社区居民：后疫情时代，消费者越来越重视身体健康，同时社区需要强化健康科普知识的传播，提高社区民众健康意识和防护能力。

媒体：社会各界共同助力实现“健康中国2030”目标一直是媒体关注的重点。

3.实施策略

知名专家讲座科普：邀请多个健康领域专家，用可视化、可互动的形式进行健康科普，帮助社区居民建立科学正确的疾病认知，倡导健康生活方式。

贴近民众健康需求：围绕疾病预防和健康促进，解读与大众生活息息相关的健康话题，包括心脑血管健康、母婴健康、膳食营养等方面。

加速融合线上线下：利用互联网和新兴技术，通过线下讲座及线上同步直播相结合的形式，惠及更多市民听众，让“健康”触手可及。

携手地方权威媒体：通过与地方都市媒体深度合作，最大化利用都市媒体在地区的话语权和影响力，提升传播效率，扩大影响力。

联动药店深入社区：借助零售药店深入社区的线下渠道，连接企业与社区居民，提升健康科普教育的影响力和效果。

多方媒体共同传播：联合健康领域、大众领域，以及拜耳自有媒体等不同圈层优质渠道，即时报道转发，实现微信、网站等不同平台覆盖。

4.内容创意

依托自身在医药健康领域的核心竞争力，拜耳积极响应老百姓所感兴趣的医药健康话题，围绕合理膳食、女性健康、慢性病防治等主题开展拜耳“健康中国行”科普巡讲会，普及医药健康知识。

5.媒介策略

与地方权威媒体合作，依托媒体在当地的影响力以及线上线下资源，最大限度地触及受众。

6.传播规划

（1）从“健康上海”延伸到全国。活动以上海作为试点和起点，获得当地居民广泛好评后，逐步延伸至北京、浙江、江苏、广东等其他省市，未来还将在更多城市开展。

（2）覆盖“前中后”的完整传播节奏。每场活动都拥有完整的传播链路，包含从预热海报发布到线上线下公益健康讲座，再到活动后的媒体报道，以及拜耳自有平台的内容露出。

（3）结合线上线下广泛触及受众。在后疫情时代，拥抱线上直播是大势所趋。活动依托地方主流媒体的线上和线下资源，组织线下居民听讲座，并最大限度地触及线上观众。

项目执行

拜耳“健康中国行”科普巡讲会充分发挥“企业—媒体—政府—连锁药店—权威专家”的各自专长，通过线下讲座及线上直播相结合的形式，深入社区为居民普及科学健康知识。

首场公益讲座于2020年率先在上海举行，拜耳分别与《新民晚报》《解放日报》《广州日报》《钱江晚报》和《现代快报》等多家权威媒体合作，携手超过20位健康领域专家，在北京、上海、杭州、南京、温州、广州六大城市，共计开展22场公益讲座。

项目评估

1.效果综述

本项目在六大城市的传播均以社区健康科普讲座为活动承载，进行信息沟通。截至2021年年底，共计获得1300多篇媒体报道，阅读量达2000万次，线下参与人数超1400人，覆盖1.5亿人次。

2.受众反应

通过该项目，拜耳在百姓心中树立了良好的品牌形象，赢得了当地政府的肯定和背书，巩固了与各方合作伙伴的关系，获得了主流权威媒体多方报道。

中国健康促进与教育协会常务副会长兼秘书长黄泽民表示：为提高大众健康意识，提升大众健康素养，2021年协会将携手拜耳，整合多方资源，调动社会力量的积极性，开展多场活动，解读与大众生活息息相关的健康话题，通过深入基层社区，以点带面、点面结合普及健康知识，推动全社会参与健康促进与教育工作。

江苏省省级机关医院护理部主任莫永珍表示：心血管病已经成为影响广大群众生活质量的一项疾病，国家也已经推出了相关的防控政策，但慢病防控还需要医护和患者联动。此次讲座使得医生将自己的专业知识很好传递给了患者，相信患者接受了健康知识后，会更科学地管理自己的病情，最终能更大范围、更加有效地把心血管病控制好，生活质量也能得到提高。

3.项目亮点

（1）一个公益模式实现在全国多地推广复制。项目不受时空局限，通过与当地权威媒体合作，拜耳有效利用媒体影响力，实现跨圈层传播，增强公益传播可持续性，实现在全国多地的推广和复制。

（2）一场公益活动串联所有核心利益相关方。正确的健康科普传播不再是单一主体发声。拜耳整合政府、药店、社区、媒体等多方资源，共同协商讨论，助力“健康中国”建设。

（3）一个公益理念发挥企业的专长服务公益。拜耳充分发挥医疗健康领域的核心优势，将其应用于健康公益讲座。项目在企业内部获得了处方药和健康消费品两大事业部的支持，使得项目可以长期推广，并逐渐遍布全国各地。

亲历者说 张蕾 拜耳中国传播副总裁

为贯彻落实《“健康中国2030”规划纲要》，实施“健康中国”行动，拜耳“健康中国行”科普巡讲会项目于2020年正式在上海启动，为社区居民普及科学健康知识，帮助民众提升健康素养和自我健康管理能力，科学守护个人健康，为建设“健康中国”做出贡献。

作为一家拥有百余年历史的生命科学企业，拜耳公司始终以人民的健康和福祉为己任，多年来深耕中国市场，肩负企业责任，通过产品、创新、合作、科普等方式，秉承“共享健康，消除饥饿”的企业愿景，积极支持《“健康中国2030”规划纲要》，坚定地凭借在医药健康领域的专长，赋予百姓更加美好的生活，为“健康中国2030”目标的实现做出积极努力。

案例点评

点评专家：张宁 中国新闻史教育学会公共关系分会副会长，中国高等教育学会公共关系教育专业委员会副理事长，中山大学传播与设计学院教授、博导，中山大学公共传播研究所所长

该案例顺应国家社会发展的宏观目标，体现知名企业的社会责任感。在疫情防控和公共卫生建设成为社会重要议题的当下，该项目不仅体现了企业具备长远而高尚的公共关系理念，还在借助社会重要议题进行企业形象传播方面有突出表现。科

普巡讲会本来不是新鲜举动，但该案例能在内容系列化、贴近公众需求、携手权威媒体扩大议题、联动药店深入社区方面下足功夫，以点成线，以线连面，形成社会关注度，给社会公众带来实实在在的好处。拜耳的这次公益行动不但能联动线上线下，在唤起社会注意力、形成媒体报道态势和传播企业形象方面也颇有成效。

“BMW中国文化之旅”①

执行时间：2021年1月1日—12月31日
企业名称：宝马（中国）汽车贸易有限公司及华晨宝马汽车有限公司
品牌名称：BMW
代理公司：励尚时代（北京）公关顾问有限公司
获奖类别：金旗奖——2021最具公众影响力企业社会责任大奖

项目概述

世界因不同而精彩，文化因多元而共荣。尊重、欣赏且珍视文化的多元性、差异性，是BMW发起“BMW中国文化之旅”的初衷与动力，2021年是“BMW中国文化之旅”的15周年。15年来，“BMW中国文化之旅”始终以前瞻思维不懈探索，秉持“无责任，不豪华”的理念，长期贡献于非物质文化遗产（简称非遗）行业、社会及BMW自身发展。

项目策划

1.项目调研

BMW始终尊重、欣赏且珍视文化多样性。随着工业文明的发展，人们需要更加重视非遗文化的继承与发展，推动中华优秀传统文化创造性转化及创新性发展，让非遗走进现代生活，为中国传统文化保护与非遗传承贡献自己的力量。

① 本文中所涉及的照片，宝马（中国）汽车贸易有限公司及华晨宝马汽车有限公司均已得到被拍摄者的使用许可。

云南省物产富饶、自然资源丰富，生活着许多少数民族，历经千年沉淀，积累了繁荣多元的民族文化、历史建筑及宝贵的文化遗产，是中国非遗极为丰富的地区之一。

2.目标

持续赋能非遗传承人，搭建可持续的非遗社会化平台和扶持体系；创新传播，促进公众关注、传承中华优秀传统文化；助力文旅产业融合发展。

3.整体策略

实现非遗传承人持续赋能，助力非遗走进现代生活；创新非遗传播，利用直播方式吸引更多公众关注传统文化；保护非遗技艺；探索“非遗+旅游”跨界融合，贡献本地社区发展。

4.受众

非遗传承人、BMW利益相关方、公众。

5.传播内容

15年来，“BMW中国文化之旅”先后探访了中国24个省及直辖市的410项非遗项目，并对其中90项亟待保护的非遗项目和研究课题进行了总计超2500万元的资助，资助并赋能培训近500位非遗传承人，影响并带动近1500万名公众加入非遗的传承与保护的行列。

2021“BMW中国文化之旅”发布了一系列社会成果，成功遴选了5位云南非遗传承人进入“清华大学美术学院BMW非物质文化遗产保护创新基地”，以“做中学”的模式共同设计开发非遗文创品。

联合旅行平台马蜂窝推出升级版《BMW中国文化之旅云南非遗旅游攻略》，助力云南省文旅产业的发展。

2021“BMW中国文化之旅”社会创新成果展在BMW上海体验中心举办，集中展示了BMW与清华大学美术学院合作，帮助非遗传承人共同设计开发的非遗文创品。

6.内容创意

2021探访活动以云南六大主题文化为串联，不仅涉及多元民族文化中相融共生、天地人和的可持续生态文化，也涵盖探寻传承千年的“风物匠心”。

2021“BMW中国文化之旅”社会创新成果展，首次集中展示来自海南、辽宁和湖北的非遗传承人设计的非遗文创作品。展览首次采用绿色环保可循环使用的展示材料，通过嗅觉设计装置与非遗技艺展示互动，打造层次丰富的沉浸式体验。

（1）面向行业，提升内容的深度及权威性。持续与清华大学美术学院合作，提升非遗传承人文创能力；发布辽宁及湖北非遗文创产品；遴选的云南非遗传承人进入创新基地，进行研培。

（2）面向社会，提升内容可传播的广度。以前瞻思维引领文旅融合，借创新传播将非遗"活化"融入生活场景。

推出升级版《BMW 中国文化之旅云南非遗旅游攻略》，发布更贴近年轻一代公众阅读习惯的短篇攻略合集。

围绕茶马古道、可持续生态文化、传统手工艺非遗保护及创新发展等多元主题举办文化沙龙活动，公众也可通过参与线上直播的方式共享文化盛宴。

2021"BMW中国文化之旅"社会创新成果展在BMW上海体验中心持续展出2周，吸引诸多公众前来观看。

（3）面向BMW自身，带动更多利益相关方共同保护非遗。充分利用BMW自有平台，引导利益相关方在提升对非遗项目认知的同时，生产UGC，带动更多人加入非遗保护的行列。

7.媒介策略

多领域、全方位、深层次覆盖：汇聚文旅、生活、经济、汽车、财经等全国重量级媒体集中报道。

新媒体联动、创新传播，扩大传播声量：除微博、微信、抖音外，还利用直播平台等创新性传播平台进行线上传播。

8.传播规划

（1）预热：4月—7月。通过BMW自有平台持续发声。利用"My BMW"App等平台，组织车主活动，传播声量惠及更多相关方。

（2）爆发：7月下旬—8月。云南探访期间，全国媒体大量集中系列报道。利用社交媒体直播平台，组织文化沙龙直播，进一步扩大传播声量。更多运用视频媒体，触达更广泛的人群。

2021"BMW中国文化之旅"探访国家级非遗代表性项目——白族扎染技艺

（3）持续：9月—12月。社会成果持续发布，并策划相关传播事件，保持项目声量持续。2021“BMW中国文化之旅”社会创新成果展举办。升级版《BMW 中国文化之旅云南非遗旅游攻略》正式发布。5位来自云南的非遗传承人进入“清华大学美术学院BMW非物质文化遗产保护创新基地”进行研培。

项目执行

7月，在“My BMW” App中进行预热，带动利益相关者的参与。

7月21日至30日，2021“BMW中国文化之旅”云南探访开始。探访分为东西两线，专家学者、媒体代表等深度参与，成功遴选5位非遗传承人。同时，项目共带动近550万名公众共同关注、传承中华优秀传统文化。

10月26日至11月5日，2021“BMW中国文化之旅”社会创新成果正式展开幕，并面向公众开放。

10月26日，升级版《BMW 中国文化之旅云南非遗旅游攻略》发布。

12月，云南5位非遗传承人进入“清华大学美术学院BMW非物质文化遗产保护创新基地”，其设计、开发的具有市场潜力的非遗文创产品，计划于2022年展出。

项目评估

1.效果综述

通过多领域、多样化的媒体平台，在把控传播节奏的同时，创造了持续且强劲的传播声量。全面联动 BMW 内部自有渠道和平台，全方位对活动进行预热和报道，收获相关方内部好评。

2.受众反应

参与云南探访的嘉宾说：“在探访旅途中感受了祖国山河的壮观景色，更受人文艺术大师和非遗传承人的启蒙，深度体验了中国传统文化的魅力。在整个旅途中，BMW更像一座桥梁，让我深受启发，开始思考之后该如何更加有效地践行个人与企业的社会责任。”

参与探访的BMW车主说：“‘BMW中国文化之旅’是一个非常有意义的项目，通过对非遗文化的深入探访和对非遗传承人的深入了解，我更加体会到传统文化的魅力。非遗传承是一个大课题，好的有价值的传统文化经过不断完善创新后，其生命力更加强盛。用更加创新的手段进行非遗项目推广，可以让更多的人了解和认识它们并为此买单，这样它们才可以更好地传承下去。”

3.市场反应

“BMW 中国文化之旅”借助品牌影响力，覆盖千万公众，并获得市场的极大欢迎。同时，带动BMW授权经销商开展非遗相关活动。

4.媒体统计

截至2021年11月，项目相关媒体报道累计达3926篇。

5.项目亮点

一次探访。

一场社会创新成果展。

持续赋能非遗传承人。

一部非遗自驾攻略。

六场文化论坛。

2021“BMW中国文化之旅”社会创新成果展

亲历者说 尹家玉　云南省非物质文化遗产保护中心主任

“政府主导，社会参与”是非遗保护的基本原则。如何搭建“政府主导，社会参与”的平台，帮助非遗项目、传承人走出“传承难”“活化难”的困境，进一步促进“非遗+旅游”融合发展是当前非遗保护传承乃至文化和旅游融合发展问题的焦点。本次探访活动充分调动社会资源，积极探索“非遗+旅游”创新模式，以“政府主导，企业参与”的方式搭建了政府、非遗传承人、公益组织、高校、企业、媒体等多方参与的、可持续的非遗社

会化平台。活动将扶植非遗传承人作为核心，助力非遗融入现代生活，并通过深化赋能和创新传播，为云南的非遗保护传承和文旅产业融合发展贡献力量。

案例点评

点评专家：隆伟利　罗氏制药中国企业事务与传播副总裁

BMW根植中国多年，一直受到广大中国消费者的认同和喜爱，除了因其拥有强大的品牌美誉度以及优秀的产品质量和服务外，还与其多年来在企业社会责任领域的践行和深耕密不可分。“BMW 中国文化之旅”项目通过将保护中国传统文化与促进非遗传承相结合的巧思设计，搭建非遗走入现代生活的桥梁，既有符合国家战略的顶层设计，又创造了连接广大用户和消费者的市场需求。

2021 年是该项目的 15 周年，项目的一大亮点是打造“授人以渔”的可持续、可复制的赋能模式，用创新传播将非遗“活化”融入生活场景，围绕生态文化及创新发展等主题举办了多场面向社会的文化沙龙，传播上也考虑线上、线下的结合，为社会各界相关方提供借鉴和标准模式的同时，成功打开了潜在的消费市场，是一个不可多得的经典企业社会责任项目。

风雨同舟，心系河南——迪卡侬定向捐赠皮划艇

执行时间：2021年7月21日—28日

企业名称：迪卡侬（上海）体育用品有限公司

品牌名称：迪卡侬

获奖类别：金旗奖——2021最具公众影响力企业社会责任大奖

项目概述

2021年夏天，河南各地连续遭遇极端强降雨，洪涝灾害牵动人心。在做好企业当地员工安全保障的同时，迪卡侬时刻关注灾情发展。在了解到救援一线单位急缺皮划艇等物资后，项目组即刻行动，紧急调拨所有可用物资，向郑州、新乡、卫辉定向捐赠皮划艇、救生衣等器械装备千余件，并第一时间送达抗洪一线的公安干警、消防队员手中，为防汛抢

迪卡侬驰援河南抗洪救灾物资

险工作提供最直接有效的支援。同时，受迪卡侬驰援行动影响，行业伙伴积极行动，陆续向受灾区捐赠皮划艇。

项目策划

1. 目标

以最直接、最有效的产品和服务参与公益事业，支持河南抗洪救灾一线工作，做到精准对接、解决实际问题。

2. 整体策略

由企业牵头，协同内外部资源，同时联动全国各地生产、物流、零售部门，定制运输方案、交接方案。多方通力合作，竭尽所能，确保以最快的速度将救灾最急需的皮划艇、救生衣等物资送达前线。

（1）企业牵头，员工广泛参与。本捐赠项目在企业内部产生强大的正面影响力，全员支持、广泛参与，项目组成员覆盖生产、品牌、物流、零售全产业链各事业部和公关等职能部门，跨部门合作、多地联动，巩固团队向心力。

（2）深度协同，行业内外大团结。此次捐赠活动中，迪卡侬收到多家战略合作方的支持，包括物资生产、运输等环节。同时迪卡侬作为皮划艇品牌方也积极协助其他企业调拨产品、对接物流，开展捐赠工作。一次事件，多方合作，形成跨产业的交流和融合。

（3）个性化物资捐赠，运动产品成功“破圈”。着眼实际需求，结合企业优势，在专业救援队核实用途情况下，迪卡侬精准选择皮划艇、助浮衣等救援急需物品作为捐赠品，务实投身公益事业，同时引导大众关注和讨论“体育”“运动”“正能量”等相关话题。

3. 受众

郑州、新乡、卫辉等水灾严重的市、县、区、乡，参与抗洪救灾工作一线的公安干警、消防队员。

4. 传播规划

（1）企业官方微信公众号首发稿件，引发员工大量转发、评论和点赞，提升企业内部凝聚力，通过内转外的传播形成第一宣传阵地。

（2）迪卡侬中国官微联动，品牌社交媒体跟进，进行二次传播，扩大用户覆盖范围和影响力，提升品牌好感度。

（3）事件引发主流媒体关注和主动报道，增强企业社会影响力。

5. 传播内容

（1）实事求是，以快讯形式第一时间发布企业捐赠信息。

（2）连续报道，多篇即时追踪报道跟进捐赠进展，保持传播热度，同时对捐赠行为进行监督。

项目执行

快速反应：专项工作组成立24小时内，首批皮划艇等物资即交到救灾一线工作者手中。

多方协同：多地、多部门甚至员工个人的全力参与和配合让本次捐赠在和灾情的“抢时间大战”中获胜，爱心接力从广东、江苏到河南跨越1600公里“不减速”。

员工自发：专项工作组内多位员工主动要求加入，大家各司其职且积极承担更多责任，例如，郑州当地团队主动要求作为物资运输中转站，协调外地进豫车辆在省内的行程规划。

强力外援：多家物流战略合作方开放绿色通道，义务支持救援物资运输工作，为项目顺利开展保驾护航。

项目评估

项目共捐赠救援急需物资救生衣、皮划艇及配套设备千余套，定向受捐公安、消防等抗洪救灾单位近十家，捐赠品直接用于群众疏散、道路抢修、物资转移等多项救援一线工作，收获多个专业救援队的肯定和感谢。同时，项目影响行业内其他企业积极加入爱心接力，协助调拨捐赠物资。

因捐赠的皮划艇等产品的运动属性和它们在救灾工作中发挥的巨大的积极作用，捐赠项目受到社会广泛关注和好评，迪卡侬品牌美誉度大幅提升。

继武汉疫情时全干浮潜面罩Easybreath改装呼吸机配件后，迪卡侬凭借运动产品“变身”救援神器的话题再度成为媒体报道热点，《人民日报》《新民晚报》等主流媒体及其他媒体主动发稿300余篇，触达人群120万人次，企业收获品牌价值。

在企业内部，该项目的正能量和社会影响力让员工产生自豪感，极大增强了团队凝聚力和员工满意度。

迪卡侬定向捐赠产品——皮划艇

亲历者说 **赵洁　迪卡侬（上海）体育用品有限公司公共事务高级经理**

“有益于人与地球”是迪卡侬的企业宗旨。自1976年品牌创立，立足体育行业，致力于大众运动的推广和普及，迪卡侬坚守承诺。我们相信“运动，是连接一切的力量”，它同样可以赋能企业社会责任。迪卡侬皮划艇、助浮衣为运动设计，此次捐赠产品经专业救援队核实后认定可用于抢险救灾工作。这是迪卡侬运动产品参与2020年疫情救援后的再一次应急应用。我们以实际行动支持前线救援工作，积极履行企业社会责任，践行企业承诺“出现在最需要的地方”，我们用行动一次次彰显责任和慷慨的企业价值观。“风雨同舟”在这一刻完成了字面意义和内在含义的统一。

案例点评

点评专家：闫浩　品牌营销专家

本案例是一个及时有效的公关案例，针对突发事件，迪卡侬结合品牌自身特点，提供更加合理的解决方案，提升了品牌的美誉度。灾难降临时，救灾是企业的一份责任，但企业如果对赈灾救援公关操作不当，很容易被打上公关作秀的负面标签，所以企业对赈灾救援公关操作有较高的能力要求。迪卡侬先从内部进行传播，引发员工大量转发、评论和点赞，提升了企业内部凝聚力，再由内部传播转向外部传播，巧妙将社会责任变成企业所有人共同的责任，激发企业全员向善并向外扩散，润物细无声地传达了企业的爱心。

“不让一个HER2阳性患者落下”公益项目

执行时间：2020年8月29日—2025年12月31日

企业名称：上海复宏汉霖生物技术股份有限公司

品牌名称：复宏汉霖

获奖类别：金旗奖——2021最具公众影响力企业社会责任大奖

项目概述

2019年发布的全国癌症统计数据显示：乳腺癌为女性恶性肿瘤发病首位，新发患者数约为30.4万人①，其中20%～25%为HER2阳性患者②；胃癌位居我国恶性肿瘤发病次席，新发患者数约为40.3万人③，其中HER2阳性率为3.7%～20.2%④。为了惠及更多HER2阳性患者，提高对HER2阳性乳腺癌和胃癌的预防、诊断及治疗水平，2020年8月29日，复宏汉霖正式启动了“不让一个HER2阳性患者落下”公益项目，通过联合学会、检测机构、公益组织等多方合作伙伴，共同打造HER2阳性患者治疗的整体解决方案生态系统，形成患者及家属、医生及医疗机构、医药企业、医疗保险公司、专业协会和政府机构等相关各方有效整合的一体化医疗生态圈。

---

① 数据来源：《2019年全国癌症报告》。

② Clin Cancer Res. 2009 Dec 15; 15 (24): 7479 - 7491.

③ 数据来源：《2019年全国癌症报告》。

④ 数据来源：《胃癌HER2检测指南（2016版）》。

项目策划

汉曲优®（曲妥珠单抗，欧盟商品名：Zercepac®）为复宏汉霖抗肿瘤治疗领域的核心产品，于2020年7月和8月相继获得EC（欧盟委员会）与NMPA（国家药品监督管理局）批准上市，用于HER2阳性乳腺癌和胃癌的治疗。汉曲优®以对标国际标准的质量开启了中国生物医药研发成果的国际化新篇章，开辟了中国医药企业参与单抗生物类似药“世界杯”比赛的先河。汉曲优®于2021年完成其150mg规格在中国境内所有省市的招标挂网和医保准入，于中国新增的60mg规格的补充申请（sNDA）也在同年获得NMPA正式批准上市，“双规格”的灵活用药组合满足临床多元化需求，即配即用且无须进行“余液管理”也为临床使用带来新标准，进一步减轻患者经济负担。此外，《中国临床肿瘤学会（CSCO）乳腺癌诊疗指南》《CSCO胃癌诊疗指南》《中国抗癌协会乳腺癌诊治指南与规范》“三大指南”明确推荐注射用曲妥珠单抗即汉曲优®的临床应用，标志着汉曲优®获得了权威医学指南的认可，为惠及更多患者打下了坚实基础。2022年，汉曲优®计划联合各医管部门推动《曲妥珠单抗生物类似药药经报告》《护理共识》《药学团标》“三大共识”的制定，有望以“双规格”用药组合促进中国乳腺癌临床规范化诊疗。作为国产生物药“出海”代表，Zercepac®已于英国和包括德国、西班牙、法国、意大利、爱尔兰、匈牙利等近20个欧盟国家和地区成功上市，2021年7月，其150mg规格的上市申请进一步获得瑞士药品监督管理局批准。2021年4月和6月，Zercepac® 60mg及420mg新规格产品也分别获批于欧盟上市销售，为当地患者提供更多剂型选择和灵活的组合用药方案。同年上半年，公司亦同Accord母公司Intas签订正式协议，新增汉曲优®在美国、加拿大地区的商业化布局，触达欧美主流生物药市场。截至2021年10月，汉曲优®对外授权已覆盖80多个国家和地区，覆盖欧美主流市场和众多新兴市场。

为了惠及更多HER2阳性患者，提高对HER2阳性乳腺癌和胃癌的预防、诊断及治疗水平，于2020年8月29日，复宏汉霖正式启动了“不让一个HER2阳性患者落下”公益项目。公益项目整合相关各方的能力和资源，通过涵盖药品准入、医生教育、检测诊断、患者管理及患者教育、患者支付和患者大数据分析等领域的合作，打通并优化HER2阳性医疗的完整产业链，整体提升中国HER2阳性患者诊疗水平，使HER2阳性患者最大化获益，同时达到各方共赢的效果。

公益项目包含的内容如下。

1.检测诊断合作

汉曲优®乳腺癌HER2 FISH公益检测项目于2021年1月1日在全国范围运行，主要覆盖三级及三级以下城市的近千家基层医院，旨在提高基层医院HER2检测率和阳性准确率，助力乳腺癌患者精准筛查以及精准治疗。

2.大数据合作

RWS（真实世界研究）项目于产品上市后启动，自2020年9月1日录入第1例病例以来，已吸引数百家医院的近万名乳腺癌医生和部分胃癌医生积极参与，不仅为中国自主研发品牌积累了坚实有力的真实研究数据，更为临床医生提供了新的治疗选择。

3.患者管理合作

汉曲优®关爱“霖”距离患者管理项目，计划在2020年12月至2021年6月覆盖数千名患者和数百名项目医生，通过与互联网医院平台“微医”合作，赠予HER2阳性乳腺癌患者“线上关爱大礼包”，旨在帮助患者与主治医生建立更好的连接，助力患者疾病全周期管理。

4.医生教育合作

2020年已在全国范围内开展数十场“优美曲线，妙手再现”手术演示互动直播，近百家机构、数百名医生近万人次通过手术视频直播学习，与业内手术名家建立良好沟通，提升乳腺癌手术的操作规范度。

吴阶平医学基金会乳腺肿瘤靶向治疗专项科研课题项目，终审选出近100份优秀课题，鼓励临床医生将临床治疗实践转化为科研数据。

5.药品准入合作

和政府部门、商业公司合作，推动中国生物类似药医保政策及医保支付标准研究，协助制定中国生物类似药招标政策，最大化药品可及性和医院准入覆盖。与中国医药创新促进会合作，牵头搭建生物类似药相关行业标准的出台。

项目的宣传，主要放在公司官方微信平台，针对“优医相助”项目，公司在人民日报健康客户端中设置了活动专题，对每一场公益活动进行视频、文字、图片报道。

6.基层公益合作

为改善中国偏远乡村医疗条件、诊疗水平及医院管理能力，复宏汉霖联合上海复星公益基金会，同时联合人民日报健康客户端和人民日报社《健康时报》推出“优医相助——汉曲优®乡村医疗关爱公益行”活动。该项目邀请国内知名肿瘤医疗专家及医院管理团队，计划走进10余个县乡镇。

项目执行

1.检测诊断合作

汉曲优®乳腺癌HER2 FISH公益检测项目已于2021年1月1日开始在全国范围运行，截至发稿前项目已经为24个省份来自101家医院、共计333位乳腺癌患者提供了免费HER2

FISH检测，帮助这些患者精准用药。随着汉曲优®市场化的进一步深入，项目将覆盖更多的区域。

2.大数据合作

RWS项目自2020年9月启动，截至发稿前已经覆盖全国数百家医院1万余位乳腺癌医生，入组了超1.2万例患者，有望为汉曲优®积累强有力的真实研究数据。

为惠及更多患者，“生物类似药医学调研”项目于2021年7月正式启动，计划新招募全国乳腺临床医生参与调研，调研医生需要在完成患者的首次用药后填写不良反应记录以及对生物类似药的观念认知。截至2021年12月13日，项目已经纳入2000余位临床医生的1.3万余例病例。

3.患者管理合作

汉曲优®关爱“霖”距离患者管理项目通过与互联网医院平台“微医”合作，赠予HER2阳性乳腺癌患者“线上关爱大礼包”，帮助患者与主治医生建立更好的连接，助力患者疾病全周期管理。2020年12月底项目落地，2021年1月患者开始入组，截至2021年12月7日，已入组2000余位患者。

4.医生教育合作

汉曲优®“优美曲线，妙手再现”手术示教交流项目于2021年4月启动二期项目，以手术直播互动为载体，为外科医生搭建交流平台。截至发稿前“优美曲线，妙手再现”已执行24场，覆盖医生1400余人，观看数9500余次。

吴阶平医学基金会乳腺肿瘤靶向治疗专项科研课题项目第一期项目受到临床专家热烈好评，第二期科研申报已于报告期内完成课题招募和终审工作。吴阶平医学基金会也已于报告期内完成课题招募和终审工作，两个项目将支持专家进一步探索乳腺癌治疗领域，为他们提供分享交流平台。

5.药品准入合作

公司援助青年医师开展肿瘤药品的市场准入研究项目，覆盖长三角地区的青年医师，推动长三角医保、医疗、医药三医联动项目开展，让更多青年医师关注目前国内生物类似药、生物创新药的临床可及性，在当前背景下，围绕药物经济学、医保预算影响、招标挂网、药品集中带量采购等方面开展研究。

6.基层公益合作

在“优医相助——汉曲优®乡村医疗关爱公益行”活动中，公益专家团队对当地村医、村民进行乳腺癌等肿瘤疾病的预防、诊断及治疗方法的公益培训，开展疑难病例会诊、义诊，对医院管理及科室建设进行沟通指导，实地考察村卫生室，慰问困难村医，切实把好肿瘤预防诊治的第一道关，为疾病的规范化诊疗铺平道路。2020年至2021年完成了6个县域的帮扶工作，约60位临床专家参与，近1000位患者和600余位基层医务人员获益，共计捐赠6万余元物资支援当地村卫生室。

在“乳腺癌患者个案管理”博雅医学健康研究所合作项目中，为改善HER2阳性乳腺癌患者的疾病管理方式和提升疾病防治知识水平，复宏汉霖联合粉红丝带基金会，在全国范围内开展“新患者入院宣教”和“老患者交流会”两个子项目，全年开展1000多场，覆盖全国近5000名患者。

项目评估

从发病年龄来看，我国乳腺癌发病率从20岁以后开始逐渐上升，45～50岁达到峰值。随着乳腺癌发病率的逐年升高，我国拥有近46万名患者，这是一个非常庞大的数字，曲妥珠单抗作为HER2阳性患者治疗的基础用药，其患者需求与药物可及性之间存在巨大缺口。而这个缺口急需质高价优、应用安全放心的生物类似药来填补，汉曲优®不仅是国内首个国产曲妥珠单抗，也是中国首个自主研发的中欧双批的单抗药物，给抗HER2药物市场带来新的生机。

复宏汉霖致力于以优质生物药服务全球患者，在打造业内领先的一体化生物制药平台和全球化商业布局的同时，更关注从根本上改善疾病的诊疗水平和药物的可及性，积极联合疾病医疗领域的相关各方，构建以患者为中心的健康生态圈，使HER2阳性患者获益更大。期待更多志同道合的伙伴能加入其中，共同实现“不让一个HER2阳性患者落下”的宏伟愿景。

“优医相助”主视觉海报

亲历者说 **余诚　上海复宏汉霖生物技术股份有限公司首席商务官、副总裁**

2020年8月，复宏汉霖自主开发和生产的首个国产曲妥珠单抗汉曲优®正式获得中国国家药监局批准上市。一年多来，汉曲优®已累计惠及超4万名中国HER2阳性乳腺癌和胃癌患者，围绕检测诊断合作、大数据合作、患者管理合作、医生教育合作、药品准入合作和基层公益合作六大模块，患者生态圈的持续建设结出了累累硕果。

我们希望在未来通过与海内外商业伙伴的合作，继续向“不让一个HER2阳性患者落下”的宏伟目标扎实迈进，惠及更多HER2阳性患者，并持续推动国内生物类似药产业链研发、生产、使用等各个环节生态体系的发展与完善。

未来复宏汉霖也将继续发挥企业优势，积极承担企业社会责任，不断致力于改善中国农村医疗水平，向“大病不出县，小病不出村”的目标努力，助力国家健康建设。

案例点评

点评专家：匡冀南　深圳国际公益学院教授

医疗类的公益项目一直很有挑战性，如何在辅助医生治疗的同时，以社会工作独特的优势完成既定的公益目标，这无论对公关公司还是公益组织来说都需要丰富的创意和强大的执行力。上海复宏汉霖生物技术股份有限公司在这一项目上的运行和操作不仅非常有效地支持了医疗系统的工作，而且在传播上颇有心得，获得了很好的社会反响，值得大家去学习和体会。

“百人援滇·上汽人在行动”韩红百人援滇行动赞助活动[①]

执行时间：2020年9月1日—12月31日

企业名称：上海汽车集团股份有限公司（简称上汽集团）

品牌名称：上汽荣威

代理公司：上海哲基数字科技有限公司

获奖类别：金旗奖——2021最具公众影响力企业社会责任大奖

项目概述

2020年有“防疫”和“脱贫”两大关键词，而在这一年中，从支持防疫抗疫再到决胜脱贫攻坚，都活跃着上汽人的身影。身为一家充满社会情怀与责任感的企业，上汽集团于2020年10月携手韩红爱心慈善基金会发起“百人援滇·上汽人在行动”韩红百人援滇行动赞助活动，统筹自身优质资源，对云南省贫困地区展开专业的医疗援助，最终于12月圆满收尾。

活动中，上汽荣威陆续启动41台车辆捐赠、车手志愿者招募、车主爱心故事征集等多个行动，使得活动在核心垂直门户、车主社群、经销商朋友圈等多个渠道平台得到广泛扩散，形成了良好的社会口碑。

① 本文中所涉及的照片，上海哲基数字科技有限公司均已得到被拍摄者的使用许可。

项目策划

1.目标及核心信息

此次活动的目标与核心信息如下。

其一，同心协力勇于担当，打赢脱贫攻坚战。此次活动展现了双方对医疗救助领域的共同关注，也展现了补上云南贫困地区医疗服务这块“短板”的决心。

其二，展现上汽企业文化，增强上汽人在社会公益层面的行动力。与韩红爱心慈善基金会的合作将成为全面展示上汽人精神风貌的宝贵机会。借助此次活动契机，企业积极承担社会责任并传递清晰价值取向，有效地回应用户期待，获得社会认同。

2.目标受众

外部受众：一是主要援助对象，即云南地区缺乏医疗条件的问诊患者；二是车主、经销商等直接利益相关者；三是上汽荣威品牌的潜在消费群体。

内部受众：车主、企业内部员工。

3.传播策略

上汽集团携荣威、名爵品牌开展“援护行”，随援滇进程启动多个活动，将公益的实际效果扩大化。

上汽集团携手旗下荣威、名爵两大品牌捐赠现金、30辆医疗巡诊专用车和11辆嘉宾接送车，为爱心团队保驾护航。云南多高原，道路崎岖，荣威RX5百万款和名爵HS能够应对复杂的道路情况，丰富的主被动安全配置是上汽集团的匠心保证。赠车过程经由签约仪式、动员大会、启动仪式、交车仪式多个环节，有条不紊地层层推进，顺利完成捐赠车辆的交接与使用。

此外，由上汽集团员工、爱心车主、企业代表组成的援滇志愿者也全程参与行动。企业向全国招募爱心车主，并对入选车主进行审核培训，最终他们与车企员工代表、爱心企业代表一同参与行动。而在现场行动外，爱心车主与员工代表也担当了记录者的角色，分享记录行动中的真实爱心细节；同时，本次项目对上汽爱心车主的形象进行了挖掘与传播。

项目执行

第一阶段：9月—10月的预热筹备期

9月12日起，发起全国范围内的招募，邀请上汽爱心车主加入公益，携手出发。

9月22日，举办“上汽集团·韩红爱心慈善基金会公益战略合作伙伴签约仪式”，陈虹董事长与韩红同框出席，互赠纪念品并合影留念，正式与韩红爱心百人医疗援助队伍签订合作协议。现场展示了捐赠车荣威RX5 MAX及iMAX8的核心亮点，由韩红亲自试车，展现了产品实力和爱心公益行的可靠保障。

第二阶段：10月活动期

10月13日至14日，联系车主挖掘公益故事，邀请主流媒体对故事进行采访报道，并配合图片和视频物料等进行社交刷屏露出。

启动仪式现场

10月17日至18日，举办"韩红爱心·百人援滇"动员大会及启动仪式。活动上，上汽集团以匠心品质为爱护航，捐赠30台荣威RX5百万款和名爵HS，9台RX8和2台iMAX8，助力韩红"百人援滇"。

10月19日，企业领导加入会泽县公益现场，为援滇行动献上一份力量，展现品牌正能量。

在10月活动期间，荣威App威生活栏目开设#援滇之行，荣威SUV一路相伴#专栏，与官微及汽车有文化等媒体平台实时报道公益进展，大区经销商同步物料，给公众带来真实活动报道。

第三阶段：11月—12月收尾期

11月2日，"韩红爱心·百人援滇"公益行动抵达终站，迎来最后交车仪式，15天10个县3500余公里，上汽集团和荣威助力韩红"百人援滇"行动圆满收官。云南十个贫困县人民医院代表接收了上汽集团捐赠的医疗巡诊专用车，它们将继续载着医疗援助"上山下乡"，将这份爱心永远传递下去。

12月，捐赠人答谢大会与百人援滇纪录片上线，镜头将援滇行动的主旨凝聚在每个美好瞬间，为公益行动画上圆满句号。

在行动各阶段，集团、主办方及荣威与名爵品牌就话题#韩红百人援滇#和#上汽人在行动#在官微、官博及抖音互动发声，共同传播援滇行动。

项目评估

“百人援滇·上汽人在行动”韩红百人援滇行动赞助活动依托脱贫帮扶的社会公益行为，向全社会传递了人间真情与正能量，吸引了各领域媒体的主动报道与跟进，在核心垂直门户、车主社群、经销商朋友圈等多个渠道平台得到广泛扩散，有效提升了上汽集团及荣威、名爵品牌的形象。

1.荣威官方平台传播数据概览

截至2020年11月15日，阅读总量超2118.64万次，转发、评论和点赞总量超2.11万次。传播期间，荣威官方平台共计发布4篇原创图文，14张长图，11条小视频。其中，荣威官方微博相关内容获得912.1万次阅读量；微博话题#上汽人在行动#阅读量超845.8万次；荣威App发布13条内容，总阅读量超2万次，总评论数818条，获赞3737次；荣威官方微信公众号共发布4条内容，总阅读量达37.4万次；荣威官方抖音共发布1条视频，总赞数9786个。

2.活动报道媒体传播数据概览

“上汽集团·韩红爱心慈善基金会公益战略合作伙伴签约仪式”露出104家媒体，总计158篇次，总阅读量超235.36万次；“韩红爱心·百人援滇”启动暨捐赠仪式活动露出19家媒体，共计71篇次，总阅读量超96.3万次；汽车有文化旗下平台共发布4篇深度游记、11条视频、6条微博图文，总阅读量超177.3万次，总赞2159个，总在看61个，总评论125个。

汽车有文化视频号、腾讯视频、车家号在10月19日至11月9日共发布10条原创短视频，各平台总阅读量为10.09万次，总点赞数2076次；微博平台在10月18日至29日共发布6条内容，平台总阅读量6.9万次；微信公众号共发布4条内容，总阅读量4.2万次。

3.亮点概览

信息实时发布，维持话题热度：在活动期间，每站活动的记录视频及亮点长图都由公关实时输出记录，在荣威App、官方微博、媒体朋友圈等多平台实时同步发布；而在“双微”平台，荣威官方账号与韩红爱心慈善基金会官方账号进行多次互动。如此整合运用新浪微博、微信朋友圈、抖音、上汽荣威App、核心垂直门户网站等多种传播渠道，构筑多个用户触点，持续提升话题热度，不仅在公益活动中提升了品牌形象，也展示了上汽集团可靠的技术与产品力。

充分调动资源，与用户共创：自9月进行的爱心车主招募活动共计有上百名车友积极报名，在活动期间，车主及用户更是随援滇行动进程积极互动，主动输出车主视角援滇故事，极大丰富了传播物料。如此不仅加强了品牌的用户凝聚力，也体现了企业始终以用户为中心的理念。

亲历者说 翁仁杰　上汽乘用车公司荣威品牌营销部公关高级经理

作为具有爱心、恒心、决心的中国知名汽车品牌，上汽荣威通过“百人援滇·上汽人在行动”活动，向广大公众传递了荣威人的积极公益形象。为了给活动提供可靠的保障，给云南贫困地区提供实际的援助，上汽荣威品牌捐献了几十台车作为医疗巡诊专用车与接送车，与兄弟品牌名爵一起助力；而为了动员力量、汇聚爱心，我们更是带动员工、媒体朋友、车主加入公益队伍，凝聚荣威人的团结之心与力量。

在未来，荣威、荣威人将继续跟随上汽集团以用户为中心的理念，为社会做得更多、做得更好，源源不断地给公众传递荣威“品位科技，知你知行”的价值与正能量。

案例点评

点评专家：朱立阳　北京行行行广告有限公司创始人

公益活动的传播往往流于套路，或者略显低调。而正确的公益做法，应该是基于大众关注点，帮助公益活动实现更广泛的传播和影响。该项目的亮点在于，从合作策略上，与韩红这位长期进行公益宣传的IP展开合作，让原本枯燥的项目自带流量和招募渠道。这是所有公益项目都可借鉴的方式。

湖北恩施扶贫助力计划

执行时间：2020年7月1日—2021年5月1日

企业名称：悦奔（杭州）科技有限公司

品牌名称：恩施扶贫助力计划

获奖类别：金旗奖——2021最具公众影响力企业社会责任大奖

项目概述

恩施土家族苗族自治州，简称恩施，隶属于湖北省，是典型的“老、少、边、穷”地区。恩施地处大山深处，基础设施及交通状况相对较差，经济比较落后。恩施全市，农村人口居多，善于耕作，自给自足的生产作业仍然是恩施当下主要的生产方式。

由于历史文化、经济、交通等多方面的限制因素，恩施与外界仍然存在比较显著的经济差距。在恩施，虽然水电资源、风电资源、硒矿资源丰富，但受限于文化及科技能力，当地村民无法将这些资源经济化，导致资源无法充分利用，当地经济状况得不到有效提升。

综上所述，恩施虽然已经摆脱贫困，但经济仍然处于相对落后状态，需要国家政府及企业进行帮扶，以促进恩施经济发展。

立足湖北恩施的实际情况，针对恩施特有的富硒大米、野生纯山茶油、恩施玉露、藤茶等农业产品，企业特策划恩施电商网红村打造计划。

项目策划

1.引进流量

联合抖音、快手、斗鱼、一直播、新浪微博、头条号等新媒体平台，通过短视频、直播、软文等方式，宣传湖北恩施特产。

邀请抖音、快手短视频KOL，斗鱼、一直播直播KOL，新浪微博、头条号KOL等其他平台带货达人，通过短视频、直播等方式，宣传湖北恩施特产，产生粉丝流量。

联合新华社、第一财经、《经济观察报》、环球网等新闻媒体，通过软文的方式，宣传湖北恩施特产，让外界了解恩施特色。

2. 增加销量

通过注册抖音、火山、淘宝等官方账号，策划创意短视频或直播，线上售卖湖北恩施特产。

通过对湖北恩施特产的评估，选择一样或几样打造爆款产品，着重宣传，以增加销量。

策划线上线下活动，吸引不同行业、渠道客群参与，增加产品销量，间接带动恩施旅游经济发展。

3. 培育网红

根据湖北恩施当地的特色和特产，定制一村一品一网红计划。

目的：①培育恩施当地素人网红，打造自有流量；②通过教学令恩施素人网红具备线上销售的基本能力；③建立恩施网红生态圈，实现从产品到旅游良性循环。

“生产基地+商品运营+网红直播”

我们将以“引进流量、增加销量、培育网红”为目标，成功打造恩施特色网红经济

一村一品一网红

计划：建立网红素人学院，教会恩施当地的素人使用拍摄器材、运用拍摄软件，学会基本的短视频拍摄和制作技巧；根据恩施当地特色，采取特色化训练模式，因地制宜，因时而异，使直播和短视频都具有恩施色彩；定期邀请KOL带领素人网红一起直播，帮助恩施当地素人提高粉丝流量；选择素人中粉丝量提升最快、销量最佳的红人，定期分享经验和心得。

项目执行

税收优惠：对于企业的帮扶项目所得，提供相对比例的税收优惠。

场地支持：对于一村一品一网红计划，提供免费培训场地。

网红补贴：对于参与线上卖货的合作达人，提供提成补贴。

经销商优惠：对于通过此方案而参与合作的经销商，提供价格优惠。

此次助力扶贫对接政府扶贫政策，充分利用企业多渠道多元化资源，对湖北恩施采取因地制宜的特色化扶贫措施。希望通过以上扶贫措施，改善恩施现有经济状况，缩小其与外界的贫富差距，使恩施尽快走上致富之路。

项目评估

响应江干区（已撤销）东西部协作号召，项目组利用企业资金、人才优势、线上流量优势，助推贫困村、贫困人员“造血”增收。新投入扶贫事业的企业能得到东西部协作小组、恩施政府的认可与支持，共同推进扶贫行动的顺利开展，创造扶贫地区和企业双赢。

基于恩施当地的现有条件，项目组规划以“两步走”的方式，循序渐进，推动扶贫工作的开展。

第一步，项目组希望在当地政府的支持下尽快实现场地、设备及员工的基本配备。其中，场地目前包括2间或3间面积约为20平方米的直播场地；企业将为恩施助农计划提供5台直播设备和人才输出，还需当地支持3～5套满足当地使用的设备；目前，企业已沟通搜狐千帆直播、花椒直播、快手直播三个直播平台进行初期恩施产品直播带货露出，预计投入300万元进行带货流量的引入，希望政府能提供扶贫产品推送流量补助及开店支持。

第二步，为达到预期效果，企业将安排外聘专业带货网红达人现场授课，并请传媒大学和平台商相关人员到现场教学直播带货技巧，以帮助当地尽快建立自有带货能力的网红孵化基地。希望尽可能多符合要求的员工到场培训，需要总面积不少于200平方米的场所用于培训工作的开展。由于综合培训讲师和设备投入较高，预计全年费用为24万元。此外，项目组将重点打造几名农村带货达人，邀请大流量网红合作一起帮带货，提升其人气和流量，预计投入15万元。

亲历者说　舒里也　悦奔（杭州）科技有限公司总经理

我们不只通过直播为恩施直接“带货”，做销售转化，还帮助恩施当地企业进行产品包装设计、产业市场推广及品牌传播服务，打造具有恩施特色的网红直播村。我们通过提供专业直播器材、培育恩施当地网红、教授专业直播课程等一系列直播培训服务，让农户能够自己产生流量。多平台为湖北恩施的贫困企业及农户提供“造血”式助产助农服务，从而为产品销售奠定基础，形成新的产业链，形成持续有效助力，帮助当地尽快优化经济发展秩序，令居民增收致富。

案例点评

点评专家：袁凌　力拓集团中国区企业关系总经理

本案例以落实国家“乡村振兴”战略和推动恩施特色乡村经济发展为出发点，通过有影响力的平台KOL，以创意短视频和直播以及线上线下相结合的方式，展示恩施多元民族文化特色，推介丰富旅游资源，并带动当地富硒农产品销售。企业聚焦生产基地的非遗特色，通过弘扬传统文化，以流量带动乡村经济发展。本案例通过时下流行的新型传播方式，很好地提升了恩施的知名度，彰显了企业社会责任，并切实地改善了当地人民的生活。

娇韵诗“你守护城市，我守护你”520全城守护计划

执行时间： 2021年5月15日—23日

企业名称： 娇韵诗化妆品（上海）有限公司

品牌名称： 法国娇韵诗

代理公司： 罗德奕远公关

获奖类别： 金旗奖——2021最具公众影响力企业社会责任大奖

项目概述

1.背景与挑战

娇韵诗是源自法国的高端美妆品牌，从品牌创立之初就一直以关爱女性为宗旨。娇韵诗在全球大力支持医疗、人道主义与环境等方面的公益项目。而娇韵诗在中国深耕多年，需要加强品牌在国内作为企业社会公民的良好形象，增加消费者对品牌的好感度。

在当今美妆品牌公益项目繁多的情况下，娇韵诗如何选择适合自身品牌基因，同时能引起消费者共鸣并主动关注的公益活动，成为本次项目的最大挑战。

2.目标

塑造品牌在国内作为企业社会公民的良好形象。

增强消费者对品牌的忠诚度和好感度。

3.前期调研

后疫情时期，人们的城市生活逐渐恢复正常，清洁工、快递员、公车司机等城市守护者功不可没，尤其是这些岗位上的女性工作者……公众对城市公共服务人员的关注逐渐增加。

在城市奔波的公共服务人员当中，女性的比例越来越高。2020年以来，国内新注册的女性网约车司机超过了26.5万人；从顺丰2019年从业人员统计数据中得知，每10位配送员中就有1位是女性；城市环卫保洁行业中，女性工作人员占80%。①

项目策划

1. 洞察

品牌寻找目标消费群时，经常与快递员、外卖员、环卫工人及公交车司机等公共服务从业人员擦肩而过，很少了解这个工作群体，特别是女性公共服务从业人员的工作状态；这群城市公共服务人员时常需要在烈日下工作，却疏于保护自己的肌肤，缺乏正确的防晒意识。

2. 实施策略及内容创意

“520”前夕，娇韵诗以爱为名，开启对女性城市守护者的公益守护行动，在城市街头，建立起多个固定及移动守护站点，直达城市守护者本人。

（1）融合“520”节点造势。在5月20日，娇韵诗“守护街头工作者”，呼吁公众关注在各行业中奉献的女性工作者，提醒她们要爱护自己。

（2）利用夏日场景化活动全面打造UV小白盾防晒产品新形象。

3. 传播渠道

（1）类型：以上海当地生活资讯、大众公益等媒体为主，打造本地热点事件，突出品牌定位，制造星级声量。

（2）平台：微博、微信公众号、微信视频号、抖音等。

各平台同时曝光，持续话题热度，增强品牌公益形象，提高广大消费者对品牌的公益好感度。

项目执行

（1）5月15日，预热期。微博、小红书、微信公众号等平台发布预热海报，深化本次活动内容，引起广泛讨论；预热海报在多个平台共同发布，扩大受众群体，实现破圈层传播。

① 网约车女司机、环卫女工作人员的数据分别来自《滴滴数字平台与女性生态研究报告》和时代数据。

（2）5月17日至20日，活动日。在上海全城设立多个守护站点，为户外基层女性工作者送上夏日守护力量。

街头行动，建立起多个固定及移动守护站点，直达城市守护者本人。

覆盖上海多个区域，从清晨开始一直到日落，凸显守护阳光下的城市守护者。

关爱多个在阳光下作业的工种，包括快递骑手、公交车司机、环卫工人、社区志愿者、早餐摊位店员等。

设计防晒产品娇韵诗UV小白盾人偶，为女性守护者派送守护套装，吸引户外基层工作女性主动交流。

为女性城市守护者送上实用而贴心的守护套装：娇韵诗UV小白盾、防晒帽、冰袖、便携小风扇、果汁、鲜花。

纪录片形式全程记录守护行动。

（3）5月20日至23日，传播期。娇韵诗品牌官方微博、小红书、抖音、微信公众号与视频号发布活动纪录片，多家新闻、公益、城市资讯媒体转载报道，话题二次传播并持续发酵。

项目评估

1.预热

预热海报发布后，自发引起众多粉丝的参与和评论，产生众多UGC好评。官方微博、公众号、视频号、小红书等发布活动视频后，收获众多消费者自发式转发和点评，更有用户主动分享真实的"守护故事"。

2.派送当天

无论是顺丰女配送员、社区女志愿者，还是公交车女司机等，她们对于在"520"这个特殊的节日收到礼物都表示非常惊喜和开心。因为平日都是她们把鲜花和礼物赠予他人，自己却鲜少收到。她们表示很感谢大家能注意到她们这个群体，也呼吁其他基层女性工作人员，在忙碌工作的时候，不要忘记照顾好自己，追求属于自己的美丽。

3.传播效果

活动预热海报发布后，立即获得广泛关注及讨论。官方平台曝光总计329800次，互动数据总和达2500次。

纪录片在娇韵诗的官方微博、小红书、微信公众号发布后，立即获得一致好评。除收获众多点赞和转发外，视频更获得多家新闻、公益、城市资讯媒体的转载报道。纪录片发布后，一周内官方平台曝光量总和达2851900次，全平台媒体转载报道曝光量共计高达

3669万次。

其中，官方微博转发高达3万次，甚至超过部分同期发布的流量明星内容，实现了破圈层传播，更不乏真实消费者在评论区分享动人的守护故事。

4.项目亮点

（1）温暖预热，收获故事。通过趣味互动的预热海报设计（将产品藏于画面各处）在各平台宣传预热，引发众多粉丝的参与和讨论，并触发分享不少来自用户的真实城市守护者故事。

（2）节点传播，突破出圈。配合“520”节点，突破传统传播内容，在上海多处设立固定及移动守护站点，最大限度为户外基层女性工作者送上温暖与关爱（鲜花、防晒降温用品等），凸显品牌温度。

（3）有趣互动，吸引关注。与产品相似的形象人偶设计（小白盾人偶），成为本次现场派送的关注焦点，吸引户外工作的公共服务从业女性主动交流。

（4）视频呈现，直观感受。将活动过程拍成真实的纪录片在官方账号发布，除收获众多点赞和转发外，视频更获得多家新闻、公益、城市资讯媒体的转载报道，收获不错的社会反响，更有受众持续、主动分享真实的“守护故事”。

亲历者说 刘昀　罗德奕远公关广州副总经理

娇韵诗是源自法国的高端美妆品牌，从品牌创立之初就一直以关爱女性为宗旨，助力更多女性的美丽绽放。

在“520”这个特别的日子里，我们有幸助力品牌“以爱为名”的公益活动，为顶高温、冒烈日的女性城市守护者送上鲜花与贴心的夏日防晒礼物，这体现品牌初心，也真实传递着品牌的温度。

这是一场公众有共鸣的公益活动。活动视频发布后，引起了不少市民的共鸣，身边不少的朋友也自主在朋友圈转发。这是我们十分感动的地方。

案例点评

点评专家：王晓晖　国际关系学院文化与传播系副教授

各品牌在“520”开展的营销活动多聚焦爱情、友情、亲情。娇韵诗关爱烈日下作业的女性城市公共服务从业人员的活动亦落脚于情爱——真情大爱，贴心实用的守护套餐表达了娇韵诗对快递骑手、环卫工人、社区志愿者等户外基层女性工作者的拳拳爱意。这样的真情换来公众的真心点赞，这样的大爱亦体现了品牌的胸襟和格局。与并不鲜见的博眼球、蹭流量的噱头式营销活动相比，这场活动无异于一股清流。

金斯瑞南京·高校百公里接力赛暨10公里大众健康跑体育公益活动[①]

执行时间：2020年10月26日—11月25日

企业名称：金斯瑞生物科技股份有限公司

品牌名称：金斯瑞南京·高校百公里接力赛

代理公司：北京福莱希乐国际传播咨询有限公司

获奖类别：金旗奖——2021最具公众影响力企业社会责任大奖

项目概述

2018年，南京市政府将建设“创新名城”确立为城市发展的第一战略，将生物医药产业确定为创新代表产业，但产业规模和人才虹吸效应仍有待提升，南京将更注重对人才的吸引与保留。

基于该背景，企业联合江苏省教育厅、江苏省体育竞赛管理中心等相关部门发起金斯瑞南京·高校百公里接力赛暨10公里大众健康跑体育公益活动（简称金斯瑞南百），旨在助力打造南京城市形象，展现本土生物医药产业的创新面貌，吸引高校人才在当地就业生活。首届活动于2020年在南京牛首山景区举办。

项目策划

1. 目标

展现当代青年学子积极向上的精神面貌，提升高校人才和公众对南京生物医药产业的

① 本文中所涉及的照片，金斯瑞生物科技股份有限公司均已得到被拍摄者的使用许可。

认知，从而强化南京高校云集的人才优势，以及当代南京创新、健康、活力的城市形象。

打响首届活动的知名度，特别是赛事部分在高校中的知名度和美誉度，为拓展活动规模和社会影响力奠定良好的基础。

树立企业的行业领导地位和作为本土企业的社会责任，同时为企业品牌建设赋能，为企业进入更长远的品牌化征程沉淀价值。

2.挑战

项目存在三大挑战：如何把城市形象、生物科技、跑步、健康联系起来，并与普通公众产生联结？线下活动参与度有限，如何打响第一届活动的知名度，并且为后续持续举办蓄力？如何吸引高校年轻群体关注和参与，并让他们产生共鸣？

3.受众及策略

金斯瑞南百以南京市及周边的江苏省高校学生群体和南京市民为主要受众，以企业员工和高潜人才为次要受众。

首先，疫情提升了公众对生物医药行业的了解意愿和了解程度，也引发公众对健康前所未有的重视，以疫情为切入点，拉近生物医药行业和普通公众之间的距离，同时丰富首届活动的立意和精神内涵。

其次，设置有话题性的赛事规程和互动环节，开发活动专属品牌资产，打通活动和传播之间的壁垒，并为活动规模扩大铺垫空间。

最后，整体采用年轻化的语言和视觉调性，触达年轻群体的互动平台，引导用户自发生产创意内容，产生裂变，留下“城中热事”的印象，补足线下活动有限的影响力。

4.内容创意

设置疫情相关话题和互动环节，并将抗疫防疫的话题贯穿整个活动期。

首届活动主题最终定为“‘接’尽全力”，激发参赛学子为学校荣誉而战的使命感，同时赞扬全国医护人员为抗疫前赴后继、南京生物医药产业以技术优势奋战抗疫一线的行为；活动特邀为武汉抗疫做出了贡献的华中科技大学成员来南京参赛。在疫情防控的客观条件下，线上全程展现活动疫情防控进展，增强公众的好感和信任。

建立金斯瑞南百的专属内容资产和VI（视觉识别系统）资产，并结合如“加油舞抖音模跳”“转发赢取健康跑名额”“Dr. G随行Vlog（微录）”等互动推广，同时在私域平台产出大量UGC，在短时间内形成话题合力。

以赛事启动新闻发布会和比赛当天为重要节点做新闻媒体传播，为金斯瑞南百的公信力和城市影响力背书，并拍摄大量图文、视频素材用以社交媒体发布。

5.媒介策略

采用全媒体矩阵，深度挖掘整合赛事专业平台和资源，实现“全网直播+新闻媒体播报+

社交媒体互动+自媒体发酵”的传播效果。

新闻媒体：邀请权威媒体参加赛事启动新闻发布会并观摩当天比赛，报道金斯瑞南百相关新闻。

社交媒体：通过赛事当天线上直播，并在朋友圈投放直播预告，辅以城市类公众号预热、“加油舞抖音模跳”等互动方式持续为金斯瑞南百提供大量曝光，并形成裂变，为自媒体引流。

自媒体：发动金斯瑞南百活动专页、公司对内和对外自媒体矩阵、高校和城市跑团自媒体平台等，围绕活动集中发布相关信息和话题，巩固主要受众的印象和感知。

“加油舞抖音模跳”互动　　建立金斯瑞南百品牌资产　　通过线上直播、线下互动、全媒体渠道作内外传播

项目执行

金斯瑞南百项目整体筹备及执行期为3个月（其中传播期为1个月），主要分为以下六个阶段。

准备期：活动资质批复、制订跑步路线、邀请高校参赛、疫情防控、启动招商、品牌资产建立和物料设计。

引爆期：举办赛事启动新闻发布会，大众组健康跑启动报名，发布赛事启动新闻和健康跑报名信息。

预热期：陆续公布高校参赛队、应战宣言、跑步特写故事，组织多个网络互动，持续发布赛事筹备进展。

活动临近期：全面预告直播信息，参赛高校集中备赛，开展企业品牌宣讲。

活动当天：全程直播配以专业赛事解说，媒体观赛并报道；自媒体矩阵发布现场图文和Vlog、直播内容；专门设置行业互动展区。

活动后期：发布集锦视频，赛后问卷调查，高校参赛者社群深耕启动。

比赛现场

项目评估

1.效果综述

首届金斯瑞南百顺利举办，活动知名度打响并成功“出圈”，金斯瑞南百IP潜力初步显现。活动当天吸引了15所高校参赛，近500名高校学生和民众参加，其中参赛学校涵盖南京所有985、211院校。不同覆盖面的受众对赛事本身、南京高校资源优势、南京生物医药创新产业均有了不同程度的了解，南京的正面形象有所提升。

2.受众反应

金斯瑞南百以专业性、趣味性博得高校学生、参赛公众、媒体、员工的一致好评，许多人均表示希望继续参加第二届活动。受众表示对南京大力发展生物医药产业、打造创新形象有了更多了解。受众坦言，重新认识了这家企业，对企业关注社会公益的行为颇有好感。

3.媒体统计

全媒体矩阵策略收获全网高曝光量、赛事高公信力、学生高参与度，实现受众感知、公众认知、跨地域触达的传播效果，收获包括权威媒体在内的新闻媒体主动报道260余篇，全网创造1000余万次点击量，将南京健康活力的形象、城市生物医药的行业优势，以及金斯瑞南百品牌有效传播至南京本市，延伸至全国。

4.项目亮点

活动将南京城市形象建设、城市产业战略、当地人才吸引与保留、民众健康的生活方式巧妙地汇集于一体，收获多方互惠共赢的传播效果。不仅如此，该项目对于企业传播也是一次突破性的尝试，为B2B企业“破圈跨界”打造行业领导力和社会影响力提供了参考范本。

首届活动即充分考虑短期和长期目标相结合，有效铺排资源，针对不同圈层的受众采取相应的传播手段，最终既成功提升企业知名度，又为该活动未来IP化打造奠定基础，以小博大获得高回报的传播价值。逐年举办下去，该项目有望实现打造“国内一流的高校长跑接力赛”的目标，成为代表南京创新产业与高校资源优势的城市品牌名片。

亲历者说 陈曦 金斯瑞生物科技股份有限公司企业传播副总裁，项目总负责人

推进一个与城市名誉紧密相关的大众体育项目，需要的不仅是专业的项目组，还需要项目组有超强的沟通协作能力。在设计出一个对城市影响力提升、企业文化传播、大学生青春风貌展示都极具价值的活动创意之后，最关键的就是要全力争取政府各相关部门的支持，使其对活动意义的认知达到一定高度。如何调动全市高校参与？怎样突破客观条件的限制？如何做到资源最优配置？重重难关之下，是团队必胜的勇气。青春激活了都市，精彩来之不易。

案例点评

点评专家：霍静 陆领科技联合创始人兼COO（首席运营官）

生物科技公司紧扣自己的领域，聚焦年轻人，从健康出发，扩大自己品牌知名度和美誉度，是一个很好的选择。活动目标明确、策略清晰，采用的传播手段也是年轻人喜好的方式。线上线下相结合，运用了B站这种年轻人集聚的平台，对于生物科技公司来讲，是一个非常不错的品牌传播方式，也是生物科技公司比较稀缺的传播手段。这种公益项目需要的是长期坚持，要做成一个持续的有影响力的品牌，是后续需要考虑的。在疫情反复的情况下，如何令活动持续升温，让更多的年轻人关注和参与进来，是营销方和品牌方后续要重点思考的。

李锦记希望厨师项目十周年①

执行时间：2011年9月6日—2021年9月6日

企业名称：李锦记（中国）销售有限公司

品牌名称：李锦记

获奖类别：金旗奖——2021最具公众影响力企业社会责任大奖

项目概述

李锦记希望厨师项目是一个由李锦记创办，集聚各方力量，资助有志青年免费学厨圆梦、为中餐业发展培养未来之星的项目。该项目2011年启动，每年，李锦记都从全国公开招募有志从事中餐烹饪的经济上有困难的青年，通过寻找有相同教育梦想的国家重点职业高中，以校企合作的方式，开设李锦记希望厨师班，由李锦记全额资助（“全额学杂费+生

十年里，李锦记希望厨师项目已资助1000余名有志青年学厨圆梦

① 本文中所涉及的照片，李锦记（中国）销售有限公司均已得到被拍摄者的使用许可。

活补助+交通补贴”）其入读国家正规职业高中中餐烹饪专业，并鼓励学员学成后投身餐饮企业，为中餐业的发展贡献力量。

项目策划

大约十年前，李锦记观察到很多乡村孩子因家庭经济困难，初中毕业后就辍学，他们并非没有志向，只是缺少一个成就自己的机会。李锦记开始思考：可以为这些孩子做些什么呢？能否教给他们一门技艺，让他们靠自己的双手改善生活，实现自我价值？

职业教育是国民教育体系和人力资源开发的重要组成部分，是青年成功成才的重要途径。李锦记始终以“发扬中华优秀饮食文化”为使命。在此过程中，李锦记深切体察到了中餐厨师的境遇，厨师虽然收入不低，但劳动强度相对较大、工作环境和社会地位又不尽如人意等，中餐业的传承和发展正面临着挑战，迫切需要青年人才。同时，在经济欠发达地区，有些家庭经济困难或考不上高中的孩子，因为没有一技之长，只能从事低技术工作，如果能帮助这些青年掌握一技之长，恰恰能解决社会问题。

2011年，在核心价值观“思利及人”及使命“发扬中华优秀饮食文化”的推动下，李锦记希望厨师项目诞生。

自开展之初，李锦记希望厨师项目的定位便非常明确——它不是一次性的慈善捐赠，而是一个企业全程参与、重在育人的长期工程。从希望厨师的招生、面试、录取到入学、在校培养、毕业及毕业后的追踪，李锦记都全程参与。

2011年，李锦记成立了希望厨师项目小组，负责项目的策划、执行和对希望厨师的追踪管理，同时建立了完善的招录工作体系和面试评分标准，实现了全程公平、公正、务实、透明的项目运作。

项目执行

1.发挥地方合作伙伴优势，助力生源选拔

在这个全国性、长期性的教育公益项目中，李锦记并不是孤军奋战。深耕十年，李锦记通过整合企业资源，已搭建起了一个供企业、政府、学校、志愿者、媒体等社会各方爱心力量参与的平台。

在四川，项目获得中共四川省委统战部支持，其发动四川省各市、州统战部的力量动员招生；在广西，项目获得中国民主建国会广西壮族自治区委员会支持，民建广西区委钱学明主委每年都会亲自到各个县宣传动员招生；在江西，李锦记和江西省萍乡市莲花县教

育局合作，依靠其公信力为项目背书；在黑龙江，李锦记与哈尔滨市关心下一代工作委员会（简称关工委）携手，依靠在哈尔滨市关工委工作的老党员、老干部、老军人、老模范、老教师这些“五老”同志，在当地开展工作；在甘肃，李锦记与西部阳光农村发展基金会合作，透过其在当地学校的驻校社工，向学生宣传李锦记希望厨师项目……

每年招生季，李锦记希望厨师项目小组都会分赴全国各偏远地区实地面试、笔试及家访。面试时除了考核申请者的志向、品格外，还要测试味觉、嗅觉，判断申请者是否适合学习厨艺，对厨师行业是否有热情。之后，项目小组还要深入一线，对申请者随机家访，以判定录取次序。

面试过程中，对候选人进行嗅觉和味觉测试

2.在公司内部，跨团队协作，加强内部沟通

在公司内部，李锦记希望厨师项目在企业事务团队的主导下，涉及IT（信息技术）、厨务、财务、HR（人力资源）等多个团队的协作。

企业事务团队，中国香港、广州、北京、成都的同事通力合作，保证项目各项活动顺利推进，通过李锦记希望厨师俱乐部、李锦记毕业生恳谈会等活动，帮助希望厨师在职场和人生路上迅速成长。

IT团队协助搭建项目专题页面，为网上报名提供技术支持。

厨务团队积极参加希望厨师班的开班仪式、毕业典礼及线下活动，毫无保留地向希望厨师分享自己的从业经验。

财务团队在希望厨师生活费的支付上积极配合，确保每月生活费按时发放。

HR团队通过公司内部邮件的方式，向全体员工发布希望厨师的故事，介绍项目及项目小组故事，传递李锦记希望厨师项目践行企业文化的案例。

企业管理层每年都会到校看望希望厨师、与学校领导班子开会研讨希望厨师培训事宜，并参与主题班会、观看学生技能展示等。他们不仅了解孩子们在校的学习情况，也关心他们毕业后在工作岗位上的发展。

3.校企共育，让“1+1>2”

2011年至2020年，李锦记希望厨师项目相继在北京市劲松职业高中、四川省成都市财贸职业高级中学校和广州市旅游商务职业学校落地。

这三所合作学校，都是李锦记经过调研、精挑细选的国家级重点职业高中。在选定合作学校时，李锦记首先考虑的是双方是否具有相同的教育梦想和价值观念，同时会从学校的师资力量、培养方式、人文关怀、推荐就业等方面综合考量。

从2011年起，李锦记和合作学校一起创新性开拓了“校企双主体育人”的公益实践，校企一起成立了希望厨师培育领导小组及工作小组，负责项目的整体设计、统筹规划、监督实施、质量评估、组织管理和条件保障；校企共建希望厨师培育体系，通过文化育魂、课程育能、活动育才、管理育行、实践育情五种途径，对希望厨师班学生进行全方位培养。

2021年，是李锦记希望厨师项目的十周年，围绕项目十周年，团队开展了一系列的活动。

2020年11月，开设微信公众号，集中展示项目进展及学员故事。

2021年春节，组织北京、成都、广州三地学生录制“48道年夜菜”，手把手教网友做菜，在快手上发起#“锦”上添花年夜饭#话题，相关视频引发超221万次播放。

2021年5月，联合途梦公益开展“梦享家”线上直播课，邀请已毕业的学员，向湖南、甘肃、重庆、陕西、贵州5所学校的260余名中学生分析职业体验和成长故事，介绍厨师行业的发展前景。

2021年5月，举办李锦记希望厨师项目十周年公益快闪，希望厨师在成都宽窄巷子向游客、市民现场展示烹饪技艺，传播中华优秀饮食文化。

2021年6月，在李锦记希望厨师北京班的毕业典礼上，学校老师和毕业学员通过视频直播，向网友展示项目成果，当天直播观看量达到2.2万人次。

此外，项目组通过希望厨师十周年视频、优秀学员成长系列视频、十周年报告等形式，讲述项目十年发展历程。

務實 诚信 永遠創業精神

思利及人 造福社會 共享成果

李文達题

李锦记集团价值观

项目评估

10年来，李锦记持续性、系统性地投入李锦记希望厨师项目超千万元，累计资助约1000名有志青年学厨圆梦，覆盖了21个省市，使53个国家级贫困县受益。他们多在北京、上海、广州、成都、深圳等大城市的五星或四星级酒店和知名餐饮企业工作，成了中华优秀饮食文化的传承者和发扬者。

李锦记希望厨师项目通过“育人心、启人智、授人技、助人立”的专项运作和全程跟进，实现“以职业教育改变命运”的初衷；李锦记和合作学校一起搭建了中餐行业职业教育平台，创造性开创了“校企双主体育人”的公益实践。

李锦记希望厨师项目通过十年践行，托起了个人的希望、家庭的希望、家乡的希望、中餐业的希望。项目整合和链接企业资源，搭建起了一个政府、企业、学校、用人单位、公益机构、志愿者、媒体等社会各界爱心力量参与的平台。那些昔日羞怯的乡村少年，也继承了李锦记“思利及人”的精神，实现了从受助者到自助者再到助人者的转变，把自己接受过的爱和善意一点点回馈给社会。

对于企业来说，李锦记希望厨师项目通过持续输出李锦记企业文化，打造“向上向善”的企业形象，极大提升了李锦记品牌美誉度。李锦记希望厨师项目的十年运营，使李锦记在各级政府部门中树立了良好企业公民形象，为企业的持续经营保驾护航 。

项目与企业发展战略融为一体：李锦记希望厨师项目结合企业的自身发展战略设计完成，起到了项目执行、资源链接、平台搭建的作用，通过共创共建、多方合作的方式，实现了公益价值最大化。

项目覆盖范围不断扩大：从中国的北京、成都、广州发展至马来西亚。李锦记于2019年在中国香港正式成立“李锦记希望厨师慈善基金”，致力成就更多青年实现厨师抱负、协助在职厨师提升专业水平，促进全球切磋厨艺。

项目传播方式不断创新：从利用报纸、电视等传统宣传渠道，发展成通过新媒体、短视频平台、直播等方式传播李锦记希望厨师项目。

亲历者说 赖洁珊 李锦记中国企业事务总监

10年里，希望厨师班孩子们的变化令我欣喜。经过3年的系统学习，有人“升上去”，进入了更高学府继续在烹饪领域深造；有人“留下来”，为城市的餐饮行业添砖加瓦；有人“返回去”，带动家乡人民一同创业致富；还有人“走出去”，把中华优秀饮食文化传播到了国外……

一批批希望厨师班的学生从青涩、迷茫的乡村少年，成长为独当一面的大厨、行政管理人才、青年创业家；李锦记希望厨师项目也逐渐成长为一个能够为企业和公益机构提供范本效应的“模范生”。

下一个10年，我们将初心不忘，继续播撒希望！

案例点评

点评专家：孙瑞祥　天津师范大学新闻传播学院原院长、教授，原舆情与社会治理研究中心主任，中国新闻史学会新闻传播教育史研究会副会长

李锦记在职业教育领域深耕十年，创新性开拓了“校企双主体育人”的公益实践育人模式，践行了“思利及人”的企业核心价值观，值得称道。难能可贵的是，李锦记希望厨师项目不是一次性慈善捐赠，而是一个企业全程参与、重在育人的长期工程。企业十年投入超过千万元，累计资助约1000名有志青年学厨圆梦，覆盖了21个省市，使53个国家级贫困县受益。这些实实在在的数据，表明本案例是青年成功成才的有益探索，是精准扶贫的典型案例，彰显了企业的社会责任。

“精神健康，人民安康”——2020世界精神卫生日绿丝带主题科普活动[①]

执行时间：2020年10月10日—11月10日

企业名称：灵北中国

品牌名称：灵北中国

代理公司：北京艾博唯企业策划有限公司

获奖类别：金旗奖——2021最具公众影响力企业社会责任大奖

项目概述

在中国，抑郁症存在于各类人群中。推动长期持续的抑郁症防治措施，特别是在后疫情时代形成常态化精神健康科普教育显得尤为重要。2020年，灵北中国支持的“精神健康，人

主视觉海报

① 本文中所涉及的照片，灵北中国和北京艾博唯企业策划有限公司均已得到被拍摄者的使用许可。

民安康”——2020世界精神卫生日绿丝带主题科普活动，旨在提高后疫情时代人们对于抑郁症的关注度和认知度，普及疾病相关知识。该科普教育活动于2020年世界精神卫生日当天启动，企业陆续开展了23场线上讲座、搭建科普专题页面、举行了10余场顶级专家访谈，整体活动总计覆盖人群约41378422人次。

项目策划

作为脑部疾病领域的全球领先制药企业品牌，2018年以来，灵北中国已连续三年支持开展“绿丝带主题科普活动”系列精神卫生科普项目，携手媒体、科研机构、企业等多行业伙伴深入探讨精神健康话题，针对大学生、职场人士等人群定向开展了定制化、专业化的科普讲座。疫情暴发后，灵北中国积极开展线上精神健康科普，通过数字化的创新方式持续帮助抑郁症患者。三年来，“绿丝带主题科普活动”累计已与数十位国内专家展开合作，平均每年覆盖线上线下数千万人群，极大提升了公众对抑郁症的认知。

2020年，灵北中国与人民日报健康客户端、《健康时报》等权威行业媒体以及京东健康合作，积极开展线上精神健康科普，通过数字化的创新方式持续帮助抑郁症患者，旨在提高人们的精神健康意识、消除患者的“病耻感”。

项目在线上直播的同时，还在全国性的权威媒体、健康行业媒体和重点省市的大众都市类媒体平台进行了疾病重要科普知识传播和专家线上授课精华内容线下落地，使政府、精神疾病领域专家、媒体和公众等相关方参与进来，传递出“精神健康，人民安康”的理念，并取得了良好的社会效益。

项目执行

2020年10月10日，“精神健康，人民安康”——2020世界精神卫生日绿丝带主题科普活动在北京正式启动。启动会上，中国科学院院士、北京大学第六医院院长陆林教授，北京回龙观医院主任医师杨甫德教授、时任灵北中

活动海报

国总经理（现任灵北全球高级副总裁及亚洲区域负责人）戴麓然（Lorena Di Carlo）围绕“聚焦脑部疾病为中国患者带来更多创新药物”话题进行了主题分享，直播同时在人民日报健康客户端、健康时报客户端、百度健康、腾讯视频、腾讯看点、头条号、爱奇艺、新浪微博、优酷发布。10月12日至11月10日，京东健康与灵北中国联合推出线上专家讲座，来自18家专科和综合医院的22名权威精神心理健康专家共进行了23场全国直播讲座。活动期间，项目持续联动各个平台对专家采访文章进行推广，并在人民日报健康客户端形成专题页面。此外，系列专家采访文章通过新浪微博等社交平台进行及时推广发布，项目组通过设置相关的微博话题，引发受众对项目的关注与积极互动。

项目评估

“精神健康，人民安康”——2020世界精神卫生日绿丝带主题科普活动于2020年10月10日世界精神卫生日正式上线，活动历经一个月，截至2020年11月10日。

活动在线启动仪式于14个平台播出，浏览量达160万次。

人民日报健康客户端推出主题科普活动专题页面，10位顶尖专家的深度访谈专题页面在活动启动后陆续推出上线，该专题页面连同采访文章共获得53万次浏览。

人民日报健康客户端对企业总经理戴麓然的视频采访，在健康时报客户端、百度健康、腾讯视频、腾讯看点、头条号、爱奇艺、新浪微博、优酷多个平台发布，共获得16万次浏览量。

新浪微博为此次项目特别制作的微博话题，累计浏览量3081.9万次，评论1.2万条。

由京东健康与灵北中国联合推出的线上专家科普讲座，共邀请到来自18家专科和综合医院的22名权威精神心理健康专家开展了23场全国直播讲座，获得757496人次观看。

自10月10日启动至11月10日线上科普讲座落幕，共收集媒体报道622篇（原创报道155篇，转载报道467篇），总受众约8267583人次。

亲历者说 张丽娜（Lina Zhang） 灵北中国企业传播、IT及行政部副总监

2020年年初，突如其来的疫情给公共卫生、社会经济和民众生活带来了巨大的改变，也给人们的精神健康带来了巨大的影响。

作为脑部疾病领域的全球领先制药企业品牌的一员，满足民众保持精神心理健康的需求，我们责无旁贷。

正因如此，2020年世界精神卫生日，我们特别携手各合作方开展了“精神健康，人民

安康”——2020世界精神卫生日绿丝带主题科普活动，希望通过携手各方，帮助民众树立积极的心态和共同对抗疫情的信心。

感谢各方的支持和参与，整个项目取得了积极的反馈和良好的效果。

案例点评

点评专家：刘畅　克诺尔中国区副总裁，欧盟中国商会政府事务论坛主席

本次活动从主题选取、项目设计、传播形式及手段、传播策略和效果，以及项目执行和影响力等方面，都体现出高水平和专业性，不失为企业社会责任传播的经典案例。

随着现代生活节奏的加快，以及疫情和全球经济低迷的双重打击，抑郁症疾病的防治越发不容忽视。企业恰如其分地从消除“病耻感”这一独特的切入点入手，通过医疗专家背书，借力权威媒体以及京东健康、新浪微博等强势平台，理论结合实际，结合线上线下资源，融合公益科普直播、专家讲座、公益纪录片等多种传播形式，普及医疗知识、呼唤公众意识、树立品牌形象、践行企业社会责任，取得了理想的传播效果。

更值得赞赏的是，本案例通过多种创新传播渠道相结合，贯穿医患、专家、企业代表等各方的情感表达，让受众自然而然产生共情，是一个有温度、有责任的传播案例。

2020 世界无烟日公益活动[①]

执行时间：2020年5月1日—6月30日

企业名称：罗氏制药中国

品牌名称：罗氏中国

代理公司：罗德公共关系顾问（北京）有限公司

获奖类别：金旗奖——2021最具公众影响力企业社会责任大奖

项目概述

2020年5月31日是第33个世界无烟日。为促进社会各界对烟草危害的关注，提升大众对烟草与肺癌（尤其是小细胞肺癌）之间关系的认知，进而强化二手烟社会干预和大众控烟意识，在健康中国行动控烟行动工作组的指导下，罗氏制药中国携手国家呼吸疾病临床研究中心、中国健康教育中心、中国戒烟联盟、中国医学科学院呼吸病学研究院、中日友好医院以及北京市控制吸烟协会医学戒烟干预专业委员会，于5月开展“无烟为明天”公益活动，并在世界无烟日当天携手政府、专家、社会组织，共同发布控烟公益片，正式启动抖音公益挑战赛，呼吁大众，尤其是年轻人远离烟草，推进无烟环境建设。

项目策划

1.实施策略

我国吸烟人群数量庞大，为更好将控烟与肺癌进行关联，最大限度扩大传播影响力，

① 本文中所涉及的照片，罗氏制药中国和罗德公共关系顾问（北京）有限公司均已得到被拍摄者的使用许可。

罗氏中国借助权威力量，以创新的互动形式和有节奏的传播开展疾病教育并向公众呼吁。

权威性：抖音公益挑战赛由健康中国行动控烟行动工作组指导，国家呼吸疾病临床研究中心、中国健康教育中心、中国戒烟联盟、中国医学科学院呼吸病学研究院、中日友好医院主办，北京市控制吸烟协会医学戒烟干预专业委员会、罗氏制药中国协办，以权威公益活动吸引大众参与，保证活动影响力。

创新性：一直以来，控烟教育往往以受众被动接受的形式进行，而重症疾病的科普平台普遍单一。此次抖音公益挑战赛，罗氏中国采用抖音互动的形式，让公众主动参与视频录制，主动认识吸烟危害，以创新的传播形式和趣味性的社交互动提高受众参与自发性，一改往日控烟教育受众被动姿态。活动更是重症疾病处方药领域首次尝试在抖音平台进行公益传播。

阶段性：为让项目更立体丰满，本次活动从企业内部向外部推进展开，将线下发布作为集中爆点，在蓄势储备和持续传播上节奏得当，让公众有充分的参与时间。

2. 内容创意

在传播核心内容的规划上，着重强调“肺癌”与“烟草”的关系，呼吁大众关注小细胞肺癌与吸烟/二手烟之间的关联，强化“98%小细胞肺癌都与吸烟或二手烟暴露有关”[①]这一关键信息，推动公众，尤其是青少年充分了解吸烟和二手烟暴露的严重危害，简洁直白，便于理解和传播。

在内容形式上，借助不同类型的情景，从不同角度凸显核心内容，展现内容的多元化与丰富性。

3. 媒介策略

选择年轻人群体中使用频率较高的社交平台抖音作为核心媒介，开展线上活动，呼吁社会各界关注烟草危害，关注小细胞肺癌，共同助力构建无烟环境。在扩大传播影响的过程中，权威媒体全程参与报道，提升权威性。电视台及直播，传统和新媒体双管齐下，借助全媒体平台同时发力，丰富报道层次，包括平面、网站、微信及微博进行多渠道传播报道。与此同时，地方媒体全面跟进，立足北京，辐射全国，涵盖吉林、山东、湖北、广东、成都等地的媒体，如《新京报》《齐鲁晚报》《成都日报》《广州日报》等。

4. 传播规划

2020世界无烟日公益活动传播分为三个阶段。首先，面向全体员工率先启动挑战赛，激发员工自发向外传播，扩散传播影响力，并为后续大众传播预热造势。其次，在第33个

---

① “无烟为明天”世界无烟日公益活动启动　助力实现“健康中国”控烟防癌双目标［EB/OL］.（2020-05-31）［2022-05-17］. https://baijiahao. baidu.com/s?id=1668222364797132491&wfr=spider&for=pc.

世界无烟日当天，携手政府、专家、社会组织等权威主办方，在线下共同发布《烟草与肺癌》公益视频，并正式启动“99招拒绝二手烟——抖音公益挑战赛”，借助多平台媒体报道扩大此次公益活动传播声量。最后，在大众抖音公益挑战赛期间，通过专家呼吁、媒体报道及KOL动员等多种方式，借助短视频分享平台对年轻一代的影响力，将趣味社交与公众倡导相结合，加强二手烟社会干预，呼吁广大年轻人积极参与到无烟环境建设中来，全方位强化大众的控烟意识。

项目执行

5月25日，团队率先通过内部微信平台，面向全体员工启动抖音公益挑战赛，企业近4000名员工共同参与控烟，为建设健康中国贡献力量。

5月31日世界无烟日当天，抖音公益挑战赛暨《烟草与肺癌》公益视频发布会启动会在北京举行。活动通过国家卫健委政务平台“健康中国”进行全程直播，并与全国近40家媒体连线，现场各位嘉宾就烟草危害、戒除烟瘾、控烟教育及共建共享无烟环境等话题进行了深入交流。

在6月大众抖音公益挑战赛期间，大众可通过搜索话题#99招拒绝二手烟，录制展现拒绝二手烟#的创意短视频，上传并@世界卫生组织戒烟与呼吸疾病预防合作中心进行互动，同时借助专家呼吁，与美妆类、辣妈育儿类、舞蹈类、语言配音类、剧情类等不同领域KOL合作，输出参赛视频，为挑战赛持续发声，全面提升活动影响力，吸引大众参与。

项目评估

1.效果综述

2020世界无烟日公益活动总计产生媒体报道127篇，各平台总浏览量超过1.8亿次，总互动量296万次。为期一个月的抖音公益挑战赛同样完美收官，共吸引了全国4000余人参赛，最终30支获奖创意视频脱颖而出。

2.受众反应

“99招拒绝二手烟——抖音公益挑战赛”首次利用年轻人喜闻乐见的社交媒体平台抖音作为平台，通过挑战赛这一新颖的形式，吸引了大批年轻人参与其中，将严肃的社会性话题传播转化为年轻人更愿意接受的形式，以“二手烟社会干预”作为出发点，吸引广大年轻人自主拍摄控烟短视频，展现拒烟态度。世界无烟日当天，大众对于控烟、二手烟的危害的关注度显著提升。随后，大众对企业和小细胞肺癌的关注度也稳步上升。挑战赛共吸引了全国4000余人参赛，共产生4335支有效视频，296万余人互动参与。

3.市场反应

“99招拒绝二手烟——抖音公益挑战赛”合作的7位KOL类型多样，覆盖母婴、美妆、舞蹈、搞笑/剧情、配音及情侣领域，共计发布7条视频，收获69417次点赞、3419条评论、1754次转发分享，为本次活动扩大了影响力。

4.媒体统计

国家卫健委政务平台“健康中国”直播在线观看人数达151.9万人（微博145万人，今日头条4.9万人）。2020世界无烟日公益活动相关媒体报道共127篇，其中，原发报道49篇，转载报道78篇，阅读量共计719万次，精准覆盖目标受众。“99招拒绝二手烟——抖音公益挑战赛”最终累计浏览量突破1.8亿次。

活动海报

活动现场

亲历者说 朱怡宁 罗氏制药中国企业事务及传播部经理

如何形成符合年轻人喜好的传播模式值得探讨。在世界无烟日期间，我们发起了一个拒绝二手烟的抖音公益挑战赛，希望通过轻松活泼的形式，来让年轻人参与这一挑战，让更多年轻人能拒绝第一支烟，并向周围的二手烟说“不”。

案例点评

点评专家：郑威 华硕电脑中国业务总部副总经理兼新闻发言人

这是一个非常好的社会化整合营销案例。公益活动最难的是没有真正引发社会的共鸣和关注，而变成自说自话。本案例很好地利用了公众的关注点，并且借助抖音这个全民新媒体平台，以挑战赛的方式让更多的人参与了进来。通过二手烟这样一个大家都关注的社会痛点，吸引全民的注意力，辅以权威媒体的解读和背书，让事件更有权威感。稍有遗憾的是，在该案例中没有看到太多的创意内容，在与大众沟通的过程中，少了一些能引发自传播的东西。

7 向窒息说“不”——2021年世界遗传性血管性水肿日整合传播[①]

执行时间：2021年5月1日—31日

企业名称：武田（中国）投资有限公司（简称武田中国）

品牌名称：达泽优（拉那利尤单抗注射液）、飞泽优（醋酸艾替班特注射液）

代理公司：广东博雅公共关系有限公司上海分公司

获奖类别：金旗奖——2021最具公众影响力企业社会责任大奖

项目概述

武田中国作为罕见病领域的领航企业之一，始终秉承“以患者为中心”的理念，致力于满足患者未被满足的紧迫需求，为患者发声，呼吁社会各界加强对罕见病患者的关注。

活动海报

① 本文中所涉及的照片，武田（中国）投资有限公司和广东博雅公共关系有限公司上海分公司均已得到被拍摄者的使用许可。

2021年5月16日，第十届世界遗传性血管性水肿日来临之际，武田中国携手中国遗传性血管性水肿关爱中心雨燕（简称雨燕），共同打造向窒息说“不”——2021年世界遗传性血管性水肿日整合传播活动，旨在全面提升公众对遗传性血管性水肿（HAE）的认知度、呼吁加强社会关注，提升HAE在中国的诊疗率和诊疗效果，展现企业长期以来对中国HAE等罕见病患者群体的支持和关爱。

项目策划

1.目标

提升疾病认知：提升大众对遗传性血管性水肿的疾病认知，突出HAE喉头水肿导致窒息的致死性，助力提高疾病知晓率，进而改善疾病在中国的诊断情况。

放大患者痛点：展示HAE患者未被满足的需求，呼吁社会关注。

普及科学治疗理念：介绍创新治疗方案，强调科学治疗、预防治疗的理念，助力改善患者生活质量。

强化企业形象：通过一系列公益科普活动，体现企业“以患者为中心”的核心理念，强化企业在中国罕见病领域对患者的承诺。

2.整体策略

以“向窒息说‘不’”为传播主题，直接点明了HAE喉头水肿导致窒息的致死性，简单明了，强化受众记忆。

携手中国患者组织、行业专家、媒体等各合作方，通过线下新闻发布会、科普快闪展、专家及患者代表专题采访，以及线上视频传播、社交媒体传播等方式，多方位传递“向窒息说‘不’”主题，覆盖各方面受众。

与《南风窗》、人民日报健康客户端等知名全国权威媒体合作进行活动的专题报道和专家患者采访，强化内容深度；与知名KOL联合在抖音、B站、新浪微博等社交媒体平台制造活动话题，扩大传播广度；全渠道、全平台地最大化传播影响力。

通过水下舞蹈、科普快闪展等创意呈现方式，生动展示疾病危害，便于公众理解并加深印象。

3.受众

公众：社会大众对遗传性血管性水肿等罕见病认知度低。本项目旨在提高公众对HAE等罕见病的认知度和关注度。

行业伙伴：包括医生、专家、学者。这类人群具备专业医学知识，关注罕见病话题。本项目希望提高行业伙伴对HAE的关注，邀请权威专家分享HAE疾病科普内容，呼吁社会关注并重视罕见病。

HAE患者等罕见病患者群体：患者群体长期被HAE或其他罕见病困扰，生活质量受到严重影响。本项目旨在为患者群体发声，呼吁社会各方力量对罕见病患者群体给予更多关爱。

相关政策决定者：本项目希望提升相关政府组织工作人员对HAE等罕见病患者群体的关注，彰显罕见病药物进入医保的迫切性，提升罕见病治疗药物的可及性。

项目执行

前期预热阶段，发布以HAE为题的水下舞蹈作品，以视频为载体，呈现"窒息"主题的巧妙创意：HAE如同幽灵般纠缠着患者，当患者喉头水肿发作时被窒息感与恐惧感笼罩着，而患者不愿被束缚与支配，与疾病激烈抗争，演绎HAE患者发病时的窒息危险性。视频在斜杠玩家吉叔微信视频号、B站、微博、抖音、小红书等平台原发，以打造出圈影响力，触发社交平台热议，吸引公众关注HAE。

在世界遗传性血管性水肿日当天，发布纪实短片《被放大的身体，被缩小的人生》与HAE患者采访图文报道，通过HAE患者分享真实生活经历，揭开鲜为人知的HAE患者生活的一角，揭示HAE给患者身心造成的痛苦、患者及其家人因疾病而被改写的人生，以引发大众共情，呼吁政策惠及。相关报道在南风窗微信公众号、微信视频号、微博、人民日报客户端、腾讯新闻客户端、今日头条客户端等平台原发，通过人民网、《健康时报》等关联媒体的门户网站、微博同步转发，充分发挥权威媒体意见领袖的作用，通过权威媒体背书，扩大舆论声量，产生全国影响力。

联合患者组织，在上海市中心商圈打造以"向窒息说'不'"为主题的世界遗传性血管性水肿日科普快闪展，通过多媒体图文视频展览，结合线上线下互动体验，全面进行HAE疾病知识科普，吸引公众，扩大传播影响力。

邀请数十家权威媒体及行业类媒体共同参加专题新闻发布会，与专家、患者代表及企业代表深入对话，围绕我国HAE治疗的现状和挑战、患者典型故事、当前治疗手段等角度进行讨论和解读，并对疾病知识及中国患者现状等情况进行深度报道。

发动内部员工，鼓励企业员工作为活动志愿者参与快闪科普展现场支持工作，加强内部员工对公司"以患者为先"理念的理解和认同感，共同践行对中国罕见病患者的承诺。

项目评估

1.效果综述

通过水下舞蹈视频、微博话题建立、患者纪录片、科普快闪展、新闻发布会和开幕仪式等多元化形式，形成线上线下联动、全方位多渠道覆盖的传播效应，向政府部门、行业伙伴、患者群体和公众直观呈现HAE疾病知识和真实患者经历，全面提升公众对HAE的认知度，呼吁社会加强关注，并体现企业长期以来对中国HAE患者等罕见病患者群体的支持与关爱。

2.受众反应

李定国教授（上海市罕见病防治基金会理事长）："这样的活动生动地帮助人们了解到，罕见病不仅仅是一类疾病，更是一个社会问题，社会各界需多方助力、共同努力，为中国罕见疾病患者带来更美好的未来。"

罗女士（雨燕组织患者代表）："我们希望通过本次展览让普罗大众'看到''听到''感受到'作为少数派的HAE患者的真实心声，给予患者群体更多的理解和支持，与我们一起共同向窒息说'不'！"

汤老师（中新社）："这是一次非常不一样的活动，把科普和艺术结合得很好，现场的影像展一下子把我们吸引住了，HAE的发病症状和危害让我觉得非常震惊！这也是我第一次了解和关注到HAE及其患者群体，大家应给予HAE等罕见病患者群体更多的关注。"

展台照

3.媒体统计

项目组联合知名水下摄影艺术家Uncle J共同打造的水下舞蹈视频总播放量超过

110万次，共计超3.4万名受众参与了留言、点赞和转发。众多留言表达了对该视频创意的肯定：欣赏以水下舞蹈艺术呈现“窒息”主题的巧妙创意，表示水下舞蹈带来了更直观的感受，肯定了视频背后深意的感染力，表达了希望对HAE有更深入了解的意愿。

项目组联合《南风窗》打造的国内首支聚焦HAE患者纪录片《被放大的身体，被缩小的人生》总播放量高达137.4万次，互动量达3.5万次。

4.项目亮点

项目组针对罕见病“不为人知且难以理解”的特点，以创新生动的传播方式吸引受众关注最大化，提升公众疾病认知度。

采用水下舞蹈视频这一新颖形式，具象演绎HAE发作时的窒息感，艺术化地呈现患者与疾病斗争的过程。舞蹈第一部分展现HAE如同幽灵般纠缠，喉头水肿发作时窒息感和恐惧笼罩着患者；第二部分展现患者不愿被束缚与支配，与疾病激烈抗争，最终得以解脱（解开黑丝带），重获新生。舞者颈部缠绕黑色丝带，寓意HAE喉头水肿所带来的致死性，为观众带来了强烈的视觉冲击。通过社交平台广泛传播，该视频引发了观众对HAE的关注和讨论，激发了公众进一步了解罕见病知识的想法，增进了公众对罕见病患者群体的关注。

线下传播给予受众直观、具象的视觉冲击，引发了受众深入了解患者群体未尽需求的意愿。

采用科普快闪展的形式，搭建疾病数据文字墙、患者照片展示区、互动屏、患者体验区等，并设置现场志愿者全面科普HAE知识。通过多媒体图文视频展览，结合线上线下互动体验，增进专家、患者代表、媒体、公众对罕见病的认知。

亲历者说 郭胤仕 上海交通大学医学院附属仁济医院过敏科教授

HAE是目前全球约7000种罕见病当中的一种。了解这个疾病的人非常少，患者从疾病开始发作到最后确诊，往往需要十多年。

其实，包括HAE在内的许多罕见病都有着疾病认知度低、诊断率不足、患者就诊路径曲折等痛点，社会公众对这些罕见病的了解和认知亟待提高。

所以我很高兴看到本次活动通过更加通俗直观的艺术展现形式，帮助观众更加直观了解到HAE这种罕见病的相关知识，这有助于提高社会大众及临床医生对该疾病的认知，帮助HAE患者尽早确诊、少走弯路。

案例点评

点评专家：王兵 “首席赋能官”创立人，高盈人才高级合伙人

从所呈现的内容看，策略的连贯性、创意结构和传播媒介组合都比较完整，而且兼顾了新颖和通俗，这些都是该案例值得肯定的方面。

除了以上值得肯定的方面，该案例还有很多可以提升的地方。其一是目标人群可以更加精准，通过分类分层，可以抓到实现突破的细分人群，瞄准“靶心”精准传播。其二是可以进行线上线下整合传播，通过更接地气的方式引发二次、三次传播。这两点是紧密相关的，目标人群越精准，策略越下沉，传播越聚焦，沟通才会越有效。

关于罕见病的医学科普需要渗透到社区街巷去，这样才有可能真正触达核心人群，患者教育的效果才能落到实处。

2021最具公众影响力企业公关传播大奖

“DHL快递携手Eviation开启电动飞行新时代”本地化传播项目

执行时间：2021年7月1日—8月31日

企业名称：中外运-敦豪国际航空快件有限公司

品牌名称：DHL快递中国区

获奖类别：金旗奖——2021最具公众影响力企业公关传播大奖

项目概述

2021年8月3日，DHL快递宣布从全电动飞机制造商Eviation公司订购12架Alice全电动货机，共同开启航空历史新篇章，向实现可持续航空发展迈出开创性一步。在中国，物流行业也正加速向绿色物流转变。本项目通过对DHL快递购入Alice全电动货机的新闻事件

DHL快递Alice全电动货机

进行本地化传播，以最少成本实现传播效果最大化，进一步巩固了企业作为国际快递行业领导者及可持续发展企业的形象定位。同时，项目首次尝试与自媒体在抖音平台合作，实现跨界传播。

项目策划

1. 实施策略

根据前期调研，项目组发现本次新闻事件不仅可以与可持续发展的大话题相贴合，还可凭借电动飞机的创新属性，获得科技爱好者的关注，具有多样的传播角度。因此，本项目在传播时遵循“两手抓”的原则，一方面，从可持续发展话题入手进行媒体沟通，精准触达主流媒体及垂直领域（如物流、航空、财经及科技）媒体；另一方面，首次尝试与泛科技领域的自媒体合作，触达科技爱好者，从而进一步扩大传播范围，实现跨界传播。

基于此，项目传播策略分为三个阶段。

阶段一：新闻发布前。

稿件本地化：对英文新闻稿进行汉化，并与全球总部协调多媒体资料（图片及视频）在国内使用。

定向媒体沟通：根据话题属性，选出可能对话题感兴趣的主流媒体及行业媒体，与其沟通这一新闻事件，并根据其选题需要提供相关资料，协助稿件撰写。

抖音自媒体筛选：根据自媒体发布内容的属性、粉丝情况及往期内容热度，筛选合适的自媒体并与其沟通合作事宜。

阶段二：新闻发布时。

广泛覆盖：向物流、航空、财经及科技等相关垂直领域媒体推送新闻稿，并分享多媒体资料（图片及视频）。

自有渠道传播：对外传播，通过DHL快递微信服务号发布新闻稿，触达客户群体。对内传播，通过企业微信与公司内网发布新闻稿，经员工分享进一步扩大传播面。

阶段三：新闻发布后。

在抖音上发布内容合作短视频，形成第二轮传播。

2. 媒介策略

前期可行性研究结果表明，新闻稿中可持续发展与绿色物流相关核心信息与我国当前政策方向一致，与主流媒体和行业媒体的选题方向有很强的关联性。因此，项目组在制定媒介策略时对主流媒体及行业媒体进行了重点关注。

同时，全电动飞机这一话题对泛科技领域的受众也具有很大吸引力。为触达这部分人群，项目组在挑选合作自媒体时，更多地关注了以介绍创新科技为主、具有一定影响力的科普类媒体。这类自媒体的内容更轻松活泼，知识壁垒更小，容易吸引更广泛的受众。

经过仔细比对、筛选，项目组最终选择与“科技智生活”自媒体进行合作。该自媒体在抖音平台拥有超过53万名粉丝，主要分享创新科技与创意视频，每个视频都围绕一项科技做简单介绍，节奏明快，内容轻松易懂。其往期内容的点赞量在几千次左右。这一体量既不会过小，导致内容不具备基础曝光度，也不会过大，不利于风险控制，十分适合品牌的初次抖音内容合作。

基于此，项目组依据主流与行业媒体，以及泛科技受众“两手抓”的原则，制定了以下媒介策略。

广泛触达：在新闻稿发布当天，向媒体定向推送新闻稿，并在自有对内及对外传播渠道发布推文，触达媒体、客户、员工，并借助员工分享与“口口相传”触达更多客户及相关政府部门。

泛科技领域内容合作：第一轮传播开始一周左右，在抖音平台推送内容合作短视频，形成第二轮传播，触达更广泛的科技爱好者，争取实现跨界传播。

项目执行

7月，完成项目前期调研以及新闻稿本地化工作。此后，根据调研结果和素材属性制定媒体策略，并据此与媒体开展定向沟通，同时洽谈抖音平台自媒体内容合作计划。

8月3日，全球总部新闻稿发布，在国内同步推送媒体新闻稿，同时在各自有渠道发布文章。

8月8日，经过约一周的传播，第一轮传播已基本进入尾声。根据此前沟通的方案，在抖音平台自媒体账号上推送合作短视频，形成第二轮传播。

项目评估

本传播项目不仅在媒体中获得很高的关注度，其作为品牌在抖音平台的首次内容合作尝试，也取得了非常好的效果，成功实现了跨界传播。

在抖音平台，截至2021年8月中旬，合作视频共收获超过150万次播放，2.7万个赞，

超过450条评论（几乎全部为正面评论），以及超过550次分享。此外，合作视频总时长为43秒，观众平均观看时长为34秒，充分说明了受众对内容的认可与喜爱。这些数据表明，本次与抖音平台的合作尝试取得了很好的效果，项目组通过巧妙选取传播角度，成功将物流行业的专业新闻跨界传播给泛科技领域的受众并受到欢迎，这对今后的媒体策略制定起到了很好的参考作用。

除此之外，本次传播在媒体报道方面的表现也十分出色。截至2021年8月中旬，共监测到相关报道近700篇，覆盖传统媒体、社交媒体等多渠道，涵盖财经、物流、科技、商贸、文娱、能源环保及综合资讯等多领域超过120家媒体。若在行业内进行横向比较，本次的报道体量和覆盖面已属十分优秀。

其中，全国权威媒体发布相关报道。主流媒体及综合资讯领域，环球网、中国新闻网、澎湃新闻、界面新闻等媒体发布报道。物流领域，《现代物流报》、《中国物流与采购》杂志、《物流时代周刊》、国家邮政局发展研究中心等发布报道。财经领域，财新网、第一财经、中国经济网、中国经济新闻网、南方财经网等媒体发布报道。航空领域，民航资源网、中国民用航空网等媒体发布报道。

除此之外，中国碳排放交易网等能源环保领域媒体，以及大量科技领域自媒体也纷纷在自有渠道发布相关报道。

值得一提的是，8月8日在抖音平台发布合作内容后，接下来的一周中又涌现出近140篇报道，证明在抖音平台的内容合作有效推动了传播面的进一步扩大。

亲历者说 兰嘉 DHL快递中国区企业传播总监

本项目具有多样的传播角度，触点包括物流、可持续发展以及前沿科技等。相比其他角度，前沿科技这一角度与大众生活更为贴近，而这也让我们能够尝试更新的传播方法。

与抖音上的内容创作者合作是一次全新且有价值的尝试，这不仅能提高大众对品牌的认知度，本次积累的经验也成了今后内容规划的有益参考。

我们很高兴地看到，本次尝试取得了理想的结果。我们将以本次尝试为基础，继续探索B2B传播的更多可能性。

案例点评

点评专家：邵松岩　北京阶承传播顾问有限公司总经理

这是对典型事件的一次优秀的公关传播。这类传播的关键点在于事件有足够的新闻性，这样的新闻性应恰到好处地向目标受众传递，稳健、有力、直接地将“正确的事情”在“正确的时间”传递给“正确的人”。标准的公关操作手法；事前、事中、事后的公关执行；传统媒体与新媒体的穿插使用；文字、图片、视频的充分结合……这一切形成了严谨的公关传播布局，将“事件力”形成“影响力”。案例的看点是媒体的选择和组合、时间节奏的把握、传播内容和形式的合理包装。这个“火候”的拿捏，很见功力！

安踏集团2021半年报公关传播项目

执行时间：2021年8月24日

企业名称：安踏体育用品集团有限公司（简称安踏集团）

品牌名称：安踏

获奖类别：金旗奖——2021最具公众影响力企业公关传播大奖

项目概述

2021年上半年，中国经济复苏基础不断夯实，体育产业也迎来诸多重大利好。在这样的双好局面下，行业普遍向好，不少企业势头强劲、数据表现抢眼。

项目旨在通过对外传播安踏集团2021年上半年业绩增长的态势，传递“中国品牌强势崛起，安踏稳居行业第一”这一核心主旨，提升公众对安踏集团的感知度和美誉度，进一步凸显企业行业龙头地位，引起社会大众的关注；同时加大安踏集团在资本市场的传播力度和声量，增强消费者及投资者等利益相关方的信心。

项目策划

1.项目调研

基于本次传播项目的主要任务及待解决的难点，项目组首先针对宏观经济形势和市场及行业环境进行分析，发现无论是中国体育发展、国家战略对体育发展的支持，还是社会发展态势及中国消费者的消费意识升级，都宣告中国体育产业将迎来爆发式增长，体育用品企业利好。

2.项目思考

面对中国经济稳中向好的发展局面及体育产业重大利好的双好局面，对外传播安踏集团2021年上半年的业绩增长的态势，为下半年持续向好奠定基调，是本次传播的重要课题。

3.传播基调

疫情防控已经进入常态化，不确定性减弱。基于国家2021年上半年经济稳中向好的强劲态势，下半年经济发展聚焦投资及消费的政策转向，以及体育产业的重大利好，本次传播基调为积极乐观、自信向上，重点强调安踏集团主营业务的健康度及强劲的发展势能，借助“全民健身”战略及安踏集团成立30周年契机，向资本市场及社会公众传递利好信息。

4.内容策略

正向解读安踏集团2021年上半年业绩，通过多维度挖掘及梳理企业长期可持续高速成长的论据（外部为国家战略及经济态势、消费意识升级——国货潮、体育健身需求大爆发；内部为企业经营战略明确、三条增长曲线成熟化、数字化转型深化、可持续发展等），传递企业未来战略及积极信息，增强消费者及投资者等的信心。

5.核心内容

对于背景、任务、问题都有了整体性的认识之后，基于安踏集团上半年表现及行业背景，提炼核心内容。

大基数继续高增长，坐稳中企“一哥”之位。

营收、毛利率、经营利润等核心财务指标全面超越竞品。

高增长的背后是对正确战略的坚定执行及全价值链的效率提升。

户外品牌进入爆发期，成为安踏集团第三增长曲线，充分验证了安踏集团多品牌孵化能力和提前布局小众市场细分赛道战略的成功。

天猫平台成交额超越国际巨头，中国企业首次占据本行业榜首。

安踏品牌打赢奥运心智战，以超40%的心智占有率遥遥领先于其他运动品牌。

与国际巨头相比，安踏集团市值达400亿美元所用的时间最短。

6.媒介策略

通过进一步校准核心信息，确定具体的媒介策略。

权威媒体定调：权威媒体为企业背书。

正面发声：安踏集团自媒体矩阵、中文财经主流媒体、资本市场第三方意见领袖、有国际影响力的英文媒体等，全方位多维度触达利益相关方。

社交破圈：公众层面的年轻化媒体平台覆盖公众、市场及消费者。

项目执行

（1）前期准备：在主流媒体方面，提前与媒体进行深度沟通，根据媒体需求准备不同维度的文本包。在社交媒体方面，提前预设多个具有新闻客观性，并可能引发受众共鸣的社交话题，开展同行舆论环境调研，筛选助推热搜话题的有利信息并筹备相关物料。在自有渠道方面，提前规划推文、长图、短视频等多种形式传播物料。

（2）财报发布：财报发布后，按时按步骤推进线上媒体会及投资者会议，深度解读财报内容。根据传播节奏在自有渠道、主流媒体上发布第一波新闻稿，《人民日报》权威发声，奠定正向的舆论基础。微博、今日头条话题上线，客观描述，巩固热搜、热榜论点，借助有效氛围引导大众加入支持国货的爱国话题讨论。同时，财经媒体及资本市场第三方意见领袖深度解读财报。

（3）长尾效应：财报发布后2周内，大量媒体集中报道，行业媒体、财经媒体、自媒体自发进行多角度的深度解读，形成广泛报道。

项目评估

最终，在对于策略及方案的高效执行和及时调整的情况下，本次传播整体实现了大声量、高热度、强聚焦；股评资讯平台正面报道及深度解读刷屏，精准触达资本市场；在社交网络平台主动策划的一系列财报相关话题引发全民热议，成功破圈，并成为行业经典案例；实现了海量的自媒体自发正向传播。

1.大声量

主动传播声量，全网总阅读938万次：其中PC（个人计算机）端174万次，移动端764万次。

财报发布后48小时内的传播高峰期（8月24日至25日），百度搜索指数及微信指数均超越行业所有主要竞品，排名全行业第一。

2.高热度

微博话题#安踏线上首超耐克阿迪#收获2.3亿次阅读、4.1万次讨论、超过6000条原创内容，登上微博热搜榜4小时，最高达到第12位。

微博话题#安踏销量超耐克阿迪说明了什么#登上微博热议榜，阅读1227.9万次，讨论2932次，发布原创内容1956条，最高升至第5位。

微信指数	8月25日指数	日环比
安踏	5,810,169	7.97% ▲
耐克	5,399,320	26.88% ▼
李宁	5,366,654	83.35% ▲
阿迪达斯	5,184,452	123.11% ▲
特步	1,028,969	33.89% ▼

搜索指数概览

关键词	整体日均值	移动日均值
安踏	27,507	26,513
李宁	6,422	5,462
耐克	5,068	4,155
阿迪达斯	10,740	5,443
特步	1,401	1,078

ⓘ 数据更新时间：每天12~16时，受数据波动影响，可能会有延迟。

当日指数

头条系列话题#安踏体育上半年营收同比增长56%#等累计收获3800万次阅读，登上头条热榜2小时11分，最高达到第36位。

3.强聚焦

由半年报发布引发的安踏上半年线上营收超越国际品牌的相关新闻获得人民日报客户端与新华社新闻客户端首页推荐，10家权威媒体及超过30家主流财经媒体将这一新闻扩散，带动了全网海量的自媒体转发与二次原创。截至8月30日24：00，全网共监测到安踏半年报相关资讯26533篇。

亲历者说 姚鹏 安踏集团企业传播高级总监

上市公司业绩发布相关的传播活动往往精准面对资本市场的垂直受众，因为其话题的专业性和强利益相关性，传播很难突破这个固定的圈层。这次传播活动，在“议程设置”上实现了突破，从大量的财报数据中找到了基于两个新闻事实（“上半年中国市场营收安踏超越阿迪达斯”以及“上半年安踏线上收入超越所有国际品牌”）形成的传播角度，在权威媒体、垂直财经媒体和社交媒体三个渠道均成功引爆传播，在精准触达公司各主要利益相关方的同时，成功引起了社会大众的关注，将安踏集团的成长速度和江湖地位嵌入了普通网民的心中，实现了真正意义上的破圈。由于不同渠道的受众截然不同，团队围绕核心的传播点，准备了三套不同的核心话术，分别和200多名财经、时尚、体育以及社会类的微信、微博KOL进行了沟通，财报发布当天一边准备高管媒体吹风会，一边盯着微博话题刷榜，成了整个团队职业生涯难忘的经历。

案例点评

点评专家：杨智予　搜狐华北品牌营销商业化策略副总经理

本案例能够获得成功的三个关键：①在公关传播主题的规划上，准确把握了国家战略方向、社会舆论焦点和消费者的消费观念与情绪节奏；②全面整合主流媒体和社交媒体，针对不同媒体的特点，提前深度沟通并设定不同的传播主题和物料；③在财报发布后的两周内，采用大声量、高强度的方式快速引爆传播。活动背后体现了安踏集团公关团队对于社会热点、舆论环境的把握和对媒体碎片化趋势的理解。

百洋医药集团2020西普会传播项目[①]

执行时间：2020年8月12日—20日

企业名称：百洋医药集团

品牌名称：百洋

获奖类别：金旗奖——2021最具公众影响力企业公关传播大奖

项目概述

西普会［中国健康产业（国际）生态大会］是中国医药零售行业规格最高、规模最大、影响最广的前瞻性产业会议，集前瞻性思想与信息交流、战略性合作沟通、高端产业形象展示、跨界融合等多种功能于一体，倡导中国健康产业主流价值观，引领产业创新与变革。历届大会均有众多药企药店代表参与，行业关注度极高。

百洋医药集团作为重要嘉宾之一，已连续多年亮相西普会，百洋医药集团董事长付钢作为西普会重磅嘉宾，多次发表会议主题演讲，赢得与会嘉宾的广泛关注和讨论。

借2020西普会这一平台，企业集中向行业及外界阐述及传达“百洋模式”“百洋理念”，凸显百洋医药集团在大健康领域的领先地位，以产业优势彰显百洋在大健康领域多年深耕的积累，也借此向上下游产业展示百洋的业务和核心优势，最终推动医疗大健康产业间的合作及行业进步。

① 本文中所涉及的照片，百洋医药集团均已得到被拍摄者的使用许可。

项目策划

1.实施策略

以一场重磅演讲输出百洋核心理念；以记者专访深入阐述百洋观点；以多场次、多形式深度参与提升百洋整体声量；以创新媒体矩阵全面传递百洋声音。

2.内容创意

2020年，疫情突袭，大健康产业迈进“全民需求时代”，随着新医改不断深入、“健康中国2030”规划持续推进、互联网医疗新业态获国家鼓励，中国健康产业进入转轨加速期。在此背景下，特殊之年的行业峰会，对于引领健康产业转型升级，意义尤为深远。在2020西普会上，百洋医药集团就新时期医药行业的发展趋势分享了自己的思考，并深度参与了会议各大环节，产出以下内容。

开幕式重磅演讲：2020西普会开幕式上，百洋医药集团董事长付钢以“共生共赢”“融合创新”为核心理念做主题演讲，演讲内容成为本次项目输出的主要内容。

记者群访：开幕式当天，组织国家级权威媒体、重磅财经类媒体、主要行业媒体，如来自新华社、第一财经、《21世纪经济报道》、《E药经理人》等媒体的十余位记者专访付钢。付钢在进一步深度阐述“共生共赢”“融合创新”理念的同时，解答记者对于行业发展的多个问题。

“百洋之夜”主题晚宴：配合“共生共赢”“融合创新”的理念，开幕式当天，百洋医药集团主持了特约主题晚宴“百洋之夜”。邀请行业上下游数百位重要客户参加，深度沟通行业趋势，把握行业发展规划。

携手知名药企开展公益行动：在“百洋之夜”，百洋医药集团携手武田制药、安斯泰来、三生制药、瑞霖医药、绿谷制药、安必生等知名药企及连锁企业，聚焦骨健康、前列腺、乳腺、眼干燥症、痛风、高血糖等领域，共同发布“十大领域，十大健康公益行动”，联动产业链上下游，以公益行动贯彻“健康中国”国家战略，为中国健康事业贡献力量。

旗下核心品牌获取荣誉：2020西普会颁奖盛典上，企业旗下核心品牌迪巧荣登“2020健康中国·品牌榜”价值排行榜。这已是迪巧连续多年上榜。品牌价值持续获得认可，展示出迪巧在钙补充剂行业的绝对实力和出众的品牌口碑，更折射出消费者、药店人和专业医生对迪巧品牌的肯定和信赖，凸显百洋多年品牌的实力。

多名百洋高管分享心得：2020西普会各大论坛上，百洋多名高管还带来“好品种 + 深服务，处方药零售双引擎”“供应链数据在营销中的价值挖掘”等代表“百洋智慧”的多场主题演讲，和与会嘉宾共同探索行业发展新路径。

3. 媒介策略

配合事件及话题传播，全程通过创新的媒体矩阵与受众沟通。传播范围涵盖行业、财经等多维度媒体，同时抓全国主流、权重较高的大众、健康媒体，凸显百洋医药集团在行业内的影响地位，实现品牌传播的全方位、多平台式覆盖。

4. 传播规划

以活动带传播，实现传播声量集中爆破。

邀约新华社、《第一财经日报》、《21世纪经济报道》等国家级媒体平台，整合核心网络、自媒体、区域网络、App等大健康行业优质媒体资源进行传播报道，实现品牌与2020西普会深度捆绑，充分展现企业实力、品牌精神，为品牌赋能，为行业助力。

行业内实现爆点传播，在获取大量曝光率的同时，收获受众、渠道、企业的认可和好评，打造百洋医药集团在行业内的引领者形象。

项目执行

现场方面：此次线下活动现场火爆，行业大咖会聚一堂，百洋输出的核心观点和内容得到了较好传播。

媒体方面：新华社、《21世纪经济报道》、《第一财经日报》、《财经国家周刊》、《北京日报》、《北京晚报》、中国新闻网、搜狐健康、36氪、新浪医药等记者在整体报道的同时，对付钢进行了专访，会后实现20余家重磅媒体发布原创稿件。

IP捆绑造势：将西普会与百洋深度结合，配合会议主题炒热话题。

发布平台：纸媒、PC端、新媒体全渠道覆盖。

项目评估

1. 效果综述

在2020西普会期间及举办后一段时间里，百洋医药集团获得了大量的品牌集中曝光，百洋的“融合式创新概念”获得了行业内的认可。通过多频次会议热点报道，此次传播获得了行业、舆论的一致好评。

2. 媒体统计

此次项目除20余家媒体发布深度重磅稿件外，另有新闻稿件落地441篇，二次传播后整体传播量突破2000篇次，百度指数同比增长200%，全网整体曝光量超600万次，垂直行业及门户类媒体总计20余家对此事件进行了详细报道。

实现报纸、客户端、网页、微信公众号全渠道覆盖，在新华社、搜狐健康等媒体实现事件实时强传播，累计曝光超180万次。

3.受众反应

受众反应良好，品牌除了获得大量曝光外，同时与大量受众开展了良好互动。深度稿件取得了不错的反响，阅读量和留言互动率都较佳。行业垂直媒体《E药经理人》发布的《“带量采购”全国开花之后，零售市场有多少空间？》一文实现了互动6708次，引发行业内热烈讨论。第一药店财智发布的《西普会“破题”医药新变局，“百洋模式”带来行业共生启示》一文获得了互动558次，引发强势关注。

4.市场反应

百洋医药集团2020西普会传播项目引发行业内热烈讨论，同时百洋“融合式创新概念”也成了行业热点话题，获得了多家媒体平台的深入报道及认可，多家权威媒体通过此次传播成了百洋理念的核心传播者，进一步帮助百洋吸引了更多行业人士的关注和支持。

董事长付钢

活动现场

亲历者说 王艳　百洋医药集团公关部总监

做企业品牌传播，要想有效输出，需要提前弄明白“谁来说”“对谁说”“怎么说”“何时说”的问题。

2020西普会是疫情后国内举办的规模最大的健康产业盛会，重磅嘉宾及行业上下游重量级企业悉数参与。在这场大会上，百洋自己发声，传达百洋的观点，可以精准触达目标人群，影响到想影响的人。

因此，我们对此次传播进行整体规划，力求全方位、多角度传递百洋声音。项目规划以“一场重磅演讲”为主，用“一场精彩晚宴”“一次记者群访”“深层次参与会议”“携手做公益”“旗下品牌获取荣誉”等内容串联，由此也让与会者及受众能够多维度深刻感知百洋想要输出的内容。

在媒体选择上，项目组也进行精心挑选：选择新华社这样的国家级权威媒体为百洋背书，从理论高度输出百洋观点；选择第一财经、《21世纪经济报道》等业内重量级财经媒体造势；行业内媒体选择《医药经济报》《E药经理人》等进行深度沟通，最终实现以点带面、全面开花的传播效果。

案例点评

点评专家：郭为文　周末酒店度假App合伙人、首席营销官

百洋医药集团2020西普会传播项目是企业公关传播活动的典型案例，展现了一次成功的公关活动的要素。一是利用好外部事件或平台，因为公关活动的目的是引起注意、留下印象，而企业内部的事件一般不会引起外界注意，利用好外部事件或平台的流量，能迅速吸引目标人群的关注，本案例中，企业充分利用了行业关注度极高的产业大会进行深度参与，是成功的基础。二是需要全面策划，本案例的执行者事先策划非常全面，优秀的策划是成功的一半。三是全方位传播，参与事件活动只是开端，活动中的演讲、采访、晚宴、获奖等，每一个环节都在传播，并让传播价值进一步提升。

首届宝马集团可持续发展中国峰会

执行时间： 2021年3月1日—6月30日

企业名称： 宝马（中国）汽车贸易有限公司

品牌名称： 宝马集团可持续发展

代理公司： 北京尚诚同力品牌管理股份有限公司

获奖类别： 金旗奖——2021最具公众影响力企业公关传播大奖

项目概述

2021年6月3日，以“引领绿色出行变革”为主题的首届宝马集团可持续发展中国峰会在北京举行。随着全球对碳中和的持续关注，可持续发展已经成为全球各国的共同话题。企业期望通过持续创新和绿色科技，实现经济增长、社会繁荣和可持续发展齐头并进。面对中国实现碳中和过程中的特殊挑战，企业首要任务是加速技术创新驱动绿色转型；加强产业链上下游合作伙伴之间的协作；提供绿色的、令人渴望的高档产品和体验。

活动海报

项目策划

1. 目标受众

峰会目标受众是行业、政府、产业链上下游的供应商和用户，以及所有的潜在受众。

2. 主要信息

企业期望邀请政府代表，气候环境专业、可持续以及碳中和领域专家，与企业高层共同研讨宝马集团的可持续发展战略。并邀请供应商代表发表讲话，目的是联合汽车行业上下游产业链中的企业，共同完成可持续发展目标。

3. 传播策略

此次峰会以权威、财经、汽车行业媒体等作为信息传递出口，权威媒体增强了信息的真实性。同时，项目组选择科技、财经、汽车等领域KOL深度合作，并把传播渠道从微博、微信、知乎等渠道扩散至B站、抖音、小红书等新兴媒体平台，能以当下年轻人喜欢的短视频和直播的形式增加事件曝光直径，更直接触达已有受众，实现产品和活动传播扩圈。

项目执行

1. 启动阶段：2021年3月至6月

根据宝马集团提出的环保目标，项目组协助企业多轮梳理、沟通，确认了最终的与会嘉宾名单、活动流程、论坛主题内容等，保障内容有料、有看点。同时，根据确认的媒体传播策略，项目组与各家媒体、KOL沟通并确认了传播议题及方向。在场地布置及互动效果上，为了与可持续发展主题更加契合，项目组紧急邀请著名花艺师设计制作了“绿色生活”背景墙。

活动现场——“绿色生活”背景墙

2.活动阶段：2021年6月3日

活动当天，首届宝马集团可持续发展中国峰会邀请了政府主管部门代表、行业专家、供应链合作伙伴和用户，一起探讨如何通过技术创新驱动绿色转型，全产业链协作低碳发展。同时宝马集团发挥行业领导者效应，携手产业链上下游合作伙伴和供应商代表，与中国发展研究基金会共同发起“产业链绿色转型倡议”。在峰会上，企业也宣布要打造更绿色、更安全的产品阵容和服务体验，倡导绿色低碳生活新时尚。

借助此次峰会，宝马集团宣布了远大且清晰的环保目标，在中国提出“2030碳达峰”“2060碳中和”背景下，确定到2030年累计减碳2亿吨、单车碳排放至少降低三分之一的目标，联合产业链上下游企业，在中国打造“最绿色的电动车”。

项目评估

1.效果综述

本次峰会是企业在中国的首届关于可持续发展的峰会，线下参会的国际、国内媒体达88家，活动直播在线观看人数达126万人，成功成为社会热议话题。

2.市场反应

本次峰会奠定了宝马作为豪华品牌走可持续化道路的领先地位，同时打通了产业链上下游关于可持续发展的信息渠道。

3.传播效果

活动结束后一周内，相关报道共产生9000余份剪报，广告价值高达1.8亿元，达到100%正向调性。宝马App、微信公众号等官方账号实现新增关注用户超1.3万人次，后续在宝马官方微博#绿色星期五#专题下，宝马集团将可持续相关信息进行延续传播，同时分享到相关媒体，提供新闻专题素材。网站、微信公众号、微博等各平台总浏览量超3418万次，微博、B站KOL发布相关信息参与传播，累计访问量达180万次。

4.传播亮点

亮点一：携手经销商，扩大传播覆盖面积。

携手各大区经销商进行活动传播，通过经销商将专业信息转换成更适合客户理解的内容，协同互补，凝聚传播合力，扩大可持续发展信息传播。

亮点二：央视重点报道，聚焦企业可持续发展。

CCTV-13《朝闻天下》重点报道本次活动。报道重点介绍在中国向低碳转型之际，宝马与合作伙伴携手中国发展研究基金会，发起了“产业链绿色转型倡议”。通过这一行动，企业将积极探索减排途径，支持产业链的绿色转型。

亮点三：活动直播视频、海报、文章传播，页面浏览量高达2137万次。

官方微博直播观看人数超126万人；活动相关报道内容页面浏览量为10187744次；今日头条App累计点击量高达188873次。

亮点四：打造多样化“圈层营销”，传递企业可持续内容。

联合不同圈层KOL进行活动相关信息传播，微信、微博、领英、B站等平台页面浏览量超过180万次。

在B站平台与百万UP主所长林超合作，合作视频潜在影响范围达200万人次。

亲历者说 曾建文　北京尚诚同力品牌管理股份有限公司业务总监

本次峰会是首届宝马集团可持续发展中国峰会，对宝马集团来说具有战略意义，对于行业也具有重大的影响力。

我们组建了一支完善的团队，从策划到执行约40人，各司其职，保障项目顺利完成。

由于疫情的原因，从活动效果和防疫角度出发，我们缩小了线下媒体规模，针对外地媒体我们邀请其在线上观看，我们对近200家媒体逐一打电话沟通，实时发布活动进程相关信息。

内容层面，我们从宝马集团及中国市场角度出发，进行了深度思考，与客户进行了多轮深度沟通，甚至活动前一天，我们针对会议话题的细节确认仍然讨论到深夜两点，这一切，都是为了保障峰会内容有料、有看点。

案例点评

点评专家：星亮　暨南大学新闻与传播学院广告学系教授、博士研究生导师

在碳中和已成全球可持续发展共识的当下，企业社会责任的主赛道已深度聚焦于绿色和环保。企业作为有着明确绿色发展主张的产业领导者，如何让公众了解自己的环保主张，明白自己恪尽社会责任的心迹？在中国的市场语境中，一场集多领域领袖于一堂的峰会，无疑是好的选择。北京尚诚同力品牌管理股份有限公司为宝马集团安排的这场“产业链绿色转型倡议”宣誓会，显然属于好的选择：话题够热、站位够高、传播性够强。好的公关行动，就需要这些。因此，本项目最终获奖，可谓实至名归。

以体育为媒，连结世界传递力量
——迪卡侬参展第三届进博会体育专区①

执行时间：2020年11月5日—10日

企业名称：迪卡侬（上海）体育用品有限公司

品牌名称：迪卡侬

获奖类别：金旗奖——2021最具公众影响力企业公关传播大奖

项目概述

中国国际进口博览会（简称进博会）为世界上第一个以进口为主题的国家级展会，展现了中国的自信与开放，助力中国新一轮高水平开放。

迪卡侬进博会展位

① 本文中所涉及的照片，迪卡侬（上海）体育用品有限公司均已得到被拍摄者的使用许可。

2020年，进博会首次在消费品展区设立体育用品及赛事专区，并成立展商联盟体育产业专业委员会，迪卡侬当选为该委员会会长单位，将40多项运动带入进博会，整合体育全产业链上下游资源，让体育产业以生态圈形式亮相进博舞台，助力体育产业多元化融入全球经济“朋友圈”。此次迪卡侬参展进博会，不仅精彩纷呈点亮体育专区，在传播方面亦取得骄人的成绩，迪卡侬位列体育品牌传播热度第一、首发新品传播热度第三、消费品牌传播热度第八，以规模性、多样化的企业传播展现体育品牌的创新、合作、绿色发展，强调全球企业社会责任，联通内外市场，共享要素资源，立足中国，赋能全球。

项目策划

1.目标

品牌层面：依托进博会这一市场要素高度集中的平台，迪卡侬释放开放合作的积极信号，全面整合资源，强化在华投资发展，立足中国，赋能全球。

行业层面：体育产业发展已渗透我国国民经济的方方面面，在满足人民日益增长的美好生活需要方面发挥着不可替代的作用。行业预测，2025年体育产业总产出将超5万亿元[①]，2035年中国体育产业总量占GDP的比重将达到4%左右。全民健身将更亲民、更便利、更普及，经常参加体育锻炼人数比例将达到45%以上，人均体育场地面积也将达到2.5平方米。[②]中国体育产业是万亿级别的消费蓝海，具有广阔的市场空间。让更多民众关注体育、发现体育、参与体育，推动体育产业成为国民经济支柱性产业，是迪卡侬的目标。

社会层面：迪卡侬是体育运动产品及解决方案的专业提供者。迪卡侬通过全球首发、场景体验、体育产业专业委员会论坛、体育跨界交流等，推动完善体育产业生态圈建设与动态平衡发展，为民众倡导品质生活、健康生活方式，主动承担企业社会责任，推动中国及全球的“双碳”计划，早日实现净零碳排放，为全人类和地球带来可持续绿色环境。

2.实施策略

还原真实自然风光，在进博会打造触手可及的运动场景：结合雪山、丛林、湖泊等沉浸式场景，为观众带来“运动触手可及”的观展体验。

积极引进全球新品落地中国，打造中国为全球新品首发地：迪卡侬在连续两届进博会

① 国务院. 国务院关于加快发展体育产业促进体育消费的若干意见［Z/OL］.（2014-10-20）［2022-05-17］. http://www.gov.cn/zhengce/content/2014-10/20/content_9152.htm.

② 国务院办公厅. 国务院办公厅关于印发体育强国建设纲要的通知［Z/OL］.（2019-09-02）［2022-05-17］. http://www.zhengce/content/2019-09/02/content_5426485.htm.

实现全球新品首发，全球首发内容涵盖体育装备、智慧零售高新科技、运动解决方案等。此次，迪卡依携全球首发新品“KAYAK X500——可折叠成背包的充气皮划艇”、可折叠超薄跑步机、2秒快开创新帐篷、中国限量设计系列等产品和解决方案亮相进博会，每天都有新品首发，展台惊喜不断，保持传播吸引力。

迪卡侬产品全球首发

世界纪录与创新大赏：创下吉尼斯世界纪录的2秒快开创新帐篷首登进博会，展现国内风格露营、精致露营的创新性、科技性，吸引观众和媒体的关注。

体育在全球抗疫中发挥重要作用：强化体育领域正面形象和正能量话题，联合体育展商举办全球抗疫故事集锦，彰显体育企业的抗疫正能量。迪卡侬Easybreath浮潜面罩本身是迪卡侬为浮潜运动爱好者设计的创新产品，亦是欧洲红点奖获奖作品。2020年疫情期间，全球医疗资源短缺，Easybreath以拥有独家专利的面部全遮盖设计和优秀的密封性能，成为欧洲医护人员的紧急替代性护具，经专业机构改造，在意大利、西班牙被用于新冠肺炎重症患者治疗之中，在法国成为医护人员的眼罩口罩一体式替代护具，为医护人员保驾护航。疫情期间，体育展商积极捐赠产品，助力全球抗疫。

积极参与，履行会长单位责任：积极参与组建体育产业专业委员会，为进博会体育话题挖掘更多关注点；履行会长单位责任，组织行业创新论坛，邀请体育、商业等媒体关注并报道体育专区和体育产业专业委员会活动。

全员为进博会公关：企业公关传播与企业中的每一个人都息息相关，它不仅是公关部门的工作，更是每一位员工的责任。迪卡侬不仅发挥不同团队的公关作用，更紧密联合全产业链。来自品牌中心、零售团队、物流团队、工业采购团队、市场团队、人事团队等各团队的共计60位员工，组成了“迪卡侬大使”志愿者团队，他们发挥自己的专业特长，在展会期间接待观众，与媒体、政府、合作伙伴等嘉宾交流，传播迪卡侬品牌形象。

3.内容创意

依托进博会，打造中国为全球新品首发地，引入全球领导项目落地中国，创造多项“第一”：产品的第一次全球亮相，献给进博会、献给中国；吉尼斯世界纪录创新产品首登进博会舞台；迪卡侬成为首个参加线下开幕式的体育企业展商等。

除了展示商业成果，企业还积极传递社会责任：参与组建体育产业专业委员会，当选首届体育产业专业委员会会长单位；全球首份体育产业实现碳中和倡议在进博会发布；全国首部对疫情前后我国国民大众运动健康发展情况进行调研的《2020大众运动健康报告》发布。

专注运动初心，将展台化为运动自然场景、居家场景等多种环境，倡导大众在多场景下开展运动，大众高度认可，并积极到展台打卡体验。

4.目标受众

作为企业公关的重要舞台，参展进博会是迪卡侬与政府、媒体、合作伙伴、普通消费者的一次亲密接触。

项目执行

前期准备：本项目为企业年度公关传播计划中的重要项目，团队充分进行项目调研，策划主题信息，布局进博会参展的热门话题和企业重要成果，准备素材内容；紧扣进博会倒计时、前期预热等时机，灵敏反应；主动沟通媒体，提前邀请，为进博会入场报道做好软硬件准备；安排进博会参展各项事宜，如报名、行程、活动布置、嘉宾出席事项等，确保活动顺利开展。

活动期：关注进博会动态，实时更新企业参展信息；做到展台处处有亮点，日日有惊喜，充分协调媒体、合作伙伴等嘉宾参观；准备好多种预案，得体接待预邀约媒体和现场临时到访媒体。

延续期：进博会后做好嘉宾关系维护，收集各项成果并总结，为溢出效应和来年参展传播做准备。

项目评估

1.传播效果

媒体统计：2020年11月5日至10日，项目相关报道露出6424篇，同比上一届进博会传

播增长120.6%，总曝光量高达200亿次，成功吸引全国超9255万人关注。其中，重点核心媒体报道占比66.71%。迪卡侬新品全球首发，通过央视面向海内外转播，引发3084篇媒体报道，创造媒体价值11855万元。

报道形式多元化，传播覆盖广：央视、东方卫视、新华社、中新社、《人民日报》、《解放日报》、《中国体育报》、《中国政协报》等权威媒体多次报道，相关新闻相继登上央视、浙江卫视、新疆卫视、青海卫视、内蒙古卫视、海南卫视、广东卫视等全国各地主流媒体；央视新闻、央广网、四川观察等新媒体账号，以短视频、直播、Vlog等时下深受年轻人喜爱的社交新形式报道迪卡侬展台。

化身网红热搜体质：社交媒体方面，迪卡侬的全球首发新品成为进博会上的爆款，观众争相前往展台参观体验，并在微博、抖音等平台引发热议；#进博会黑科技背包240秒变身皮划艇# #进博会首发背包大小皮划艇#等话题登上热搜榜单，相关话题阅读总量突破2亿次。

相关报告数据：进博会官方发布的《第三届进博会传播影响力报告》中，迪卡侬在所有专区展商中影响力排名第6，体育专区排名第1，全球首发展品X500充气折叠皮划艇影响力排名第3。《第三届进博会传播影响力报告》显示，在全部3700多家展商中，迪卡侬品牌传播影响力排名第29，消费品馆排名第8，体育专区排名第1。

2.活动效果

迪卡侬当选进博会体育产业专业委员会会长单位，组织“体育产业创新发展”主题论坛，联合体育产业专业委员会会员提出全球首份体育产业碳中和倡议，将进博会构筑为整合体育产业链资源、推动行业可持续发展的全球据点。

通过进博会舞台，迪卡侬与体育专区同行展商建立合作伙伴关系，更突破圈层与科技、医学健康、金融、汽车等企业展商共建跨界“朋友圈”，布局“体育+”生态合作。

迪卡侬凭借还原真实风光打造自然运动场景的设计获得第三届进博会最美展台殊荣。

3.受众反应

参与性强，体验丰富：迪卡侬带来一系列运动主题场景体验，传递健康理想生活与绿色可持续发展理念，到场观众可自由尝试所有展品，并选择自己喜爱的运动；精彩纷呈的体育专区成为第三届进博会最火爆展区。

目标精准，高效达成合作：活动期间品牌发布6项合作，结识潜在合作伙伴企业40家，其中多数在2021年成功实现合作。

展品变商品，购买溢出效应大：全球首发新品“KAYAK X500”，在进博会期间预售增长超400%，卖光了全国库存，紧急从欧洲调货以满足中国市场订单。

传递正能量，好评率高：所有相关讨论中，“创新”“科技”“美好生活”“全球首发”“吸睛”“高光”“最美展台”“中国经济活力”等词汇成为迪卡侬热议关联词。迪卡侬的体育抗疫展，汇聚体育产品在全球抗疫最艰难时期的紧急应用，以及体育人深入参与抗疫故事，获得观众积极反馈，以全新角度传播体育的社会意义。

4.衍生价值

发布全国首部关于疫情前后我国国民大众运动健康发展情况的《2020大众运动健康报告》。

携手全球环境与经济发展智库世界资源研究所（WRI），发起全球首个体育行业的可持续发展倡议《助力碳中和，运动更精彩》，积极推动中外体育产业链资源在华的可持续发展。

与全产业链生态圈的合作伙伴加深共创，共享资源舞台，加速在华多项合作开展。

为行业和社会带来更多灵感：本次活动取得成功，引发体育行业同人对进博会的意义和作用的再思考，为第四届进博会体育专区报名带来积极影响，也让其他行业的伙伴看到与体育融合的新机遇，共同探索更多合作可能，为人类带来健康正能量。

5.亮点总结

为本届进博会设定“创新”“绿色”“合作”三大关键词，展台呈现、活动举办、高层出席、参展素材、达成合作、成果汇报……活动方方面面都紧扣三大关键词，专注核心关键信息输出。

获得媒体、KOL、政府、行业合作伙伴等的高度认可；全力调动企业内部资源，打造自有媒体传播矩阵——多角度全方位传播品牌；创下多项传播影响力纪录。

效果显著：传播效果和活动效果在进博会全部展商中都名列前茅；靠产品创新成功破圈，引发民众热议；为行业和社会带来积极意义和正能量思考。

亲历者说 朱轶玲　迪卡侬（上海）体育用品有限公司媒体事务总监

进博会由商务部和上海市人民政府主办，中国国际进口博览局、国家会展中心（上海）承办，为世界上第一个以进口为主题的国家级展会，已连续三届成功举办。迪卡侬作为外资企业有幸参展进博会。在这样盛大的国际商务展会，如何积极参与融入其中，又不失企业运动、活力、健康、欢乐的调性？这是我们的挑战。参加进博会是迪卡侬展示企业风貌的重要机遇。疫情之下，第三届进博会顶着巨大压力如期举行，首次设立体育用品级赛事专区。许多体育企业汇聚于此，身负不一样的社会责任，不仅要促经济，更要彰显体育运动独特的积极性，为世界传递正能量。在这样的初心下，迪卡侬确立了“创新”“合作”“绿色”三大关键词，将展会主题定为“让运动触手可及”。整个项目策划和传播专注围绕核心价值，每一步都紧扣主题，确保目标受众能接收到迪卡侬想要传达的精神和能量。

此次企业公关传播项目展现出巨大的影响力，令我们印象最深刻的，是所有人知行合一，通过全面设想策划和精准到细节的执行，持续不断地传递鼓舞人心的价值观，所以大家更愿意主动传播，从而让企业和品牌传播产生持续效应。

案例点评

点评专家：吴磊　ICR 高级副总裁

直到读到这个案例，我才知道第三届进博会是中国唯一一个在2020年线下举办的大型国际展览。由于许多原因，该案例研究具有说服力。迪卡侬明确地将大量的规划和资源投入到这项活动中，并采取多方利益相关的方式，强调其对公司整体市场战略的重要性。该公司通过推出一系列激动人心的新产品，号召人们采取行动，关注体育和可持续发展。由于周密计划和广泛参与，迪卡侬能够吸引许多人站在一起，结果是惊人的。这种努力只能由经营规模大、高层有明确承诺的公司做出。

风的名字·路特斯前调发布会①

执行时间：2021年4月10日—7月31日

企业名称：武汉路特斯汽车销售有限公司

品牌名称：路特斯

代理公司：开普天下（北京）传媒广告有限公司

获奖类别：金旗奖——2021最具公众影响力企业公关传播大奖

项目概述

路特斯品牌历经几十年发展，将于2022年在中国市场推出全新电动车型。品牌在中国市场处于导入期的关键阶段，为实现市场复兴，建立未来全新市场形象，应强化品牌传统“英国超跑基因”。本项目以创新媒介的形式，有效传播路特斯汽车的顶级空气动力学技术，并向公众宣告路特斯全面进入电驱时代。

项目策划

1.项目背景

路特斯作为拥有辉煌赛车荣誉的英国跑车制造商，产品的轻量化、空气动力学设计、极致操控一直以来都为圈内人熟知。

Emira是路特斯有史以来最全能的公路跑车，以兼顾极致性能和日常使用的产品优势，拓展路特斯在中国的产品阵容，同时，这款跑车是路特斯告别燃油时代的谢幕之作。

① 本文中所涉及的照片，开普天下（北京）传媒广告有限公司均已得到被拍摄者的使用许可。

电驱技术以极低的成本将汽车行业集体带入百公里加速5秒的阵营，路特斯空气动力学技术所带来的动态压力分配和车身姿态控制成为取代大马力评判跑车性能优劣的核心指标。路特斯本身拥有顶级空气动力学技术，但核心技术标签尚未形成有效传播。

海南省一直是中国积极发展新能源的省份之一，《海南省清洁能源汽车发展规划》中提出，2030年，全域禁止销售燃油汽车。

2.实施策略

路特斯以技术的进步对自身在70余年中的成就进行颠覆，在海南省，打造沉浸式营销体验活动，和“驾驶者”在夕阳中见证燃油时代的结束。在这场科技领域的盲区探险中，项目组与风、与夕阳、与热爱驾驶的人一起告别旧时代，告别旧我，再次定位，找准新的航向，举办一场具有科技浪漫主义色彩的风的名字·路特斯前调发布会。

发布会以“风”开场，邀请文化名人马家辉讲述“风的名字”，娓娓讲述“风的故事”。意犹未尽之时，在现场悠扬的钢琴声中，夕阳缓缓落入水天交界线。以“前调”开篇，路特斯集团CEO（首席执行官）冯擎峰宣布路特斯将彻底告别燃油时代，全面、全力奔向电动化新浪潮。

为了纪念路特斯在燃油时代的成就，路特斯宣布将在中国推出最后一款燃油跑车Emira。在观众的欢迎声中，中国超模黄超燕走上舞台，她手捧方盒缓步来到人群中。伴随着长风落日，混合着燃油味的香气弥漫在龙沐湾海滩，为了纪念路特斯最后一款燃油超跑Emira，以及路特斯燃油时代的辉煌与成就，一款专属路特斯的燃油味香水——Passé（法语，意为告别），正式发布。

超模黄超燕女士和路特斯科技CMO（首席营销官）庆岩一起敲破香水的石膏包装——这代表一场告别，也揭开一场告白，告别的是对过去的眷恋，告白的是对新世界的爱恋。

3.内容创意

“轻量化”“操控”和“空气动力学”是路特斯的基因，“风的名字”是对品牌标签的升华；为了体现路特斯创始人柯林·查普曼人车合一的品牌理念，即驾驶者和汽车应当实现呼吸级别的步调一致，确立以香水为路特斯品牌标签——空气动力学的新物媒。

4.研发思路

气味感受：企图封存那激情的瞬间—— 一场赛道里开着梦幻跑车急速狂飙的奇异幻想。

烧焦的橡胶、湿沥青，融合成一股感性浪漫的味道，继而散发丝丝火绒草的幽香。

透过风，捕捉到一级方程式赛车带来的肾上腺素激增的刺激。

标记空气动力学技术：Wear the Car，在这种呼吸级别的协调之中，香水希望能成为被感知到的媒介，通过标记空气的味道来凸显空气动力学在车身上“呼吸”的直观印象。

告别燃油时代：速度、风、压迫感、赛道、引擎盖和阳光都在这里，伴随最后一款燃油超跑的亮相，品牌发布一款燃油味香水，这是Passé，这是路特斯的表达方式。

它是一款带有丝丝燃油味、外观似旧时代油桶、用石膏做外盒的香水，将作为Emira中国地区首批订车车主的赠品。

5.媒介策略

本次媒介传播核心就是以汽车垂直圈层为依托，以香水为时尚载体，向设计、时尚、文化媒体圈层进发，本次活动邀请了文化名人马家辉先生、时尚艺人黄超燕小姐；邀约文化、时尚、设计、汽车媒体80家。

项目执行

4月上旬，项目进入整体策划阶段，锁定以“浪漫&科技”为核心基调的发布会。

4月中旬，确定以“香水”为核心媒介，标记路特斯“空气动力学技术理念”。

4月下旬，活动确定在海南龙沐湾举办，这里能看到夕阳落入海面，具有明显的告别意义。

5月上旬，明确现场搭建的艺术创意方向为“风的名字”。

6月下旬，线下搭建，并以马家辉和黄超燕的微博互动启动线上传播。

7月9日，“线下发布会+线上直播”，媒体专访，明星对话。

7月10日，大马力和空气动力学之争的话题引发微博热议。

7月10日，Emira成为热门车型。

项目评估

通过本次发布会及整合传播，路特斯品牌重回大众视野，Emira新跑车受到极大关注，从品牌到产品都实现了声量和美誉度的大幅提升。

路特斯品牌传播效果概览如下（数据统计截至7月12日24：00）。

媒体总曝光量328826600次，共监测相关信息4820篇，手机客户端新闻4502篇、网页新闻125篇、微博702篇、微信58篇。

活动当天全网直播累计观看高达528万人次。

#风的名字#微博话题阅读量达到5927万次，讨论量3万次，原创内容1343条。

#空气动力学#技术受到媒体热议，百度资讯指数也因为传播而上扬。

发布会直播登上抖音热门。

风的名字·路特斯前调发布会现场

风的名字·路特斯前调发布会介绍

亲历者说 向拂晓　开普天下（北京）传媒广告有限公司路特斯项目组策略总监

为了给参会者带来沉浸式的体验，我们陆续锁定了海南、大海、落日、风的名字、Passé 等具体的创意内容。

但是在台风、暴雨频繁发生的海南，恶劣天气对现场执行有着非常大的影响。

根据7月5日最新的气象监测，将有8级台风于7月6日至8日过境海南，并伴随着雷阵雨。唯一一个天晴的时间窗口在7月9日（发布会执行时间）下午。

团队为此不得不做好室内发布的预案，并考虑在大风和雷雨天气下完成搭建。

海南的大雨是间歇性的阵雨，每一阵雨过后会有短暂的晴天，工作人员就是在这些时间空隙中完成所有搭建和测试工作。多变的天气使得原本充裕的搭建时间，被压缩了一半。

有几次都是在晴空万里毫无征兆的情况下，天上突然出现一片乌云，伴随着一阵大雨，留给人反应的时间不足30秒。

抢运物资、覆盖防水材料、切断电源都要在30秒内完成，用30秒完成清场工作。往复几次以后，我们才最终完成这场沉浸式发布会的所有搭建内容和测试环节。

案例点评

点评专家：岳慧　爱德曼国际公关（中国）有限公司北京办公室总经理

这是一次全方位、立体化的营销事件。活动通过人们对风的感知，形象生动地传播了路特斯空气动力学特质；通过燃油味香水的发布，致敬燃油时代的结束以及新能源时代的开始。选址以及其他发布环节也充满了巧思。在效果反馈上，其做到了传播量、美誉度以及用户增加的“三丰收”，是一次不错的事件营销。

光明乳业《典籍里的中国》综艺栏目传播

执行时间： 2021年3月1日—6月1日

企业名称： 光明乳业股份有限公司

品牌名称： 光明乳业

代理公司： 宣亚国际营销科技（北京）股份有限公司上海分公司

获奖类别： 金旗奖——2021最具公众影响力企业公关传播大奖

项目概述

光明乳业依托《典籍里的中国》文化IP，与央视携手共赴一场传统与现代融合的文化盛宴。在声势浩大的传播浪潮中弘扬传统文化，树立品牌价值，并提升传播效益。

主海报

项目策划

1. 趋势洞察

近年来国风国漫类IP大热，汉服等亚文化破圈，文化类综艺持续火爆。中国传统文化逐步成为传播的中心，吸引大量年轻受众。与此同时，传统文化中的许多精品内容，却因为一成不变的形式与传承方式，尚未在新时代引起年轻人的共鸣。

光明乳业借此时代机遇，独家冠名大型文化节目《典籍里的中国》，并进行一轮品牌传播，让历史文化“鲜活”起来，盘活传统文化IP。

2. 国家号召

习近平总书记明确指出，中华优秀传统文化是中华民族的“根”和“魂”，是我们必须世代传承的文化根脉、文化基因，也是我们坚定“四个自信”的深厚基础。企业作为大型国企，应积极响应国家传承文化根脉、文化基因的号召，抓住中国文化崛起、民族自信高起的新高潮，弘扬传统文化，彰显大国自信的同时树立品牌价值。

3. 传播机会

品牌与CCTV-1达成一致，借央视资源打造顶级项目，形成传统文化超级IP。这有助于拔高品牌形象，彰显光明乳业大品牌价值，从而完成品牌影响力助力中华优秀传统文化建设与传承，成功破圈，形成差异，走向年轻受众。

4. 核心目标

鲜活价值破圈化、文化营销差异化、品牌传播年轻化。

5. 目标受众

中国传统典籍文化爱好者、光明乳业消费者、广大爱好文化的年轻消费者。

6. 主要信息

品牌主张：乐在新鲜。

传播主旨：传统文化“鲜活”起来，让传统文化与时下生活实现强共鸣。

传播口号：每天鲜活多一“典”。

项目执行

核心主题为#每天鲜活多一“典”#。一句口号将光明乳业致力于弘扬典籍文化的初心与其鲜活价值观结合，看典籍，喝光明，让传统典籍融入当下文化，让营养健康惠及每一位中国消费者。

开播期，完成一波造势。2021年春节，返乡难问题成为广大中国人民的一大痛点，光

明乳业精准洞察典籍文化的内涵，将典籍中的大好河山、故乡家园，用技术的方式线上还原，创新打造春节返乡新方式——“游典籍，云返乡”，缓解了广大消费者思乡之苦，让大众领略了典籍中的名山大川。活动在春节期间登上微博热搜，话题阅读量高达1.1亿次，引爆春节社交圈，成功完成典籍文化与光明乳业品牌价值的破圈传播。

项目评估

1.三大维度总结传播

每天鲜活多一“典”，在多次传播中让典籍文化与品牌形成强连接，成功让传统文化“鲜活”起来，在声势浩大传播浪潮中弘扬传统文化，树立品牌价值，实现传播效益，塑造了品牌的差异化、破圈化、年轻化。

文化营销差异化：精准洞察典籍文化与当下时代生活的连接点，并巧妙融入品牌鲜活价值观，让品牌与典籍文化融合，让消费者与典籍文化“玩”在一起。热门话题、互动玩法、爆款产品、系列打法打造传统文化3.0传播，形成独特的光明典籍文化传播新态势。

鲜活价值破圈化：“游典籍，云返乡”“孔子加入鸡娃群”“二次元黑科技”等一轮又一轮满含创意和意义的文化传播，成功将光明乳业送上热搜，让光明乳业在朋友圈刷足存在感，完成了传统文化和光明乳业大品牌鲜活价值观的同时破圈。

品牌传播年轻化：品牌经过一轮传统文化的营销，成功塑造了一个有文化、懂二次元、会炒话题、能造爆品的全新形象，收获了更广泛的年轻受众。项目让品牌的年轻化战略达到了一个全新的高度。

2.传播效果

光明乳业《典籍里的中国》综艺栏目传播，用全新的方式、创新的手法完成了传播高维到丛林的全覆盖，主流媒体央视新闻频道、新华社、《人民日报》对节目传播进行了极高的评价；社会化平台精准触达了广大热爱中国传统典籍文化的年轻群体，最终收获了极佳的传播效益。总曝光量近4.81亿次，总阅读量近2.7亿次，总互动量达96万次。

亲历者说 杜晶晶 宣亚国际营销科技（北京）股份有限公司上海分公司新零售部总监

《典籍里的中国》节目从制作到播出处处透露着浓浓的文化气息，在一次次的传播中，我们也被这种氛围所感染，观看之后受益良多。其作为一档主旋律的综艺，面对的是全体社会群众，所以传播要把握好角度和尺度，这对我们也是一种考验。如何让典籍里蕴含的中国智慧、中国精神和中国价值焕发新的光彩，是我们要面对的问题。有了中华文化强劲鲜活的当代价值，才有了2021年这波“鲜活”的民族文化浪潮，而我们也因参与其中而感到无比自豪。

案例点评

点评专家：李玲　安踏集团副总裁、企业对外发言人

品牌抓住“民族文化典藏”这个热点话题，符合当下年轻人的中国文化自信和对中国典藏的兴趣与认知，这在品牌公关传播上有“内容”，有情感共鸣的基础。活动借助权威平台，提升了整个品牌的调性与社会影响力。但如果可以在年轻互动内容上再多些社交化创意，就可以更好地做到“自传播”。这次在商品设计上顺势推出典籍文化包装，让消费者有了参与的“话题”，是一个不错的亮点。

炬光[①]

执行时间：2020年2月4日—2021年9月15日

企业名称：北京巨量引擎网络技术有限公司

品牌名称：巨量引擎

代理公司：特赞（上海）信息科技有限公司、北京媒介动力科技有限公司

获奖类别：金旗奖——2021最具公众影响力企业公关传播大奖

项目概述

巨量引擎整合字节跳动旗下产品营销资源，秉承“用科技与信息服务助力千万企业成长”使命，不断携手和赋能越来越多的本地小微企业，通过抖音、今日头条等富有创意、成本低的平台开展内容营销。本地小微企业不仅可以减少营销费用，也能收获营销价值，获得更多的关注和更强的市场竞争力。在此过程中，巨量引擎收获了广大本地企业的认可，但多数本地中小微客户对其“工具型”助手的定位缺乏感知。为建立更深远、良性的协同作用，项目组特针对中小企业客户群，挖掘了更多真实人物，以期传递品牌社会责任感，增进情感连结，让生态合作伙伴及全社会感知到企业的使命与温度。

项目策划

1. 自制温情纪录片，引发大众情感共鸣

《炬光1》：在全国人民返乡过年之际，以接地气、生活化的方式拍摄商家人物故事视

① 本文中所涉及的照片，北京巨量引擎网络技术有限公司均已得到被拍摄者的使用许可。

频，讲述四位特殊中小商家或个体户，回家创业助农的故事，突出客户和平台对弱势群体的帮扶，以微薄之力为社会作出贡献的善举。

《炬光2》：在毕业/就业季，聚焦“创业者”群体制作微纪录片，讲述平台上大学毕业生、中小微企业主的创业故事，展现他们在创业过程中传承民族文化、带动更多就业、促进区域发展的贡献，传递“新创业者精神”对社会的推动价值，同时展现平台能力，引发中小企业群体和全社会的关注，提升品牌的社会影响力。

2. 传播层面结合项目诉求，制定针对G端、B端、C端三个传播维度的规划

G端：政府、事业单位群体。权威媒体定调拔高，彰显平台社会价值；结合视频内容，与重磅媒体合作，官方认可巨量引擎的正能量及社会价值。

B端：商家。站位平台视角，构建巨量引擎品牌社会影响力；彰显平台的社会价值和品牌温度，提升品牌美誉度。选取营销类权威渠道及其圈层传播覆盖。通过案例故事深挖包装，传递巨量引擎助力本地商户的责任认知。同时联合15家广告公司，立足营销圈，提供真实就业岗位。

C端：消费者、个人用户。以“巨量引擎，陪你发光”为核心立意点，助力企业数字化发展、支持创业与创造灵活就业机会、推动经济可持续发展及疫情后助力中小企业复苏。选取微博、B站及多个视频渠道同步扩散。同时通过设置话题、C端用户参与等形式，扩大对C端受众的影响力。

项目执行

本项目每一期纪录片从人物案例的筛选、拍摄到出品，均需至少三个月时间，协调内外部人员超过200人，涉及10余条业务线和不同团队，每一期到三四个城市进行人物跟拍和深度访谈，在真实记录的基础上，不断迭代，反复打磨，影片剪辑调整上千次，克服多线管理、不同时间进度推进和信息同步的难题，最终形成纪录片，并获得全社会各圈层的认可，打造巨量引擎社会责任品牌建设的第一个里程碑。

脚本内容上，巨量引擎首次策划社会责任IP项目，短时间内争取到了内部各条业务负责人的支持和参与；受拍主角认同，评价内容“挖掘角度更真实、更温情，区别于其他媒体的拍摄记录和报道”。

拍摄执行上，内部联动字节跳动公益、抖音、图虫、本地直营中心等多条业务线，外部与平面设计、视频拍摄、公关传播三个团队协作。

传播执行上，充分开放议题，过程即结果，突破圈层建立社会影响力。

项目评估

《炬光1》的上线传播，打通了从中央到地方、从C端到B端的业务相关圈层，实现内外部广泛传播。炬光人物故事引发热议，品牌温度与社会价值均获得认可，引发了自传播，总曝光量超3436万次。活动被CCTV-13《新闻直播间》专项报道，获得国务院国资委推荐“学习强国”报道，获陕西省商务厅点赞并向全国宣传，登上抖音实时热榜，百度百科主动更新词条“炬光”，舆情显示，事件影响力达到Top1级别。

《炬光2》上线传播，总覆盖量超5000万人。活动联合11家广告创意公司上线“躺拼青年”招聘专场，“躺拼青年”继“炬光”后也被收录进百度百科。

大媒体突破：央视以专题报道形式宣传品牌纪录片，片子内容结合国家“脱贫攻坚大会”，登上CCTV-13《新闻直播间》1分钟专题报道，同时被国务院国资委、陕西省商务厅关注，新华社、《人民日报》、“学习强国”报道。

内容突破：突破以往平台价值内容的传播，深度贴近用户，紧密结合国家政策、社会热点，从社会价值角度进行正能量传播，收获社会、行业的一致好评，并以内容感召媒体，13家头部自媒体主动免费联合报道。

传播出圈：联合字节跳动公益、抖音公益、抖音三农等多端平台，打造巨量引擎首部温情用户纪录片，以平实动人的故事在传播上实现破圈，引发全国记者媒体圈、全国互联网科技圈、业界品牌营销圈以及各合作方全员主动刷屏，当日冲上抖音实时热搜，被百度百科等主动收录，夯实炬光IP的知名度，让各圈层感受到巨量引擎的品牌社会价值。

纪录片海报1

纪录片海报2

亲历者说 **陈烨 《炬光2》短片项目经理**

《炬光2》的拍摄，让我们有幸看到了陈艺帆的可爱、李园园的坚强、李清龙的创新执着……看到在各个城市、各个角落，有那么多努力生活的“平凡人”信任我们的平台，感谢我们的平台，在平台上找到属于他们的“另一种”更好的人生。实际采访过程中，我们团队从他们眼中看到了满满的幸福感，由衷感受到平台的价值不是说说宣传词而已。提供近4000万个就业创业机会的背后，是一个个微小的、活生生的人和他们的家庭。每个岗位上的小伙伴都是了不起的，每一次努力都可以为更多人谋幸福，做好自己的本职工作，就是对社会最好的回报。

案例点评

点评专家：魏家东　东狮品牌咨询CEO

在全面脱贫的时代背景下，纪录片讲述了一个个平实动人的回乡助农、回家创业故事。这些大时代下的小人物，不仅容易打动人心，传播出圈，也成了央视、新华社、《人民日报》、“学习强国”等大媒体的重点报道对象。“纪录片＋小人物＋真实故事＋大媒体+KOL”让此次传播在G端、B端、C端温情引爆。

“美居观察室”美的IoT[①]媒体沙龙[②]

执行时间：2021年4月19日—5月28日

企业名称：美的集团（上海）有限公司（简称美的）

品牌名称：美的IoT

代理公司：罗德公共关系顾问（北京）有限公司广州分公司

获奖类别：金旗奖——2021最具公众影响力企业公关传播大奖

项目概述

本项目以“一键开启智联时代”为主题，在美的全球创新中心举办“美居观察室”美的IoT媒体沙龙，主流媒体与行业大咖齐聚现场。美的IoT首次对外发布《美的“一键智联”白皮书》，通过全面展示美的IoT创新成果，进一步提升美的IoT在智能家居行业的领先地位。

项目策划

1. 目标

通过全面展示美的IoT创新成果，进一步提升美的IoT在智能家居行业的领先地位。

2. 策略

结合美的全屋智能解决方案与全开放生态的特点，以及对于智能家居市场与消费人群的洞察，美的IoT以发布白皮书和展示创新场景的双重形式，全面展示解决智能家居行业

① IoT：Internet of Things，物联网。

② 本文中所涉及的照片，美的集团（上海）有限公司均已得到被拍摄者的使用许可。

痛点的技术实力和场景创新。

3.受众

核心沟通人群：智能家居行业上下游企业。

辐射人群：对智能家居感兴趣或已在使用智能家居产品的消费者。

4.内容创意

创意主题："美居观察室·一键开启智联时代"。

沙龙日："首发一键智联白皮书，美的IoT重新定义智能家居连接标准"，业界大咖与主流媒体齐聚现场，共同见证美的IoT最新技术成果的发布。权威媒体、智能科技媒体、商业财经媒体、大众新闻媒体组成的媒体矩阵，现场共同体验美的智能家居场景创新。

美的IoT高管正式发布《美的"一键智联"白皮书》，展示美的IoT的最新技术成果。业界大咖现场交流，观点碰撞，诠释技术成果对行业和消费者的价值。

媒体现场体验美的IoT创新孵化实验室展示的全屋场景，引出"美的IoT打造全屋智慧生活服务平台美的美居App，以行业白色家电品类为基础，覆盖超230个生活场景，实现了客厅、卧室、厨房、卫浴、阳台五大个性化核心空间精细化运营"的场景创新成果。

发酵阶段：参与沙龙的主流媒体撰写深度稿件，将美的IoT的创新成果展示通过线上发布辐射至更广泛的受众，完成线上线下美的IoT"一键智联"技术传播闭环。

媒介策略：全方位、多渠道、多维度打造企业高度，以权威媒体、智能科技媒体、商业财经媒体、大众新闻媒体组成的媒体矩阵引爆声量；从B端到C端，形成品牌资产。

项目执行

全程充分沟通：从前期策划到方案呈现与执行，项目团队进行了全面、深入的沟通，并通过大量的信息采集、整合、调整，最终制订了符合传播预期的方案，并有效落地。

创意传播应用：传播渠道的多形式运用，科技权威媒体共创内容体现专业度，主流媒体权威发布并引发大量转载，从图文到视频，多维度呈现品牌技术、场景、生态三大亮点。

信息即时传播：媒体及KOL在活动当日大范围输出内容，集中发声，最大化品牌事件声量与时效性。

项目评估

亮眼的传播数据：全渠道总曝光量超千万次。

优质的专业媒体好评：收获现场行业人士和专业媒体人的好评。

良好的市场反应和口碑：线上线下正向口碑明显，且美的在智能家居行业地位进一步提升。

创意主题助力品牌技术：“美居观察室 · 一键开启智联时代”，创意主题精准输出《美的“一键智联”白皮书》及智能家居全场景解决方案等亮点内容。

活动海报

美的IoT“美居观察室”

亲历者说 刘冠众　美的IoT运营部长

本次美的在全球创新中心举办“美居观察室”美的IoT媒体沙龙，主流媒体与行业大咖齐聚现场。美的IoT首次对外发布《美的“一键智联”白皮书》，展示最新技术成果，重新定义智能家居连接标准，以实际体验带出全屋场景创新。通过权威媒体、智能科技媒体、商业财经媒体、大众新闻媒体组成的媒体矩阵全面引爆，引发大量转载，从B端到C端多维呈现品牌技术、场景、生态三大亮点。当日、次日进行内容的大范围输出，集中发声，使传播声量最大化。

案例点评

点评专家：张洪伟　安斯泰来中国企业沟通部总监

虽然名曰沙龙，但活动展现之丰富、内容之充实、声量之全面，堪称一场公关盛宴。

第一，项目内容饱满，设计精巧得当，在活动中既有干货发布，又有现场体验，不是只给到场媒体一份“干瘪”的文字技术说明，而是将所有科技点场景化，以“生态”为载体全景呈现，大大提升了媒体的体验感和对美的IoT的深入理解。

第二，品牌传播的核心内容质量较高，涉及的视角包括美的高管、行业及市场专家、投资专家等业界大咖，产出多角度、高价值的解读内容，引起自发讨论，并再次夯实美的行业引领者形象。

第三，媒介选择全面、立体，权威媒体、智能科技媒体、商业财经媒体、大众新闻媒体组成的媒体矩阵有点有面，大大提升了线下活动的传播声量，交相辉映，使得最终的传播数据十分亮眼。

可以改善的地方：如果能在现场互动性和媒体的参与度上再多一些努力，整体活动策划将更加富有灵性。

当科技遇见脱口秀
——特斯联CEO艾渝对话傅首尔

执行时间： 2021年7月15日—9月4日

企业名称： 特斯联科技集团有限公司（简称特斯联）

品牌名称： 特斯联

获奖类别： 金旗奖——2021最具公众影响力企业公关传播大奖

项目概述

作为一家初创科技企业，特斯联的技术优势、业务体系专精又庞杂，产业内外的人士均不易理解。基于这样的背景，特斯联公关部策划通过打造作为科技资深玩家的特斯联创始人兼CEO艾渝与《奇葩说》第七届BB King傅首尔的跨界对话，以更接近广泛C端的语言，讲述特斯联能为用户带来的实际生活的变化，进而呈现特斯联的技术优势及产业布局。

项目策划

1.传播目标

在与企业高层的沟通过程中，特斯联公关部首先明确了项目的两个传播目标：其一是面向B端及C端最广泛的受众，提升特斯联作为领先的智慧城市解决方案提供商的整体认知；其二是面向B端及C端受众，树立特斯联创始人兼CEO艾渝作为城市创变者、前沿科技玩家的个人形象。

2. 传播对象

B端受众是特斯联业务的核心受众。然而特斯联作为初创企业，在短时间内快速打开B端市场并不像具备一定品牌知名度的成熟厂商一样容易。因而特斯联在传播过程中采取以C端化内容形式制造C端舆论热度，进而由C端声量导向B端，促进实际业务的方式。

此外，在项目组看来，无论是B端受众还是C端受众，归根结底均为C端受众。即便是面向产业，也需要以更易于理解的C端化的语言，描述能与个体产生共鸣的场景来阐述技术，这样才能使特斯联的价值被产业中的个体所理解。

特斯联的解决方案落脚点在城市，而城市生活亦是所有科技的集合体，城市生活场景成了特斯联技术与普通C端受众的连接点。

3. 核心策略

基于前述判断，特斯联采取为广泛受众找到一位“发言人”的方式来实现项目的目标。

傅首尔是知名综艺栏目《奇葩说》中的辩手，因风趣的语言和犀利的观点为大众所喜爱。傅首尔常被称为“傅妈”，城市场景及烟火气的话题是她擅长的领域。而《奇葩说》所打造的“奇葩星球”亦是“城市黑科技”天然的落脚点。

因而特斯联选择傅首尔作为“普通人”的代言人，通过其所携带的“奇葩星球”想象，带领人们畅想特斯联技术赋能下的城市生活。

4. 具体策划

2021年全球智能新经济峰会于7月15日在重庆举办。特斯联借助峰会的影响力势能，打造了特斯联创始人兼CEO艾渝与傅首尔的跨界对话，分为四步释放特斯联的知名度：①一场传播战役；②两场跨界对话；③三种内容形式；④全媒体渠道覆盖。

项目执行

1. 一场传播战役

以7月15日举办的2021年全球智能新经济峰会为起点，特斯联公关部策划了为期10天的传播战役。第一阶段的传播，以第一场对话为核心，在7月16日达到声量峰值，百度指数显示单日特斯联相关的新增内容近2万条，是近半年内最高的声量。

第二阶段的传播，以第二场对话为核心，在7月22日达到声量峰值，是近半年内次高的声量。

2. 两场跨界对话

第一场对话以“煮酒夜话”为主题。特斯联在峰会当晚，邀请傅首尔作为“普通人”的代表向参加峰会的两位嘉宾，特斯联创始人兼CEO艾渝以及商汤科技联合创始人、CEO

徐立发问，提出普通人对未来科技、未来生活的好奇。话题聚焦三个方向：科技与竞争、科技与爱、科技与个人实现，涉及城市生活中的方方面面。借助对话，特斯联打造了热搜话题#你会选择与AI恋爱吗？#在微博侧发酵，以普通受众关心的话题，吸引广泛C端群体参与讨论，探讨人工智能等技术对生活的改变、人工智能的边界等。该话题创造了3000万人次的阅读量，吸引了3.5万人参与讨论。

第二场对话采用快问快答的形式，强调特斯联创始人兼CEO艾渝个人与傅首尔身份上的反差性碰撞，展示创始人个人对于科技的理解及对未来的探索，满足传播上的第二个目标。快问快答以娱乐化、快节奏的形式打造了企业家鲜活、生动的个人形象，同时创造了极大的传播潜力。

3.三种内容形式

基于上述两场对话，特斯联公关部产出了包括文字、长视频、短视频、漫画、海报等多种形式的内容，广泛兼容B端及C端受众的阅读习惯。

4.全媒体渠道覆盖

基于所产出的内容，特斯联公关部通过财经类、创投类、科技类、娱乐类等媒体，产出了293篇媒体报道，触达了广泛的受众群体。

项目评估

最终，该项目创造了超过3000万次的话题参与量，超过30万次的视频观看量，293篇媒体报道，以及100%的积极媒体反馈。

大量微博新知博主自主参与到特斯联所打造的热搜话题的讨论当中，为话题拓展了新的维度，进一步打开了特斯联品牌作为人工智能深度参与者的知名度。

特斯联CEO艾渝与傅首尔的对话也创造了极大的传播势能，带来了多条阅读量超10万次的爆款文章以及广泛的积极反馈。

亲历者说 唐智 特斯联公共关系负责人

回看整个项目，有一点是在特斯联看来为项目带来极大传播潜力的决策——在话题设置的过程中，不惧怕话题对现有认知的挑战。如今，许多品牌对于诸如“内卷”“婚恋”等话题，谈之色变。然而特斯联认为，这些挑战恰是科技带给生活的颠覆。借助科技，特斯联对这些颇具挑战性的话题进行拆解，引导公众对话题产生积极的理性探讨，这既帮助品牌打开了新的空间，亦为话题带来了延展性与增量信息。

案例点评

点评专家：黄玲忆　朋百沟通国际有限公司创办人

大部分技术前沿的高科技公司，总习惯用一些艰涩的行话“打昏”一般人。特斯联走出金字塔顶端，站在消费者的立场换位思考，为这个活动开启成功的第一步。

活动在执行上没有盲目选择“颜值至上”的代言人，反而选择口才与人缘兼具的都市轻熟女代表傅首尔，可以说是非常正确的。她的幽默风趣能把冷知识转化成浅显易懂的语言，快速拉近品牌与大众的距离。在场景的设置上，运用大家熟知的《奇葩说》节目里的角色人设，巧妙扩散传播主题，一举多得。

艾尔建美学第三届进博会整合公关传播

执行时间： 2020年10月15日—11月20日

企业名称： 艾尔建信息咨询（上海）有限公司

品牌名称： 艾尔建美学

代理公司： 微界（北京）咨询有限公司

获奖类别： 金旗奖——2021最具公众影响力企业公关传播大奖

项目概述

越来越多的全球优秀企业洞悉中国市场的巨大潜力，全力加速布局中国市场，而进博会成为疫情背景下外国企业获取市场机遇、投资机遇、合作机遇的重要平台。

作为首家参加2020年第三届进博会、具有全球500强背景的医美生物制药企业，企业与母公司艾伯维共同亮相本次进博会，全方位展示了艾尔建美学在医美领域的创新产品、在中国的发展路径和强大的医美生态圈赋能建设。

项目策划

1.项目调研

作为医美领域的头部企业品牌，艾尔建美学在中国的发展和对中国医美产业的贡献，需要得到更多认可。进博会是国内目前顶级的国家级商业展会之一，堪称各个企业尤其是外资企业露出和交流的最重要平台。企业在与艾伯维合并之后选择在这个舞台上亮相，强调对中国市场价值的认可和进一步发展的信心。

2. 内容创意

进博会期间，公关团队协助企业事务部，共策划和举办了8场高质量的品牌公关活动，包括艾尔建美学中国业务全景发布会、抗衰护肤产品专题介绍、与微软战略合作和高峰对话、缇颜上市发布会、中国塑形市场白皮书启动编制发布会、“中面部”塑形趋势发布会、医美行业三正规倡议发布会，以及艾尔建美学与海南博鳌乐城先行区战略合作签约仪式。

3. 媒介策略

各参展企业有了前两届进博会的经验积累后，更懂得如何发力达到最好参展效果，这使得传播竞争更为激烈。所以，本次传播项目从艾尔建美学参加进博会特有的品牌定位、特定的传播信息入手来策划。借助权威媒体对进博会本身的高关注度，项目组邀请众多其他类型的媒体参与艾尔建美学的传播活动。

4. 传播规划

为扩大项目的传播声量和影响力，传播规划整体分为2020年10月的预热采访发声、2020年11月的展期媒体活动扩声、2020年12月的后续回顾总结报道三个阶段。

项目执行

艾尔建美学在此次进博会期间组织的品牌公关较多，持续周期长，因此项目组协调和整合了跨部门资源并充分利用，以保障各项活动顺利开展。

在预热采访发声中，十家产业经济和健康类媒体集中采访了艾尔建美学高层，释放出艾尔建美学参加第三届进博会的重要信息。在展期媒体活动扩声中，除面向现场参观

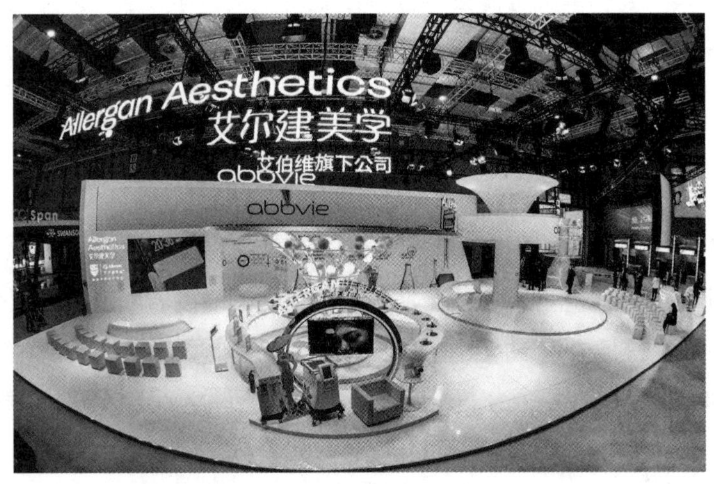

艾尔建美学第三届进博会整合公关传播

者的部分活动外，其余高质量的公关活动均有媒体受邀到场报道，使得进博会期间的艾尔建美学展会信息得到了充分传播。在后续回顾总结报道中，核心主流媒体进行了稿件二次传播，维持了品牌在展会期间的热度。在全平台传播策略下，艾尔建美学自媒体矩阵（微信公众号、微博平台等）会随阶段传播策略实时同步展会信息，充分利用了官方渠道进行高效传播。

项目评估

艾尔建美学第三届进博会整合公关传播紧扣进博会大主题和热点，同时紧密结合艾尔建美学的品牌特征和业务特点策划多场品牌公关活动，引发目标受众的关注与参与，进而实现传递品牌信息的目的。整个传播执行过程层层推进，始终引领话题以及活动关注。

受邀嘉宾、出席媒体均对不同主题的活动给予了积极评价和反馈，赞许活动丰富、内容新颖。进博会前期即锁定以央视、新华社为代表的权威媒体，策划报道角度，邀请记者参观展台，从而为报道夯实基础；借助行业媒体关注行业健康可持续发展话题，邀请行业媒体根据医美产业发展特点进行深度分析报道；策划现场体验产品活动，以“黑科技”“创新产品亮相”为着力点，同时更多立足2C的思维，发掘终端消费者在塑身方面的痛点和需求，精准地将科技和产品卖点与市场痛点相结合，突出传播点，吸引了多家新媒体平台的高专注度报道和流量曝光，并引发了巨量的社交媒体上的消费者互动讨论和转发裂变。

整个进博会传播期间，超过100家媒体出席参会，超过20频次的媒体采访，共7500多篇媒体报道，实现主流媒体重要版面报道、行业媒体深度分析报道、新媒体高专注度露出。从传统媒体到新媒体，从权威媒体、时尚生活类媒体到行业垂直媒体，从纸质、网站到微信、抖音、快手等新媒体平台，实现全媒体传播渠道覆盖。

亲历者说 李燕　微界（北京）咨询有限公司董事总经理

很荣幸我们能协助艾尔建美学推进和实施这次传播活动，并取得了非常亮眼的传播效果，达成了品牌美誉度和信息传递的传播目标，这得益于对进博会的宏观背景和传播导向的理解和把握，以及对传播项目的全方位规划。我们抓住企业的特点，对传播信息进行精准制定；我们在突出2B企业传播要点的同时，大胆加入了2C传播的手段和资源，借助不同类型的媒体平台实现了资源的最大化利用，各类型传统媒体和社交媒体平台的联动和共振，使得传播在高度、深度、广度和互动上都取得了令人满意甚至超出预期的结果。

案例点评

点评专家：杨晨　上海外国语大学国际工商管理学院公共关系学系主任

艾尔建美学是世界500强之一艾伯维旗下的医美企业的品牌，2009年进入中国市场。进博会是世界上第一个以进口为主题的国家级展会，2018年起每年在上海举办。在2020年第三届进博会上，艾尔建美学与艾伯维同台亮相，举办了8场品牌公关活动，如与海南博鳌乐城先行区举行战略合作签约仪式等。活动期间共有113家媒体参加，包括传统媒体和新媒体，产出7500多篇报道，传播效果明显。当然，如果能突出8场品牌公关活动的信息点，并将部分受众从媒体向潜在客户下沉，则会更好。

“上场即主场”沃尔沃新款XC60沉浸式体验传播

执行时间： 2021年6月9日—11日

企业名称： 沃尔沃汽车销售（上海）有限公司

品牌名称： 沃尔沃汽车

代理公司： 北京朗知网络传媒科技股份有限公司

获奖类别： 金旗奖——2021最具公众影响力企业公关传播大奖

项目概述

沃尔沃新款XC60上市发布会恰逢欧洲杯开幕，项目将新车上市与足球友谊赛相结合，在用户一睹新车焕新实力的同时，双方互动打造足球狂欢沉浸式体验，提升媒体品牌好感度及参与度。

“上场即主场”足球友谊赛奖杯

项目策划

1.消费者洞察

沃尔沃新款XC60的目标用户以30～45岁，生活在一线或超一线城市的已婚有子男性为主，这类人性格稳重、谨慎务实，有意向增购或换购豪华品牌汽车产品。

在社会中，他们是高知精英，渴望实现专业成就感、承担人生责任感、在生活的方方面面体现个人品位。

他们更希望用汽车来全面展现自己的卓越气质，即产品“有价值观的高级感”“有人本观的智慧感”“有尺度观的掌控感”以及“有设计观的潮流感”。

“上场即主场”主海报

2.策略与方法

（1）攻占渠道：攻占大众圈层，攻占消费者碎片时间，将活动及产品信息通过头部资讯媒体、参赛媒体的微博及抖音等平台实时全面扩散，最大化破圈传播；刷屏垂直圈层，利用垂直媒体私域流量，实现汽车圈内刷屏，使沃尔沃新款XC60上市信息无处不在，上市前将关注度引至峰值；渗透体育圈层，同懂球帝、虎扑深度合作，借势欧洲杯，聚焦集训，围绕四大球星打造话题引关注，助力沃尔沃新款XC60上市声量提升。

（2）内容激活：媒体训练营圈内刷屏，70家训练营媒体联盟足球沉浸式体验，20个媒体啦啦队体验式出道，金句海报、训练英姿大图在个人平台圈内刷屏扩散；名宿导师话题激活，范志毅、杨晨助阵国家队备战，足坛名宿经典战术再演绎，球坛标杆人物领军对决引人关注，产品互动，融入产品信息；冠军之夜破圈裂变，250家媒体全程直播扩散，点燃赛场激情，明星、名宿助阵沃尔沃新款XC60产品上市，价格发布，三大流量池裂变扩散。

发布会现场

项目执行

6 月9 日：媒体训练营。

参赛媒体及啦啦队成员社交平台发布现场花絮，社会化媒体聚集声量。

战队领袖线上喊话视频，引发行业及用户关注。

发布四大国脚齐聚，揭秘足球集训营预告，聚集流量吸引全网关注。

6 月10 日：赛前发布会。

本地资讯、时尚、新闻类媒体齐发声，预热赛事，为活动造势。

定妆照训练花絮引爆朋友圈，赛前发布会稿件发布。

搭载虎扑、懂球帝等体育媒体平台，KOL 话题软文发布，引发话题热议。

6 月11 日：上市发布会。

250 家媒体、“全网垂直 + 新闻媒体”，共同发声助阵产品上市。

媒体球员及啦啦队定妆照于朋友圈发布，互动转载刷屏。

球迷互动赛事竞猜、重点产品信息释放，将声量推至顶峰。

项目评估

1. 传播创新盘点

（1）内容及形式创新：结合欧洲杯热点，打破体育圈层，渗透大众圈层，以热爱足球为纽带打造训练营体验式营销；通过欧洲杯友谊赛与脱口秀发布会，突出沃尔沃新款XC60的用户利益点，强化沃尔沃科技标签和引领时代的行业地位。

（2）渠道创新：头部资讯媒体热点信息实时全面扩散，助力沃尔沃新款XC60上市声量提升；垂直行业媒体刷屏传播，引发行业高度关注；体育跨界媒体借势欧洲杯深度合作，四大流量球星齐聚引发高度关注。

2. 传播效果总览

此次借势欧洲杯的传播活动，以爱好足球为桥梁拉近与媒体距离，收获媒体大量好评，形成主动传播与扩散。

计划邀请媒体241家，实际到场265家，KPI完成度达到110%。

计划产出5000篇稿件，实际完成18652篇，KPI完成度达到373%。

总阅读量达到3499万次。

发布会直播媒体总计77家，直播累计观看量达到23638880次。

亲历者说 郁越　北京朗知网络传媒科技股份有限公司高级客户经理

该项目从筹备到执行时间比较紧凑，传播及活动团队密切配合，围绕“欧洲世界杯”“欧洲冠军车”两大关键词，对传播内容、媒体邀约、明星嘉宾邀约均严格把控，最终实现媒体主动参与、主动传播，达成活动与传播内容高度契合的公关事件。

案例点评

点评专家：李国威　北京闻远达诚管理咨询创始人

活动结合目标客户群关注的欧洲杯赛事，通过媒体合作、足球训练营、前国脚参与、脱口秀发布等活动，充分植入品牌个性和产品信息，引起超大流量的话题关注，是一个成功的借势营销案例，如果能在品牌价值提升和产品销售上提供有效数据就更好了。

亿滋“这年滋味正温暖”· 关怀“原年人”企业传播活动

执行时间： 2021年1月—2月

企业名称： 亿滋中国

品牌名称： 亿滋中国

获奖类别： 金旗奖——2021最具公众影响力企业公关传播大奖

项目概述

春节是每年亿滋中国旗下产品极重要的销售旺季和品牌宣传期之一。2021年2月春节前夕，上海及其他城市出现局部本土疫情，各行各业的人们纷纷响应“原地过年”的号召，他们在社交媒体上被戏称为“原年人”。亿滋中国结合自身业务传播目的，洞察到这一社会群体的心理需求，号召发起以“这年滋味正温暖”为主题的企业传播活动。活动目的在于关怀“原年人”，树立企业富有责任与担当、温暖关怀的正面形象，传达“让人们享受真正好零食”的企业使命。活动联合上海一线综合媒体《新闻晨报》及其旗下各媒体渠道，并携手八家国内外知名消费品企业，在传统媒体、社交媒体、线下多渠道共同发起传播活动并扩散活动声量，打造全面整合的企业品牌传播活动。

项目策划

项目组基于对“原年人”群体的社会洞察，设计了活动主题——“这年滋味正温暖”，强调春节期间通过零食的好滋味传递陪伴与温暖。其从亿滋中国的业务特点优势出发，结合了企业名称中的“滋”字做双关，突出了记忆点。

内容方面，活动以主题为核心，设定主旨信息为：①传播企业的“好零食、真时刻、正担当”宗旨，尤其是其中“正担当”这一信息点，介绍企业在疫情防控的关键时刻为社会提供支持与贡献的努力；②“原年人”对于春节年味的需求可以通过好零食来实现，美味能给人们带去及时、温暖和美好的陪伴；③与各企业和品牌、媒体共同发声，让年的滋味不仅能温暖“原年人”，也能温暖整个城市。

媒介策略以社交媒体为主，结合主流媒体和线下活动共同执行。

社交媒体端，策划了品牌微博联动活动，表达对粉丝们在春节的关心惦念，传递温暖、担当的人性化企业形象，间接宣传旗下各品牌春节礼盒产品，号召更多其他行业企业加入为粉丝送温暖的行列。最终选择了同样有温度、以关怀为担当并以年轻人为主要消费群的生活方式品牌和企业加入这次传播。联动企业和品牌包括达能、奥妙、金典有机奶、都乐、嘉士伯啤酒、玛丽黛佳、恋暖初茶。

传统媒体端，亿滋中国携手上海极具影响力之一的主流媒体《新闻晨报》，在其各平台渠道和线下共同发起主题活动。活动在《新闻晨报》、微博官方账号、微信公众号、视频号及旗下魔都新鲜事SH、周到上海App客户端、魔都申活、上海黄浦、上海报业集团等发布和联动。

线下活动端，同样结合媒体资源优势，亿滋中国与《新闻晨报》、百联集团共同联名举办线下活动，将活动主旨提升到温暖全城的高度，配合庆祝春节的热烈气氛，获得政府有关单位及媒体的关注与支持。活动以“魔都滋味，温暖上海——新年之约”为主题，在上海市黄浦区的第一百货商业中心落地。活动发布会有上海市及黄浦区政府有关单位的领导出席，同时邀请留在上海过年的各行各业的打工人代表，包括医生、公司白领、外卖员等市民群体。活动三方发起单位共同为“留沪一族”送上了亿滋中国产品在内的新年大礼包，表达“上海就是你们的家、这年滋味正温暖”的主题。

传播节奏规划为：①先期在以微博为主的社交媒体上预热；②中期以线下活动为主；③后续跟进主流媒体报道。

2021年1月25日至1月底为活动预热期。此阶段，活动以社交平台造势为主，推出话题#这年滋味正温暖#，并以品牌微博联动的联名海报发声、粉丝抽奖互动等形式吸引关注。亿滋中国联合了7家重要的品牌企业进行微博联动。2021年1月25日12点，亿滋中国微博账号直发海报推文，带上活动话题并@其他7家联动品牌，号召大家共同为“原年人”送去温暖。在随后的两小时内，其他7家品牌企业均纷纷发布微博，配以与亿滋中国联名的海报，以粉丝抽奖活动响应亿滋中国的号召，赠送各自品牌产品。随后，亿滋中国微博账号转发了各品牌的微博，将京东旗舰店优惠券作为礼物加码至各家品牌礼包中，共同为粉丝送去新春美好滋味。最终，在当日18点整，亿滋中国官博再次引爆传播高潮，发微博集合8家品牌的全部联名海报并感谢各品牌接力送温暖，同时启动终极粉丝互动活动，抽出一位“新春锦鲤”，送上8家品牌的全部礼物及亿滋中国产品的京东旗舰店大额优惠券。这阶段的传播顺利将话题推出并取得关注，为下一阶段的线下造势打下成功基础。

2021年2月初，该阶段以线下活动为主。由活动举办引爆主题，吸引线上粉丝投稿和线下市民参与。在活动举办前夕，《新闻晨报》联合亿滋中国发布微博，在评论区征集粉丝原地过年的方式。粉丝留言内容成为活动后续物料素材之一。线下活动以“魔都滋味，温暖上海——新年之约”为主题，选择于春节前的腊月二十八，在上海市核心商圈举办，吸引留守的“原年人”。活动联合了《新闻晨报》及百联集团，在2月9日下午于上海第一百货商业中心B馆举办。活动现场发布了媒体先前对“留沪一族”的采访视频，展示了微博上征集到的留沪打工人的过年心声。在富有春节气息和装饰的现场还展示了含亿滋中国春节礼盒产品在内的新年礼包，同时，现场请到了十位“留沪一族”的代表，并由主办方领导将各品牌的集合大礼包赠送给各位代表。在活动中，亿滋中国的高层以主办方之一的身份讲述了公司自疫情发生以来，在复工复产保障民生方面的努力，并且在此次春节，为“原年人”送去温暖关怀的美好愿望。

活动海报

2021年2月9日至2月中旬，活动获得主流媒体大规模报道，亿滋中国官方社交媒体也进行报道转载。《新闻晨报》首发纸质报道，随后其微博官方账号、微信公众号、视频号及旗下魔都新鲜事SH、周到上海App客户端、魔都申活、上海黄浦、上海报业集团等账号都做了各种形式的跟进报道。《人民日报》、光明网等主流媒体也做了跟进转载。

项目执行

项目执行分为社交媒体活动与媒体及线下活动两个阶段。

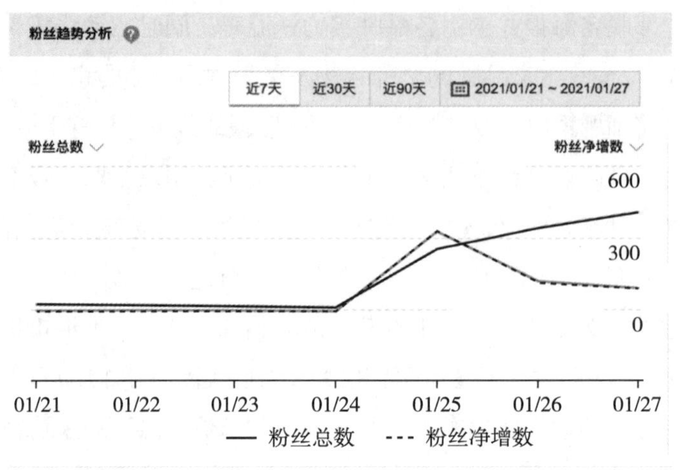

粉丝量变化

社交媒体活动部分自2021年1月初启动准备工作。1月初至1月中旬，亿滋中国公关部联合社交媒体供应商进行主题策划、内容规划、海报设计、活动机制策划。1月中旬，将品牌微博联动邀请发至各家企业，征询合作意向后在下旬敲定了7家联动品牌，并进行联名海报、互动文案、粉丝礼品等相关物料的制作与确认。1月25日至28日，各家品牌发布微博并联动。1月底，粉丝活动开奖后跟进礼品寄送等后续工作。

媒体及线下活动部分，2月初联合《新闻晨报》的相关负责人讨论确认活动方案后立即启动准备工作。活动的场地选择、搭建与物流，视觉设计及内容和产品设计，活动嘉宾邀请等由媒体及亿滋中国共同完成。活动当天的执行由媒体主要负责。

项目评估

该活动亮点是通过一个具有极大社会意义的公共话题，撬动更广泛的资源并达到了各个合作伙伴的共创与共赢。

在社交媒体上，活动内容、话题均获得了极大的曝光量。#这年滋味正温暖#话题在微博获得了超过198万次的阅读，共2600多次讨论。亿滋中国的相关微博发文共获得了超过31万次的阅读，总互动量超过2000次。联动的品牌合作伙伴的发文互动量达到3000次。

同时，粉丝量在活动期间迎来增长波峰。

在媒体报道方面，在并未投放或发布稿件情况下，截至2021年2月12日，媒体自发报道共108篇。活动不仅被《新闻晨报》及其旗下媒体各平台报道，还获得人民日报人民号客户端、光明网的转载。《新闻晨报》微信公众号的首发微信报道获得了超过5万次的阅读量。

从市场及受众反应可以看出，民众对于这样暖心的活动非常欢迎，借此分享了许多不能回家过年的心声，媒体也帮助他们将思念传递给了在家乡的亲友。从媒体报道的评论和微博活动下方的评论可以看到，读者与粉丝对于活动参与度非常高，表达了对活动的感谢、对新年的美好愿望、对家人的思念等。活动也获得了来自微博互动品牌企业的非常正面的反馈，各品牌均通过活动获得了品牌曝光和声量，增加了品牌知名度和美誉度，并表达了再次合作的强烈意愿。

亲历者说 **莫菲　亿滋大中华区企业公共事务部经理**

作为该项目负责人，我深感好的公关传播离不开对社会的关照、洞察与敏锐度，同时秉持正向的社会价值观，与伙伴们携手共创。活动主题诞生后我们联系各家联动企业、品牌，均获得了非常积极的反馈，大家纷纷“加码”参与。当我与《新闻晨报》相关负责人谈到此次活动想法时，对方也积极支持并主动要求参与，甚至《新闻晨报》在后续的线上传播中还沿用了我们的企业活动话题#这年滋味正温暖#，最后在活动规模和传播效果方面获得了出乎意料的成功。

案例点评

点评专家：何春晖　浙江大学传媒与国际文化学院策略传播学系主任，中国公关学会副会长

本项目是一次兼具时事亮点、人文关怀与社会效益的企业公关传播项目。这一项目立足于疫情之下许多异乡人难以返家、原地过年的社会现象与受众心态展开，体现了团队敏锐的公关思维，在策划思路与执行上有新意、有温度、有节奏。项目在近乎“零媒介投入”的情况下，所取得的较高媒体曝光度和网络影响力，令人眼前一亮。

易代储“灵活租仓”整合营销传播①

执行时间：2020年6月1日—2021年6月1日

企业名称：北京易代储科技有限公司

品牌名称：易代储

获奖类别：金旗奖——2021最具公众影响力企业公关传播大奖

项目概述

2020年，疫情极大地影响了物流行业的发展。传统营销模式已难以满足企业业务发展需求，营销方式变革迫在眉睫。百度渠道数据显示，网络营销投放获客成本普遍下降30%，正处于各个媒体广告的竞争洼地阶段，流量红利再次凸显。

为了稳定上下游客户关系，助力企业复工复产，同时打造易代储创始人专家形象及团队专业能力，易代储着力打造招商能力、物业管理能力、技术能力组成的“三力”概念，凸显易代储“灵活租仓”品牌特点且获取潜在客源，用品牌力协同市场营销，成功实现精准锁客，用低成本做到高营销效率，整体运营园区出租率突破92%，创造了4100万元的销售收入。

项目策划

1.目标策略

实行内部业务协同和外部品牌传播双线并行的策略，联动企业市场营销、品牌、招商

① 本文中所涉及的照片，北京易代储科技有限公司均已得到被拍摄者的使用许可。

三大部门业务执行；整合外部媒体、SEM（搜索引擎营销）等资源进行宣发传播，最终实现营销获客和品牌升级的目标。

总结产品、客户、渠道精准营销三角形，根据产品定位目标客户，根据目标客户性质选择高效渠道，通过精准营销获客。

根据“高产出、高投入，低产出、低投入，零产出、零投入”的营销策略，将有限的预算投入产出最多的区域、产出最多的渠道。

2. 传播内容

强化品牌认知，从易代储创始人、CEO 刘涛的创业经历出发，通过专业媒体的深度专访，深入介绍易代储业务能力、团队背景等，为广大创业企业提供经验借鉴，强调易代储“客户优先、效率优先、协同优先”的企业文化内涵，打造创始人专家形象。

创始人及其团队形象

宣传“榜样力量”，提高团队荣誉感，激发团队战斗力。通过“抗疫五虎将”典型人物和案例，深入采访抗疫一线人员，通过他们的故事体现仓储行业在疫情中的真实状况以及易代储团结奋斗、客户优先的团队力量和服务精神。

塑造团队，树立企业“独角兽”行业地位。通过“乘风破浪的招商军团”“客户服务宣言”“抗疫五虎将”“超级管家”等关键词提高企业团队形象。深入分析疫情之下的客户需求，易代储招商团队作为在疫情之下乘风破浪、稳定上下游客户的核心力量，通过团队海报、服务宣言以及对众多区域城市负责人的采访，打造招商团队的专业形象，彰显易代储的业务能力。

活动海报1

异业联盟，共话市场，激发行业对灵活仓储创新模式话题探讨。易代储经营管理部高级总监王建大携手唯智信息高级解决方案专家李友伦进行线上直播，揭秘仓储销售转型新路径。

3.媒介策略

全网媒体通发活动海报，征集客户案例及优秀员工案例。

物流仓储行业KOL及专业媒体朋友圈发布海报。

官方微信公众号、微博推送素材稿件。

通过线上直播对话深度分析市场环境，解读新模式。

自有媒体同步发布公关素材。

活动海报2

项目执行

1.项目进度

从易代储“三力”概念出发打造企业的品牌力、业务力和影响力，借助《物流时代周刊》、物流沙龙等媒体以及物流行业知名KOL资源进行报道和宣传策划，吸引受众，借助媒体的权威性提升易代储的社会影响力及品牌形象。

通过直播的形式联合唯智信息等友商，结合疫情发展情况及企业产品特征与参与直播的行业人进行互动讨论，在互动讨论中传达企业的品牌，同时挖掘潜在客户，促进业务增长及客户理解。

以事件营销为主导，以今日头条、微信公众号、微博、腾讯视频等多个平台为载体，在对客户群体进行科学分析和市场调研的基础上，精准定位，树立“灵活租仓就找易代储”的客户认知，引发客户认同，减少品牌传播费用。

内外双向传播，对内以易代储团队抗疫故事为核心树立榜样力量，对外输出行业观点及工作经验，形成传播势能，连接客户需求，提升易代储品牌市场认知度并促进潜客转化。

联动市场营销，进行精准投放，通过业务复盘匹配精准客户，借助流量红利，抓住了3—6月SEM渠道及信息流渠道流量的红利期，关注各个线上营销渠道实时的数据统计，做好高峰时期的竞价投放及信息流投放，保证最好展现与点击。

优化内部激励制度，根据客户关系管理（CRM）跟进制度进行奖惩管理。评定“销售成交之星”，给予优质销售人员奖杯及荣誉奖励，从而实现业务与品牌力双向驱动，提升客户留存率和委派率。

2.控制与管理

市场营销、品牌、招商三个部门协同，根据不同阶段的传播方向与投入目标，分为3条主线同步进行。

市场营销部门及时反馈客户量变化情况，推广库源信息，做好信息同步，并且及时告知营销效果，每周反馈问题，提出调整建议；品牌部门及时更新媒体传播素材及安排对外传播，及时反馈产品定位、人群定位；招商部门做好委派客户跟进监督、满意度回访，并及时反馈客户投诉信息。

每条主线每周产出规划，并在工作日进行规划更新确认，保证项目进度在掌控之中。

根据“高产出、高投入，低产出、低投入，零产出、零投入”的营销策略，对外部资源进行合理搭配取舍，并进行效果反馈的严格审查和跟踪，在可控预算范围内实现投入产出比最大化。

项目评估

1.效果综述

对此次传播活动从参与人数、媒体传播、财务数据等维度展开评估，通过此次传播，品牌向物流行业传递了易代储“灵活租仓”的形象，同时在目标受众心中确立了企业在物流仓储行业“独角兽企业”的定位，提高了用户对于互联网仓储的关注，提升了整体运营园区的出租率。

2.受众反应

受众范围广泛，覆盖媒体、客户、同行、投资人等多类角色，反馈热烈；传播势能大，且成功实现用户转化，形成整合营销闭环。

企业定位升级，通过推广传播活动，将广大受众认知中的物流仓储租赁面积大、租金高的定位拓展到“灵活租仓”的新模式上。

本次传播除了拓展新客户外，还激活了大量老客户主动扩散传播。“灵活租仓就找易代储”的口号成功实现二次发酵传播。

3.市场反应

易代储财务数据显示，在品牌势能的推动下，收入业绩实现逆势增长，整体运营园区出租率突破92%，并通过精准营销，达成成交面积12000平方米，创造了4100万元的销售收入。

通过对各城市园区执行“高产出、高投入，低产出、低投入，零产出、零投入”的营销策略，保证了投入产出比。

4.媒体统计

实现了全网传播，覆盖了凤凰网、搜狐网、亿欧网、投资界、《物流时代周刊》等150家媒体，并获取了首页焦点图文、首页推荐位、公众号头条推送等重点露出位置。单篇阅读量超过10万次，总阅读量突破500万次。

线上直播获得超过100位潜在客户，成功搭建起从内容策划、执行到客户管理的直播体系。易代储微信公众号及微博阅读量增长率达到50%。

5.项目亮点

提升易代储的品牌认知和企业的行业地位，成功在物流仓储行业引起对于“灵活租仓”新模式的讨论，实现行业影响力传播，扩大目标客户群体。

品牌传播协同市场营销，抓住流量红利，从企业内部协同，到驱动外部客户认知，再到推动易代储全新战略落地和执行。

亲历者说 宫腾飞　北京易代储科技有限公司合伙人、CMO

此次整合营销传播，实现了企业内部各业务高效协同，并且在外部形成了极大的讨论声量，投资人、客户等均给出了一系列的反馈意见。活动一方面调动了内部员工的积极性和战斗力，另一方面在易代储品牌和“灵活租仓”模式的推广上有很好的效果。尤其是这次活动还取得了优异的业绩。通过精准营销，我们创收4100万元，这次传播对于企业的发展是一次突破性的尝试，效果大大超出预期。

案例点评

点评专家：彭焕萍　河北大学新闻传播学院副院长

项目基于精准的前期市场调研，企业针对中小企业目标客户租仓难、租仓贵的痛点推出“灵活租仓”模式，成功实现了精准锁客和品效合一的传播效果，确立了企业在物流仓储行业的“独角兽”地位。活动整合了市场营销、品牌、招商三部门的资源，选取颇具感染力的营销事件在较短时间内达成了低成本高营销效率和品牌形象升级。活动在传播载体的选取上也体现了整合思维，在全网传播的基础上还成功搭建起从内容策划、执行到客户管理的直播体系，形成了强大的传播势能和影响力。

2021最具公众影响力市场公关活动大奖

BMW 极致之悦音乐会①

执行时间：2021年10月29日—12月2日

企业名称：宝马（中国）汽车贸易有限公司

品牌名称：BMW

代理公司：北京华娱点将国际文化传媒有限公司

获奖类别：金旗奖——2021最具公众影响力市场公关活动大奖

项目概述

2018—2020 年，宝马连续 3 年举办车主音乐会，效果俱佳。宝马的车主群体在改变，越来越多崇尚独立思考的年轻人正在成为宝马的粉丝。宝马通过艺术与产品的结合所产出的音乐会活动，让参与的嘉宾在轻松愉悦的氛围中沟通交流。

1. 市场洞察

越来越多的年轻人成为宝马车主，不同年龄层用户的用车习惯及需求都有所不同。宝马通过音乐会的形式，让车主跨越年龄界限，加深车主之间的沟通，为车主提供良好的社交环境，向大众传达宝马不仅提供服务、更专注客户需求的理念。

2. 社会需求

随着社会的发展，生活节奏逐渐加快，更多人处于工作时间大于生活时间的状态。宝马通过音乐会的方式，打破封闭状态，扩大车主社交圈层，丰富车主业余生活。

---

① 本文中所涉及的照片，宝马（中国）汽车贸易有限公司均已得到被拍摄者的使用许可。

项目策划

1. 目标

通过艺术与产品的结合所产出的音乐会活动，让参与的嘉宾在轻松愉悦的氛围中沟通交流，在提升品牌调性的同时增强品牌口碑，提高客户满意度，促进潜在客户成交，带动全系车型销售。

2. 整体策略

通过乐团演奏、电影经典画面与旁白口述融合的表演方式，以及古典音乐会的呈现形式，提高用户的归属感及对于品牌的认同感。

项目执行

1. 活动签到

现场签到选择使用二维码，采取“6+1”模式现场签到即时取票，高效使用签到系统使得在参与人数众多的情况下没有产生滞留，给客户带来高效便捷的签到取票体验。

音乐会活动签到取票现场

2. 互动拍照

现场互动区可拍照，同时，用户可通过扫码获得定制拍照框，可拍照打卡上传，有助于活动传播。

音乐会活动互动拍照现场

3.现场演出

演出选用经典影视音乐以及古典主义音乐作品，并按照音乐视频内容划分篇章，给观众带来沉浸式的视听体验。

音乐会活动演出现场

项目评估

1.效果综述

此次活动客户满意度近乎 100，整体参与人数近 2000 人。整个活动管理严格，未出现客户投诉情况。

2.现场效果

音乐会举办顺利，达到以乐会友的目的，提高了用户对品牌的认可度。

亲历者说　田野　北京华娱点将国际文化传媒有限公司副总经理

很高兴能够参与本项目，我们通过温馨正能量的氛围营造，为品牌价值赋能，提高车主嘉宾的归属感和品牌认同感，也通过音乐会的内容传达，带给参与嘉宾更多、更好的生命体悟。可以说，现在很少有人会在做技术的同时去聆听内心的回响。我参加了这么多次汽车品牌的活动，似乎只有宝马会带着车主、媒体同行一起听古典音乐会。在很多人眼里，宝马代表着激昂、高亢、律动，与巴洛克时期悠扬的交响乐看起来在天平两端，但是不要忘了，宝马品牌与巴赫、贝多芬、舒曼来自同一个国度。

案例点评

点评专家：郑威　华硕电脑中国业务总部副总经理兼新闻发言人

如何与用户进行“亲密”沟通？该案例做了很好示范。沟通的本质是达到一种情感的认同。宝马作为一个豪华车品牌，通过音乐会这种形式，让用户与品牌快速地融入了同一个情绪磁场，同时相对私密的空间，为用户真正接纳品牌提供了良好契机。线下活动很考验落地执行的能力，从案例中可看到团队在活动的布置、流程的规范、参与者管理等方面都十分出色。如果在整体项目中加入一些有创意的亮点环节并进行话题传播，可能在当下社交语境中会产生更好的传播效果。

比亚迪文化雅集暨汉浅色内饰上市发布会

执行时间：2021年3月23日—31日

企业名称：比亚迪汽车销售有限公司

品牌名称：比亚迪汽车

代理公司：北京播势品牌管理有限公司

获奖类别：金旗奖——2021最具公众影响力市场公关活动大奖

项目概述

作为全球超安全智能新能源旗舰轿车，汉遵从中国人审美感受，将中国文化传承至整车设计中，以豪华为骨、传统为韵，开辟出和而不同的中式豪华之道。本项目围绕汉全新苍穹灰浅色内饰，在苏州园林的优雅典范——沧浪亭，举行了一场主题为“探苍穹之美，品悠雅之韵”的比亚迪文化雅集暨汉浅色内饰上市发布会，并在现场展出汉EV（纯电动汽车）苏州园林定制版车型。以中国传统文化为核心的活动现场设计，吸引广泛关注，形成了一股中国雅文化、新中式豪华风尚传播热潮。

比亚迪文化雅集暨汉浅色内饰上市发布会1

项目策划

1. 传播目标

（1）助力汉浅色内饰精准定位优质用户群体，提高女性用户比重。

（2）提升汉车型文化品位，彰显汉的中式豪华之道。

（3）借助著名艺术家的影响力，提升汉浅色内饰上市的关注度。

2. 实施策略

（1）活动设计以中国传统文化为内核，通过自然环境及场景打造，形成中式园林与汉浅色内饰的有机关联，让受众自然感受中式雅集的诗情画意。

（2）线上传播将“外在的园林带来的雅的情境”与“苍穹灰浅色内饰引发的雅的修养”相融合，通过多元化的传播内容，呈现汉车型所体现的中式豪华的文化深蕴与审美意趣。

3. 内容创意

（1）“诗画生园，园生诗画”，园林是中国雅文化与东方美学的生态载体。“江南园林甲天下，苏州园林甲江南”，以园林闻名天下的苏州，荟萃江南园林精华的沧浪亭，与苍穹灰浅色内饰的中式优雅之美相得益彰。线下传播通过以中国苏州古老的园林沧浪亭为载体，融合中国雅文化的场地设计，邀请各界贤达雅士齐聚，通过品茶道、听评弹、赏昆曲等一日风雅体验，感受中国传统文化的优雅意趣。

（2）活动现场有“现代雅集之父”之称的叶放与嘉宾分享交流了对中国雅文化、中式优雅之美的理解，追根溯源汉浅色内饰设计与中国传统文化之间的内在关联。叶放与比亚迪全球内饰设计总监米开勒拍摄意境解读视频，以一场真正穿越千年的相遇，达到了大范围的话题传播效果。

（3）“雅”是中式豪华生活方式中的重要审美意趣，苍穹灰浅色内饰设计是体现中国雅文化内涵的高水平之作。此次项目的视觉创意传播物以优雅的苍穹灰作为主色调，从雅文化与汉浅色内饰中提取设计语言，从女性视角出发，既为追根溯源，也是基于雅的传承与发展。

4. 媒介策略

（1）多领域媒体覆盖：以微博、抖音、B站等社会化传播平台为核心阵地，同时积极覆盖汽车、财经、文化、时尚、生活方式等多领域媒体，以触达更大范围的受众群体。

比亚迪文化雅集暨汉浅色内饰上市发布会2

（2）跨圈层KOL联动：汽车、文化、时尚、艺术等不同圈层的KOL从不同视角解读汉浅色内饰上市的意义和用户价值，肯定汉车型引领的中式豪华风尚。

5.传播规划

通过预热期造势、活动期引爆、延续期深化三个阶段的传播，将#悠雅之韵 汉为观止#传播话题在汽车圈、时尚圈、传统文化圈等各圈层逐步渗透，使话题持续出圈。

（1）预热期造势，引发期待：活动前期，以优雅简约风格的预热海报，制造悬念，勾起用户好奇心，引导用户对汉浅色内饰上市信息的关注。

（2）活动期引爆，集中释放：活动中期，一方面，官方传播以#悠雅之韵 汉为观止#为话题，结合苍穹灰的优雅之美以及文人雅士的优雅格调，通过视频、长图等多元化创意形式，从不同角度集中释放信息；另一方面，艺术类、文化类等不同领域KOL聚焦#悠雅之韵 汉为观止#话题，对汉浅色内饰上市发表观点，掀起网络讨论热潮。

（3）延续期深化，解读价值：活动后期，从两个方面入手深入解读汉浅色内饰的重要意义。一是针对女性友好的价值卖点，巧妙关联细节进行解读，形象化展现#悠雅之韵 汉为观止#的格调，引发女性消费者共鸣；二是邀请传统文化类KOL创作视频，通过舞蹈将传统文化、汉车型、园林雅韵深度融合，形象化解读#悠雅之韵 汉为观止#的意义。

项目执行

2021年3月23日，比亚迪文化雅集暨汉浅色内饰上市发布会在沧浪亭举行。彰显中国美学自信的汉车型，携全新内饰设计理念而来，向中国传统文化致敬。苍穹灰浅色内饰的优雅之美与东方园林的风雅之意交相辉映，各界贤达雅士齐聚，一起“探苍穹之美，品悠雅之韵”。传播方面，紧密配合项目预热、开展，在项目启动后开启大规模传播，产出多元传播物料，合理调配传播资源，以清晰而紧凑的传播节奏，持续保持#悠雅之韵 汉为观止#话题热度。

比亚迪文化雅集暨汉浅色内饰上市发布会3

项目评估

1.效果综述

苍穹灰浅色内饰的优雅上市，不仅让更多人感受到比亚迪汉车型的“悠雅之韵”，更令人对汉的中式豪华之道有了更深入了解。通过企业深度解读苍穹灰浅色内饰的文化底蕴，公众得以进一步理解汉车型所彰显的中国美学自信。汉不仅在安全、性能、豪华维度树立了新能源轿车的标杆，更承载着比亚迪对中国文化的自信。汉浅色内饰的上市，传承并弘扬了中国传统文化的优雅之美，进一步丰富了汉的豪华属性，为高端轿车市场带来了更多选择。

2. 受众反应

本次传播活动引发网友热议，网友认为苍穹灰浅色内饰为汉车型的豪华感和品质感带来很大提升，为用户带来多样化选择。网友评论主要集中于汉浅色内饰的优雅格调、中式豪华风尚，以及汉车型女性友好设计等方面。网友评论积极正面，高度评价比亚迪汉车型的豪华形象，认可汉所引领的中式豪华风尚。

3. 市场反应

汉浅色内饰的发布，再一次刷新了公众对自主品牌汽车豪华品质的认知，树立了汽车品牌文化营销传播的经典案例。汉引领的中式设计美学，得到中国高端用户群体的欣赏和喜爱，新中式豪华风格使得汉在中大型轿车市场独树一帜。

4. 媒体统计

此项目传播广泛覆盖汽车、财经、科技、时尚、艺术、文化等多领域媒体，累计引发1.4亿次传播。微博话题#悠雅之韵 汉为观止#阅读量突破934万次，讨论量近4万次。

5. 项目亮点

（1）打造一场产品与文化交融呈现的东方美学浸染：悠雅之韵，汉为观止。苍穹灰浅色内饰的优雅之美与东方园林的风雅之意交相辉映，在满满的中式美学氛围里呈现汉浅色内饰的设计理念与独特价值，呈现自主品牌汽车的新中式豪华风尚。

（2）打造“长视频＋短视频＋图文＋微传播”结合的立体式传播矩阵组合：此次传播既有长视频深度解读，也有短视频、海报、长图等多元化创意内容植入，并在多平台扩散，引发受众高度关注。众多内容在时间上可以形成串联，在传播效果上可以互补，在触达用户时更加丰富。

亲历者说　谢淑娟　北京播势品牌管理有限公司高级客户经理

“探苍穹之美，品悠雅之韵”。围绕汉浅色内饰的上市，我们项目组面临的一个重要问题，是如何让受众了解并认可汉浅色内饰的优雅格调，以及汉车型所引领的中式豪华之道。在创意阶段，我们设想了现代时尚风格、精致唯美风格等传播文案，但总是差点意思。最终，当走过近千年的园林典范——沧浪亭和面向未来的汉EV在苏州相遇时，我们找到了产品与中国传统文化交融呈现的传播方案，找到了能够让受众具象感知汉浅色内饰之优雅、汉中式豪华风尚的解决方案。

案例点评

点评专家：胡绪雷　首汽约车副总裁

苍穹灰浅色内饰的设计灵感来源于江南苏州园林，与线下发布地点苏州古城区沧浪亭风格一致，巧妙呼应。传播部分中，无论是视频影像还是传播话题，均强调豪华形象，凸显中式美学，品质感与科技感结合，营造氛围感，艺术美感加上中国传统文化底蕴，多维度的概念融合加上跨界媒体的合理解读，使得产品定位更加生动且有意义。

华为运动健康科学实验室揭秘

执行时间：2021年1月23日—2月24日

企业名称：华为终端有限公司（简称华为）

品牌名称：华为

代理公司：北京朗知网络传媒科技股份有限公司

获奖类别：金旗奖——2021最具公众影响力市场公关活动大奖

项目概述

智能穿戴设备品类在近年获得极大发展，但是市场上对于智能穿戴设备的实际意义和用户价值传递并不清晰，尤其在疫情时期，更多厂商采取了制造焦虑的营销方式，虽然取得了一定成果，但是对智能穿戴设备行业整体发展带来不利影响。华为作为国内智能穿戴设备行业龙头企业，希望借本项目让更多用户认识到智能穿戴设备的价值，输出正确的行业价值及产品价值，使用户建立主动健康管理认知。

华为运动健康科学实验室揭秘1

项目策划

1.背景

（1）天时：智能穿戴设备领域近年呈蓬勃发展态势，疫情进一步催化了用户对相关健康管理设备的强需求，主打运动健康功能的智能穿戴设备尤其受到广泛欢迎。

（2）地利：多年来华为持续布局运动健康领域，仅在国内就已建成了深圳天安云谷运动健康科学实验室、西安运动健康科学实验室等，华为在运动健康领域的研发实力得到空前强化，为华为深耕智能穿戴设备领域打下坚实基础。

（3）人和：随着经济的快速发展，用户的健康消费观念逐渐升级，健康管理向系统化、生态化发展，如何选择更好的智能穿戴设备成为用户的新困惑。本次传播进一步在用户心中树立起华为权威、可靠的品牌形象，助力用户获得极佳体验。

2.洞察

在迅猛发展的智能穿戴设备市场中，出现了鱼龙混杂的情况，制造并贩卖健康焦虑逐渐成为市场营销的手段。不规范的市场宣传，让智能穿戴设备的实用价值备受质疑，深深阻碍了行业的长远发展。大众虽然具备一定的健康意识，但许多人在出现健康问题时才被动进行健康管理。

因此，作为国内智能穿戴设备领域龙头企业的华为，输出正确的行业价值及产品价值，科普智能穿戴设备主动健康管理的理念及实用价值，彻底打破健康焦虑贩卖的错误认知，帮助用户重塑清晰的体系化健康管理模型，让智能穿戴设备成为健康生活习惯的一部分，也是本项目的目标。

华为手表（可监测血氧）

3.目标策略

（1）媒体层面：从社会、科技、数码多维度筛选媒体，邀请其走进华为运动健康科学实验室，近距离感受华为强大的科技力，从民生健康、科技投入、产品实力多维度为华为运动健康科学实验室和华为智能穿戴设备背书。

（2）用户层面：依托媒体产出的传播内容，使用户建立对智能穿戴设备主动健康管理价值的认知，同时输出华为在运动健康层面的投入的内容，塑造华为在智能穿戴设备领域的专业形象。

（3）品牌层面：深入解读华为在运动健康方面的理念，阐述华为如何通过运动健康生态及产品的布局，帮助用户建立主动健康管理体系，树立社会层面的主动健康管理意识。

4.传播规划

以业界领先的华为运动健康科学实验室为载体，配合华为三大健康研究项目，潜移默化地引导用户建立对主动健康管理的认知，重新塑造智能穿戴设备对用户的实用价值。

整个传播采取层层递进的传播战术。

第一步吸引关注：利用华为终端业务COO何刚微博势能发起问卷式“爆料”，以华为最新健康研究项目为话题，在社交媒体平台营造焦点势能。

第二步全景式爆发：2021年1月23日媒体首次大规模揭秘华为运动健康科学实验室，全方位揭秘华为运动健康实力、华为手表研发历程、研发人员故事，同时时政、财经等核心媒体配合揭秘事件，从用户健康需求、品类健康价值、行业趋势等方面对华为的三大健康研究项目进行深入解读，除淋漓尽致地展现了智能穿戴设备产业背后的科学知识，更科普了主动健康管理的重要性，让更多人正确了解并建立了对智能穿戴设备行业价值与意义的认知。

第三步破圈行动：设置“新年运动flag”话题，通过虎扑、咕咚等平台打透运动圈层，以趣味互动的方式，让全民都能体验到创新科技带来的运动健康方面的改变，全方位立体化建立对智能穿戴设备行业的认知，形成营销闭环。

项目执行

从策略洞察、创意提报、议题设定及外围化策划到线下落地执行，与几十家媒体合作，并根据华为运动健康科学实验室开放及华为三大健康研究项目的发布规划，设计了全链条的传播节奏。

（1）传播层面：结合华为运动健康科学实验室当中的亮点细节，提前规划内容主题，输出信息重点，在与几十家媒体进行视频和内容沟通时，结合华为运动健康内容，从媒体角度出发策划不同层面的解读方向，包括社会民生、创意趣味、纪实科普等，确保媒体从不同角度全面阐述主动健康管理价值及华为的专业投入。

（2）活动层面：预先设置现场体验场景，邀请海量媒体亲历体验，并结合媒体执行排期，有侧重地安排媒体逐批次参观拍摄。

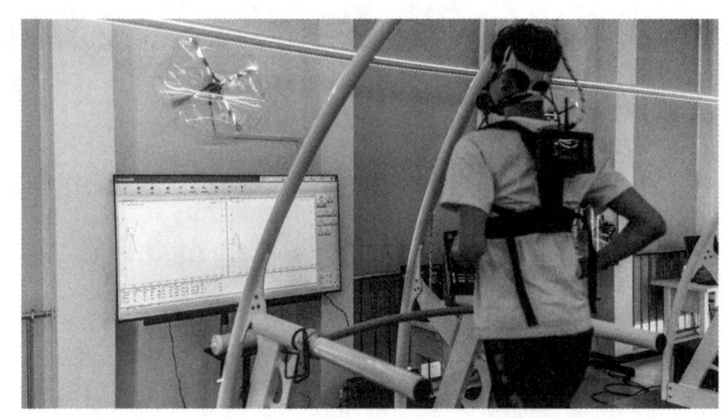

华为运动健康科学实验室揭秘2

项目评估

活动发布首日即实现多个知乎话题同屏霸榜，实验室优质探秘视频登上B站榜单第6位。

#华为运动健康实验室大揭秘# #华为发布血压筛查健康研究#双话题同时登上今日头条热榜。微博相关话题24小时阅读量超3400万次、讨论量超2万次，优质内容最高列微博数码榜第四。

主动健康管理话题五度成为头条搜索框热词，其相关报道自然登上新浪、搜狐、网易、腾讯、凤凰五大平台新闻热榜，成为社会热议话题。

得益于对传播逻辑及议题的充分思考，以及对媒体的完整部署，项目组不仅让一贯神秘的华为运动健康科学实验室首次走入大众视野，也全景式展现了智能穿戴设备所具备的强大科技力及实用价值，成功在大众心中种下主动健康管理的种子，为智能穿戴设备行业在健康方面不断进取正名，让每个中国人都能收获健康带来的幸福生活。

此次传播在市场层面同样带来良好反应，2021 年第一季度中国智能穿戴设备市场出货量排行中，在没有新品发布的情况下，华为以625万台出货量以及22.9%的市场份额位列第一，出货量同比增长67.2%。[①]在用户反应中，华为运动健康的专业性深入人心，经调研超过51%的消费者在选购华为智能手表时，关注的是运动健康的专业性。

此次传播同样实现话题破圈，在后期的媒体调研过程中，很多媒体记者表示受此次传播影响，他们关注了华为在运动健康上的专业性和投入，也为后续华为的媒体合作做出了良好的信息铺垫，无形中进一步提升了华为的口碑。

---

① IDC：2021Q1中国可穿戴设备市场出货量2729万台，同比增长42.6% [EB/OL].（2021-06-07）[2022-05-17]. https://www.sohu.com/a/470931471_485557.

亲历者说 **宋昱霖　北京朗知网络传媒科技股份有限公司项目总监**

最初项目定位是智能穿戴设备延续期传播，但过程中我们与数十家媒体进行了沟通，发现主流智能穿戴设备厂商传播关注点仍在功能层面，甚至有借助疫情环境制造健康焦虑进行产品营销的情况，而对于产品主要健康赛道的认知不足。受众更没有太多关于主动健康管理的意识，对于整个智能穿戴设备行业的正向发展不利。故而，我们以挖掘智能穿戴设备主动健康管理价值为切入点，以为智能穿戴设备行业正本清源为思路策划了本次传播。为了让主动健康管理在传播中能够吸引人，我们策划了华为首次揭秘运动健康科学实验室的话题，以此进入大众消费者的视线，同时配合华为三大健康研究项目发布。在揭秘华为运动健康科学实验室的过程中，潜移默化地将智能穿戴设备带来的主动健康管理价值融入其中，让大家整体认识智能穿戴设备的价值。

案例点评

点评专家：于剑　拉格代尔集团对外事务副总裁

近年来，越来越多的用户开始关注自身健康，以智能手表为代表的智能穿戴设备进入发展快车道。

想出点子固然重要，拿出最终解决方案才是根本。收到智能手表健康提醒，对消费者的健康影响非常有限。企业不仅要提出方案，更要告诉消费者如何去做。

战略决定战术，对行业的发展趋势判断是否准确，直接决定了未来的产品成功与否。针对用户痛点，华为先是从压力、睡眠等方向出发，先后开发了心率监测、压力监测和睡眠监测功能。有了这些硬件支持，华为运动健康科学实验室揭秘项目的公关活动就水到渠成了。

这个活动对我们的启示就是，企业往往过于夸大市场宣传的作用，其实最终发挥作用的还是产品本身。

嘉吉“防非无抗”360整合营销计划[①]

执行时间：2019年2月—2021年9月

企业名称：嘉吉投资（中国）有限公司（简称嘉吉）

品牌名称：嘉吉动物营养

获奖类别：金旗奖——2021最具公众影响力市场公关活动大奖

项目概述

1921年，首例非洲猪瘟在肯尼亚被报道后，病毒迅速传播，肆虐全球，迄今为止已经造成全球几百万头生猪死亡。时至今日，其传播仍没有任何减缓迹象，死亡率极高。2020年7月1日，中国正式进入饲料禁抗时代，农场端可能面临动物健康度差和生产成绩下降等多重问题。畜牧业健康、稳定发展关乎民生大计，“非瘟+禁抗”对于中国农场主来说，无疑是巨大的挑战。因此，企业为最大化帮助农场主科学有效防非、禁抗，制订了以“防非无抗”为核心，以“嘉吉非洲猪瘟360度全方位防控方案”以及“嘉吉5H无抗解决方案”为主线的传播方案。

项目策划

1.项目调研

从企业自身来讲，嘉吉一直秉承“在中国，为中国”的宗旨，不断探索高效赋能模式，在非洲猪瘟和新冠肺炎疫情双重挑战下，迅速调整战略，创新性推出“数字农业”播种计划，为

① 本文中所涉及的照片，嘉吉投资（中国）有限公司均已得到被拍摄者的使用许可。

中国千万农场主分享嘉吉在全球的经验和智慧，持续助力中国畜牧业健康、可持续发展。

中国是世界上最大的猪肉生产和消费国家，畜牧业健康、稳定发展关乎民生大计。无论是来势迅猛的非洲猪瘟病毒，还是现已推行的饲料禁抗政策，对于中国农场主都是前所未有的挑战。因此，需要有企业主动站出来，承担更多的社会责任，努力推动行业发展和进步。从社会民生来看，食品安全与健康是关系百姓生活质量的重要组成部分，从农场到餐桌，嘉吉始终秉承“今天的饲料就是明天的食品”的理念，利用一百多年的深厚经验和在约40个国家和地区运营业务获得的深刻见解，在帮助推动行业转型升级和可持续发展的同时，捍卫终端消费者舌尖上的安全。

短视频的爆发带来了下沉市场的显著增长。截至2019年年底，三线及以下城市的短视频用户占比已高达53%，透过数字可以看到广大的农民养殖户已经占据主流视频社交媒体。借助数字流量，寓教于乐，惠及科学资源缺乏的农民养殖户。

2.意义

通过多事件、多渠道、多形式、多投入，覆盖农业各个年龄段人群，传播先进、科学、系统、可持续的专业知识，建立业界领导力。

3.目的

为了中国农业可持续发展，惠及中国广大养殖人群，嘉吉积极响应国家政策，推出“嘉吉非洲猪瘟360度全方位防控方案”及“嘉吉5H无抗解决方案”，帮助中国农场主应对非洲猪瘟和饲料禁抗带来的双重挑战。

4.策略与内容

（1）引领行业直播风潮，双疫情下持续建立业界领导力。非洲猪瘟和新冠肺炎疫情改变了整个行业的工作方式，销售人员无法及时与农场主线下见面解决问题。企业率先联合头部媒体和业界专家，及时推出“抗瘟集结号”和“无抗领航者”两大系列直播活动，分享经验，推广解决方案，广受农场主好评。在非洲猪瘟疫情严重的情况下，嘉吉通过开展线上会议、课程、培训直播，最大限度地触及广大养殖户人群，助力农户共同应对非洲猪瘟和饲料禁抗双重挑战，毫无保留地分享知识和经验，也体现了嘉吉作为龙头企业的社会责任感，以及与中国养殖户共同应对挑战的决心。

（2）发力短视频，开启畜牧业传播新赛道。原创短视频、用户共创与KOL联合推广在“三农”题材、畜牧业、种植业等为主的传统产业依旧处于起步阶段。嘉吉率先开启短视频传播新赛道，将养殖业与短视频相结合，推出业界首个科普情景短剧，在短视频平台发起短视频征集大赛并与KOL/KOC联合推广，展现农场主工作中的酸甜苦辣，深层触达用户生态，优化用户体验，帮助嘉吉动物营养品牌打造多维矩阵内容。

传统知识枯燥，不易于传播，无法在行业内引起广泛关注。因此，嘉吉在业内推出创意系列原创科普情景剧《二娃养猪》，通过一对养殖户夫妻的日常生活，趣味展示养猪日常，诙谐幽默地传递科学系统的养殖知识。

《二娃养猪》宣传图

以往，畜牧业作为我国的传统产业显得稍许闭塞，如今，短视频平台的飞速发展给了养殖户、各大猪场展示自我的平台，养殖类KOL的出现和大量线上科普知识分享将该传统产业带到人们面前。为此，嘉吉举办超级母猪养殖短视频征集大赛，邀请养猪达人们一同分享超级母猪养殖心得，共创优质内容，让更多的观众看到中国农场主的风采。

与行业KOL/KOC合作，以抖音自制剧为依托，创新性与抖音养殖大号合作，普及无抗、防非、增效的养殖知识，利用短视频平台属性打造热点话题，注重挖掘互动性与可创造性，进而提升二次传播价值。同时，选择抖音KOL/KOC推广助力，将更有助于扩大品牌影响力，吸引更多养殖户关注品牌本身。

（3）推出创新公益活动，以滋养世界为己任。着眼当下，立足未来。滋养思想，改变未来。嘉吉不仅利用全球领先的技术和专业知识为中国农户提供一系列动物营养产品和整体的解决方案，还持续与农村社区及农业从业者进行密切合作。尽管新冠肺炎疫情令全球农业生产面临挑战，出于对农业可持续发展的长远考虑，培训农民应对挑战，并加大未来专业人才的培养力度至关重要。嘉吉联合行业媒体推出创新公益活动防非改造“嘉”，联合中华农业科教基金会携手推动农民培训和农业院校奖学金计划，加快带动农业科教发展，为中国农业的现代化和可持续发展贡献一己之力。

防非改造“嘉”活动合作机构：猪场动力网。经过调研全国430家猪场，项目组发现高达55%的农场处于防非高风险状态。因此，嘉吉与猪场动力网合作推出重磅线下公益巡回活动——防非改造“嘉”。该活动旨在帮助那些致力于提高防非等级的猪场。此次公益巡回活动将从专业的技术视角进行猪场生物安全漏洞诊断，协力构筑猪场生物安全防线，同时为行业提供可供借鉴的猪场防非改造经验，提高行业整体防非能力等级，争取早日实现我国全年非洲猪瘟零感染。

防非改造“嘉”活动

农民培训和农业院校奖学金计划合作机构：中华农业科教基金会。

嘉吉联合中华农业科教基金会为农民提供线上和线下培训，向养猪户传授应对非洲猪瘟和新冠肺炎疫情的防疫知识以及农场管理和养殖增效的技能，帮助农民复产，并赋能农业从业者可持续未来。

线上，嘉吉将录制15期高素质农民培训推荐课程，并通过农业系统App进行宣讲；线下，嘉吉将在5个省市共开展12场面对面培训活动，由当地农业专家授课，预计将惠及1200人左右。此外，嘉吉还将在上海交通大学、东北农业大学和四川农业大学分别设立奖学金项目，助力农业专业人才发展。

农业院校奖学金计划设立仪式

项目执行

2019年2月，嘉吉在行业内率先推出“嘉吉非洲猪瘟360度全方位防控方案”，“抗瘟集结号”系列直播活动上线；2020年2月，嘉吉推出“嘉吉5H无抗解决方案”，“无抗领航者”系列直播活动上线；2020年11月，嘉吉与中华农业科教基金会签署合作协议，为农民提供线上和线下培训，并设立农业院校奖学金；2021年4月，防非改造“嘉”活动启动，超级母猪养殖短视频征集大赛火热开启，系列原创科普情景剧《二娃养猪》全网上线，同期，创新性与抖音养殖大号合作，普及无抗、防非、增效的养殖知识；2021年8月，嘉吉在“嘉吉非洲猪瘟360度全方位防控方案”及“嘉吉5H无抗解决方案”的基础上全新推出“嘉吉5S智慧养猪方案”，延续成功，再创辉煌。

项目评估

1.嘉吉打造养殖联合营销新风口

嘉吉抵御住了大环境的重重考验，推出“嘉吉非洲猪瘟360度全方位防控方案”与“嘉吉5H无抗解决方案”。2020年业务创造历史新高的同时，嘉吉不局限于采用业内传统宣传手段，还与行业媒体、抖音大号创新式联动营销，通过短视频征集大赛等正向激励，与用户携手共创，为品牌形象赋能。

2.抢占声量

34场线上直播抢占声量，观看总量超过300万次，约40万名观众通过直播受益。“嘉吉非洲猪瘟360度全方位防控方案”与“嘉吉5H无抗解决方案”的提出，在干货输出、正向宣传上起到业界垂范作用。嘉吉与行业媒体、平台携手共建绿色养殖环境，以安全、负责任和可持续的方式滋养世界。嘉吉共参与16场行业论坛，线上观看数192万人次。

3.打破圈层

“自媒体+KOL”曝光总量达6608956次，自媒体粉丝量增长78.3%，互动量达130720次，线上直播34场，观看总量2965050次，观看人数401311人。官方视频平台播放量超265万次，12万人参与互动，媒体报道增长率188.5%，嘉吉动物营养全年销量净增35%。与抖音养殖大号合作，以抖音自制剧为依托，普及无抗、防非、增效的养殖知识。借助垂直领域KOL的大热流量，直接触达养殖业底层用户，打破圈层壁垒，向用户逐层渗透品牌理念，拓宽品牌影响力，为中国农业的现代化和可持续发展贡献一己之力。

4.联合共创

举办超级母猪养殖短视频征集大赛，通过对用户的正向激励，鼓励用户共创优质视频

内容，打破品牌一味单向输出的困局。靠内容联动，以情感互通，嘉吉动物营养永远与中国养殖户站在一起，致力于成为一个温暖的、有人文关怀的品牌，为民生大计贡献出坚实、可靠的力量。

亲历者说 徐凌磊　嘉吉投资（中国）有限公司市场与沟通总监

无论是2019年，2020年，还是2021年，对于畜牧人来说，都是极具挑战的时代。

这是跌跌撞撞的时代，也是充满希望的时代。突如其来的新冠肺炎疫情与河南水患，使养殖户遭到严重打击。作为社会民生背后的中坚力量，嘉吉积极面对挑战，抓防疫，保供应，以最大的努力和最坚决的态度，加快推进复产保供的步伐。疫情期间，嘉吉员工为了农户的可持续生产，猪肉不断供，步行几十里送材料给农户；恩施土家族苗族自治州遭遇特大水灾，嘉吉及时送去救灾物资，提供灾后生物安全重建方案。面对重大自然灾害，嘉吉从未中断对客户、对农场的服务，勇于承担企业责任与社会责任，保证农场生产稳定，为民生大计贡献出自己的一份力。

如何将嘉吉全球经验智慧传递给中国农场主，如何与中国畜牧行业共同成长，成为项目组的主要议题。畜牧业关乎民生大计，推动畜牧业的可持续发展成为强者企业的社会责任。

作为中国农业产业升级的先行者和促进者，嘉吉不断推出符合中国国情的饲养方案；作为农村发展和农民增收的坚定支持者和贡献者，嘉吉持续提供农场全方位培训；作为食品安全的笃行者和传播者，嘉吉开展的业务采用全球统一的视频安全体系解决方案；作为循环经济的创新者和示范者，嘉吉始终以行业可持续发展为目标，不断前进。

案例点评

点评专家：刘畅　克诺尔中国区副总裁，欧盟中国商会政府事务论坛主席

嘉吉“防非无抗”360整合营销计划的成功体现在“稳”“准”“新”几个方面。

“稳”：项目组通过稳妥详尽的策划和方案，确保2019年2月到2021年9月约两年半时间内，整个项目执行稳步推进。从项目预热、发展，到超级母猪养殖短视频征集大赛开启，再到原创科普情景剧《二娃养猪》全网上线达到活动高潮，整个项目稳中有序，效果节节凸显。

“准”：企业团队通过对受众的准确分析和调研，精准确定了“发力短视频”这一传播策略和定位。通过农民及其他农业从业者喜闻乐见的短视频及情景剧等“短平快”的传播形式，以“展现农场工作中的酸甜苦辣”为主要内容，直达受众，引发共鸣。

“新”：通过创新公益活动，践行企业社会责任。推出农民培训、农业院校奖学金计划及公益巡回活动等，寓教于乐，将枯燥艰涩的农业知识轻松传达给受众，推动农业人才可持续发展，在创新中实现企业价值。

昆仑润滑SP级冬奥新品上市整合营销传播

执行时间：2021年4月15日—5月10日

企业名称：中国石油天然气股份有限公司润滑油分公司

品牌名称：昆仑润滑

代理公司：北京汪氏德成数字科技集团有限公司

获奖类别：金旗奖——2021最具公众影响力市场公关活动大奖

项目概述

2018年，中国石油成为北京2022年冬奥会官方油气合作伙伴，昆仑润滑被授予“昆仑润滑油——北京2022年冬奥会官方润滑油”权益。昆仑润滑始终用自己的行动，践行守护冬奥的责任和使命：2020年1月10日，昆仑润滑号京张高铁发车；2021年2月1日，昆仑润滑号冬奥地铁专列发车。昆仑润滑SP级冬奥新品上线，昆仑润滑始终以奥运精神，守护冬奥，相伴前行。此次升级的产品均采用带有冬奥元素的全新包装，带来直观的冬奥视觉体验，展现“昆仑润滑油——北京2022年冬奥会官方润滑油”的冬奥权益，表达昆仑润滑守护冬奥的决心。本次昆仑润滑SP级冬奥新品上市整合营销传播以最高规格进行，讲好品牌故事，提升品牌声量，覆盖更多年轻消费群体。

项目策划

1. 目标受众

本项目的目标受众主要集中在“90后”这一年轻消费群体，还有昆仑润滑的所有产品代理商。

2. 公关策略

本项目分为两个阶段开展，具体时间节点如下。4月15日南京发布会主要是业内专家站台，为昆仑润滑的产品做技术上的发声，做好背书；多家门户媒体现场参会，对发布会的现场进行集体传播。5月10日上海中国品牌日活动，以时尚的创意表演来突出产品，以现场观众互动让大家对品牌留下更加深刻的印象，随后多家媒体发布通告。

3. 传播策略

覆盖率与精准度：传播受众一般都分为B端、C端两类。本次传播于权威媒体露出10次，侧重触达渠道经销商与合作伙伴，最主要目的在于提振市场信心；于垂直媒体露出10次，侧重触达B端上下游产业链，最主要目的在于传播经济效益；于生活、消费类综合媒体露出100次，社交平台露出50次，侧重触达C端，最主要目的在于突出产品品质优势、强化使用场景认知。

整合度：在润滑油品类营销中，采取了侧重自媒体触达的整合营销。以往，润滑油品牌更倾向于权威媒体、垂直媒体的投入，但本次传播则采取了“权威媒体求精、垂直媒体求深、自媒体求广”的整合策略，不仅强调行业客户的认可，更强调普通终端消费者的理解。

媒介组合：权威媒体——《中国日报》；工业/汽车等产业链相关领域垂直媒体——卡车之家、懂车帝；泛生活类综合媒体——腾讯、搜狐等；消费类直播平台——京东直播。

项目执行

4月15日南京发布会：前期，场地选择，发布会主题确定，主视觉画面设计制作，预热海报制作，以产品主要元素倒计时形式进行设计传播，活动现场搭建场地布置；中期，现场参会人员入场签到，发布会正式开始，领导及嘉宾上台进行演讲；后期，媒体报道，线上直播。

5月10日上海中国品牌日活动：前期，海报自媒体预热，现场节目筛选彩排，抽奖环节彩排，现场人员管理；中期，控制现场每个节目的时间，保证在规定时间内完成节目的实施；后期，媒体通告发布，自媒体传播。

项目评估

昆仑润滑是润滑油品牌，本次传播活动的鲜明诉求都得到了准确满足。

线下发布会要求迅速吸引受众，尤其是经销商，并为其营造信心充足的氛围。因此，线下发布会中加入了T台秀、现代舞等博眼球的创新形式，这些形式在润滑油发布会中都属于首次尝试。此外，企业通过登陆中国品牌日、权威媒体证言等方式充分传播了昆仑润滑的品牌认可度、质量认可度，充分提振了经销商信心。

活动现场

线上发布会要求大范围覆盖受众，并让普通消费者理解SP级润滑油的产品优势。不同于手机、化妆品等消费品，润滑油产品的技术属性相对晦涩，不易为普通消费者所熟知。因此项目组一方面通过直播形式阐释产品优势，并通过与受众实时互动解答了新品在真实使用场景中的相关问题；另一方面通过手绘漫画的形式，以情景剧寓教于乐，生动阐述了油品优劣的内在原因，将润滑油产品的核心技术，也是昆仑润滑的核心优势——添加剂，展现在受众眼前，这在润滑油品类也尚属首次。

天润系列新品上市期为2021年4月15日至5月10日，其间线下发布会沟通经销商群体500人，线上传播量523210人次。

品牌价值由2020年统计的201亿元，增长为234亿元。需要注意的是，本次营销活动的许多效果，如品牌成为首个登上国家品牌日发布会舞台的润滑油品牌等，都是无法通过金钱衡量的。

“天润新品模特T台秀”——在行业内首次采取走秀形式，突出展示了品牌的冬奥纪念产品（冬奥包装），演出模特经过精挑细选，气质与各型号产品特性相得益彰；“润滑主题现代舞”——突出展现“润滑”这一关键词，优美旋律与唯美舞姿在发布会现场、中国品牌日现场极为凸显；新品直播——不同于一般的带货直播，不仅有常规的产品介绍，还力邀《国宝档案》主持人任志宏出席，做了《荣耀时刻》诗歌朗诵，体现品牌理念；添加剂手绘漫画——行业首次以情景剧漫画形式阐释晦涩的添加剂技术，生动表达了润滑油的核心技术。

亲历者说 **郭启　北京汪氏德成数字科技集团有限公司客户总监**

接到这次传播活动的需求后，我们感觉责任非常重大，因为不仅要体现产品技术上的升级，也要体现“昆仑润滑油——北京2022年冬奥会官方润滑油”权益。本次活动以更加年轻、时尚的形式为现场观众带来不一样的感官体验，模特走秀、舞蹈表演也是业内首次，现场人山人海，气氛达到顶点，场面激情澎湃。我能够参与到这次活动当中，深刻体会到国有企业的风貌与技术实力，实属荣幸。

案例点评

点评专家：商容　微软亚太研发集团传播及公共事务副总裁

本次传播案例以“2022冬奥指定用油”的新包装凸显冬奥热点，以“天润新品模特T台秀”、“润滑主题现代舞”、风趣的新品直播、添加剂手绘漫画等年轻用户喜闻乐见的形式突出产品优势和自主创新，呈现年轻化品牌形象。本次传播既获得了核心媒体的背书，亦善用自媒体触达目标客户群体，达到了品效合一的传播效果。

擎乐®中国上市系列传播活动

执行时间：2020年6月1日—2021年6月28日

企业名称：再鼎医药（上海）有限公司（简称再鼎医药）

品牌名称：擎乐®（瑞派替尼片）

代理公司：上海释宣商务咨询有限公司

获奖类别：金旗奖——2021最具公众影响力市场公关活动大奖

项目概述

2020年5月，FDA（美国食品药品监督管理局）批准瑞派替尼上市，再鼎医药拥有这款药物在大中华区的独家权益。在中央支持海南推进自由贸易港建设的背景下，海南自由贸易港新政和海南博鳌乐城国际医疗旅游先行区的特殊医疗政策相继出台，给医药产业带来了重大利好，释放出了新的机遇，也为擎乐®加速在国内获批上市提供了新思路。

擎乐®中国上市系列传播活动旨在提高新药认知度与可及性，造福中国患者。

项目策划

1. 实施策略

（1）政策创新——博鳌超级医院探访。借助海南自由贸易港政策优势，企业树立创新药全球同步使用的典范。以落地海南为新闻点，全国主流媒体、海南当地媒体报道，提升大众对疾病的认知度和药物信息的可信度。

（2）疾病科普——擎乐®系列上市会。向医学界传递新药的最新进展，强化认知度和认可度。在重点城市陆续展开媒体传播，以全国主流媒体及行业、财经媒体为主，配合当地媒体，聚焦疾病诊疗专业话题。

（3）故事动情——患者故事视频。增强传播项目的可触感，引发大众共情。发布胃肠间质瘤患者故事视频，讲述一位获益患者病情好转，并逐渐回归正常生活的真实故事，以此鼓舞更多有相同经历的患者积极治疗，也让这种常常被人忽视的疾病得到更多人的关注。

2. 内容创意

（1）新闻事件：凸显“三个第一”的概念，抢占传播高地，吸引政府相关部门关注。

（2）患者故事视频：获益患者故事视频制造代入感和强共鸣，引发观看者情感认同，达到最优的传播效果。

（3）专业科普：以再鼎胃肠肿瘤高峰论坛为平台，多位权威专家通过媒体传递前沿治疗信息；中青年临床医生发布科普视频，助力提升大众知晓度，由上至下持续传播。

（4）创意混剪：围绕各阶段传播话题，线上输出活动Vlog，体现擎乐®融聚全球产业链，加速惠及中国患者的步伐。

3. 媒介策略

（1）多属性媒体组合，最大化覆盖目标受众：引起国家和地方电视媒体关注，如央视、东方卫视、海南广播电视总台、三沙卫视、浦东电视台、苏州广播电视总台、青岛电视台等；权威媒体《人民日报》、新华社、中国新闻社多次进行报道，提高传播影响力。

（2）多点联动，覆盖全国：海口、博鳌、上海、苏州、武汉、青岛等区域核心媒体进行多次报道，如《海南日报》《苏州日报》《青岛晚报》，撬动全国性媒体资源。

（3）内容差异化：《南方周末》、《经济观察报》、澎湃新闻、界面新闻等媒体从政策、商业化等不同角度进行深度报道。

（4）融媒体传播矩阵：利用大众喜闻乐见的形式，如Vlog，在抖音、微信、微博、视频号等社交媒体进行二次传播。

4. 传播规划

（1）获批前传播：以落地海南为新闻点，全国主流媒体、海南当地媒体共同报道，提升疾病药物信息的可信度。

（2）获批后传播：针对获批和首方的重要传播事件进行媒体发稿；针对再鼎胃肠肿瘤高峰论坛，以全国主流媒体、行业媒体为主，配合海南当地媒体，聚焦疾病诊疗专业话题。

（3）上市系列传播：围绕区域上市会，在海口、上海、武汉、青岛等重点城市陆续展开媒体传播。多家行业、财经媒体参加海口上市会，从业界视角进行报道。上海、武汉、青岛上市会通过当地主流媒体为公众进行科普教育。

项目执行

1. 实施细节及项目进度

（1）2020年6月，项目正式启动，确立传播方向、传播策略。

（2）2020年6月—2021年6月，活动持续进行，央视、新华社等权威媒体跟进报道。

2. 具体实施

（1）获批之前：海南自由贸易港博鳌乐城国际医疗旅游先行区首个特批带离药物暨胃肠道间质瘤临床急需药品项目。2020年7月，海南自由贸易港博鳌乐城国际医疗旅游先行区首个特批带离药物暨胃肠道间质瘤临床急需药品项目启动。这一里程碑事件被多家权威媒体报道。

（2）正式获批：再鼎胃肠肿瘤高峰论坛、苏州发货和全国首方。举办学术高峰论坛：2021年4月17日，六百余位胃肠肿瘤领域的专家与临床医生汇聚一堂展开深入交流。全国首方媒传播：2021年5月20日，擎乐®从苏州发货，30余家医院同步开出处方，通过多种渠道传播。

（3）上市落地：博鳌商业创新峰会暨擎乐®中国商业上市会、区域上市会。2021年6月3日，博鳌商业创新峰会暨擎乐®中国商业上市会在海南省海口市举行。在召开该会议的同时，再鼎医药联合中国初级卫生保健基金会、镁信健康等多个合作伙伴发布患者援助和慈善商保项目，多角度发布深度文章。在武汉、上海、北京、青岛举办区域上市会，开展交流分享，为本地患者传递最新治疗进展信息。

项目评估

1. 效果综述

（1）通过多渠道、多平台的裂变式分发，以及图、文、视频相结合的多元化传播，获得了持续声量。

（2）作为海南自由贸易港政策成果之一，赢得了从中央到地方的广泛关注，获得了高度认可，多家权威媒体同步报道。

2. 受众反应

相关内容获得海南博鳌乐城国际医疗旅游先行区管理局领导多次点赞，以及其官方账号转发；上市会曝光辐射消化道领域权威专家和中青年医生；多名患者看到相关报道后主动寻求用药治疗机会。

3. 市场反应

（1）促成了该病多层次医疗保障体系建设，多个省市将该药物纳入地方普惠险，超过百名患者通过慈善援助获药，大大减轻经济负担。

（2）提升了社会各界对小众肿瘤患者诊疗的共同关注，并实现了企业品牌认知度的提升，吸引不同资源的投入和支持，持续健全和完善产业链布局。

4. 媒体统计

产生报道总计1742篇，原发报道共计107篇，转载报道共计1635篇；原发稿件中关键信息提及率为100%；覆盖人群达4亿人。

亲历者说 汤晨　再鼎医药（上海）有限公司企业传播部高级经理

从2020年6月到2021年6月，我们历经一年多，横跨中美，奔走华夏，完成了这次传播工作。

正所谓“势如彍弩，节如发机”。在传播过程中，一方面，我们利用好了国家创新产业政策这个大“势”。我们在展现改革惠民措施的同时也让企业信息更容易被大众接受。另一方面，我们利用好了首患者、首处方、上市会这些关键节点，精准踩点，持续做出有效沟通，提供有效信息传达率。

我们的传播努力展示了一款优秀创新药，几十位患者得知信息提前用药，延长了生命。我们更是在过程中目睹了国家改革开放的魄力，患者为生命抗争的毅力。这些值得被传播，被知晓。一切奔走与鼓呼，皆因我们在乎。

案例点评

点评专家：霍静　陆领科技联合创始人兼COO

个人认为，这是一个典型的营销推广案例，更多描述的是如何进行渠道推广。该案例从营销和传播的策略与方式来看，充分占领制高点，从权威性入手，建立了初步的信用度。但是药物品牌营销，是需要患者的口碑基础的。因此，建议在后续的传播中，持续关注患者的反馈，以更“百姓化”的方式进行品牌传播。

全新一代欧航R系列超级卡车产品全国上市（山东站）①

执行时间：2020年7月27日

企业名称：北汽福田汽车股份有限公司北京欧马可汽车销售分公司

品牌名称：欧航

代理公司：北京汉诺睿雅公关顾问有限公司

获奖类别：金旗奖——2021最具公众影响力市场公关活动大奖

项目概述

全新一代欧航R系列超级卡车产品全国上市（山东站），是企业首次在户外举办的全国性发布会。活动现场布景以欧航传达的航空航天概念为创意源点，打造沉浸式的活动场景体验，

活动现场 1

① 本文中所涉及的照片，北京汉诺睿雅公关顾问有限公司均已得到被拍摄者的使用许可。

为参会嘉宾带来了一场“在飞机跑道上”举办的发布会。本次活动特别定制的“超级月亮”，以及上半场发布会、下半场After Party（余兴小聚会）的全新活动结构，也为中国商用车活动营销提供了全新的创意方向，对于中国商用车品牌营销具有教科书意义。

项目策划

1.项目调研

在技术、法规、行业变革之下，具有“中国物流之都”之称的山东临沂物流行业发展旺盛，既拥有着巨大的货运量，又有着激烈的行业竞争，物流运输需求不断多样化，对承载性、运输效率高的中卡需求日渐明显，急需更具价值的中长途城际物流产品解决方案。新一代用户对舒适与高效兼得的高端产品需求也显得尤为重要。

欧航R系列产品，基于全新一代ME4平台打造，具有轻、快、省、爽四大性能优势。伴随着欧航R系列产品上市，企业将为区域城际物流用户带来高效运营的全新体验，加之为欧航专属打造的全新服务标准同步发布，企业将为用户带来更高运营价值。此外，欧航还将立足于山东绿通（绿色通道）运输需求，发布深度定制的绿通之星畅行版产品，助力绿通运输高效运营。

2. 目标

品牌层面：制造营销热点，引发行业关注，深化品牌影响力，提升品牌势能。

产品层面：重塑行业技术标杆，实现产品品质高端的心理占位。

用户层面：抓取销售线索，实现潜客积累。

市场层面：联动区域经销商，赋能销售转化。

3. 传播策略

R系列作为欧航发力高端中卡市场的“开山之作”，将上市活动选址在“蔬菜之乡”兰

活动现场2

陵，彰显着欧航聚焦下沉市场，以营销为核心的传播策略。为强化“欧洲标准 公路航班”的产品主张，欧航通过沉浸式的产品体验，激发目标客群的关注与向往，打造高端品质中卡的口碑营销。

4. 受众

欧航山东区域大客户、渠道经销商、战略合作伙伴、产业链企业。

5. 内容创意

本次活动以兰陵夜晚的星空为背景，打造了一场盛大的“星空发布会”，创意上采用了激光虚拟技术，通过 3D Mapping（三维投影技术）视觉效果还原产品应用场景，给予来宾全方位的沉浸式体验。后半场的“星空派对”更是搭建了以交流、销售、合作为目的的行业圈层平台，提供了更丰富的交流方式。

活动现场 3

6. 媒介策略

预热期，权威垂直媒体悬疑曝光定调，引发受众对于“神秘月亮”的好奇，形成话题。

引爆期及持续期，围绕“欧洲标准”深化产品高端品质定位，并通过“超级月亮”持续发酵口碑，引发全网二次传播。

项目执行

运用全新模式，打造新型、年轻化、娱乐化的外场发布形式，结合产品名称，运用航空元素营造高端品牌盛宴。

第一阶段：进行场地勘察，制订相应执行方案，根据场地形式出具合理的体现公路航班元素的活动布局方案。

第二阶段：设计适应高端品牌的系列 Icon（图标）元素以及相应简洁大气的主视觉，根据场地进行 3D 效果输出，以月亮及航班元素进行效果渲染。

第三阶段：根据品牌调性制订传播方案，输出传播物料。

第四阶段：现场搭建及彩排。

第五阶段：项目总结报告输出。

从创意方案到执行方案，项目团队根据品牌方需求随时调整思路，即时动态调整方案，并分为搭建团队、直播团队、物料团队、接待团队等，全时、全方位保障项目进度。

项目评估

1.效果综述

全新一代欧航R系列超级卡车产品全国上市（山东站）打造了“发布会+Party（派对）”活动新模式，突破了传统发布会严肃、拘谨的氛围，加强了交流与体验，让产品更加生动灵活地展现在现场来宾面前，同时深化了品牌与客户的关系，为品牌的市场认可度及产品的区域营销打下了坚实基础。

2.受众反应

全新的活动模式得到了现场嘉宾的广泛好评，其纷纷表示活动创意新颖，对产品卖点的了解更加清晰、深刻，现场交流相比过往发布会更深入、更持久。同时，线上直播间观众互动也非常踊跃，意向购车用户数超过项目预期。

3.市场反应

活动现场定制的“超级月亮”引发了行业广泛关注，同时引领了全新的产品营销模式，让本次活动成了阶段性的行业热点事件，竞品在后续的市场活动中争相效仿。

4.项目亮点

（1）全新创意打破传统发布会模式：“发布会+Party”的活动模式为中国商用车发布会提供了新的创意方向，同时迎合了越来越年轻的目标客户群体，活动实现了与受众的情感共鸣，让商用车发布会开始“玩”了起来。

（2）注重细分市场的区域特色推广方案：针对行业细分市场创意的特色推广方案，让品牌营销更加接地气，根据地域人群的审美，从视觉、听觉、触觉、嗅觉、味觉出发，定制发布会细节创意，满足了目标客群的个性化活动体验需求。

亲历者说 邹春晓 北京汉诺睿雅公关顾问有限公司客户经理

面对一个全新的中高端商用车品牌，在策划前期我们就根据市场调研及品牌调性制订相应的执行方案，推出一系列体现品牌形象的Icon设计。在收到中标通知书以后，我们快

速响应，成立专项服务项目组，实地复查场地，对执行方案进行修改，并与客户不断沟通。面对为全新一代用户而来的新品牌，我们采用更年轻化、更开放性的外场会议形式，融入月亮及星空元素，打造更具活力的新品牌形象。在制作上我们融入月亮与航班的元素搭建舞台效果，与新颖的视频形式相结合，给现场观众带来前所未有的体验。项目组经过20多天的不断努力，在项目执行前一天完成高质量彩排。在项目执行当天我看到现场所有嘉宾震撼的表情，感觉我们的所有付出也都得到了回报。未来，我们会用新思路用心服务每一个项目。

案例点评

点评专家：杨苓　京港地铁公共关系总管兼新闻发言人

此次新品发布会中，项目组利用各种方式，从视觉、听觉、触觉、嗅觉、味觉多方面强化受众感知。在全新一代欧航R系列超级卡车产品全国上市（山东站）案例中，项目组通过机场氛围布置、特效视频等，从氛围营造到发布环节，突破传统形式，将创新、科技融入其中，打造了一场别开生面的发布会，让受众能够直观感受到品牌希望传递的科技以及行业引领的产品属性，让人印象深刻，并形成广泛的传播效果。

融创 Color Box 多场景体验整合营销

执行时间：2021年6月15日—7月15日

企业名称：融创东南集团

品牌名称：融创

获奖类别：金旗奖——2021最具公众影响力市场公关活动大奖

项目概述

（1）通过多业务场景传递“美好城市共建者”品牌认知，去除融创“传统地产商”形象，建立融创城市综合运营发展商认知。

（2）结合业务发展节点，通过场景化服务，输出核心产品力，建立用户好感和口碑，助力销售转化，探索品效合一。

（3）树立行业下半场企业产品力和运营力领先发展的典型，在政府端和行业端深化融创城市共建能力。

（4）聚焦以浙江省域为主体的整合传播，建立融创与浙江的连接，提升融创在浙江的品牌影响力，初步建立行业“首选品牌”形象。

项目策划

1.项目调研

（1）宏观政策：《中华人民共和国国民经济和社会发展第十四个五年规划和2035年远景目标纲要》指出：支持浙江高质量发展建设共同富裕示范区。这为浙江省域品牌营销提供了红利。

（2）市场环境：2020年，在多重压力下，浙江房地产市场仍维持在1.5万亿级容量空间，同比2019年维稳略增。[①]这得益于浙江省经济持续稳定向好、人均可支配收入水平居全国前列、人口净流入较快增长等层层利好叠加，房地产市场仍是商家深耕之地。

（3）企业发展：浙江省是融创极致深耕、新三年战略的重要增长极。融创现已布局杭州、绍兴、宁波、温州、嘉兴等地，覆盖传统地产、未来社区、文旅产城、地标TOD（以公共交通为导向的发展模式）、产商运营、公共服务等领域，具有多业务运营的综合基础，为整合提供扎实的业务基础条件，受众对融创“美好城市共建者”品牌形象已有认知基础。2021年三季度为业务和重点项目的密集期，为品牌势能和经营节点整合的最佳时期。

2. 实施策略

通过融创城市共建能力和实践带来的全领域生活方式体验，呈现融创多业务场景营造能力。针对浙江省范围内5—10月业务发展节点的密集期，根据不同业务场景策划不同体验内容，并将不同业务场景下的生活方式体验进行打包整合，推出面向大众的“客户权益包”，让大众体验融创能提供的多元生活和美好服务。

3. 内容创意

以品牌IP孵化的思路推广“客户权益包”，打造“Color Box美好城市体验包”，集团及各城市项目的客户权益内容均可以“Color Box美好城市体验包”的品牌IP进行宣传推广。Color Box即缤纷的盒子，涵盖吃、喝、玩、乐、购多样福利，打开消费者与融创美好城市的多元触点，让每个人真正感知到融创“美好城市共建者”的情怀与实力。

4. 媒介策略

（1）利用社会化营销实现快速出圈，奠定品牌整合势能，面向泛公众实现去地产化宣传，讲述品牌美好生活营造能力。

跨界知乎，公共视角提炼融创能力：首先尝试以“在浙里 看见城市未来”知乎专题，占据时代主流用户阵地；其次用融创项目场景承接，解锁融创视角的答案；最后依托项目提炼融创能力。

整合业务，用Color Box诠释融创能力：地铁快闪，全民互动体验融创服务；“像素风格”二维码，扫码福利全面释放，快速出圈；微博话题#浙式理想生活#多城联动上线，引发C端客户留言互动；微信KOL全维度持续发酵，塑造网红打卡点吸引民众打卡，维持热度。

（2）聚焦能力解读，利用权威媒体剖析和深化，通过塑造项目综合开发建设与运营能

---

① 2020年浙江房地产企业销售业绩排行榜［EB/OL］.（2021-01-12）［2022-05-17］.https://xueqiu.com/4550792091/168480028.

力，深化融创“美好城市共建者”品牌形象。

定向权威媒体，深度解读融创共建战略：地铁站点形象广告投放、省内四大权威媒体解读宣发版面、首次整合《浙江日报》专题报告，巧妙利用权威媒体资源充分进行能力背书。

业务承接，依托节点兑现服务能力：结合“热爱城市 共建城市”的前期趋势，以业务经营性节点为基础，让企业价值观在一定程度上实现落地，让融创“美好城市共建者”品牌形象真实可见。

5.传播规划

（1）省域范围跨城联动，形成地域势能。省会城市杭州首先打版，联动绍兴、宁波、温州、嘉兴等，结合城市特性和项目需求，从城市公共话题引入，设计并发布各自城市的“城市问答”。结合项目案场落地线下“城市问答”站，吸引市民打卡参与。

（2）城市地铁快闪事件与多项目创意联动，形成裂变式传播。利用地铁列车包装全城免费放送“Color Box美好城市体验包”。车厢以Box的概念，采用“像素风格”装点十万余个二维码，点缀俏皮或发人深省的文案，乘客扫码参与互动可免费领取礼包。每节车厢展示一个重点场景，以项目场景特色为主旨，由项目陆续接力发酵，通过小红书达人打卡、抖音短视频拍摄、穿越Cosplay（角色扮演）等方式扩大影响传播；并借势“6·18”等营销节点进行多频次强宣传。

（3）用户体验反馈持续不断输出，形成市场热度。利用知乎、微博、微信推文，朋友圈海报等方式持续输出UGC反馈，通过口碑吸引更多用户参与。

（4）项目可持续延展，形成能力兑现。随着单业务场景的经营节点落地，生活场景能力不断兑现，让客户眼见为实。

项目评估

1. 效果综述

借势浙江高质量发展建设共同富裕示范区的红利，服务融创极致深耕浙江、建设首选品牌的发展目标，整合协同杭州、绍兴、宁波、温州、嘉兴等重点城市的业务基础，打造“Color box美好城市体验包”，通过多城客户参与和真实体验，输出融创多场景产品和服务的营造能力。

2. 受众反应

业主层面，通过融创会平台进行福利放送，提升了业主黏性及参与感，并通过地铁打卡引发业主群话题讨论，激发了业主主动传播；员工层面，采用适配员工的传播语言，如

“厉害了我的融创”，吸引了员工对融创全业务场景营造能力的关注，提升了员工自豪感，也加深了员工对融创品牌的全面认知；泛公众层面，全面提升了公众对融创“美好城市共建者”的品牌形象认知，提升了品牌好感度。

3. 市场反应

6月20日上线至发稿前，活动参与超1.09万人，礼券派发量接近3.7万张，为项目引流超过2000组客户，结合“6·18”等节点助力企业半年度业绩达成。

4. 媒体统计

以品牌专题布局知乎阵地，为雇主品牌的品牌价值渗透奠定初步基础，并收到近2000份来自城市共建者的“城市问答”提案；微博话题24小时内阅读量总计5600多万次，讨论超1.2万次，超过微博话题营销用户参与度的1.5倍；地铁快闪事件营销贴近老百姓日常生活，深入城市场景进行品牌传播，覆盖超5000万人次；整体传播曝光过亿次。

5. IP生长性

Color Box将作为融创“美好城市共建者”品牌形象的业务体验载体，持续打通融创旗下文旅、商业、康养等产业链资源，助力引流转化的同时，向泛公众传递融创美好生活营造的综合能力。

6. 项目亮点

（1）传播势能最大化：以全方位、多层次、立体式传播的组合拳出击，通过地铁快闪、知乎、抖音、小红书、微博等多渠道整合传播，整体曝光过亿次，形成传播势能最大化。

（2）品牌方式年轻化：Color Box的包装设计，快闪地铁的“像素风格”演绎，以炫彩活力成为吸睛之作，并结合社会化媒体营销，尤其吸引年轻用户参与融创的美好城市体验之旅。定义品牌的年轻化不在于说了什么，更在于做了什么。

（3）用户连接深度化：通过线下场景的体验整合，构建起与用户的强触点，融创多元业务能力得到具象化呈现与传播，并建立起与每一个用户的真实连接。以体验带动感知，使“美好城市共建者”这一品牌形象能够真正深入人心。

（4）传播周期持续化：此次品牌传播并不是一个一至两周的短线营销，而是一场由品牌牵头发声、项目承载体验的持续不断的长线营销。随着越来越多的产品呈现，融创与消费者的连接越发紧密，“热爱城市　共建城市”的内涵才真正得到印证。

亲历者说　陆琪男　融创东南集团品牌总监

融创在浙江省的业务深耕为我们打好品牌战役奠定了扎实的基础，再加上浙江省高质量发展建设共同富裕示范区的红利，2021年是塑造融创“美好城市共建者”品牌形象的好机会。现在的融创，除了人们所熟知的品质住宅归心社区外，也进入了未来社区、文旅产城、地标TOD等城市发展的多个领域，与老百姓的美好生活也紧密联系。在推动整个项目落地的过程中，关键要解决三个问题。第一，要想塑造鲜明的"美好城市共建者"品牌形象，就要找到载体。这个载体当然是我们的业务，但业务本身对于C端客户来讲太宏观，所以我们选择了能够承载场景体验的典型项目来整合场景服务，并设计了Color Box这样一个公关道具，让C端客户可感、可见、可玩、可互动。第二，品牌战役一定要有业务承接，联动内部资源的过程中要解决设计目标的趋同性和承接性问题。品牌战役势能在前，要为业务经营发展和营销目标的达成做铺垫，这样品牌战役有群众基础，才能更接地气、更持久。第三，具体执行动作的设计，要解决以省域为基础的地域差异的复杂问题。房地产是一个属地性极强的行业，要充分考虑各城市间的差异协同，找到共同点，才能有整合的基础，形成品牌合力。

案例点评

点评专家：匡冀南　深圳国际公益学院教授

房地产市场是商业化程度较高的领域。在这样的领域中建立超越具体项目价值的品牌影响力和号召力一直是众多房地产企业所追求的目标，但是能抓住机遇真正实现品牌优势并不容易，这绝非依靠金钱的投入就能够轻易实现。而融创通过对浙江省城市形象建设的支持和推广，发挥自身优势，在为社会做出贡献的同时使得品牌可以在大众心中形成既亲切又温暖的社会形象。这不仅对未来浙江省内项目的推广和销售产生直接的助力，也会在品牌知名度的建立和传播方面产生长远而又积极的效果。这对于其他传统地产企业进行品牌建设和传播是一个很好的启示。

“有型没规矩”星光密逃型动
——塞巴斯汀 × 黄明昊发布会①

执行时间：2020年12月19日
企业名称：汇芬丝（上海）化妆品有限公司
品牌名称：塞巴斯汀（SEBASTIAN）
代理公司：上海乐智广告传播有限公司（SoftPR）
获奖类别：金旗奖——2021最具公众影响力市场公关活动大奖

项目概述

后疫情时代，美发行业面临新的机遇和挑战，作为专业高端造型品牌，塞巴斯汀看到了中国市场未来的巨大潜力，已经持续铺设多家线下门店。随着专业美发市场产业链的变化，目前的市场急需让高端产品及专业知识有效抵达业内发型师。同时，中国年轻消费者的心态也有转变，他们更加注重个性与品位，希望寻求更符合自身发质的产品。

本次活动通过代言人黄明昊的个人特质，凸显品牌个性，提高知名度，打开年轻消费者市场，吸引潜在受众，增加品牌喜爱度和影响力，并借助黄明昊粉丝群体，提高产品声势及销量。

项目策划

1. 核心策略

力邀深受Z世代（网生代）追捧的个性艺人黄明昊担当品牌代言人，其大胆创新、勇

① 本文中所涉及的照片，上海乐智广告传播有限公司均已得到被拍摄者的使用许可。

于挑战的个人形象契合大胆无畏、引领先锋的品牌形象，让品牌汇聚年轻人的目光，得到年轻人的认可与青睐。

通过年轻人喜爱的互动探索和时尚的秀场发布会形式彰显品牌态度，让年轻消费者感受到品牌个性与十足诚意。

相同的精神特质，让品牌、代言人、受众三方融为一体。在呈现方式上创造性地打造探秘与揭秘的互动现场，受众通过亲身探索，发现品牌奥义，实现精神共振。

2. 内容创意

（1）回归品牌本身，定位品牌形象。作为有态度的先锋美发品牌，塞巴斯汀希望呈现出大胆无畏、引领先锋的品牌形象。为了这一形象以具体可观的方式为人所知，项目组选用了贴合这一形象的代言人黄明昊。作为Z世代青年偶像，黄明昊在个人作品、相关活动中表现出大胆创新、勇于挑战的个人特质，这与塞巴斯汀的品牌特质非常契合，因此也是极合适的代言人人选。

（2）打造互动现场，融合沉浸体验。将代言人黄明昊在知名综艺《密室大逃脱》中的“坦克”形象与品牌形象融为一体，通过现场破解密室的方式，让观众参与其中，在沉浸式体验中感受品牌的精神魅力；在秀场发布会环节，打造一场个性、时尚、充满想象的有型盛宴，以别具一格的造型彰显“有型没规矩”的时尚奥义。

（3）立足美发行业，开创年度盛事。作为美发行业的领军品牌，塞巴斯汀每年都以不同的形式呈现美发行业最新动态。这不仅是一场品牌活动，也已经成为一场汇聚业内顶尖造型师的业界盛事。同时邀请调性一致的明星潮人等加入，将这一场年度行业盛事打造成星光云集、潮流汇聚的时尚派对，成为美发行业风向标。

3. 媒介策略与传播规划

（1）传统媒体。以新闻稿的方式针对B端进行品牌形象年轻化、产品技术革新等方面的矩阵宣传；以新闻稿、视频的方式面向C端，为品牌背书，树立时尚有型、积极正面的官方形象。

（2）社会化传播。针对更年轻化的C端受众，在微信、微博、抖音、小红书等渠道大面积曝光，持续引流，提高受众互动量。

（3）垂直领域。以行业资讯、业界奖项等引发美发行业领域人群的共鸣，激发关注、参与和传播。

项目执行

（1）选择与品牌契合的代言人，活动策划紧扣品牌调性。从代言人的选择到活动现场的环节设定、装置陈设，都为了使品牌形象、卖点更为鲜明，彰显品牌个性及产品力，吸

引目标消费者关注及购买。

（2）熟悉受众特质，与特定消费群建立有效沟通。以时下流行的逃脱游戏与时尚秀场无缝衔接，以目标消费者所熟悉且喜爱的语言、方式进行交互，提升品牌在年轻消费者群体中的知名度和好感度。

（3）以代言人与产品为核心，提供深度融合的活动现场。以黄明昊个性鲜明的形象体现品牌的年轻化特点，以造型师现场为他造型及他现场为粉丝造型两种模式双管齐下，即时呈现产品出色的性能。

（4）凸显品牌专业性，眼见为实，赢得业内与消费者信赖。邀请专业造型师现场分享与表演，体现品牌专业水准，获得业内人士及消费者深度信赖。

（5）全方位沉浸式布置，引发社交媒体传播热潮。品牌DNA（基因）陈设贯穿内外场，使每张打卡照片都炫酷时尚，引起自发性二次传播，传播中产生大量优质原创内容，扩大活动影响力。

活动现场

项目评估

1. 受众反应

中国消费者正在推动全球商业领域的变革，而18岁的黄明昊具备中国年轻人的标志特点：热衷于尝试新鲜事物，拥有无穷的创意与活力。塞巴斯汀希望与极具个性的消费者们产生时尚共振，共同迎接激动人心的年轻化中国时代美发新风潮。

——塞巴斯汀品牌所属集团公司威娜公司大中华区总经理刘楠女士

塞巴斯汀不仅有专业的态度和高端的产品，而且很符合年轻人的喜好，希望可以用塞巴斯汀的产品创造更时尚、更个性的发型。

——美发造型师Karen

被造型师震惊到了，五分钟给我“换了个头”，反重力空间的颠倒创作特别有意思，不得不说塞巴斯汀真会挑代言人！

——时尚博主小火同学

Justin和塞巴斯汀都太酷、太有型了，T台首秀惊艳全场！

——黄明昊粉丝

2. 市场反应

通过现场活动的成功举办与线上平台的大量内容传播，塞巴斯汀已经成为各大发廊、沙龙极受年轻人喜爱的头牌商品，询问率、成交量远超其他同类产品；黄明昊限定礼盒销量创新高，当季热度居高不下，粉丝效应明显；品牌进一步与业内顶尖发型师及知名美发机构展开深入合作，提供业内交流平台，促进行业水准提高；坚持有态度的先锋美发品牌定位，传递时尚态度与专业精神，为年轻人提供彰显个性的更多选择。

3. 媒体价值

截至2021年3月27日，媒体发稿共268篇，媒体价值超1904万元，媒体转载率超330%；活动期间，2位直播KOL的视频观看量高达9千万人次，并上榜“一直播”首页推荐位。

亲历者说 Vanessa（陈敏华） SoftPR客户总监

塞巴斯汀作为专业高端造型品牌，在造型师领域的知名度已经非常高了。但是随着Z世代的崛起，品牌也急需拓宽年轻的C端受众。

因此，我们在代言人的选择上，就推荐了在年轻一代中非常耀眼的艺人黄明昊，来为品牌诠释18岁的“有型没规矩”。

同时，基于年轻人非常喜爱的黄明昊参与录制的《密室大逃脱》综艺节目，我们策划了相关活动。在力邀业内知名造型师参与的同时，我们邀请了众多时尚、美妆、生活方式的KOL前来打卡，打造了一场非常有意思的时尚大秀。在借助娱乐元素为品牌引流的同时，我们注重选择调性相近的娱乐元素合作，实现了“1+1＞2”的传播效果。

案例点评

点评专家：张辉　亚虹医药企业传播及公共事务总监

选对符合品牌气质的代言人是成功的一半。本案例在代言人的选择以及匹配年轻人喜好的场景设置上花了心思，将逃脱游戏和时尚秀场进行深度连接，让消费者在线下具有场景式体验，并创造了和代言人亲密接触的机会，从而将品牌特性和消费者的感性认知有效捆绑，建立和传递“有型没规矩”的品牌定位。

唐山文旅红玫瑰品牌营销策划

执行时间：2021年7月1日—11月

企业名称：唐山文旅集团

品牌名称：唐山文旅

代理公司：北京知行博艺会展有限公司

获奖类别：金旗奖——2021最具公众影响力市场公关活动大奖

项目概述

唐山文旅红玫瑰品牌营销策划，适逢建党百年之际，秉承为“CHINA”添光彩的初心，以瓷器为载体，进行多彩艺术创作，将传统文化做潮流表达，将文化传承与文化创新做多元结合，为中国增光彩。绽放骨瓷行业翘楚——唐山文旅的华彩，让年轻一代认识一个历久弥新的宝藏品牌。

项目策划

1.内容创意

（1）将陶瓷文创展升级打造成陶瓷文创节。放弃常规的展销思路，不以参展卖货为主导，而是利用丰富的活动内容，打造一个线上线下全民参与的文化节。推出专属IP形象，以更亲民、更友好的方式重新与消费者建立情感连接。

（2）与先锋艺术家联名打造艺术爆款。邀请国内外知名艺术家以“瓷”为母题，进行先锋艺术作品创作，震动艺术界与文化界。举办巅峰人物对话，邀请行业大咖就潮流与传统、艺术与生活进行观点碰撞，持续输出爆款话题。

（3）打破传统展陈方式，以沉浸式科技艺术展形式呈现骨瓷唐韵。以“遇见梵高”为主题，全景还原梵高小屋，用科技手段打造沉浸式的梦幻场景，并与骨瓷产品融为一体，引爆热点。场地成为亲子、情侣的网红打卡圣地。

2. 媒介策略

（1）以文旅平台资源为支点，撬动全域传播。

（2）以生活方式领域为主阵营，覆盖民生、经济、娱乐、时尚、健康等多领域媒介。

（3）以新媒体联动传统媒体，微博、微信、小红书、抖音、快手、淘宝直播等社交媒体，电台、电视台等传统媒体全方位联动。

3. 传播规划

前期预热以文创节为重点，推出众多互动游戏分享转发，在社交媒体平台上引发二次传播热潮，为文创节造势。中期以“遇见梵高”为主题，以KOL直播，小红书探店分享，微博、微信、抖音、快手等平台接入，持续输出活动亮点内容。中后期以艺术联名事件报道、巅峰人物对话中的观点输出持续造势，引发艺术与文化界的专题探讨。后期放送活动反馈、花絮、幕后采访等，将话题事件长尾效应最大化。

项目执行

（1）2021年7月，在唐山南湖公园打造线下旗舰店，与“遇见梵高”沉浸式艺术展同步展开，将艺术展与产品售卖完美融合。顾客在体验沉浸艺术展的同时，浏览到精致的骨瓷餐具、茶器、装饰品。

（2）2021年11月，亮相广州酒店用品展。向来自全国的渠道商们进行展示与交流。

项目评估

1. 效果综述

从项目立项到各个阶段的活动陆续推出，项目受到唐山市政府、唐山文旅集团高度评价。以艺术带动传统，用潮流表达瓷器，将品牌做了整体焕新，老品牌占位新赛道。

2. 市场反应

共计超过100家媒体报道了各个阶段的活动，精准覆盖了京津冀地区，并辐射至全国。品牌以更开放的合作精神，与各大院校的艺术系师生、非遗传承人、先锋设计师进行全方位、多形式合作，联名打造IP爆款。

3. 项目亮点

打破常规以“产品”为导向的卖货思维，迭代为以“需求”为导向的研发思维，重新构建消费者与品牌之间的沟通场景。

重新定位核心消费人群——更年轻、更个性化、更有态度的消费者。品牌与更多热点携手，以事件推动品牌传播。

将品牌历史沉淀价值最大化，活动设置循序渐进，在专业性展会中亮相，巩固原有市场份额，以爆款事件打开新的市场局面。

亲历者说 **高源　北京知行博艺会展有限公司合伙人**

唐山文旅集团拥有极大的魄力与格局，将一个老国企带入新赛道。我们与企业的研发团队、市场团队有过很多次激烈的磋商，大家集思广益，从不同的维度和视角，为品牌制定最符合当下市场特性的营销策略。我们作为活动的策划与执行者，深入骨瓷行业中，做调研、抓细节、整合资源，得到了唐山市各方领导的大力支持。这是一次非常愉快的双赢合作。

案例点评

点评专家：左跃　中国传媒大学高级研究员、硕士生导师

唐山文旅红玫瑰品牌营销策划将陶瓷文创展升级成陶瓷文创节，以沉浸式的科技艺术形式呈现骨瓷唐韵，循序渐进，借力媒体矩阵，多维度产出，多点击破，不断与年轻的消费者、家庭消费者进行沟通，塑造了全新的品牌定位，注入新的品牌活力。

本案例将艺术与传统打通，用消费者更喜欢的角度来讲述品牌新故事，营销策略及营销事件点选取准确，目标群体及传播方式清晰，活动现场火爆，案例具有较好的教育、示范和推广价值。

2021最具公众影响力市场公关传播大奖

2020中国移动创客马拉松大赛

执行时间：2020年6月1日—12月31日

企业名称：中国移动通信集团有限公司

品牌名称：中国移动创客马拉松大赛

代理公司：北京华瑞成业管理顾问有限公司

获奖类别：金旗奖——2021最具公众影响力市场公关传播大奖

项目概述

为贯彻落实“大众创业、万众创新”的部署，充分激发市场活力和社会创造力，中国移动自2016年起连续举办创客马拉松系列赛事活动，2020年征集“5G（第五代移动通信技术）+AICDE（人工智能、物联网、云计算、大数据、边缘计算）”新技术、新产品、新模式，汇聚广泛的中小微企业及开发者，构建极具活力的创新合作平台。

项目策划

1. 实施策略

基于全面视频化，打破圈层界限、弱化壁垒，热门网综这三大趋势，中国移动创客马拉松大赛引入“微综艺”的新玩法，将Battle（较量）文化与赛事融合，举办科创类竞技“微综艺”赛事，提出“让创新之光点亮每一颗双创之星”的口号，表达创客态度、决出代表中国移动“双创”发声的“创客表达者”。

2. 内容创意

将“极客”与“新番”的概念融合，结合“微综艺”Battle文化，轻线下、重线上，跨越追番文化与创客文化的体系壁垒，打破已知界限，探索未知的无限可能。主体围绕“创客币”争夺赛的形式进行，累计创客币数量1008枚，币值等值换算资源包，增加竞技性、创新性；相比往年，本次大赛分为3个不同赛制，全方位进行考核，更具公平性和公正性；复赛及决赛中加入PK（对决）赛制，增加对抗性，渲染现场氛围，打造年轻、充满活力的品牌形象。

同时制作3款代表不同群体的IP形象盲盒，互动环节设置抽取盲盒的装置，优化参赛体验，加深品牌印象。

3. 媒介策略

（1）全面视频化传播策略：本次活动共制作12个视频，多维度、全方位考虑赛事整体视频需求，让受众群体通过视觉上的冲击，留下深刻印象。

（2）差异化传播策略：针对不同受众群体选择不同媒体组合进行差异化传播。权威媒体层面，于新华社等进行传播，提升赛事高度；通信行业内，大V进行针对性传播，影响力大、传播性强；针对年轻群体，于B站、抖音等受众较年轻的平台进行传播，吸引年轻群体的关注。

（3）自有媒体传播策略：通过中国移动的重点公众账号、电梯片、总结片等，以集团领导及内部员工为目标群体进行传播。

同时线上线下结合，通过云上赛事直播、云上项目加速会、云上纪录片等系列活动，在全国范围内形成中国移动创客马拉松大赛品牌影响力。

4. 传播规划

（1）稿件传播：以传统稿件传播的形式，应用自媒体、行业垂直媒体等渠道，投放通信行业核心KOL15个，共辐射含今日头条、百家号等自媒体平台200余家；投放行业垂直媒体等550余家。

（2）物料传播：根据活动需求及项目性质，提前制定时间轴，对前期、中期及后期宣传内容作出具体规划，注重创新性、互动性、传播性，节奏清晰，渠道丰富，扩大传播效果，达成传播KPI。

根据活动内容及相关信息，设计并发布预热长图，进行前期宣传推广；预热海报——态度篇从“赛事、创新、创业、创造”四个角度出发，采用简笔漫画的形式呈现，趣味性浓厚，传播效果强；2019年首发主题曲MV，2020年加入新素材、新赛区、新数据，重新精编，体现延续性、传承性；预热海报——阵容篇从15大赛区挑选优秀团队并制作阵容海报，以“轻漫画”风格为主，融合参赛项目代表元素加以设计，并进行宣发；复赛及决赛前，宣发15秒精编小视频，为赛事预热推广；制作投票H5，通过线上投票产生“最佳人气奖”，通过访问及转发扩大传播范围，提高项目整体的参与度。

预热长图

（3）视频传播：前期发布预热视频两支；发布暖场视频一支，为最新版主题曲MV；发布复赛及决赛开场视频一支，结合当下流行综艺形式，制作先锋创意贴纸动画；发布复赛规则视频一支；发布决赛暖场复赛花絮串剪一支；发布电梯片一支；发布“微综艺”视频四支，涵盖前期比赛现场拍摄，并进行视频包装、剪辑、精编。

传播形式上，匹配适当载体，充分运用稿件、长图、视频、海报、H5、话题等多种形式进行传播，达到更好的呈现效果；传播渠道上，打通媒体全链路，采用传统媒体、新媒体等多渠道，覆盖不同人群，做到精准传播；传播节奏上，时间节点、时长层次分明，衔接顺畅，核心渠道聚敛流量，全渠道整合推广，将影响最大化，整体形成“围观—扩散—升华”的节奏。

项目执行

赛事整体分为准备阶段、赛事执行阶段及后期收尾总结阶段。于准备阶段筛选出36个团队进入复赛，以多种形式、多种渠道进行赛事传播预热，同时为比赛的进行做好前期准备；赛事执行阶段整体以“复赛+决赛”的形式进行，活动期间，项目组紧张有序地完成了会务服务保障任务，为参与赛事的相关人员提供良好参赛体验；后期收尾总结阶段，抓住赛事热点进行传播，并总结经验及不足。

因疫情大环境的特殊性，执行期间，项目组同样注重活动进行的安全性、流程化、全面性，严格按照国家及广州市防疫要求，提前通知参与活动人员注册“穗康码”“粤康码”等防疫认证有效信息，并于现场执行体温测量、消毒、人员登记等相关防疫措施，保障防疫安全。

项目评估

本次赛事共邀请24位专业评审参与，参与线下赛事活动人数300余人，线上赛事总访问量超过20万人次，引起广泛关注，获得参赛选手及专业评审的一致好评。

同时，本届大赛以“5动未来”为主题，是举办以来涉及行业领域最广、高校合作拓展最深、创新项目征集最多的一次赛事，大赛充分发挥了中国移动在5G等新信息技术及产业的引领优势，为更多优秀“双创”项目提供了广阔平台，促进优秀成果转化。

大赛的成功举办、形式升级与高效内部传播，也为中国移动员工带来了创新激励，不仅激发了全体员工的“双创”热情，还提高了员工的集体荣誉感及自豪感。

大赛评委中国移动智慧家庭运营中心融合通信系统部总经理程宝平这样评价：“这次大赛可以用三个‘新’来总结，第一个是技术新，第二个是产品新，第三个是形式新。通过大赛我体会到，我们只要想到就能做到。”

大赛整体传播针对性及视觉完整性强，同时做到了场地优选化、赛事升级化。在赛事整体进程中，传播内容明确，传播渠道丰富，扩大了传播效果；本次赛事针对物料设计、视频制作等内容进行了创新、突破及统一，保障视觉完整性；因历年大赛举办场地拆除，在场地选择方面，优中选优匹配国企场地，环境优美，文艺气氛浓厚，可塑性强；根据活动性质，采用赛事与“微综艺”融合，增加整体环节的创新性、趣味性、对抗性，设置多种PK形式，增加赛事看点，氛围感强，好评如潮。

活动场地外场布置

亲历者说 **牛帅　北京华瑞成业管理顾问有限公司高级客户经理**

2020年，是我亲历中国移动创客马拉松大赛的第三年，既荣幸又开心。在国家“双创”政策及行业趋势引领下，中国移动自2016年举办中国移动创客马拉松大赛，面向全社会开放中国移动特色能力平台及创新创业资源，着力打造创新要素集聚、创新活力迸发的开放合作平台。中国移动在不断前行的同时，也面临着困难，品牌、传播、赛事等一系列痛点接踵而来，突破是必要趋势，很开心，我们做到了。

案例点评

点评专家：隆伟利　罗氏制药中国企业事务与传播副总裁

2020中国移动创客马拉松大赛是围绕国家“双创”部署，为赋能全社会创新创业和创造发展而打造的特色赛事。赛事本身的立意点很有战略高度，形式上又采用了新颖、接地气的“微综艺”玩法，将Battle文化与大赛融合。本案例是一个很有话题讨论度且适合公关传播的案例，通过线上、线下活动和媒体组合矩阵推广，取得了很好的传播效果。就传播策略和战术而言，在执行中也运用到了极致，比如结合赛事准备、执行和后期收尾总结的不同阶段的需要，以及各平台的特点，先后制作十余支各具特色的短视频，提升受众视觉冲击力的同时，也有效提升了赛事的影响力。通过对不同细分受众的差异化传播的整体把控，以及对长图、海报、H5和话题等多种形式传播的综合运用，项目组发挥了公关传播组合拳的巨大效应，不仅实现线上、线下的出圈和破圈，也激发了内外部的创新活力，实现了内外互联，促进了合作共赢的生态体系构建，整体案例令人印象深刻。

One More Step 步入新境 OPPO 智美生活发布及传播

执行时间：2020年10月12日—12月30日

企业名称：OPPO广东移动通信有限公司

品牌名称：OPPO

代理公司：智者同行品牌管理顾问（北京）股份有限公司

获奖类别：金旗奖——2021最具公众影响力市场公关传播大奖

项目概述

万物互联时代正在加速到来，OPPO IoT产品生态已初步形成。One More Step步入新境 OPPO智美生活发布会是OPPO举办的首次以IoT产品为主角的新品发布会，旨在通过一系列新品发布，强化OPPO IoT生态布局，提升大众对OPPO IoT品牌及产品

One More Step 步入新境 OPPO 智美生活发布会现场

的认知度，打出OPPO IoT整体印记，实现OPPO IoT的头部阵营卡位与行业影响力突围。

项目策划

1.实施策略

面对来自时局、行业、产品的挑战，项目组制定了如下实施策略：以“HOMA（华为、OPPO、小米、苹果）”格局打出行业认知，卡位头部阵营；把握“OPPO首款智能电视入场”新闻性，高调宣发，引爆媒体关注；突出优势参数，重场景体验，以互联互通技术优势触发生态效应；高位开局，充分利用丹拿和OPPO声学实力，提高产品期待值，赢得口碑销量双丰收。

2.内容创意

（1）打造“HOMA”概念，布局IoT四大手机厂商，凸显OPPO跻身IoT头部阵营，强化发展势能，助力OPPO IoT高位开局。

（2）制作“全家桶”邀请函与媒体进行互动，媒体解密“步入新境”，提前解锁发布会主题。

（3）知名脱口秀演员王建国进行脱口秀传播，制作更受年轻圈层喜爱的表情包物料，打出“史上最贵全家桶”概念，凸显OPPO IoT产品性价比。

（4）以条漫、趣味视频、多样评测等多种形式，全域传播OPPO IoT产品硬核产品力，定调OPPO智能电视音画双绝，夯实OPPO Enco X音质标杆形象。

（5）与爱的分贝合作进行公益传播，借势定制竹韵版耳机，并向爱的分贝捐赠善款，首批资助10名听障儿童更换人工耳蜗体外机，通过新闻类、公益类及权威纸媒等媒体报道引发全社会关注，拔高品牌调性。

（6）策划科技助老系列事件，通过记录86岁老顽童痴迷游戏边玩边测心跳，契合社会对老年人关注的热点，引发头部时政类账号关注，高流量扩大事件影响力，增加产品曝光量。

3.媒介策略

（1）首次独立发布，媒体全覆盖。“高举高打+稳扎稳打”的全媒体矩阵运用，构建从顶层战略解读、单品战略意义、产品力深度解读、核心卖点高频曝光的OPPO IoT传播阵营。

（2）媒体类型横向打通。周期内覆盖核心时政、门户、财经、新商业媒体，保证持续高位露出；除科技数码类媒体外，积极拓展主流家电及耳机领域媒体及KOL，补位垂直领

域影响力；高效跟进娱乐、时尚、亲子、公益等出圈类媒体，有效扩散声量。

（3）关键节点密集扩散。预热期爆料引发媒体自发酵：电视等多维度信息预热爆料，引发媒体自发酵传播。发布会蓄满全域流量：KOL解读战略，“评测媒体开箱+深度体验”，内容前置预埋，发布会第一时间引爆全网声量。

（4）媒体全程真实感点评。与媒体持续互动，在媒体群解答技术疑问，驱动媒体生产优质精品内容；媒体观点时刻分享，营造媒体群、媒体圈产品实力爆棚口碑。

（5）观点渗透。KOL精品内容全平台同步，引发行业讨论；撬动媒体私域流量，引发媒体热议。

4.传播规划

（1）IoT线：行业内打造“HOMA”议题，塑造OPPO IoT跻身头部阵营认知；传播OPPO IoT“全家桶”概念，传递OPPO IoT互联互通印记，加深用户感知；同时以场景化的传播带动大众对OPPO IoT互联互通的认知，在暗线层面预埋OPPO的科技人文关怀者人设。

（2）电视线：以“智能电视为何失声”议题引起行业讨论，借势专业hi-fi（高保真度）音响品牌丹拿，锚定电视线高端印记，展现OPPO蓝光传承、高端音画体验全面降临的硬核实力，配合前期预热打出“高配低价”标签，营造好口碑。

（3）耳机线：行业议题先行，提出TWS耳机音质革命在即，触动大众关于真无线耳机的痛点；品牌资产背书，卡位声学大厂，丹拿合作背书；聚焦音质核心卖点，降噪辅攻卖点，塑造产品力；不同圈层拓维，全速出圈，实现时尚潮流种草。

项目执行

1.先导期

基于电视入网信息、ODC大会（OPPO开发者大会）彩蛋预热、美的战略合作等，释放“OPPO电视来了”信号，成功引起市场讨论及受众主动关注，以低成本实现自然流量发酵。

2.预热期

与媒体友好互动，花式晒创意邀请函，引导产品点猜测；借科技数码垂直媒体及KOL解读产品功能及主要卖点，全面提升产品价格期待值，同时运作娱乐领域等出圈媒体，配合脱口秀演员王建国进行脱口秀传播，触及更多年轻圈层。

3.发布期

借助权威科技媒体及KOL的战略内容，讲透OPPO IoT的战略规划及产品布局，助力高位开局；同时通过多平台、多维度产品上手评测，彰显产品实力并带动销售转化。

4.热销期

聚焦产品外观、性能、独家功能、IoT互联体验等特色卖点，种草多圈层用户；同时在新浪、爱范儿、ZEALER等媒体上线众测活动，UGC进一步推动产品力传播并持续渗透用户圈层；重量级新闻媒体报道OPPO与爱的分贝合作，赋予产品社会意义，引发社会关注，实现自然发酵，以较少投入撬动有效传播。

项目评估

1.效果综述

发布会及电视、耳机新品获得较高传播声量及市场关注度，在行业内形成较强影响力，刷新受众对OPPO IoT的行业认知。

2.受众反应

此次新品发布不仅收获用户诸多产品好评，在媒体中也得到极高评价，树立了OPPO Enco X音质标杆形象，全面打造OPPO智能电视音画双绝的口碑，强化产品功能认知，提升品牌好感度。

3.市场反应

发布会获得了广泛的市场关注，上市初期，OPPO智能电视即被抢购一空。此外，OPPO科技助老事件，OPPO与爱的分贝联合为听障儿童捐赠人工耳蜗体外机等公益事件，引发多家主流媒体正面报道，引起大众对于老年人、听障儿童的关怀。

4.媒体统计

发布会拓展邀请近300家媒体参与，综合报道量溢出率超过1000%。微博话题讨论量近3亿次，全网传播近60万次，新品在内整体口碑达到95%以上。客户端稿件共产出原创内容1682篇，发布频次10164次，综合阅读量5654万次。智能电视话题登上知乎热榜Top5，耳机、电视、互联互通等测评内容多次登上微博、知乎科技数码频道前十推荐。

亲历者说 王晓丹 智者同行品牌管理顾问（北京）股份有限公司第四事业部客户经理

本次发布会是OPPO IoT事业部成立以来的首场独立发布会，其代表着OPPO对外正式高调宣布重点发力IoT领域，打造自身品牌生态护城河。因此对于整个项目，客户及公关服务团队都极其重视。在项目策划阶段，针对传播话题及传播动作，我们多次推翻又重

来，最终进行了“OPPO电视来了”，OPPO、丹拿合作，脱口秀知名演员王建国抢先上手“全家桶”等一系列预热动作，为整场发布会赚足了流量与关注，奠定了这场发布会的行业影响力。

案例点评

点评专家：陈永东　上海戏剧学院创意学院教授、硕士生导师

本案例的品牌方敢于打造“HOMA”概念，将IoT的四大手机厂商（华为、OPPO、小米、苹果）合成一个新的缩写，强调了OPPO跻身IoT头部阵营，既提升了品牌影响力，还包容了其他品牌。通过策划爱的分贝公益传播，借势定制竹韵版耳机，并向爱的分贝捐赠善款，资助听障儿童更换人工耳蜗体外机，彰显社会责任的同时助力品牌传播。科技助老系列事件巧妙地契合了社会热点，提升了品牌传播影响力。“全家桶”邀请函及“史上最贵全家桶”概念有一定新意，条漫、趣味视频、多样评测等呈现出品牌传播多元化。

2021别克君越&财新《两会智言》整合营销传播项目

执行时间：2021年3月—4月

企业名称：上汽通用别克

品牌名称：别克君越

代理公司：财新传媒有限公司（简称财新）

获奖类别：金旗奖——2021最具公众影响力市场公关传播大奖

项目概述

历年以来，财新全国“两会”报道常以多维度视角呈现专业和丰富的内容，深度解读年度重大事件。财新旗下的财新视听在全国“两会”期间邀请到多位政商学界知名意见领袖，立足全媒体平台推出重磅人物访谈节目《两会智言》。作为品牌方，别克君越希望在全国“两会”背景下，搭载财经媒体高质量节目，触达目标圈层，并希望通过与KOL的深度合作，提升品牌在商务用车领域的影响力。

项目策划

1.项目背景

备受瞩目的大事件常常自带热度，引发阶段性的各界关注和热烈讨论。全国“两会”作为极具代表性的大事件之一，既有引领性的工作报告发布和解读，也是全年发展的指南针，影响着经济社会的方方面面。每年3月上中旬，来自全国各地的代表齐聚一堂，共商国是。国内外各大媒体对此持续关注，话题全天候覆盖，在电视、报纸、网络、户外等全

渠道拥有超高的曝光度。

全国“两会”会场内外，财新的报道和活动都具有高度影响力，内容和观点直接触达代表委员和企业管理者等核心决策层。财新采编团队深入第一现场，以稿件、图片、视频等多元形式呈现多视角报道，“全国两会财新圆桌”也是深具口碑的高端思想交流活动。

2021年，立足报道实力和平台优势，财新视听决定做一档有见地、有内容、切热点的全国“两会”视频访谈节目，邀约意见领袖畅聊“十四五”规划和疫后各行各业发展，重磅推出系列专题。

2.内容创意

回顾2020年，各行各业既有停滞与消亡，也有颠覆与新生。在这之中，科技的力量成为解开困局的关键。2021年全国“两会”开启，对于2020年，人们有太多的反思和建议。

财新邀请屠光绍、刘永好、蔡洪平、何帆、李笛、刘胜军、钟正生七位嘉宾与大家一路同行，围绕全国“两会”热点议题，从全球经济、资本市场、工业制造、农业现代化、金融科技、人工智能等细分话题出发，结合智能技术深度赋能的趋势，分享他们对于2020年经济形势、商业变化的观察和思考，以及对2021年的展望和期许。

主持人财新视听总编辑张鸿与每位嘉宾在车内进行对谈，同时一路行驶过CBD（中央商务区）、金融街、生活区等特定场景，展现疫后的经济和生活迅速恢复生机的实际景象，并途经长安街、天安门等与全国“两会”意义密切相关的地标建筑。

别克君越作为节目指定用车品牌，提供相应的用车服务。品牌车辆在8～10分钟的视频节目中，通过主持人鸣谢、车型镜头、品牌角标翻转、贴片广告等方式体现品牌身份，并将智能化品牌价值点巧妙融入节目内容的核心表达。

3.媒介策略

财新全媒体传播，结合多家头部视频平台的内外部联动推广形式，企业品牌自然融合其中，将品牌价值触达更广泛的目标人群，并借助内容与观点提升触动力。

财新全媒体平台，对《两会智言》系列节目进行专题运营。打通财新网PC及App双端，结合全国“两会”新闻报道专题、“双微”社交账号、周刊杂志，通过固定的黄金位入口，每日持续推广。针对每一期节目，选用单期运营的方式，提炼金句观点与核心信息配套撰稿，设计KOL人物形象的创意海报，累计投放七轮，获得高流量支持。

头部视频平台，重点选择腾讯、爱奇艺、优酷、西瓜视频、秒拍等长期合作伙伴，进行同步聚焦和推荐分发，多渠道助力视频影响力扩散。

4.传播规划

优质节目紧贴热点事件上线，分节点、选形式、借势能推出。

此次节目抢抓时机，加紧制作上线，借全国“两会”话题热度迅速完成约访、策划、拍摄、制作、上线、传播一条龙。整个传播期中，初期主要借嘉宾及话题热度进行第一轮的分发传播；中期则将品牌关联栏目，以硬广的形式在财新网双端首页、频道页、文章页强势推荐，做第二轮强曝光；传播中后期则侧重于多形式的立体扩散传播，不仅将H5聚合页面在财新App黄金广告位多次推出，还将嘉宾金句海报插入财新网、财新视听微信公众号推文中，同步海报也在朋友圈、微博中进行扩散，多维度进行阶段性传播。

项目执行

2021年3月初拍摄制作，3月节目分阶段多轮上线，视频及栏目品牌3月全面铺开传播。

节目专题运营及单期运营：自全国“两会”第一天开始，系列节目及单期节目依次上线。通过屠光绍、刘永好、蔡洪平等重磅嘉宾的“智”言，吸引大众对节目的关注，围绕节目、嘉宾、观点进行新一轮的发酵和探讨。

内外推广全线传播、多延展形式扩散传播：节目在财新网及财新App上线，在首页、视频等分页同步上线硬广，节目在爱奇艺、腾讯视频、优酷、西瓜视频等平台也同步上线，实现全线铺开传播。

财新视听与别克君越在《两会智言》栏目中，以“特别赞助”的形式进行合作，品牌价值与节目内容深度关联。同时，品牌硬广与节目硬广相呼应，通过KOL金句海报、节目H5聚合页等不同延展形式，实现强势、多类型、多维度扩散传播。

项目评估

1.效果综述

在全国“两会”期间上线及整个3月全线铺开推广的《两会智言》栏目，借热点时机于多平台传播，通过高质量的深度节目内容，引发了全网用户的热论，收获了对栏目、平台及品牌方的高度关注与认可。

2.市场及受众反应

内容与平台双优势出击，成为受众热议高质量话题：财新依托专业团队和强大的原创新闻优势，以客观、专业的视角，输出高品质内容。平台对受众群有着深远的影响，邀约各界重磅嘉宾参与对谈，交流思想、传递观点。

在节目内容设置方面，此次访谈贴合了年度大事件全国“两会”，嘉宾、话题的选取都体现了高水准。从高质量内容出发，精准针对相对高知人群，因此获得的受众反馈也偏向于“高质量”。内容的高质量引发高质量用户关注，话题的高质量引发高质量探讨。从财新

在多家外部合作媒体平台如微博、西瓜视频上的节目评论区可见，节目内容引发了用户对制造业、工业体系等方面的思考和激烈讨论。

在整合推广传播方面，品牌方与财新整合营销团队紧密联动，双方在传播形式上碰撞出了新的火花。传统视频通过多形式的延展广告如H5设计创意、金句海报等，在内外不同视频及媒体渠道上运营分发，“双微”、秒拍、腾讯、西瓜视频等平台全网同步推荐。

3.媒体统计

单期节目全网播放量（含财新网）共计约120万次，系列节目总播放量高达800万次，别克君越品牌在财新网曝光量高达2亿4千万次。

4.项目亮点

重磅嘉宾谈重磅话题：在重点话题热度正盛之时，与多位重磅嘉宾进行深度对话，将关于未来经济形势、商业变化的观察和思考分享给更多人。

优质输出带来优质关注：基于财新优质的内容输出能力和丰富多元的平台资源，此次合作中，每期节目都能收获一定高质量的关注及评论，能够引发更多用户基于内容的深度讨论。

多维度、多渠道、全覆盖：财新通过重磅专题汇聚人物专访内容、节目硬广综合覆盖全平台、外部多渠道推广、多形式延展传播，成功提升了单期节目和系列节目的曝光量，以多形式实现了全国“两会”全周期覆盖、别克君越品牌全方位覆盖。

《两会智言》宣传海报

亲历者说　许雯瑶　财新整合营销高级策划，《两会智言》项目执行统筹

作为专业媒体，我们有责任在对疫后的经济高质量发展、千行百业转型新生和人民美好生活的报道中为观众注入坚定的信心。该项目于2021年春节后紧急启动，计划在一个月内上线。可想而知，受疫情多方面影响，从节目策划到七位嘉宾邀约，从合作方诉求沟通到北京、上海两地的执行拍摄，从传播策略到物料制作再到媒介投放的综合协调，每个环节都充满了重重困难。即便如此，在全员协作和公司支持下，项目团队攻克了所有难题让节目如期上线，并得到别克君越客户的高度信任与认可，从而以尊重财新报道为基础，以深度且弹性的方式进行合作，使得我们能在2021年即为观众呈现了一档高品质、广泛影响力的精彩节目。

案例点评

点评专家：王晓晖　国际关系学院文化与传播系副教授

每年的全国“两会”举国瞩目，公众高度关注其带来的政治、经济、文化等领域的重大议题，企业想借势传播反而不易。别克君越在全国“两会”大事件的背景下与财新访谈节目《两会智言》深度合作，可谓是明智的选择。一方面，财新在历年全国“两会”的报道中表现不俗，而《两会智言》作为财新高质量节目，其受众群体与别克君越的目标消费者较为契合；另一方面，品牌车作为采访场景在节目的露出低调且不影响内容的表达，通过被访重磅嘉宾对品牌车的接触、使用，不露声色地展示了品牌质感及其作为商务用车的优势。整个活动精准针对高质量用户，以高质量内容和高质量话题引发高质量探讨，最终获得了高质量反馈。

2021礼蓝动保HTSi家禽健康追踪系统中国数据报告

执行时间：2021年5月1日—7月31日

企业名称：礼蓝（上海）动物保健有限公司

品牌名称：礼蓝动保

代理公司：北京曼观公共关系顾问有限公司

获奖类别：金旗奖——2021最具公众影响力市场公关传播大奖

项目概述

家禽养殖在中国已有几千年的历史，同时家禽业是我国畜牧业的基础性产业。但中国家禽业面临着“退出除中药外的所有促生长类药物饲料添加剂品种”的挑战。饲料“限抗”会降低人体的细菌耐药性，更好地保护人类的健康，但会暴露家禽健康问题，让家禽业面临更为严峻的挑战。

在此背景下，礼蓝动保以“数说新禽况，致胜新肠态”为主题，举办了2021礼蓝动保HTSi家禽健康追踪系统中国数据报告发布活动，向中国家禽业深度剖析饲料“限抗”后所面临的问题，并提出解决方案，从而更好地造福中国的家禽养殖企业，助力中国家禽业可持续发展。

项目策划

1.目标

通过HTSi系统的大数据深刻、全面洞察饲料“限抗”后中国家禽业所面临的问题。同时借助可视化的、线上线下的互动传播来精准触达家禽养殖企业，从而更好地让数据指导生产实践，提升企业乃至行业的管理水平和生产效率，实现中国家禽业可持续发展。

2.策略

（1）合零为整。礼蓝动保将60多个国家和地区、1400多家大型家禽养殖企业、160万羽健康肉鸡的数据整合起来，形成了一个大数据平台，通过大数据来为企业的经营决策和判断提供参考依据，并直面饲料“限抗”后肉鸡所面临的健康问题。

（2）数据可视化。将HTSi系统中的数据结论形成报告，无偿提供给中国的家禽养殖企业，帮助中国的家禽养殖企业深入了解饲料“限抗”后肉鸡所面临的肠道、呼吸道、免疫力等方面的问题。

（3）积极与受众进行互动，加深受众对品牌的印象，提高参与度。在本次活动中设计了诸多与受众进行互动的环节，如在预热阶段、直播中设计的有奖问答等，加强了互动氛围。

3.内容创意

（1）数据发布与时俱进，打造健康养殖新理念：延续2020年中国家禽业所面临的在肠道、呼吸道、免疫力等方面的普遍问题，礼蓝动保在报告中创新性地提出了球虫控制方案，提升家禽的免疫力与打造健康、可持续的家禽生产体系这三个理念。

第一，球虫控制方案。在饲料“限抗”全面开启的当下，高效的球虫控制方案对肉鸡肠道健康的重要意义已被欧洲经验所证明。在报告中，礼蓝动保通过分析不同的球虫控制方案对肉鸡球虫病变的影响，印证了高效的球虫控制方案对肠道健康的重要意义，同时中国优秀家禽养殖企业的有益探索也进一步证实了球虫控制方案的重要性。

第二，提升家禽的免疫力。在饲料“限抗”后，肉鸡在肠道和呼吸道健康方面面临着更加严峻的挑战，因此提升家禽免疫力，保障家禽的健康就变得尤为重要。而禽类特有的免疫器官法氏囊的体积变化规律不容忽视。

第三，打造健康、可持续的家禽生产体系。饲料“限抗”后，家禽业所面临的疾病挑战形势更严峻，为应对如此严峻、错综复杂的局面，在报告中，礼蓝动保提出了打造健康、可持续的家禽生产体系这一理念，其中包含持续提升家禽的肠道健康水平、不断提高免疫力和积极构筑完备的生物安全体系。

其一，持续提升家禽的肠道健康水平。用优化的肠道健康综合解决方案“打造”结构完善、菌群平衡、功能完善的肉鸡肠道。

其二，不断提高家禽的免疫力水平。关注种鸡的健康、免疫抑制性疾病的净化和种鸡生产过程中的关键影响因素。

其三，积极构筑完备的生物安全体系。构建致病性微生物进入和传播的防线，并考虑特定区域内的生物承载能力。

（2）长图设计点睛核心内容：在直播结束后，礼蓝动保将报告发布的内容归纳成一份长图，提炼了报告和发布会的重点，通过多渠道让更多受众能够快速回顾和了解报告所揭示的核心内容和重点。

4. 媒介策略

（1）精准触达，重点推送。对礼蓝动保农场动物市场总监进行了专访，并邀请了行业内的知名媒体进行媒体深度采访，如畜牧大集网、赛尔传媒、博亚和讯等。通过采访稿、深度稿的发布来精准触达行业内的目标群体，从而让更多的家禽养殖企业、中小型养殖户、家禽从业者们了解HTSi系统，了解其最新的研究成果。

（2）广泛传播，扩大影响。在直播时邀请媒体平台进行直播和转播。如博亚和讯参与了媒体的直播，新牧网、中国饲料行业信息网、农兜网参与了转播。借助业内媒体的广泛影响力进行大范围传播，以此获得更广泛的传播声量。

5. 传播规划

从预热到回顾，打造整体传播链。

预热阶段，通过活动和专访进行造势。活动前一周，在礼蓝家禽微信公众号上发布了预热链接，同时在预热链接内设计了名为“HTSi知多少”的有奖问答，活动当天上午邀请了业内的知名媒体对礼蓝动保农场动物市场总监进行了专访。

活动期间，通过媒体进行直播和转播。当晚活动上，在博亚和讯——业内知名的农牧、家禽类媒体上进行现场直播，并邀请新牧网、中国饲料行业信息网和农兜网进行实时转播，从而更广泛地触达目标群体，传播礼蓝动保最新的行业洞察和解决方案。

活动后期，通过长图回顾内容精华。活动结束后，在礼蓝家禽微信公众号上发布了报告的回顾长图，帮助回顾直播中所讲解的要点，加深人们的记忆。

项目执行

1. 准备阶段

5月至7月初，进行报告撰写及报告发布传播策划。

2. 预热阶段

6月25日微信推文预热，在礼蓝家禽微信公众号上发布了关于报告预热及闯关答题的推文。

7月2日媒体专访预热，邀请畜牧大集网、赛尔传媒、博亚和讯等进行媒体专访，采访礼蓝动保农场动物市场总监。

3.正式发布

7月2日晚7点，在博亚和讯的波米直播间举行了现场直播，直播邀请了礼蓝动保中国饲料家禽技术经理向观众讲解饲料“限抗”后家禽所面临的健康问题，并提出了打造健康、可持续的家禽生产体系这一理念。

4.持续传播

7月23日，发布报告长图。

5.控制与管理

本项目由礼蓝动保市场部发起，其与北京曼观公共关系顾问有限公司共同负责项目的统筹与管理，包括文案撰写、细节把控与落地、媒体邀请、与礼蓝动保各相关部门沟通与合作，同时把控制作的内容品质和传播效果。

项目评估

1.效果综述/现场效果（截至2021年7月底）

本次报告的发布在业内达成了较为精准及广泛的影响。在饲料“限抗”的当下，礼蓝动保作为全球头部动物保健企业为中国家禽业提供深刻的洞察和解决方案，从而帮助家禽业度过饲料“限抗”后的诸多难关。

在直播和转播平台上，观众们在评论区进行了激烈的讨论，全平台互动评论超1100条、获赠超750个直播礼物，同时有50位嘉宾通过互动答题获得幸运大礼。而在前期的预热和回顾环节，预热推文的阅读量超700次，回顾推文的阅读量超1000次。

2.受众反应及市场反应

HTSi系统在中国的落地旨在通过大数据来给中国的家禽业提供最新的行业洞察和参考依据，以此来帮助中国的家禽业提升养殖水平，从而更好地助力中国家禽业的发展。礼蓝动保发现，HTSi系统在中国的落地，尤其是在正式举办线上直播发布会后，受到了诸多家禽养殖企业和行业内人士的赞誉。他们认为一个精准、全面的大数据平台对中国家禽业的发展有着非常正向的作用。因此，为了给中国家禽业提供更加精准的数据洞察，礼蓝动保每年所剖检的健康鸡的数量大幅提升，从2018年的1906只，到2019年的5752只，再到2020年的5882只。大幅提升的剖检鸡数量不仅反映了礼蓝动保助力中国家禽业的决心，也表现了中国的客户和家禽业各方对HTSi系统更高的期望和需求——在饲料“限抗”的大环境下，客户希望通过更加精准、全面的HTSi系统来为企业的决策、为中国家禽业带来更光明的未来。

3. 媒体报道统计

在媒体的直播环节，在博亚和讯波米直播间举办的线上直播发布会总观看人数为29498次，人均观看时间26分钟，人均访问次数2.2次，同时直播间停留时间超过30分钟的用户占比33%。在转播平台上，活动当天的全平台的总观看次数超过83000次。在活动后，截至7月底，博亚和讯平台的回看人数超4.8万人，总观看量超7.7万次。其余三个平台总观看量也均有不同程度的增加，全平台观看次数超过13万次。

同时在媒体报道方面，除礼蓝动保官微推送的文章外共有报道7篇，都出自原发媒体，它们均为家禽畜牧类媒体。

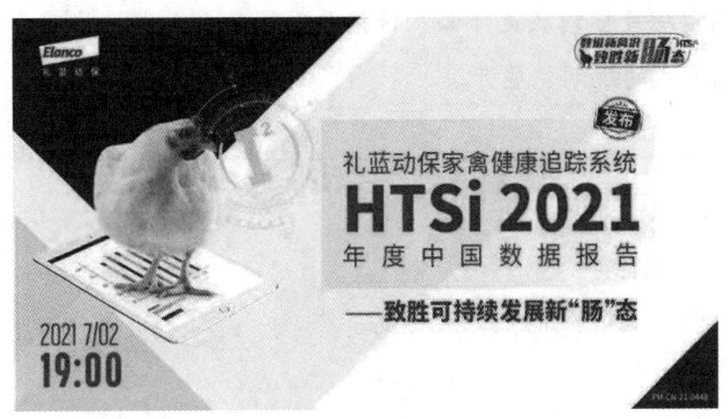

报告主视觉海报

亲历者说 **张璇　礼蓝（上海）动物保健有限公司农场动物市场总监**

为中国的家禽业提供最新的行业洞察和解决方案，帮助中国的家禽业更好、更加可持续发展是我们举办这个活动的初衷。尤其在饲料端“限抗”的当下，家禽的健康问题频发，养殖者们迫切地想要知道现在中国的家禽业都面临哪些问题，针对这些问题都有何解决方案。这时，HTSi系统就显得尤为特殊和重要。其不仅可以通过大数据洞察现阶段中国家禽业所面临的困境，还可以通过分析之前欧洲“限抗”时的数据和经验来给予养殖者们优质的解决方案。除此之外，HTSi系统也可以持续追踪解决方案的效果，验证解决方案的有效性。

这是我们第三次举办HTSi数据报告发布会，我们也真心希望能够通过HTSi系统为家禽养殖企业提供最新的深度洞察，在帮助企业渡过饲料“限抗”难关的同时提升企业的养殖效率，并为企业的决策提供参考依据。相信中国家禽业的未来会更好！

案例点评

点评专家：王兵 “首席赋能官”创立人，高盈人才高级合伙人

作为一个企业发布行业报告的公关活动传播案例，其有系统、完整的创意策划，执行落地和媒体传播，形式上也有一定的创新。

然而，作为一个归类为市场公关的案例，应该聚焦于“市场”这两个字，那么就更加需要明确市场目标到底是什么、传播要触达什么人群，然后才是策略和创意、媒体选择和传播形式的规划、展开。

“爱上陪伴　一路吉利”吉利抖音购车节活动

执行时间：2021年4月26日—6月30日

企业名称：浙江吉利控股集团汽车销售有限公司

品牌名称：吉利汽车

代理公司：青岛胖刺猬传媒有限公司

获奖类别：金旗奖——2021最具公众影响力市场公关传播大奖

项目概述

受疫情影响，汽车行业在线下的推广阻力重重，如何做好线上线下结合，与核心消费人群进行多样化互动，给消费者以归属感是各大汽车品牌聚焦的问题。本项目主要将线下活动与线上直播进行高度关联，从线上线索留资，到向不同圈层消费者进行产品力讲解，实现品牌从生产者到引领者的角色转变。

项目策划

1.前期调研

汽车直播生态圈由直播平台整合汽车供应链及用户组成，直播平台有充分的流量是品牌曝光有效性、销售达成可能性的保证。根据巨量引擎发布的《2020汽车行业直播研究报告》，看汽车直播的观众购车意向高，74%处于购车“选车选店”阶段，选车阶段关注权威产品信息，选店阶段关注经销商的售车互动，车企通过直播发布新车，打破传统地理界限，网络直播互动性增强了品牌沟通效果，直播间优惠加持和留资领券功能缩短用户决策链路，聚焦线上线下结合，云车店形式迫在眉睫。

2.实施策略

以产品为核心，辐射圈层，聚焦产品本身，以核心产品差异化为主，进行多角度阐释，结合不同圈层就安全等问题进行深度探讨，关注行业发展，聚焦核心消费人群的多样化互动，给消费者以归属感，通过多平台直播联动及宣传，实现与目标用户的有效沟通，实现从声量到销量的提升，以贴近用户的内容感染消费者，传递品牌与核心受众之间的情感温度，从宣传、交易变为感知共鸣，多媒体矩阵营销实现品牌多样化、多角度的内容深耕，玩转全民营销，实现长尾转化。

3.内容创意

其实，消费者购买的不仅是“吉利”，更是一份生活的美好。“爱上陪伴　一路吉利”，为期2个多月的超长日常直播配合多场大型动态测试直播，将利益点全面贯彻。日常直播：“美女主播+汽车专业男主播”测评，在对吉利汽车进行专业讲解的同时兼顾直播带货，同时要生动有趣、贴近生活，旨在用一种全新的方式去感受生活，让人们重新爱上出行，同时不定期邀请金牌销售、车友会成员、产品经理等深挖产品背后故事，吸引目标用户，实现直播间累计观看人数和线索留存高转化的双赢。大促直播：对于新品上市以及大型车展进行预热和推广形式的事件营销，按照不同的栏目主题设定联动多个经销商参与活动，通过受众人群以及吉利汽车内部销售和产品研发进行B端、C端营销链路开发。

4.传播规划

日常线：以监控角度的视频透出“爱上陪伴　一路吉利”的主题，搭配日常直播时的购车节引导，为新品上市及活动试驾做良好铺垫。

活动线：百余家媒体同步实时转播动态试驾，数十位KOL亲临现场进行直播、短视频讲解。

活动海报

项目执行

整体的项目执行分为三个部分。第一部分：抖音官方号日常直播，主要以“6666”购车津贴为主要消费者引导点，每月赠送4台不同车型2年的免费使用权，将日常津贴活动及月度赠送活动持续性输出，增加消费者在直播间的停留时长，提高消费者的活跃度，潜移默化地进行消费者线上线索留资及产品介绍。第二部分：高端车型上市，活动期间配合“星越L”“星越S”及车品类KOL如“说车的小宇”“闫闯说车”及国内百余家媒体线上动态测试直播。第三部分：活动重磅返场，进行福利二次申请，调动消费者强烈的抢订积极性。

项目评估

本次“爱上陪伴　一路吉利”吉利抖音购车节活动，累计观看量1423万人次，联动全国百余家线下门店，重大直播场次百余家媒体同步实时转播，将吉利抖音购车节与吉利世界级模块化架构——CMA超级母体，重磅展现在消费者视野中，旨在实现品牌从生产者到引领者的角色转变，传递品牌与核心受众之间的情感温度。

消费者端：通过线上平台消费者即可进行整车试驾预定、福利领取等，留资线索会根据所在城市进行匹配，由当地最适配的门店进行沟通，将人力、物力、财力高效匹配到最优化。

媒体端：汽车之家、懂车帝、易车等百余家媒体在活动期间体验到接连不断的动态测试，如5月19日“星越L全球动态首测”、7月10日“星越S蝎子弯首测”、7月20日“星越L上市”。吉利推出的世界级模块化架构——CMA超级母体，颠覆传统造车思维，凭借吉利控股集团全球领先的技术整合与创新能力，融合世界一流的造车基因，从安全、健康、智能、性能、节能五大角度重新思考未来的智能汽车，是以领先科技打造出的引领电气化、智能化、网联化、共享化的超级孕育体系。其将优良基因和品质融入“现代机械”中，产品各具魅力还传承优秀基因，孕育出更高级的“科技生命体”，活动配合百余家媒体途径将此理念进行传播。

品牌端：打造一款爆款车不难，款款皆爆款并非易事。此次活动对于吉利汽车品牌而言，将不同类型、不同渠道的资源整合并展现在消费者眼前，吸引了超千万次观看，获取了数十万线索留存，形成“体验—用户—内容”闭环营销。

此项目还有以下亮点。

（1）打通汽车线上线下营销模式新链路，“以点带面”全面辐射。

（2）消费者、媒体、品牌三方通过现有平台紧密贴合，品牌的活动理念、媒体的权威信用、消费者的需求点点相通。

（3）以平台强连接性为核心，打造从“产品＋圈层”到“用户＋体验”的品牌升级，凸显吉利汽车从产品思维转化为用户思维的更迭。

亲历者说 赵恒旭　青岛胖刺猬传媒有限公司项目总监

整车直播一直是困扰汽车品牌的一个较大的难题，如何在直播时将品牌、经销商、消费者恰当联动是问题中的关键。这次项目通过线上400小时的直播，室内室外、风里雨里无数次的试驾体验及多次的动态测试，将品牌理念、活动力度嵌入式交给消费者，落地全国百余家经销商。为了给消费者呈现更好的体验与画面，前期测试不下千次，“爱上陪伴　一路吉利”主题性直播更是百余家媒体讨论的话题。

案例点评

点评专家：朱瞻宇　励尚公关中国区总经理、亚太区合伙人

今天人们对品牌的体验是360度的，直播和电商要关注的不是怎么符合品牌调性，而是如何成为消费者品牌体验的一部分。车企习惯于通过线下的4S店展示品牌形象，接触潜在的客户。但随着企业数字化的演进，以及疫情对线下活动的冲击，拓展更多的渠道和消费者接触已成为必然。直播虽然简单，但做好粉丝预热、互动、留存和转化是关键。很高兴吉利汽车能够通过自己的实践，为车企玩转直播带货进行有益的探索，分享更多的经验。

荣威RX5 PLUS国潮 PLUS“极致挑战”上市晚会

执行时间： 2020年6月7日—20日

企业名称： 上海汽车集团股份有限公司

品牌名称： 上汽荣威

代理公司： 上海哲基数字科技有限公司

获奖类别： 金旗奖——2021最具公众影响力市场公关传播大奖

项目概述

上汽荣威作为中国知名汽车品牌，始终秉承“品位科技·知你知行”的品牌核心价值，并自品牌焕新以来积极部署“年轻化战略”，融合独特新国潮魅力，为中国品牌崛起不断创新赋能。自荣威 RX5 车型开创互联网汽车新品类后，上汽荣威在科技与创新的基础上不断将年轻人所喜爱的国潮文化融入其中，打造了美学 PLUS、科技 PLUS、互联 PLUS 的搭载新狮标“年轻化战略”升级产品——“新国潮智联网 SUV”荣威 RX5 PLUS。

为贴合荣威 RX5 PLUS 的新国潮与科技感标签，聚焦年轻人阵地并引爆上市热点，上汽荣威与《极限挑战》节目创新合作，打造了上市晚会。作为一场史无前例的新车上市综艺直播晚会，活动通过荣威 RX5 PLUS“高颜值”“高智能”“高品质”三大关键词的揭秘过程，将产品亮点、购车信息与趣味挑战融合，打造现象级产品。

项目策划

上汽荣威从荣威 RX5 PLUS 的新国潮与科技感标签出发，在上市公关传播前期预热时，以密集、高效的媒体活动保持高露出频率，后期持续推进全国重点区域媒体国潮日体验营，为上市之夜聚集关注度，在延续上汽荣威“互联网汽车”属性之下力抓新国潮印象，以一系列线上线下体验活动与话题传播充分挖掘荣威 RX5 PLUS 的国潮魅力与智能体验。

而重中之重的上市晚会更是抓住了年轻人的综艺节目偏好，携手东方卫视《极限挑战》节目组打造“极致挑战”的话题性上市晚会。上市晚会参照《极限挑战》节目的玩法，以别出心裁的极致挑战赛形式展开了“荣威男人帮”与“明星挑战团”的趣味 PK，通过系列挑战，在幽默诙谐的氛围与环节设置中最大化展示产品卖点，强化新国潮与科技感标签，诠释引领国潮旋风、让出行更智慧的产品内涵，以成功打造荣威 RX5 PLUS 精彩上市的热度焦点。

项目执行

预热阶段，上汽荣威围绕荣威 RX5 PLUS 开展了一系列媒体活动、稿件发布及视频传播，保持密集、高效的露出频率，为上市造足声势。而针对上市晚会，更专门就国潮 PLUS“极致挑战”进行了预热新闻的全平台投放，在微博平台更是与各合作企业携手展开微博抽奖活动，连续发布了公开明星嘉宾的 4 天倒计时海报，并于东方卫视播放的《极限挑战第六季》6 月 7 日该期结尾部分插入了正式的上市晚会预告，借助节目本身热度为合作上市晚会造势预热，吸引大众前来观看。

倒计时海报

2020 年 6 月 10 日上市晚会当天，上市晚会电视台播放与线上平台直播结合，3 位明星嘉宾与 3 位上汽荣威高管通过三关挑战任务全面展示荣威 RX5 PLUS 产品卖点，并在最后宣布了新车价格与购车政策。内容精彩纷呈的上市晚会在在线观众实时弹幕互动沟通之下，通过多平台直播突破传统汽车传播圈层，成功打造出了热度不减、趣味十足的创意新车上市现场；同时上市晚会不失专业度，从汽车用户的关注点出发，以满满的干货满足消费者的好奇与需求，并通过各汽车垂直媒体及平台进行关键信息传播，赢得了更多的消费者关注。

上市晚会结束当晚，上汽荣威便开展了后续的传播活动，以进行二次传播。核心汽车媒体、科技类媒体、娱乐类媒体纷纷以图文推荐形式在首页要闻区根据平台特性发布上市晚会的关键信

息，每条平均收获 5 万次阅读量。媒体朋友圈更是半小时内出图，1 小时内出短视频，两天不间断地在媒体圈扩散上市精彩图片和短视频，让大众保持对上市晚会及信息的高度关注。

6 月10 日—20 日，抖音、小红书、垂直门户等各领域平台发布上市直播帖与二次传播活动，凸显上市氛围并为后续传播活动开展做衔接。

项目评估

（1）传播数据概览。上汽荣威以荣威 RX5 PLUS 上市为主题，围绕上市晚会这一重心策划了一系列符合年轻人喜好与用户需求的传播活动，用极具话题性的创意内容吸引了各行各业媒体对上市晚会的关注与报道，也同样抓住了受众对产品的关注与兴趣。

媒体统计，截至 2020 年 6 月 20 日，上市晚会稿件在垂直门户、抖音、今日头条、一点资讯等多家资讯平台露出，涉及汽车类、生活类、科技类、娱乐类等多领域媒体共 424 家，累计 1807 篇次，全网总阅读量超 1518 万次。

在受众反应方面，2020 年 6 月 10 日东方卫视上市晚会累计收视人数达 4600 余万人，斩获晚间卫视（不含剧）22 点档收视率第一；上市晚会直播平台横跨了腾讯、爱奇艺、优酷、抖音、快手、B 站等年轻人阵地，15 个网络直播平台观看人数累计超 647 万人，当天微信指数飙升 23%。电视收视的登顶以及直播与关键词指数的热烈反响，证明了上汽荣威此次上市晚会收获了大众的热烈关注与喜爱，尤其迎合了年轻群体的“潮”点，有效传播了产品的核心竞争力与相关信息，并让品牌年轻化落到实处，使得荣威 RX5 PLUS 贴稳了“新国潮智联 SUV”的核心传播标签。

（2）传播亮点。此次上市晚会突破了传统的上市活动策划，用极具话题性的创意形式为产品造势。为了在焕新狮标的引领下稳抓新国潮与科技感两大特色传播标签，实现品牌年轻化，上汽荣威打造了这一场极具趣味与干货满满的上市晚会，具体亮点如下。

全球首创热门综艺上市形式：本次上市晚会邀请到东方卫视大制作，以全球首创的热门综艺上市形式，与大热综艺《极限挑战》创新合作，将品牌真正年轻化、将新国潮变为现实。上市晚会在三轮极致关卡中揭秘了荣威 RX5 PLUS“高颜值”“高智能”“高品质”三大关键词，最终成功打开专属装置，以这一别出心裁方式点亮领潮惊喜价，整个上市晚会趣味满满。

明星大咖趣味 PK 上汽荣威高管：上市晚会邀请了贾乃亮、刘维、朱桢组成“明星挑战团”，三位上汽荣威高管以“胖头俞”“邵镲”“大王”的花名上阵，组成“荣威男人帮”接受挑战。明星大咖的加盟为上市晚会带来了良好的粉丝关注度，而上汽荣威高管的上阵也为品牌与产品注入了趣味与活力。

多平台联动：上市晚会以东方卫视为电视主导平台，根据年轻人喜好在腾讯、爱奇艺、优酷、抖音、快手、B 站等不同平台推出了直播，电视与网络直播平台同步播出，为收看晚会增添了便利，进而以年轻群体为主，丰富了收看人群分布。

亲历者说 **翁仁杰　上海汽车集团股份有限公司乘用车公司荣威品牌营销部公关部高级经理**

荣威RX5 PLUS国潮PLUS“极致挑战”上市晚会是一场结合荣威RX5 PLUS产品卖点而打造的具有新国潮、科技感的上市发布会。为了将国潮深入上汽荣威品牌所针对的年轻人心里，我们创新性地与《极限挑战》节目进行了合作，并采用年轻人常用平台作为直播渠道，带来了这样一场满满干货又充满创意的上市晚会。从东方卫视上市晚会累计收视人数达4600余万人，15个网络直播平台观看人数累计超647万人，上市晚会稿件总阅读量超1518万次的效果也可以看到，这一创新是很受年轻人所喜爱的，是他们想要看到的国潮。

在这一次史无前例的新车上市晚会背后，是我们上汽荣威品牌以实际行动展现品牌年轻化的态度。“新国潮智联SUV”荣威RX5 PLUS此次聚焦年轻人阵地并引爆上市热点，正是上汽荣威品牌焕新的第一步，而在未来，我们将会有更多的动作，带领上汽荣威品牌继续向上、继续拥抱新生代!

案例点评

点评专家：孙瑞祥　天津师范大学新闻传播学院原院长、教授、舆情与社会治理研究中心主任，中国新闻史学会新闻传播教育史研究委员会副会长

上汽荣威突破了传统上市活动策划，把一台晚会做到了极致，“全球首创热门综艺上市形式”，亮点凸显。上汽荣威以“荣威RX5 PLUS上市”为主题，围绕上市晚会这一重心，通过对新品“高颜值”“高智能”“高品质”三大关键词的逐一揭秘，将产品亮点、购车信息与趣味挑战融合，专业性与艺术性相得益彰。极具话题性的创意内容吸引了媒体对上市晚会的关注与报道，有效传播了“品位科技 · 知你知行”的品牌核心价值和品牌“年轻化战略”。

青岛鲁尔“失效的定义”沉浸艺术展

执行时间： 2020年8月29日—9月1日

企业名称： 青岛鲁尔创意文化传播有限公司（简称青岛鲁尔）

品牌名称： 鲁尔创意

获奖类别： 金旗奖——2021最具公众影响力市场公关传播大奖

项目概述

在第20届中国（青岛）国际时装周的参展单位中，鲁尔创意作为其中为数寥寥的非时尚类、时装类、生活美学及相关行业的广告创意品牌，用沉浸艺术展的形式和表达方式，展现其作为“新锐力量”的风格、特质和独立主张。同时将鲁尔创意“人上人上人上人”的价值理念植入作品之中，作为本次展览中鲁尔创意品牌形象宣传的内容。

项目策划

1. 主题构思

当人们习以为常的定义和规则被打破，人们所习惯的生活方式、思维方式、时间观念是否可以随着改变而重组？当定义失效，那些因惯性思维而既定的结论，是否也成了人们为自己设下的陷阱？许多时候，那些人们认同或习以为常的定义和规则，都可能会由于时间、环境或是视角的变化而“失效”。每一场进化和迭代，无一不是因为有人怀疑和挑战那些确定的、常规的、习惯的事物，尝试突破固化和局限的制约。在本次艺术展中，项目组想要呈现一个充满“非常规现象”的沉浸式空间，并融合两则独立作品——《边界》雕塑作品和《时差》创意动画影片，由散落在场景中的文字贯穿并诠释所有作品，引导观众共同开启这场有关“失效的定义”的思索。

2. 独立作品

（1）《边界》：视界所见，还是视野所“困”。

雕塑作品《边界》用一组人物雕塑呈现一个让人产生怀疑的空间，来传达一则暗示——你看到的真相也许恰恰是一个假象。视线的边界究竟来自空间的阻隔还是思维的局限？人们是否能够突破局限，将视野延长到边界之外？

（2）《时差》：是我们计划了时间，还是时间“困”住了我们。

在人们因疫情而居家隔离的时日里，人们突然体会到在面对无常时，不得不作出改变——曾经，我们以时间为依据去计划生活的每一个环节，而当疫情席卷，那些参考日历、钟表而设定的生活失效了。当旧的生活秩序被打破，新的生活秩序尚未形成，钟表依然在按照原来的速度转动，而人们却难以再遵循曾经的生活状态。项目组创作了以《时差》为主题的动画影片，来传达这场关于人与时间关系的思索。

3. 实物外延作品

“龙马鲸神”。“龙马鲸神”是鲁尔创意的一支独立创意团队，也是本次展览中所有作品的主创团队，还是鲁尔创意的文创热店的名称。该团队将“龙马鲸神”的品牌文创衍生品“神兽”玩偶进行展出和售卖。并在整个时装周的展览现场引发一场观众自发的“遛兽”行动，是在整个时装周秀场内唯一一个流动的“展品”，为艺术展吸引了大量的流量。

项目执行

在2020年8月中旬确定展位条件、8月26日参展单位统一进场、8月28日验收时间要求下，本次创意和执行周期极其紧张。在创意阶段项目组先后进行了5轮内部提案，提出共计30多个方案创想。在确定主题概念后，项目组连续出品10余个从不同角度诠释主题的概念设计，并基于主题展示性、视觉环境体验、观众互动条件3个核心目标，最终确定了3个展览作品。在设计定稿阶段，针对作品的大众理解度、空间的合理容纳度，以及短时间完成大型雕塑安装等问题对作品进行了多轮调整，保证创作意图和呈现效果的兼顾性。在执行操作阶段，大型雕塑的制作、运输和安装，以及进场前48小时的暴雨天气、场馆完工延期导致的各种问题，为项目执行带来诸多困难。创作小组多次攻破难关、灵活调度，并准时、达标地完成验收工作。

项目评估

在为期4天的展出中，艺术展荣获第20届中国（青岛）国际时装周“创艺先锋奖”殊荣，被诸多参展单位、媒体机构评价为现场人气最高的“创意打卡地”。线下人流量日均过千人，同时在观看量超过400万人次的直播中频繁曝光，并在微博、小红书、抖音等社交媒体中获得观众广泛的自主传播。

艺术展现场

亲历者说 **岳龙飞、庞景宇　青岛鲁尔创意文化传播有限公司创意顾问**

在我们这个行业中，创意、渠道、媒介……似乎一切都会随着时间、场景、群体的变化在有效与失效之间不断更迭；我们每一天都在为不同的品牌、产品进行或大或小的“定义”，也在面对每一个创意的成功或失利中不断作出调整、突破与创新。我们面对这些变量或无常，正如作品中所表达的那样，怀疑所有确定的，挑战一切常规的，不为既有的认知和结果所困。作为青岛本土的文化创意品牌，鲁尔创意也在不断改变对自身的定义，并用这样的方式去传达我们的品牌主张。

案例点评

点评专家：李志军　中央财经大学文化与传媒学院广告系教授

这个案例有几点没想到：第一，项目组以乙方的身份获得大奖；第二，企业作为一家青岛本土的广告创意公司荣获第20届中国（青岛）国际时装周“创艺先锋奖”殊荣。但其实，项目组挑战了行业中最大的难题，即身为为客户提供传播服务的专业机构，能不能把自己传播好？探究案例的执行，我们找到了答案。

案例由散落在场景内的文字留住用户引发兴趣，并通过独立作品以及实物外延作品诠释时间的失效、场景的失效以及思维的失效。一方面，主题引人深思，并具有哲学意味；另一方面，呈现沉浸式主题网红打卡空间的形式，让人驻足，让人思考，又推动了有效的自主传播。有趣，有启发！

台铃电动车“千里追寻·梦回唐朝”挑战之旅[①]

执行时间：2020年10月20日

企业名称：深圳台铃科技集团有限公司

品牌名称：台铃电动车

代理公司：北京汉诺睿雅公关顾问有限公司

获奖类别：金旗奖——2021最具公众影响力市场公关传播大奖

项目概述

在电动车行业，台铃电动车一直是节能科技的引领者。跨过山水、驰骋过高原、登过珠峰大本营的台铃电动车，通过一次次极限续航挑战，不断刷新行业纪录。台铃电动车“千里追寻·梦回唐朝”挑战之旅的成功举办，不仅是对自身的突破，更树立了行业续航权威纪录。新纪录的背后，是台铃电动车节能技术的进步，也是台铃电动车节能产品不断创新和迭代的体现。台铃电动车新品的不断涌现，持续刷新着大众对台铃电动车产品品质认知，也建立起了独一无二的品牌辨识度。

活动海报

① 本文中所涉及的照片，北京汉诺睿雅公关顾问有限公司均已得到被拍摄者的使用许可。

项目策划

1.目标

打造一款行业头部产品——台铃豹子超能版完美亮相；制造一场行业天花板的事件——一次充电驾驶电动踏板车行驶最远距离；创造全网传播声量，为南京展蓄能——千万网友关注挑战直播。

2.策略

实现区域经销商有效联动，辐射全国，带动营销势能提升。

行业占位：打造标杆式公关事件，拉开与竞争对手的差距，巩固自身“跑得更远的电动车”占位。彰显品牌实力：充分借助台铃豹子超能版续航、节能科技，体现品牌领先的科技实力。品牌升华：借助台铃豹子超能版塑造国人心中强大的国有品牌形象，以经典致敬经典、以科技致敬科技。

3.内容创意

（1）品牌领军。传递“掌握国家专利省电技术及率先荣获国家节能认证的行业头部企业”关键信息，塑造台铃电动车品牌领军形象。

（2）产品领跑。针对消费者用车需求及使用痛点，全面打造并传播台铃超能系列的产品矩阵。

4.媒介策略

（1）多领域、全方位覆盖：构建新闻门户网站、行业垂直媒体、新能源等多领域全国重量级媒体矩阵。

（2）新媒体联动，扩大传播声量：除微博、微信、抖音、小红书外，进行全程线上直播。

项目执行

整个项目围绕“千里追寻·梦回唐朝”这一主题，延展出“寻梦·追梦·圆梦”三个阶段篇章。

阶段一：寻梦。该阶段主要进行项目预热和筹备，通过一系列预热海报、悬念海报、倒计时海报、有奖竞猜、证言海报、预热话题、线上招募令、红人“打Call”、品牌代言人发声等手段，抓取广域流量，提高活动声量。

阶段二：追梦。该阶段为项目的执行阶段，包括新产品的首发、骑行挑战赛、吉尼斯世界纪录，以及产品大片海报、长图、视频、多平台全程直播、KOL趣味讲解、微博图文直播、媒体报道等，以业内顶级事件带动产品首发，以前所未有的挑战赛印证产品性能，以吉尼斯世界纪录为产品做背书。

阶段三：圆梦。该阶段为项目的收尾阶段，包括产品的深度解读、骑行挑战的完结、吉尼斯世界纪录挑战成功以及大咖金句海报、“台铃千里江山图”创意海报、H5、自媒体报道等。

活动现场1

项目评估

1.效果综述

本项目聚焦品牌领军、产品领跑两个发力点，创造了“第一个获得国家节能认证的行业头部企业、第一款一次充电跑千里的产品、第一个行业现象级事件”三个“第一”，展现了企业“行业最早、品系最全、技术最牛、场景全覆盖”四大优势。

2.受众反应

本项目线上共1亿多次曝光，亿量级别曝光为台铃电动车带来了极高的话题热度。在线下本项目有效带动了各区域经销商的销量。

3.市场反应

各区域经销商借助本项目势能，销量持续逆势增长，最高单月销量达5000台，单台利润同比增长200%。本项目不仅提高了台铃电动车整个市场的销量，更提高了台铃电动车产品的溢价，提高了台铃电动车的品牌价值。

4.媒体统计

覆盖70城，共656.8公里，挑战总共花费1020分钟，共1亿多次曝光。

活动现场2

亲历者说 李博　北京汉诺睿雅公关顾问有限公司高级策划经理

本项目从前期沟通、策划，再到落地执行，时间非常短暂。好在团队内部与客户合作紧密，随时互换信息。在项目执行期间，我们遇到很多问题，由于时间紧张，前期的预热内容是我们经过几个通宵的共同努力奋斗出来的，而在千里挑战期间，天气及人员成了最大的不确定因素，好在通过各方的努力以及广大用户对品牌的信任，我们顺利完成了挑战。在现场搭建时，也出现了各种突发的情况，但在我方和客户的通力合作下，我们最终完美完成了本次项目。

“酒香也怕巷子深”。其实中国有很多像台铃电动车这种有实力却苦于受众不知道的品牌存在，我们愿意助力中国品牌的发展，帮助中国品牌做大做强，走向世界。

案例点评

点评专家：郭为文　周末酒店度假App合伙人、首席营销官

本案例首先是一个成功的定位传播活动，把“一次充电续航千余里”作为品牌的独特竞争优势，树立行业领导标杆地位，取得消费者的心智占位。其次它创造了一个话题，即“一次充电驾驶电动踏板车行驶最远距离”可以创吉尼斯世界纪录，引起大众和媒体的关注。由此可见，话题创造是公关传播的灵魂。最后它是创意性的事件营销，在西安永定门前，开启“千里追寻·梦回唐朝”挑战之旅，历史与现代，不同城市、不同景点交织在一起，把事件娱乐化、大众化，引发社交媒体的二次传播。

翼支付#异乡人·家乡味#温暖计划①

执行时间：2021年5月

企业名称：天翼电子商务有限公司

品牌名称：翼支付

获奖类别：金旗奖——2021最具公众影响力市场公关传播大奖

项目概述

“寻味家乡”是翼支付推出的2021年乡村振兴主题活动，旨在通过线上营销、直播带货等创新形式，将地方特色农副产品与市场消费需求进行精准对接，提升优质农副产品的知名度和销量。在5月20日这个表示关爱的节日里，翼支付选择以异乡人为关爱对象，通过对在外打拼异乡人生活不易的洞察和了解，呼吁全社会送上一份关怀，并给予异乡人更多的支持与温暖。

主视觉海报

① 本文中所涉及的照片，天翼电子商务有限公司均已得到被拍摄者的使用许可。

项目策划

1. 目标

通过一场公益营销，进一步夯实翼支付关爱努力为生活打拼的群体及践行企业社会责任的地位和影响力；结合线下与线上传播势能，提升品牌声量及美誉度，为翼支付“寻味家乡”活动引流。

2. 整体策略

（1）运用线下活动与线上全媒体传播手段：“新兴媒体渠道+户外流量场景+生活情感媒体”的矩阵式营销策略，将线上线下传播方式紧密结合，助力活动传播声量及用户好感度大规模爆发。

（2）触达多维度受众群体：精准洞察消费者心理，将“寻味家乡”营销活动与在城市打拼的异乡人进行情感连接，在活动执行期间进行线上与线下联动，全面覆盖目标受众，挖掘用户增长新机。

（3）夯实品牌关爱用户生活的形象：通过权威媒体、生活情感类自媒体矩阵，发起对异乡人在城市打拼生活不易的讨论，在5月20日为异乡人送上关爱礼包，同时呼吁社会给予异乡人更多关怀和温暖。

（4）完成品牌情感沟通：通过对目标人群痛点的观察输出、有针对性地表达温暖和关爱，以及生活情感类自媒体大V用心解读，完成与目标受众的情感沟通，并引发社会关注。

3. 内容规划

（1）翼支付“寻味家乡”宣传片：展现家乡美食与乡村味道，为项目宣传在社交媒体的传播奠定基础。

（2）人物情感类系列海报：通过输出不同人在城市打拼的心情故事来传递情感，与社会大众形成情感沟通与共鸣。

（3）“寻味家乡”地方主题系列海报：通过输出不同省份的特色主题海报，展现全国各地的专属美食与地方特色，传递活动信息。

（4）“寻味家乡”地方美食系列视频：通过输出不同省份的特色单品美食视频海报及平面海报，对美食进行推广，让用户对美食有更为直观的了解。

（5）线下活动关爱补给站：5月20日官微发布活动信息及快闪视频，官宣在北上广深四地设置关爱补给站，为在异乡打拼的人们送去一份属于家乡味道的温暖大礼包。

（6）线上传播图片直播：活动现场联合粉丝群及官方自有渠道，进行活动实时图片直播，引领UGC热度扩散，提升活动热度。

（7）自媒体KOL传播：官方自媒体及微信、抖音自媒体大V发布活动全记录视频，讲

述品牌方举办温暖活动的初心及过程，以及在活动中用户的真实反应与自身的感人故事，升华活动意义，呼吁社会支持关爱异乡人。

4. 媒介策略

（1）对异乡人展开“灵魂拷问”：你是否想念家乡的味道？以此开展关爱异乡人的活动。

联合微信自媒体大V聚焦翼支付#异乡人·家乡味#温暖计划活动主题，相继发布《人在异乡、胃在故乡，总有一种味道让你湿了眼眶》《当我们谈论家乡，我们在说些什么》等文章。

（2）联合抖音自媒体大V发布《如果回到从前，你还会选择去大城市闯荡吗？》情感沟通视频，以情感沟通的方式与受众进行深层对话。

项目执行

5月18日至19日，发布翼支付#异乡人·家乡味#温暖计划主视觉海报及宣传视频，进行活动预热，紧接着发布各地方系列海报及视频，再次掀起一波热潮。

5月20日，发布活动现场快闪视频及图片直播，引爆活动现场。

5月22日至23日，发布活动现场的采访视频，做活动收官总结，联合大V发布情感视频，再次触动异乡人内心情感，升华此次活动意义。

项目评估

1. 效果评估

（1）总体评价：本次传播达到了四两拨千斤的实效，在社交媒体上累计曝光量达4000万次，共获得阅读量800万次，点赞量8万次，活动当天北上广深四地参与人数达 1万人，现场用户参与火爆，并带动翼支付App下载量增长15%。

（2）优质效果：联合抖音大V“90后”独立制作人睿智先生发布情感纪实视频，单支视频播放量82万次；微信自媒体大号随记发布头条文章，阅读量达7万次，热门生活分享发布头条文章，阅读量达6万次。

2. 创新应用

（1）渠道创新：视频及直播内容打破常规传播渠道，通过微信视频号及抖音等平台进行传播，传播效果更为显著，快速引发了全网关注。

（2）活动创新：北上广深四地线下活动以车辆全身定制包装为造型，突出异乡人家乡味补给站的直观感受；同时现场布置各种职业人物情感故事照片墙以及创意手举牌等物料，用户纷纷自发拍照留念，UGC互动效果佳，品牌获用户好感。

亲历者说 盛斯斯 天翼电子商务有限公司市场合作部总经理

作为翼支付#异乡人·家乡味#温暖计划项目负责人，我们从2021年年初就开始着手准备活动。2020年的春节很多城市的异乡人就地过年，没能回到家乡与家人团圆，没能一同庆祝传统的农历新年，也没能尝到熟悉的家乡味道。正是基于这样的出发点，我们希望通过翼支付#异乡人·家乡味#温暖计划，让更多身处城市的异乡人能够尝到家乡的特殊味道，在唤醒味蕾的同时，传递一种家乡不远的感情，所以我们选择了流动人口密集的北上广深四个城市作为这次活动的执行地。翼支付#异乡人·家乡味#温暖计划从都市人的家乡情怀出发，同时是翼支付助农活动在线下的一次有力推广，有很多的地方特色产品通过该活动被消费者熟知，促进了地方特色产品的销售，增加了众多农民与中小企业的营收，进而促进农业产业的发展。

案例点评

点评专家：袁凌 力拓集团中国区企业关系总经理

本案例契合乡村振兴战略主题，重点聚焦异乡人这个特殊社会群体，通过创新的传播渠道，将富有特色的地方农产品和需要关爱的特殊消费群体进行精准对接，再以多元化的方式和载体进行传播，引起目标受众的广泛关注，并激发共鸣。该传播活动既体现了品牌方的人文关怀，又赢得了极大的社会关注度和品牌好感度，是一次成功的、富有温度和情怀的品牌传播活动。

2021最具公众影响力内部沟通大奖

“讲好敦豪好故事”DHL快递中国区疫情期间内部传播项目

执行时间：2020年2月1日—2021年8月31日

企业名称：中外运-敦豪国际航空快件有限公司

品牌名称：DHL快递中国区

获奖类别：金旗奖——2021最具公众影响力内部沟通大奖

项目概述

疫情改变了人们工作与生活的方方面面。在疫情阻击战中，无论是疫情初期将医疗物资运往国内，海外疫情暴发后助力医疗物资出口，还是常态化防控阶段持续维持供应链稳定运转，DHL快递中国区全体员工始终全力以赴，成功保障全球供应链“中国段”不断链。

疫情期间，当员工奋战在一线，DHL快递中国区以企业传播部为内部“信息枢纽”，通过及时、高效且有温度的内部传播，支持业务发展、提振员工士气并提高团队凝聚力。

项目策划

疫情期间，形势瞬息万变。内部传播策略始终随业务发展与疫情变化而不断调整，在正确的时间将合适的内容传递给员工，起到支持业务发展、提振士气并提高内部凝聚力的作用。DHL快递中国区将疫情期间的内部传播分为两大阶段。

（1）疫情阶段（2020年2月—7月）：2020年年初，DHL快递中国区许多员工在春节期间提前返岗复工，支持大量医疗物资进口并保障客户业务正常运转。彼时，形势变化很快，员工不仅需要在繁杂的外界信息中甄别有效信息，还承受着货量激增等带来的压力。对此，内部沟通的主要实施策略及起到的作用有四。

疫情期间，DHL 快递中国区通过自有机队，确保全球供应链“中国段”不断链

第一，定心丸。为确保各类政策及时下达，DHL 快递中国区以企业微信为核心平台，辅以内网、全体员工信（电子邮件）及线下公告栏等线上、线下多渠道，第一时间发布相关政策，包括春节期间复工指引、防疫须知、居家办公指引等，在确保信息100%触达员工的同时，保证员工最关心的问题在第一时间得到解答，给员工吃下定心丸。

第二，强心剂。DHL 快递中国区定期发布 CEO 致全体员工信，对员工的贡献给予持续关注、认可与鼓励。企业传播部也积极与 DHL 快递全球总部沟通，请在海外的 DHL 快递 CEO 专门为中国同事录制了一段慰问视频，对员工的付出表示肯定。这些来自企业管理层的鼓励仿佛强心剂，极大地提振了全体员工的士气。

第三，信息枢纽。疫情期间，DHL 快递中国区全体同事全力以赴，维持供应链稳定运转，其中涌现出许多感人的故事。为更好地传递一线的声音，企业传播部作为信息枢纽，充分调动全国各地协调员，收集并上报当地故事线索，并通过署名文章的形式激励投稿人，最终形成良性的双向信息分享机制，与全体员工共同讲好“敦豪好故事”。

第四，前线报道。企业传播部在收集到线索的第一时间（基本为获得线索当天）发布报道。内部新闻直击核心，人物故事真诚动人。一位位逆流而上的敦豪人，他们的故事朴实而让人动容。虽然员工身处全国各地，但一篇篇报道将所有人连接在一起，并提供了温暖的情感支持，获得了全体同事的好评。企业传播部不仅撰写了图文并茂的员工故事，还制作了多支反映敦豪人抗疫行动的视频，以多样化的手段还原真实的故事。

DHL快递中国区的车辆在雪中前进，递送有速度和温度的物资与包裹

（2）常态化防控阶段（2020年7月—2021年8月）：国内进入常态化防控阶段后，部分地区仍存在散发疫情，防疫要求严格，各地主管部门等时常至服务中心走访。与此同时，疫情之下也涌现出多样的新业态，员工需要适应许多变化。为此，内部沟通的策略也进行了相应调整，主要实施策略如下。

第一，持续关注防疫情况。进入此阶段后，DHL快递中国区提高了深度经验分享的内容比例，及时将区域防疫实践和省市各级主管部门的走访、调研情况与全体员工分享，充分满足员工信息需求。

第二，关注员工活动。在此阶段，各项员工活动在符合防疫要求的前提下逐渐重启，DHL快递中国区也将关注点转到各地在线上、线下举办的员工活动，将趣味性与情感性相结合，通过对多姿多彩的活动的报道，体现企业对员工的持续关怀，提高内部凝聚力。

第三，总结表彰。疫情期间，企业员工支持客户、服务社会，不仅保障供应链稳定运转，还收获了来自社会各界的认可与表彰。DHL快递中国区在内部渠道上对此进行积极宣传，让优秀事迹得到弘扬、优秀员工得到表彰。

第四，适应新变化。后疫情时代涌现出了许多新业态。其中，直播成为新兴的主要营销推广形式。DHL快递中国区也举办了一系列针对2021年欧洲海关新政等话题的直播活动，帮助客户顺利度过过渡期。为助力员工适应新业务模式，企业也对各地相关直播活动进行了系列报道，将各地的最佳实践与全国员工分享。

项目执行

截至2021年年底，常态化防控阶段的内部沟通仍在持续进行，但本项目的统计周期为2020年2月至2021年8月。

2020年2月至7月，主要执行疫情阶段的内部沟通，沟通重点包括及时发布相关政策、发布管理层沟通内容（包括CEO沟通信、CEO慰问视频等）、搭建双向信息分享机制，以及及时发布一线新闻报道及人物故事。

2020年7月至2021年8月，主要执行常态化防控阶段的内部沟通，沟通重点包括对各地防疫举措及各级主管单位的走访、调研情况等进行报道，分享各地线上线下员工活动，报道优秀事迹及获奖情况，以及针对新业态和新趋势等发布专题报道等。

项目评估

疫情期间的内部传播不仅获得了员工的欢迎、管理层及全球网络的认可，也切实对此前的传播机制进行了优化，提高了传播效率。

2020年2月至2021年8月，DHL快递中国区在企业微信发布超过300篇相关推送（包括近20篇CEO沟通信），字数超过20万字，相关配图达数百张，并制作了8支反映敦豪人抗疫故事的视频，其中一支为DHL快递CEO对中国员工的慰问视频。

这些内容受到了全体员工的广泛欢迎，相关报道平均阅读率超过15%。其中，2020年上半年国内疫情严重时，员工仍关心、阅读内部报道，十余篇文章阅读率超过30%，最高达50%。视频内容也广受好评，抗疫相关视频总观看量超过2万次。

除内容本身广受好评外，以疫情期间的内部传播为起点，DHL快递中国区成功搭建起了企业传播部与区域间的高效双向信息分享机制。机制运行以来，区域同事通过在内部平台上投稿，让本地新闻被管理层及全体员工看见并认可，备受激励，已形成了“有线索或新闻，第一时间分享给企业传播部”的新机制。众人拾柴火焰高，在企业传播部人力有限的情况下，此机制的成功建立对企业内部传播的长远发展大有裨益。

亲历者说 兰嘉 DHL快递中国区企业传播总监

数百篇文章，超过20万字报道，也无法还原疫情期间公司和员工守望相助、共克时艰的闪光与温暖的瞬间。愿用文字真实记录下，在峥嵘岁月中，全体敦豪人向“卓越，只为送达”一如既往笃定前行的脚步。

疫情期间，数百个日夜，笔耕不辍，虽然身体疲惫，但斗志昂扬，也进一步切身体会并感受到了作为传播工作者的初心和使命。

持续的传播工作不仅得到了基层员工与管理团队的广泛关注、一致认可与支持，也让大家看到了传播工作的必要性和重要性，为今后更好地开展工作打下了坚实的基础。同时，我们建立起了与各区域间的良性互动，为今后的工作更添助力。

内部沟通是细水长流的工作。力争讲好每一个“敦豪好故事”，一如既往，再接再厉！

案例点评

点评专家：朱瞻宇　励尚公关中国区总经理、亚太区合伙人

DHL快递中国区在疫情期间，通过微信联络一线员工，讲述他们的故事，体现了企业的温度。这种事做起来不难，很多公司都在做，但难在公司从开始就比较重视，并投入了力量认真在做。打动我的是，2020年2月至2021年8月，企业传播部以仅一人的人力，在企业微信发布超过300篇相关推送（包括近20篇CEO沟通信），字数超过20万字，相关配图达数百张，并制作了8支反映敦豪人抗疫故事的视频，其中一支为DHL快递CEO对中国员工的慰问视频，项目预算全部用于传播素材（如长图、视频等）的制作。好想认识这个认真努力工作的朋友，你的工作给很多一线员工带来了温暖，带来了慰藉。

2021最具公众影响力内容营销大奖

《未艾·方兴——从大中里到兴业太古汇》出版物整合营销

执行时间：2020年10月1日—2021年6月30日

企业名称：香港兴业国际集团有限公司

品牌名称：香港兴业国际

获奖类别：金旗奖——2021最具公众影响力内容营销大奖

项目概述

通过《未艾·方兴——从大中里到兴业太古汇》出版物整合营销，企业让更多人了解兴业太古汇项目综合体开发历程与难点，突显其“规模大、范围广、难度高、时间长”的特点，并引证香港兴业国际在开发过程中的高瞻远瞩，与业内人士共同探讨城市更新的价值与前景，也与更多消费者分享开发商的匠人情怀及背后的故事，全面提升香港兴业国际的知名度与美誉度。

《未艾·方兴——从大中里到兴业太古汇》

项目策划

1.主线与副线

主线：大中里地块历史沿革中所体现的海派文化与海派精神。

副线：香港兴业国际“尊人重土”的情怀与品牌价值观。

2.受众

本次传播主要针对关注城市更新领域的社会公众、对上海城市建筑和发展有情感共鸣的群体以及地产行业相关从业者。

3.传播核心

以出版物及线下展览为核心。

（1）通过图书中的文字，走进海派厅堂，探访海派文化中的老上海生活方式，回溯大中里地块百年发展史、大中里项目改造中体现的保育文化传承，以及查氏家族于大中里项目中体现的匠心精神。同时邀请20余位专家学者组成编撰顾问团，进行深度访谈，探讨城市更新项目如何真正参与到都会匠心复兴，最终解读兴业太古汇项目中所呈现的都市潮流生活理念，传播香港兴业国际“创造品味生活”的愿景。

（2）通过线下展览，以趣味问答方式还原书的内容，将专业著作“翻译”成通俗读本，以丰富的展览形式打造一个观众愿意停留、值得记录、乐于分享的展览，同时配合City Walk（城市漫游）活动，抽选热心网友探访兴业太古汇周边的新老城市建筑，更具参与感和互动性。

二者互为补充，相辅相成。围绕这两个核心点，通过一系列传播，扩大整个项目影响力。

展览活动现场

4.内容策略

（1）出版物《未艾·方兴——从大中里到兴业太古汇》邀请第一财经团队执笔，通过宏观视角，展现经济社会发展、上海的城市魅力和城市更新以及人民对美好生活需求的不断升级；同时，通过细腻笔触，体现香港兴业国际贯穿沪港两地的家族情怀与历史渊源，以及企业的宏伟蓝图与发展成就。

（2）契合热点：以热点“城市更新”作为切入点，深入挖掘上海城市发展、大中里地块百年变迁故事。

5. 节奏策略

（1）“定向赠阅＋专家/媒体推荐”，在B端进行造势宣传。

（2）“H5推广＋线下展览”、City Walk系列活动，打造C端声量与热点。

6. 渠道策略

（1）主流媒体报道：集团高层专访，深度解读城市更新的内涵。

（2）社交媒体传播：通过官方微信、视频号、豆瓣等渠道，以年轻化表现形式展现图书内容，讲述品牌故事。

（3）线下活动：举办展览以及City Walk活动，亲身感受建筑群体的魅力。

（4）定向赠阅图书：甄选业内人士及相关持份者①，定向赠阅，在行业内树立标杆形象。

项目执行

（1）前期预热：2020年10月—2021年2月。通过官方微信公众号推出讲述大中里地块的系列历史故事，以不同主题角度切入；上线“穿越大中里百年时空”H5，以逐格动画的形式，展现不同时期上海的生活环境，将个人的成长与时代发展联系起来，引发观者的共鸣、探讨、转发和分享。

（2）中期爆发：2021年3月—4月。于上海兴业太古汇（3月8日—21日）及上海最高书店——朵云书院旗舰店（3月24日—28日）分别举办线下建造史展览。通过豆瓣发起同城活动，举办4场City Walk 活动，参与者行走于静安区的新老建筑间，切实感受城市更新的魅力。同时与活动、图书、生活方式、视频类KOL合作宣传，并通过平面媒体、视频、App等众多媒体渠道传播，扩大活动声量。

（3）长尾效应：2021年5月—6月。参加行业类论坛，提高集团在房地产行业内声量。

项目评估

1. 贵宾定向赠阅

精心筛选赠阅名单，依照高端、权威、影响力、业务发展相关性等依据，累计已定向送出图书逾3000本，获得广泛好评。

2. 线下活动

（1）2场主题展览：在项目所在地，以最直观的方式，连接最直接的受众，通过多种

① 指利益将受到组织行为影响的人。

趣味表现形式，面向公众，复原兴业太古汇建造历程；在上海最高书店 —— 朵云书院旗舰店，打造时空长廊，展现百年大中里的前世今生，扩大品牌宣传的覆盖面，辐射全上海，增加话题性，提升影响力。举办期间超5500人次观展。

（2）4场City Walk 活动：特邀沪上知名城市漫游系列探索者 ——“行走的格里董”带队，以兴业太古汇为中心，辐射静安区著名历史建筑，溯源海派文化历史，获得近百名网友线上报名。

（3）1场专业论坛：参加易居克而瑞城市更新论坛，并作为标杆项目被收录进《中国城市更新白皮书（2021）》。

3.媒体宣传

获得约204篇媒体报道，媒体价值超263万元；线上 H5 浏览量超千次，官方微信、微博及其他渠道曝光超37万次。

亲历者说 Claudia Choi　香港兴业国际集团有限公司品牌管理总监

整个项目历时较长，出版物几易其稿，线下展览也历经数次调整，可以说“道阻且长”，但这也正如同上海城市更新的历程一般。

2002 年，上海最大的石库门建筑群之一——大中里地块拉开旧改序幕。此后，这块位于最繁华商圈的“宝地”就笼上了面纱，直至2017年以兴业太古汇的崭新面貌盛大开幕。如今，这里已成为城中时髦新地标，但在过去 15 年中，那些勤劳、智慧、勇敢且不气馁的城市建设者们所经历的重重难点和挑战却不为人知。

因此，让更多市民了解项目背后的故事，了解“立新不破旧”的未来城市发展之道，成了这个项目的动因。我们希望成为时代的有心人，记录有心事。不为褒已，只为传承前人经验。与更多有识之士一同，成为推动城市发展的助力者。

案例点评

点评专家：王洪波　中国对外文化集团有限公司新闻总监

读书、读人、读城，建筑是蕴含大量人类文化生活信息的载体，需要静下心来阅读。《未艾・方兴——从大中里到兴业太古汇》出版物整合营销，使用图书这一经典的载体，一开始就奠定了自身不俗的品位，也体现了开发企业的追求和信心。定向、切入、延展、交互使得这一过程像一部交响乐那样，让人产生持续的共鸣。企业作为城市土地的开发者，要尊重这块土地、尊重其历史与文化，更要面向未来。通过出版物的传播，企业很好地展示了大中里地块历史沿革中所体现的海派文化与海派精神，土地开发者与未来这一建筑的使用者在这里建立起一种共同的情感历程和对未来的共同期盼。甚至可以说，营销到这一步，都有点像恋爱了。

蓄力一代

执行时间：2021年7月13日—8月8日

企业名称：内蒙古伊利实业集团股份有限公司

品牌名称：伊利

代理公司：飞扬博远（北京）公关顾问有限公司

奖项类别：金旗奖——2021最具公众影响力内容营销大奖

项目概述

延期一年的东京奥运会成为后疫情时代全球关注的焦点，也是2021年品牌营销的顶级战场。而伊利作为中国奥组委合作伙伴，正面临着沟通“躺平的一代”与在群雄逐鹿的品牌奥运营销中强势传递品牌主张的双重挑战。

项目策划

1.洞察

奥运会前夕，整个社会对Z世代年轻人的舆论风向趋于“躺平的一代”，叠加年轻人关注焦点的转变，其对奥运会的关注热情逐渐降低。面对如此困境，项目组针对当代年轻人进行了深度洞察，发现这届年轻人并非真的躺平，“嘴上躺平，实际蓄力”才是他们的真实写照。

2.策略

以大奥运为内核，抢占行业制高点。以三圈层为支点，拉动大奥运圈层、明星粉丝圈层、Z世代圈层。以年轻化为抓手，激发奥运资产活力。以泛娱乐为催化剂，使受众自发参与讨论。

3.创意

从极具争议的社会话题出发，聚焦当代年轻人真实生活场景，首先放出了四支素人短片，以电竞、街舞、职场、毕业四大场景为核心，演绎这届年轻人或坚持埋头苦干，或练习看似无用的街舞，或组团打竞技手游的场景。因为种种原因，他们不被旁人理解，甚至被认为是“躺平的一代”，但殊不知这些年轻人是为心中的梦想而坚定蓄力。最终，那名刻苦的职员获得赏识，街舞者得以扬名，一起打手游的几个小伙子也在电竞赛场上赢得荣耀。这些基于真实原型的短片生动诠释了蓄力者值得被尊重，只要敢于有梦、勇于追梦、勤于圆梦，人生就会绽放光芒的品牌主张。

“中国加油”的声音不能响彻东京奥运会赛场，是每一个中国人的遗憾。因此，在真实演绎当代年轻人的蓄力故事，成功撬动多圈层年轻受众共鸣情绪之时，项目组又邀请了两个时代的代表艺人李雪琴与腾格尔进行跨界合作，推出奥运歌曲《蓄力 Move》，将国人那些无法宣之于口的加油和祝福在全世界唱响，同时也唱出了蓄力一代的核心人生态度。

与此同时，项目组放出了第五支素人视频——用真实的实习生故事，揭秘歌曲创作过程，彻底释放年轻一代蓄力内核。

项目执行

（1）预热：在奥运倒计时十天这个节点，项目组联合新华社、《人民日报》两大权威媒体，共同定调蓄力精神内核。新华社通过讲述苏炳添、刘诗雯背后的蓄力故事，诠释出伊利的品牌主张——蓄过的力，是此刻的光；《人民日报》发布运动员9图，致敬奥运健儿永不言弃、奋勇争先的蓄力精神。两大权威媒体齐发声，盖章伊利十余年奥运会官方身份。

（2）爆发：开幕式当天，项目组以运动员马龙、刘诗雯、苏炳添、兰俊宜在训练场上的蓄力短片为运动员的登场时刻喝彩。这支短片里，没有鲜花和掌声，只有“一天天坚持，一点点积累，再摔一回，再冲一次”的蓄力日常。无论是世界顶尖的运动员，还是平凡的人们，都需要通过日积月累的蓄力才能迎来发光时刻。

（3）收尾：项目组通过权威媒体新华社，在微博以9宫格致敬那些蓄力向上的年轻一代。官方的强力定调，成功为当代年轻人打上了具有时代意义的标签——蓄力一代。

项目评估

（1）整个奥运营销链路中，伊利通过对当代年轻人的精准洞察，充分展现了对当代年

轻人的认同与理解，打破年轻人“躺平的一代”的固有概念，为当代年轻人赋予蓄力一代的时代标签。也因此，成功让超400万名网友参与讨论，进而引发了一场专属于伊利和年轻人的传播活动。

（2）多地群众自发唱跳，《蓄力Move》成为全民给中国军团助威的加油歌。

（3）超100家地方媒体、行政机构自主转发扩散，共同定调蓄力一代，夯实蓄力一代官方认证。

（4）新浪网发布的媒体自制营销榜单“东京奥运品牌营销榜（中期）”中排名第一，“东京奥运品牌营销榜（终榜）”中排名第四。

亲历者说 王梦磊 伊利品牌管理部东奥项目对接人

“嘴上躺平，实际蓄力”这个点洞察得很好，结合当下热点和奥运提出蓄力一代，也很好地借势大热点体现了品牌态度与主张，同时利用明星和故事场景，做了链接和放大，达到了应有的项目诉求，传播效果非常不错。

案例点评

点评专家：张辉 亚虹医药企业传播及公共事务总监

本项目在策略规划的时候，对年轻一代所谓的“躺平”现象进行了深度剖析，找到了现象背后的真正原因，实现了从“躺平的一代”到蓄力一代的心理转化，是一种新的价值导向，符合大形势。在此基础上，项目将奥运元素、明星粉丝、素人视频引入这个核心价值框架，辅以新华社等权威媒体的加持。项目的高明之处，在于找到了顶层设计的价值引导，制造了符合新时代年轻人的取向，从而提升了自身品牌的格调和价值。

ASML 2020品牌整合传播项目

执行时间： 2020年6月12日—10月12日

企业名称： 阿斯麦（上海）光刻设备科技有限公司

品牌名称： ASML

代理公司： 霍夫曼公关顾问（北京）有限公司

奖项类别： 金旗奖——2021最具公众影响力内容营销大奖

项目概述

当前，芯片行业正迎来发展的新机遇，海量数据、云端计算、人工智能正不断带来新的应用和服务，但半导体人才稀缺是不容忽视的掣肘。ASML聚焦行业年轻血液，希望借此项目沟通Z世代，增加Z世代对工程师一职的好感和荣誉感；提升ASML在中国市场目标受众的品牌认知度、好感度，树立ASML在科技领域的品牌领导力；通过品牌形象的塑造，带动人才招聘的简历收集。

项目策划

1.策略及创意

作为全球芯片光刻技术的领导者，ASML重视行业人才的培养与沟通。ASML以“解锁工程师真相”为主张，针对不同受众，挖掘各个面的“工程师真相”。通过策划一场跨界对话的社会实验、一个极具挑战的光刻之路计时挑战赛、一次行业盛会上的圆桌讨论，吸引大家为工程师正名，为他们不惧挑战的精神点赞。借力线上线下各渠道的协同配合，将活动短时间内迅速曝光，吸引大量用户进行互动，以此帮助打破社会对工程师的偏见，增强学生和工程师对工程师这一职业的自豪感，继而提升ASML在潜在雇员心中的品牌形象。

2.媒介策略

运用PESO（付费媒体、自来水媒体、共享媒体、自有媒体）媒介模型，多渠道整合发力：ASML自有社交媒体矩阵（包括微信、B站、抖音、领英），为项目预热发布传播内容，延续品牌主张；多渠道的定向广告投放，实现最大化的曝光量和精准触达，为品牌活动放大宣传声量和提供流量支持；与行业权威媒体进行深度对话合作，以第三方视角为活动证言和引流，提升ASML在科技领域的品牌领导力和品牌美誉度；利用学生集中的在线社群（微信群、QQ群），为最后的空中校园宣讲会直播预热并精准互动。

3.传播规划

按照“引爆声量—提升互动—促进转化”的营销漏斗模型分层推广，分为预热（引爆话题讨论）、体验（制造高能互动）、转化（深化用户认知）三个阶段，使每个阶段有重点推广素材，促使用户形成关键记忆点，以此达到延续活动影响力的目标。

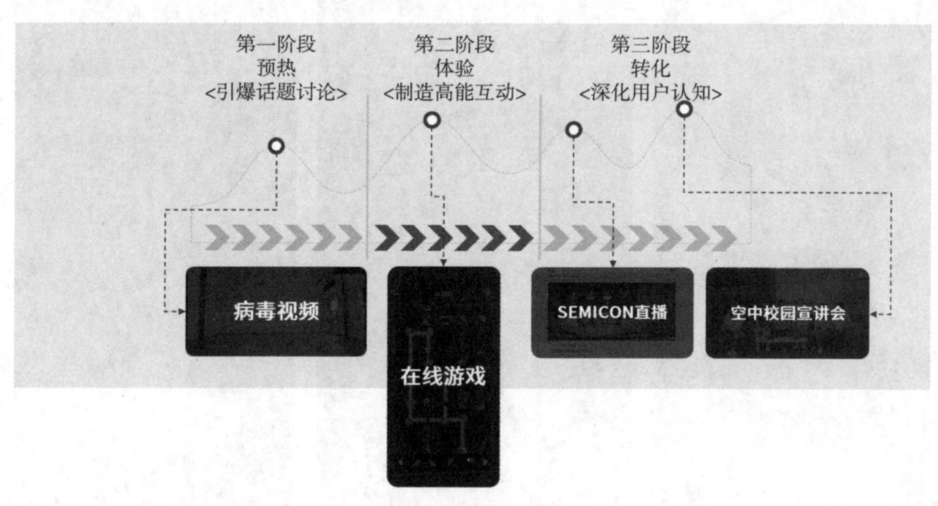

分层推广路径

引爆期：通过视频最大限度引爆话题，扩大活动影响力。

互动体验期：通过互动小游戏，让用户在真实互动中增加对企业的了解，也侧面凸显了工程师需要不断挑战困难、突破自我的精神。

转化期：借助行业峰会举行线上圆桌讨论会，就半导体人才现状、趋势等话题进行观点分享，提升品牌好感度。

秋招期间由往年的线下校园巡回宣讲改为两次大型线上直播活动：以空中校园宣讲会

尽可能覆盖大量对ASML感兴趣的学生，提升品牌好感度；通过定向城市B站直播与核心目标群体精准沟通、双向互动，提升简历投递转化率。

4.内容创意详述

（1）引爆期。ASML发起了一场工程师与非工程师的对话，并制作成了视频，旨在增加对工程师一职的关注、增强行业从业人员作为工程师的自豪感。ASML通过全面而又精准的渠道推广，如B站、抖音、微信，广告与内容营销相结合，引爆话题，扩大影响力。

（2）互动体验期。在充分引发话题讨论后，ASML通过互动小游戏，让用户在真实互动中增加对光刻技术的了解，也侧面凸显了工程师不断挑战困难、突破自我的精神。

（3）转化期。在行业的注意力高地——SEMICON China（上海国际半导体展）展会期间，ASML围绕学生和工程师关心的问题，举行了一场线上圆桌讨论会，会上邀请了ASML中国总裁沈波、ASML中国技术专家及ASML中国HR负责人就半导体人才现状、趋势等话题进行观点分享，同时解答了很多直播间活跃用户的留言问题。

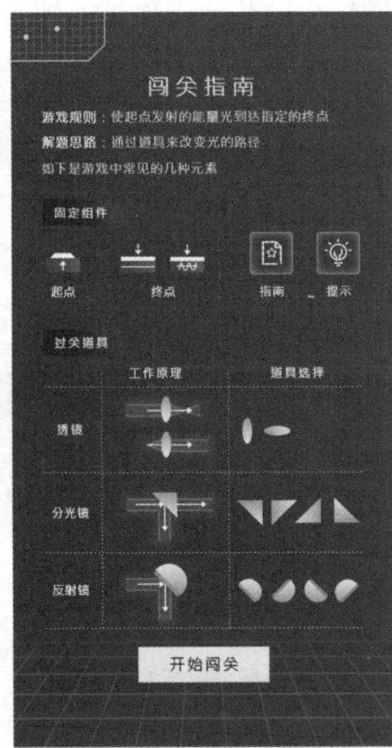

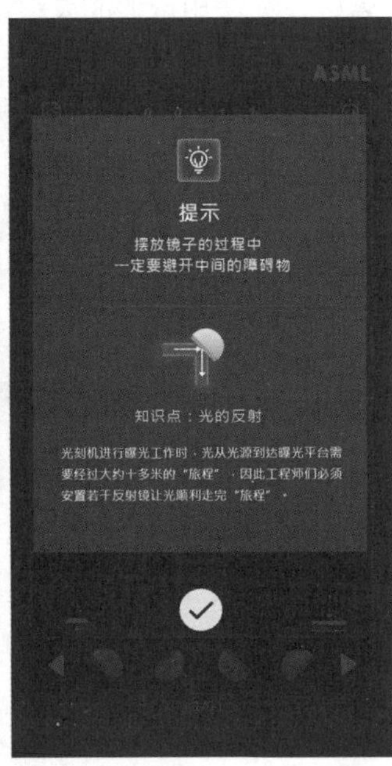

互动游戏

受疫情影响，ASML调整了秋招的活动形式，由往年的线下校园巡回宣讲，改为两次大型线上直播活动。空中校园宣讲会与更广泛的学生群体沟通，介绍ASML的工作环境、企业文化、开放岗位与要求。定向城市B站直播，更精准、更进一步地与学生沟通，增强互动性，回答学生关心的问题，如薪资、培养计划、开放岗位与要求。

活动海报

项目执行

该项目横跨5个月，需要准备的传播素材及对接的推广渠道较多，品牌和项目组在执行过程中做到了规划的连贯性与实施的灵活性。预留了5～6周的准备周期，时间相对充足，有利于合理安排后续传播事项；在核心物料制作过程中，项目组充分与品牌方技术团队沟通，确保物料能准备反映科技细节，同时保证用户体验的趣味性；每个核心部分（如视频、互动游戏等）都有指定负责人进行时间管理和质量把控，合理分工，同时充分沟通，高效合作；上线后的2～3周实时关注数据变化，灵活应对和处理突发事件，并持续优化后续活动；每周与客户分享上周传播效果，及时调整传播策略，并合理管理客户预期。

项目评估

整个整合营销项目最终覆盖超过2200万人，超过140万人参与互动，共收到超过5000份简历。其中视频最终覆盖超过1270万人，互动人数约130万人。互动游戏最终覆盖750万人，互动人数超过11万人。线上圆桌讨论会最终覆盖100万人，超过35000人参与互动。

亲历者说 **张文轩　霍夫曼公关顾问（北京）有限公司中国区副总经理兼上海区总经理**

2020年是充满挑战和未知的一年，所有人都在探索转型升级之路，同时在随时应对不确定性的挑战，我们也不例外。我们身上的科技基因让我们不惧难题，深入探索，从提供传统公关服务，转向为B2B科技公司提供整合传播策略咨询服务，我们的目的就是帮助科技品牌解决实际问题。就在这个关键时刻，我们有幸为光刻技术领导者ASML打造了一个整合营销传播的项目，并取得了出色的效果。尤其是，我们高兴地看到通过这次项目，超过5000份简历送到ASML手中。这是对我们团队努力的肯定，同时更是一份宝贵的激励。我坚信，我们团队在未来将持续为品牌客户提供优质的整合传播策略咨询服务，赋能产业升级和转型，同时为在中国市场进一步发展创造更多可能。

案例点评

点评专家：于剑　拉格代尔集团对外事务副总裁

电影《天下无贼》中葛优饰演的角色有一句经典台词："21世纪什么最贵？人才！"

芯片被誉为工业皇冠上的明珠，可以说汇聚了人类智力的最高水平。而ASML，就是制造这颗明珠的企业。

ASML2020品牌整合传播项目，让我再一次对这家公司刮目相看：企业的成功不是偶然，而是多年来对人才孜孜不倦的追求和重视！

我不想把这次活动看成一场单纯的企业营销，而是希望我们的企业通过这场活动看到差距。

帮助企业做好形象宣传，是我们公关人的责任所在。

大唐财富十周年整合营销

执行时间：2021年1月1日—12月31日

企业名称：大唐财富投资管理有限公司

品牌名称：大唐财富

奖项类别：金旗奖——2021最具公众影响力内容营销大奖

项目概述

2021年正值大唐财富成立十周年，为此企业推出十周年大IP“大唐财富+”，以及全新品牌理念——蓄“十”再发，成就您的财富梦想。“+”既与十周年的“十”形似，代表十年磨一剑，也寓意着迭代和升级。

以“大唐财富+”为核心，企业推出大唐财富十周年整合营销项目，整合品牌、产品、客户、营销、科技、员工六大板块，在追求各项经营指标创新高的同时增强品牌影响力，最终实现品牌跃升、助力业务、客户认同、提升员工凝聚力的目标。

项目策划

1.项目调研

2020年以来，疫情成为影响财富管理行业重要因素之一。因为大环境等各方面限制，各公司在营销、客户服务等方面都遇到了巨大的挑战。但也正是因为疫情冲击，很多客户意识到在健康与财富管理方面的准备不够全面，所以客户对于资产配置需求依旧有增无减。虽然客户的核心需求是资产配置，但他们同时关注整体市场的波动情况、风险情况，各个资产的相关性，以及财富管理机构的专业性、服务水平。

为满足客户以上需求，企业整合前台、中台、后台等多部门，进行“产品+”“科技+”“投研+”“服务+”等十个维度全面升级，并线上线下双线联动，实施整合营销策略，提升以客户为中心的全方位服务体验，引领行业，夯实头部地位。

2.实施策略

贯穿全年策划大唐财富十周年整合营销，达到品效合一。

（1）1月—2月：“开年有礼财富+”。借势春节，“财富+”云理财直播“新春有礼”。云理财直播春节营销期间，在自媒体矩阵开展用户关怀活动，以送上新春福利的形式增强用户黏性，并为下一阶段的营销活动做好基础。

（2）3月—4月：大唐财富嘉年华。线上：云理财嘉年华；线下：生活方式嘉年华。

云理财嘉年华共推出11场直播节目，并推出财富管理行业首档轻综艺《财富圆桌派》，云集钟伟、向松祚、马光远、石述思等39位大咖嘉宾，为客户量身打造专属财富管理解决方案。从内容到形式，《财富圆桌派》开启行业全新模式。11场精彩节目，从房产到股市、从国内到国外、从基金到债券、从移民到留学，告别千篇一律的“审美疲劳”。企业还特别推出“财富直通车”，为高净值人群提供专属资产配置解决方案。云理财嘉年华全网曝光总量超过1亿次。

生活方式嘉年华在全国各地展开，既有大唐财富的专业私人银行家为投资者提供一对一的贴身财富管理服务，又提供高尔夫、茶道、花艺等生活方式服务，得到了广大客户的好评。

“大唐财富+”品牌盛典现场

（3）5月—6月，“大唐财富+”品牌盛典，全国“1+N ”场品牌盛典暨大唐论道（1场品牌盛典，N城品牌盛典分站），造势大唐财富成立十周年。同时推出1场“与唐同行，走

进大唐财富总部”活动。

“大唐财富 +”品牌盛典精心锤炼，十维升级震撼发布，充分展示大唐财富十周年的风采。现场有近千名客户参与，权威经济学家李迅雷、钟伟、王允贵等现场指点迷津，全新“十维 +”惊艳发布，现场布置美轮美奂，活动得到了众多客户的高度认可和行业内外的广泛关注。

“大唐财富 +”品牌盛典联合新华社云直播，观看量达234万次。该品牌盛典后“大唐财富 +”解锁家庭全生命周期财富密码，5场直播解读5个人生阶段，给予投资者5本财富秘籍。

（4）7月—9月，红色主题、全唐配置两大主题双线并行。“百年建党 十载大唐”红色主题，以建党100周年为契机，大唐财富“不忘初心”，邀请客户“重走红色之路”。从上海到嘉兴，追忆百年建党之旅。

同时，大唐财富立足客户需求，依托“四全”产品体系，为广大客户重磅推出全唐配置“五环”，提供债权类、股权类、证券类、保障类、离岸类多产品线综合资产配置服务方案。正值东京奥运会，项目组结合奥运五环巧妙设计Icon，如奥运五环一样，全唐配置代表整体、联结。

全唐配置“五环”

线下举办大唐盛宴活动，进行全唐配置重磅发布；线上12场全唐配置云理财，汇聚财富专家智库，纵论资产配置，让投资者掌握财富密码。

（5）10月—12月，盛唐感恩季。以十周年庆典为契机，大唐财富在三亚举办了“2021盛唐年会”，纽约、北京、上海等全球16座城市地标建筑同时点亮，送出对大唐财富十周年的祝福。此外，盛唐感恩季期间，企业推出盛唐感恩云理财、大唐盛宴、友富同享、盛唐年会分站、感恩有礼、积分商城六重大礼，在宏观研判、财富管理和文化生活等多方面为投资者奉上一席饕餮盛宴。

3.品牌策略

贯穿大唐财富十周年整合营销，项目组在品牌影响力提升方面的策略为品牌跨界，运用品牌跨界实现“1+1＞2”的效果，创造信息增量，助力品牌增信。

产品跨界：与高端茶品牌——小罐茶深度合作，打造大唐财富十周年特别定制款礼盒，回馈投资者，同时与德国AB、美尔雅等各行业知名企业进行品牌联合，为广大观众带来惊喜礼遇。

内容跨界：大唐财富与中国文物交流中心跨界，于品牌盛典打造“大唐风华财富酒会”，再现盛唐繁华之景，同时下半年进行IP文化内涵及相关IP产品的深度合作。

资源跨界：大唐财富与中电数据达成战略合作，推动产融结合；与北京安徽企业商会签署战略合作协议。权威合作强背书，提升大唐财富品牌权重，提升好感度。

4.媒介策略

整合内部自媒体100万粉丝矩阵（微博、微信、抖音等）多渠道传播。与新华社云直播、财经媒体《经济观察报》深度合作，各大主流媒体多角度报道。

5.传播规划

按每个大主题传播前期造势预热，活动期高潮爆发，后期延续报道。

项目执行

按照全年整合营销节奏，每季度推出主题鲜明、重点突出的营销活动。活动涵盖线上、线下，为客户提供宏观形势分析、投资机会分享、非金融服务等形式各异的服务。过程中高度关注营销节奏把控，注重品效合一，从产品、服务、营销、科技、投研等多个维度，集合公司优势资源，在助力营销的同时，强化项目管理，对各营销环节进行全流程监控，根据反馈不断调整工作流程，对项目进行持续迭代升级。

项目评估

1.效果综述

大唐财富十周年整合营销项目，以客户为中心，运用科学策略，使公司各板块充分联动，内容丰富、形式创新，形成组合拳，打造强大品牌声量，促进品牌增信，带动指标增长，最终达成显著效果。

2021年，大唐财富共举办近50场云理财系列直播。全网曝光量超3亿次，新增注册用户数超过2万人。轻综艺节目《财富圆桌派》，被行业争相效仿。线下活动全年共举办超过150场，深受用户好评，品牌声量大幅提升。百度指数持续位列行业第一，并于“2021盛唐年会”期间创下新高，指数突破10000。

2.媒体关注与认可

截至2021年12月，媒体报道1600余篇。《人民日报》、新华网等国内一类新闻网站，以及中金在线、金融界、新浪、中国证券网等主流门户、财经类网站进行关注报道。

全年企业共荣获30余项大奖，奖项类型多元化，涵盖公司综合实力类奖项、产品类奖项、品牌类奖项、社会责任类奖项、人才类奖项、人物类奖项。

3.项目亮点

策略科学：在项目前期建立科学的整合营销策略，明确关键任务、全局思考规划、形成内部推动策略和外部宣传策略。

联动充分：多维度联动，板块联动，六大板块协同并进；总分联动，全国统一步调，形成组合拳；双线联动，线上线下活动全面开展。

内容丰富：本项目为行业难得一见的年度整合营销项目，时间跨全年，内容多元化。

形式创新：线上打造行业首档轻综艺《财富圆桌派》，线下活动“大唐财富+”品牌盛典形式创新，“重走红色之路”意义重大。

效果显著：品牌声量大幅提升，整合营销效果显著。

亲历者说 王龙飞 大唐财富投资管理有限公司执行总裁

大唐财富十周年整合营销项目，是公司适应市场变化、创新营销模式、整合各部门资源所推出的重大战略项目。该项目统筹全年，分阶段推进。作为财富管理行业的领军企业，大唐财富在此项目中，以创新引领行业发展，成为行业标杆。本项目也得到了市场、客户、媒体的高度关注和认可，公司品牌声量不断扩大，百度指数等重要指标稳居行业第一。项目推进期间，有效助力营销节奏，得到了业务一线、市场以及客户的认可。

案例点评

点评专家：左跃　中国传媒大学高级研究员、硕士生导师

大唐财富十周年整合营销案例将“产品+”“科技+”“投研+”“服务+”等十个维度全面升级，按照全年整合营销节奏，每季度主题鲜明、突出。

本案例关键任务明确、思考规划系统、内外传播策略清晰，六大板块协同并进，线上线下活动全面开花，达到了全网曝光量超3亿次、新增注册用户数超过2万人的效果。

本案例具有较好的教育、示范和推广价值，对于学习培训、营销策划、品牌推广项目都是优秀的借鉴案例。

华熙生物·润致－润物致汲非遗纪录片[①]

执行时间：2021年5月17日—8月19日

企业名称：华熙生物科技股份有限公司

品牌名称：润致

代理公司：北京非彼群策品牌管理有限公司

奖项类别：金旗奖——2021最具公众影响力内容营销大奖

项目概述

当前国内医美市场竞争激烈，再加上外来品牌对本土医美品牌的冲击，许多极具潜力和业界良心的国货医美品牌被淹没。润致依托于强大的企业研发、生产技术，拥有东方国货的文化属性和科技特点。项目组充分发掘品牌内涵和文化气质，深度强化东方美品牌形象，传递品牌精神内核，即坚守、创新、担当的匠人精神，诠释精微致广的匠心科技，提升品牌认知度和好感度。

项目策划

随着《我在故宫修文物》等纪录片的迅速蹿红，项目组发现越来越多的人对优质内容有着更高的需求，人们更愿意为有深度有内涵、能引发情感共鸣的片子买单，而非遗文化恰好是呼唤起更多人群对中国传统文化的认知和热爱以及致敬工匠精神最好的介质。项目组以纪录片隐而不彰的艺术手法，让品牌精神内核和文化理念缓缓浸入受众心灵，这是在

① 本文中所涉及的照片，北京非彼群策品牌管理有限公司均已得到被拍摄者的使用许可。

品牌树立形象初期极合适的传播手段。

所以本项目以“让每个生命都是鲜活的”为立意，呈现鲜活的万物、鲜活的匠人、鲜活的文化和鲜活的时光，用非遗漆艺大师46年的坚守、苏绣在传承中的创新以及古籍修复师对千年文化延续的使命担当，传递匠人精神。在影片上采用“纪录片正片+内容延展片”的形式，通过真实记录和采访的正片展现品牌文化，更加容易被消费者接受和理解，润致和非遗技艺的强结合延展片传递品牌硬核科技力和产品力，更加直观，容易被认知。

在媒介策略上，视频以微博和B站为主传播阵地，品牌方自媒体矩阵首发声，B站纪录片推荐类、国风手工匠人类、文物修复类UP主和微博人文科普类、医美垂直类、时尚美妆类博主进行同步转发扩散，同时铺设营销类、经济类媒体进行总结收尾，辐射各大营销阵地。

传播阶段分为预热期、上线期、延续期。

在预热期，品牌微博、微信官方账号同步发布官方主视觉海报和项目前篇，为品牌项目定调，同时用非遗引发大家对内容的期待。

在上线期，展现三种非遗技艺的三个主题纪录片《漆语者》《锁光人》《时间旅行者》，分别以周为单元进行传播。首先上线非遗技艺和非遗大师人物海报引发粉丝期待，接着上线正片让大家沉浸在非遗文化之美中，最后上线品牌延展片，强输出品牌专业内容与非遗文化的共通性，吸引头部、腰部KOL进行转发，扩散传播。

在延续期，以营销总结性内容进行收尾，铺设营销类、经济类媒体进行总结收尾，辐射各大营销阵地。

纪录片海报1

项目执行

本项目于2021年5月17日开始，经过两周的沟通，最后敲定漆艺、古籍修复、苏绣三种非遗文化技艺的选题拍摄和执行规划。于2021年6月初开始采访三位非遗老师，通过深度访谈全面了解拍摄内容，构建视频框架和脚本。两周后进入执行拍摄阶段，经过一个月的后期打磨，“三支正片+三支延展片”于7月22日进入传播扩散阶段。8月19日整体传播结束，进行结案。

项目评估

“三支正片+三支延展片”全网曝光1.48亿次，微博话题#润物致汲#阅读量达910.6万次，兴趣人群互动量达574.1万次。文化、时尚美妆、医美三大圈层全覆盖，覆盖30～40岁，有品位、爱文化的新中产高知女性。网友好评不断，品牌女性兴趣人群进一步扩大。通过“微博发布+KOL话题传播+微信垂直媒体证言+B站”流量发酵，破圈传播，品牌好感度有明显提升。

纪录片海报2

本系列纪录片以非遗文化为特色，强化品牌文化底蕴和属性，更多强调了润致传承的坚守、创新、担当的品牌内涵，企业始终坚持用工匠精神做科研，用匠人品格做产品的理念，更凸显了中国品牌和中国品质。同时采用“三支正片+三支延展片”的形式，以不同的视频节奏、不同的内容表达来满足市场上多维度的需求，兼顾了平台用户偏好和品牌内容输出，更借非遗物件亮化品牌文化和产品特点。

亲历者说 张少强 北京非彼群策品牌管理有限公司客户总监

很少有品牌方能够愿意做这样一个公益性的非遗文化纪录片，这次有幸能够参与本项目从策划到执行的过程。在对非遗传承人的采访中，我再一次为她们的默默坚守而感动，或许在她们的世界里，这些不过点滴日常，但是正因为她们的这些日常，让我们能够再次领略到东方美。我认为这是一个好的企业、好的品牌应该做的事情。

案例点评

点评专家：王洪波 中国对外文化集团有限公司新闻总监

与人对话，需要找到话题的切入点，然后延展、让人沉浸。华熙生物·润致-润物致汲非遗纪录片的传播正体现了这一精神。医美、非遗看似不相关的两种事物，却有着共同的感受和追求，那就是极致的美和文化内涵。方案实施者通过这种联系，不遗余力地构造相关的话语和技术体系，让人们在二者之间不断产生联想，产生共情，产生互感。尤其是在凸显传承国货匠心、发扬东方大美的品牌特色方面，这种联系更是产生了一种不言自明的力量。项目组呈现坚守、匠心、文化、时光的交互与叠加，形成一种特殊的审美意趣和品位，从而让人接受和信服。

霍尼韦尔“未来炼厂”

执行时间：2021年1月—12月

企业名称：霍尼韦尔特性材料和技术集团

品牌名称：霍尼韦尔“未来炼厂”

奖项类别：金旗奖——2021最具公众影响力内容营销大奖

项目概述

随着第三次能源革命的推进，电气化会逐渐成为主流，汽油和柴油的需求量减少。但是生活水平的提升，特别是发展中国家人们生活水平的提高，带来了下游化学品需求旺盛。在这个大背景下，企业提出了霍尼韦尔“未来炼厂”理念，将原油以更高的比例转化为石化产品，找到一条原油制化学品的长期盈利路径，助力中国炼厂转型升级。

作为一个全新的概念，项目组需要在全球范围推广霍尼韦尔“未来炼厂”，建立起目标客户对它的认知度和认可度。与此同时，项目组也在进一步推动业务增长。

项目策划

1. 目标

（1）增强霍尼韦尔“未来炼厂”在炼化行业的影响力。

（2）创造潜在业务机会。

（3）加强客户关系。

2. 整体策略

（1）关键信息：霍尼韦尔“未来炼厂”立足现实，放眼未来，为中国炼化行业转型升级保驾护航。

（2）从内容产出，到收集客户需求，到形成订单，组成一个闭环。

（3）内容核心到创新：内容为王，因此本次营销的核心就是内容，项目组形成了行业报告，同时幻化成不同形式，结合专家观点，进行了内容形式创新。

（4）客户需求转换：后疫情时代，以线上为主进行各种引流，收集客户信息，比如资料下载、问卷调查、社群分享等，并结合线下扩大获客渠道，同时更好地进行客户需求转化。

3. 受众

炼化行业管理者、技术人员和专家。

4. 内容和营销策略

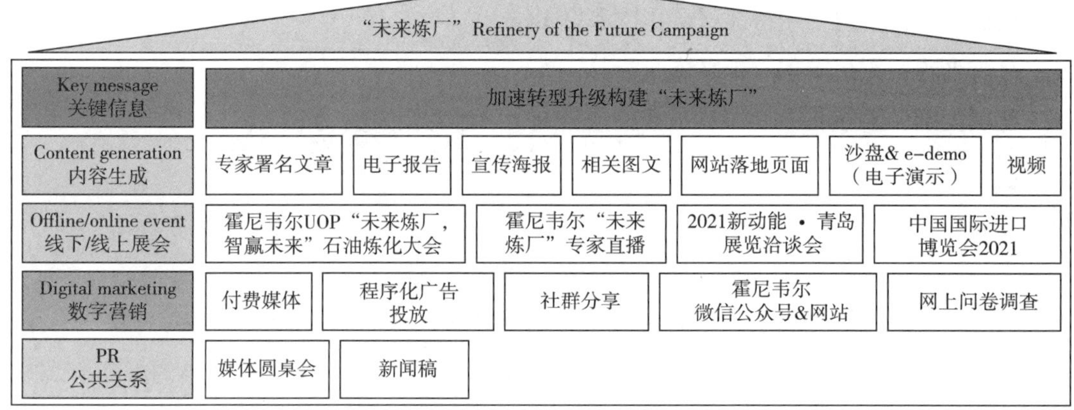

矩阵式多维度内容营销

项目执行

1 月—4 月为项目第一阶段，其中 1 月—3 月为热身期，主要通过线上直播、公众号宣传等方式进行宣传。4 月项目正式启动，官网落地页上线，同时启动调查问卷、KOL 背书以及付费媒体宣传，为 5 月的大会做好准备。

5 月—6 月为项目第二阶段，也是该项目的高潮阶段。通过线下活动将宣传带上新阶段，在线下活动中发布了相关报告、电子沙盘，同时进行了程序化广告投放，扩大宣传效果，进行客户需求转化。

7 月—11 月为项目第三阶段，持续宣传霍尼韦尔"未来炼厂"，并参与了线上展会和线下活动，辅以 KOL 投放。

项目评估

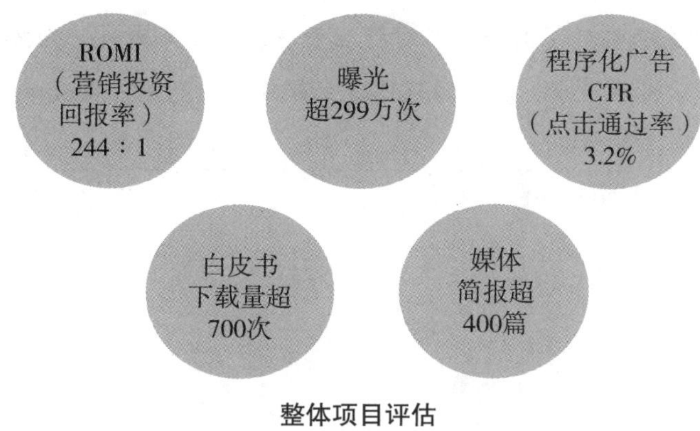

整体项目评估

亲历者说 邓晶尹 霍尼韦尔特性材料和技术集团市场营销部经理

霍尼韦尔“未来炼厂”作为一个全新概念需要在中国传播，我们需要一个多维度的市场营销方案。在这个过程中，我也更深切地感受到了企业展现出来的先进理念和创新技术。其作为百年企业，拥抱新思路、新战略，结合中国行业的特点，打造全新的概念去助力产业升级。我们在这之中采用了矩阵式营销模式，在打造王牌内容的基础上，全方位进行数字化营销，这其实也更加印证了内容为王的思路。在和利益相关方的互动中，我们也更加了解了客户的需求，获得了大量的数据，助力了业务增长。这也达成了我们市场营销重要的目标之一。

案例点评

点评专家：胡绪雷 首汽约车副总裁

传统燃料型炼厂生产的产品面临多重挑战，包括巨大市场压力。近两年受疫情影响，汽油、柴油价格上涨，燃料型炼厂的生存空间被进一步挤压，转型发展迫在眉睫，急需寻找更好的出路。在这个大背景下，霍尼韦尔提出了“未来炼厂”理念，将原油以更高的比例转化为石化产品，找到一条原油制化学品的长期盈利路径，助力中国炼厂转型升级。针对这一全新的概念，企业采用线上线下结合的方式360度在行业内打造“未来炼厂”概念，针对行业管理者、专家等进行矩阵式多维度内容营销，立足现实，放眼未来，在全球范围建立起目标客户对它的认知度和认可度。

2021最具公众影响力实效营销大奖

安吉尔2021航天新品发布会传播项目

执行时间： 2021年3月—4月

企业名称： 深圳安吉尔饮水产业集团有限公司（简称安吉尔）

品牌名称： 安吉尔

代理公司： 北京海嘉明哲公关顾问有限公司

获奖类别： 金旗奖——2021最具公众影响力实效营销大奖

项目概括

安吉尔于2021年3月举办了业内首个AR（增强现实）发布会，围绕品牌代言人首次公布、航天联名新品首发、科技圈达人种草等品牌大事件展开全线整合营销，打破公众对传统小家电的认知桎梏，强化消费者对品牌的黑科技属性认知，夯实安吉尔作为净水器品类企业的龙头地位，从而助力品牌净水新品销售转化。

安吉尔2021航天新品发布会主视觉海报

项目策划

1. 目标

全球三大首发掀起航天级家用净水器革命，“科技出圈”实力打造“净水界Dyson（戴森）”。全面借势中国航天和代言人巩俐的影响力，运用头部媒体、线上线下核心广告资源等整合营销传播手段，打造销量领先的高端净水专家核心标签，引发大众对净水器品类的关注，进而提升产品销量。

2. 内容创意

（1）发布会筹备预埋，三大科技升维。围绕联名新品及品牌传播进行视觉升级，发布全新航天主题、黑科技质感素材，如新品黑科技TVC、新品电商落地页、无菌工厂视频、PK海外滤芯等品牌素材，突破用户对传统小家电的认知，打造品牌科技感属性。

（2）净水科技三大首发，打造AR净水行业盛事。打造沉浸式体验的行业首个AR发布会，主要亮点包括营造品牌黑科技属性、联名重磅新品发布、权威机构背书等，深化用户对品牌黑科技的心智认知。

（3）预定“微博+抖音”双平台品牌热搜事件。抢占线上用户核心广告资源，通过明星和黑科技展现品牌实力。荣登微博热搜第6位，抖音发布会当天热度全站No.1，“微博+抖音”两大平台热度齐登顶，整体曝光量超1.7亿次，打破行业纪录。

（4）机场、高铁、央视黄金时段饱和硬广，占位高端用户线下触点。密集投放机场、高铁等线下核心硬广资源，延续线上品牌传播声量，并依托央视权威公信力进一步攻坚潜在用户心智。

发布会现场沉浸式动态效果

（5）科技圈达人齐点赞，打造“科技出圈”印记。多平台、多类型、多维度达人以轮番评测、产品体验、技术讲解等形式对品牌及新品正面背书种草，打造强大产品力，营造

“科技出圈”氛围，抢占用户心智。

（6）邀请多位明星、名人站台，高势能人群背书强化品牌势能。邀请明星出席线下活动，借势明星影响力，打造众多高端明星用户同款品质之选。

3. 媒介策略

聚焦高端圈层人群核心全媒体渠道，进行饱和式宣发。

机场、高铁、央视黄金时段广告：“深度场景+强曝光”，占领高端用户线下触点。

微博：“黑科技+巩俐热搜”话题齐上阵，为传播预热。

微信：“深度场景+营销收口”，达人种草，抢占消费者心智。

抖音：“碎片化时间+营销收口”，达人多场景种草，强化品牌认可。

直播、权威行业/资讯媒体：知名媒体和专家背书，夯实品牌地位。

4. 传播规划

（1）预热期：造反转，贴标签。制造悬念：发布航天联名新品黑科技卖点悬念海报。信息预埋：发布航天科技预热直播间海报、黑科技H5邀请函。

（2）发布期：融场景，高赋能。行业首个AR发布会，话题最大化：多渠道直播多维覆盖，新闻通稿资讯占位，现场黑科技亮点多元扩散。精准投放，品牌强曝光：#Get巩俐同款黑科技#抖音挑战赛趣味互动；抖音黑科技沉浸感TopView强曝光；热搜话题预定#巩俐力推安吉尔科技出圈#；机场、高铁、央视黄金时段硬广占位。

（3）种草期：赋场景，助出圈。多维解读，深化黑科技印记：权威媒体定调，科技圈大咖评测，高端生活达人种草。百城快闪，引流门店：“热搜登顶+百城明星”助力亮点素材，热销战报刷屏。

项目执行

（1）预热：发布会前夕，官方微博发布了航天科技主题的悬念倒计时海报，以酷炫吸睛风格展示新品卖点；发布黑科技H5邀请函，引发公众期待。

（2）引爆：发布会当天，打造科技场景的沉浸体验；多家媒体参与见证与造势；外围配合海陆空核心广告资源位强曝光。

（3）种草：果壳、ZEALER等科技媒体正面背书，持续占领用户心智；配合百城明星助力亮点素材、热销战报刷屏私域；结合门店优惠福利，实现品效结合。

项目评估

1.效果综述

此次品牌传播总曝光15.88亿次，总阅读量达到13.2亿次，总互动量达到739万次。尤其是发布会引发行业内外广泛关注，打破公众对品牌原有的小家电固有标签，进一步塑造安吉尔净水黑科技的品牌内涵。新品上线15天内实现1.27亿元销售额。

2.受众反应

发布会当天有超过10万人次在抖音、今日头条、新华社等五大传播平台观看直播，品牌在抖音发起的话题挑战赛全民任务，整体互动量超665.2万次，总观看量超11亿次。抖音、微信、微博等传播平台互动数量平均在10万次以上。

3.市场反应

本次传播种草效果明显，消费者购买热情上涨。在发布会传播期间线上销售达到峰值，线下门店销售也出现较大范围上涨。据统计，于3月1日—15日，销量同比增长359%，全国门店销售额达1.27亿元。中怡康数据显示，截至2021年6月13日，安吉尔A7 lite大水量净水器成功拿下2021年净水行业高端单品（5000元以上净水器单品）销售额第一。

4.媒体统计

微信KOL合作内容曝光量达4350万次，阅读量达到156万次，其中8篇推文阅读量超10万次；抖音KOL合作16 条，曝光量达6125万次，播放量超1981万次；微博头部“KOL+KOC”投放阅读量达4139万次，互动量达13.7万次；微博热搜投放1次，阅读数量达1.4亿次，互动超7.9万次；抖音TopView开屏&话题挑战赛&FeedsLive推流1次，曝光数达到1491万次。机场、高铁、央视等核心广告资源投放，有效辐射城市高端用户人群。

发布会深受参会媒体好评，媒体邀请成功率76%，确认出席率100%。邀请媒体最终出席76家，81位记者观看线上发布会；发布会前后24小时内共发布稿件115频次，发布率达151%，累计曝光达2030万次，执行高效。媒体对活动整体评价呈正向，纷纷认可安吉尔黑科技属性已成为产品主流印象。

项目评估

1.策略

科技出圈实现品牌升维，赋予传统小家电高科技势能：“AR发布会+黑科技素材+科技圈种草”三大热点事件，打造“净水界Dyson”。

2.执行

行业首次AR发布会，赋能沉浸式科幻体验：AR技术赋予观众沉浸式视觉体验，营造黑科技质感。

3.渠道

“密集硬广+多维KOL正面背书”：权威、科技、生活等头部达人硬核输出品类价值。

4.内容

多平台开花，品效结合促成销售闭环：全面包围目标用户线上各大种草场景入口，提供不同圈层用户线上线下销售渠道。

亲历者说 赵丹妤　北京海嘉明哲公关顾问有限公司副总裁

面对品牌方提出的出圈需求，我们经过与客户的创意碰撞，最终得出“科技升维”这一策略，事实也证明这是明智之选。而且此次传播除了需综合考量品类教育、品牌调性、品效结合等层面，还需将强化品牌的黑科技属性、明星代言人高势能、与中国航天联名三方面结合，这无疑给项目带来了更大的挑战。但通过与品牌的通力配合，我们配置执行经验丰富的团队成员，执行期间更以小时为单位运转，最终实现完美收官，取得亮眼的项目成果。

案例点评

点评专家：李志军　中央财经大学文化与传媒学院广告系教授

该案例的成功之处在于有巧思，同时企业肯投入，因此取得现在的成绩就不意外了。首先，品牌勇于开行业之先，使用AR技术做发布会，赋能沉浸式科幻体验，噱头十足，同时配以新品黑科技TVC、黑科技H5邀请函等亮点，引发外界期待；其次，继续依赖常规但有效的硬广密集投放和多领域的KOL强势引导，重点输出品类价值，显示出品牌的决心和实力；最后，在品效合一理念下形成场景性、平台化的销售闭环，效果、业绩实现了双丰收。

腾讯视频代言人五四青年节营销

执行时间：2021年4月15日—5月10日
企业名称：腾讯科技（北京）有限公司
品牌名称：腾讯视频
代理公司：北京沃姆互动行销策划有限公司
获奖类别：金旗奖——2021最具公众影响力实效营销大奖

项目概述

此次青年节传播，项目组洞察到真正的年轻不关乎年龄，把握好每一个当下，珍惜每一份好时光就会永远年轻。项目组结合五四青年节，借势明星代言人影响力，以“我们正年轻，不负好时光”与年轻群体进行沟通，并联动腾讯视频内部业务部门在站内、微博等渠道进行传播，充分调动年轻用户对五四青年节的情绪感知，提升品牌好感度，利用代言人影响力调动粉丝势能，实现腾讯视频VIP转化。

项目策划

1.背景

人与人之间的独立性在增强，年轻人群更加愿意追求内心的幸福。2021年已进入数字化社会的新时代，视频创作更偏向满足个性化的垂直领域，其中内容将更具用户价值，大众对于内容要求更高。

年轻已不仅仅属于年轻人。文化内容触达更加扁平，人人都是C位（核心位置）：每个人可以表达自己，每个人都可以找到圈层归属，并且成为焦点，被他人所推崇，“偶像”已经摆脱了年龄的束缚。大众的人生观念正在发生改变：无论梦想或是心愿，此刻都是去实现的最好时间，无论老少，只要心怀好奇，不惧改变，不同人生阶段都可以享受年轻状态的生活。

2.策略

传播过程中，通过官方代言人以及各圈层年轻KOL共同发声，聚拢人气，并配合权威媒体一同传递平台理念与青年态度，在当下极受关注的传统文化与潮流圈层中制造话题，沉淀品牌优势，提升用户好感度，和大众一起发出“我们正年轻，不负好时光”的声音。

3.实施策略

（1）明星代言人首发“我们正年轻”宣言造势，吸引年轻群体关注。传播期间，代言人杨紫、福利代言官杨超越和范丞丞联动发博，传递“我们正年轻”的品牌态度，全网共打造7个话题词。

（2）平台侧站内联动形成传播矩阵，最大化利用粉丝资源将代言人流量转化成品牌影响力。结合五四青年节节点，充分利用代言人权益撬动粉丝圈势能，引发粉丝参与互动。

（3）商业生活圈层领域联动年轻品牌，精准触达年轻人。与8家年轻品牌合作，提升腾讯视频品牌影响力，共同传递“我们正年轻”态度，预估覆盖698万名年轻人，品牌侧自发礼品加持并设置微博置顶，吸引年轻用户参与。

非遗圈层海报

项目执行

（1）文化圈层渗透与年轻化IP内容相互碰撞，传递正年轻趣味优质内容。腾讯视频与“相声新势力”联合打造“报片单”，借由知名的相声贯口《报菜名》，将腾讯视频的头部IP内容跟传统文化相声形式进行结合，“年轻化内容+传统文化形式”相互碰撞，在传达年轻态度的同时，号召更多年轻用户来腾讯视频上不负好时光，“站内+官微+相声演员卢鑫、玉浩官微”同步上线，相声视频全网播放量近17万次。

（2）非遗圈层跨界展现用户追剧场景，沉淀品牌文化。联动腾讯视频创作者——非遗面塑传承人张倍源，以年轻化的面塑呈现当代年轻人追剧姿势，实现和年轻用户圈层沟通，帮助非遗品类进行破圈，也帮助腾讯视频实现品牌文化沉淀。

项目评估

传播期间，全网共打造7个话题词，#我们正年轻，不负好时光#主话题阅读量达1.3亿次，讨论量达107万次，远超热搜榜单相关话题热度。明星侧相关外围话题阅读总量达1.5亿次，讨论量超10万次。

联合doki强势撬动粉丝势能，相关话题代言人权益释放，助力腾讯视频VIP转化；联合8家年轻品牌发布“我们正年轻”主题海报，举办相关活动，覆盖698万名年轻用户，提升品牌影响力；多维度创意内容破圈，传递“我们正年轻”的品牌态度；站内外广告投放明星代言人海报，为整体活动助力。

亲历者说 **田琳　北京沃姆互动行销策划有限公司高级客户经理**

虽是五四青年节传播，在传播过程中我们却不能提到这个时间点，所以我们用“我们正年轻，不负好时光”与年轻群体进行沟通，调动受众群体的情绪感知。我们希望通过联动8家年轻品牌BD（商务拓展）、与“相声新势力”合作、联动腾讯视频创作者——非遗面塑传承人张倍源，打动年轻人，实现和年轻用户圈层沟通，帮助传统品类进行破圈，也帮助腾讯视频实现品牌文化沉淀。

案例点评

点评专家：孙瑞祥　天津师范大学新闻传播学院原院长、教授、舆情与社会治理研究中心主任，中国新闻史学会新闻传播教育史研究会副会长

该案例的最大成功就在于对年轻的全新阐释，引发了积极的社会反响和联动效应。品牌洞察到真正的年轻并不关乎年龄，而在于把握好每一个当下，珍惜每一份好时光。年轻不仅仅属于年轻人，是该案例所要传达的一个鲜明态度。无论老少，只要心怀好奇，不同人生阶段都可以享受年轻状态的生活。“人人都是C位”的理念深度触动了用户的参与热情，使“我们正年轻，不负好时光”的声音形成共鸣，从而有效拓展了腾讯视频市场，提升了品牌黏合度和影响力。

安踏东京奥运会整合营销[①]

执行时间：2021年5月18日—8月15日

企业名称：安踏体育用品集团有限公司

品牌名称：安踏

代理公司：北京博睿创维体育发展股份有限公司

获奖类别：金旗奖——2021最具公众影响力实效营销大奖

项目概述

本项目提升品牌认知——安踏科技助力中国奥运健儿，吸引受众注意力——穿安踏国家队同款为中国加油，深化“爱运动 中国有安踏”主题。品牌以绝对C位形象，实现在消费者心目中“代表中国”的心智占位。

项目策划

策略思考：以奥运规律为线索，寻找品牌链接公众的情感共鸣之匙——关注度峰值、国民向心力顶点。

传播核心价值：“爱运动 中国有安踏”、在中国与奥运相关的每个角落与时刻、在每个热爱运动的中国人身边。

① 本文中所涉及的照片，安踏体育用品集团有限公司均已得到被拍摄者的使用许可。

项目执行

以安踏奥运科技为传播核心，筛选以科技类为主，以营销、财经、新闻类为辅的媒体资源，涵盖视频、图片、文稿、条漫多类型账号，覆盖包括电视、抖音、B站、微信在内的多类型传播平台。

项目评估

发布会获得多方媒体关注及报道，其中包括新华社、《新闻联播》等主流媒体。东京奥运会期间，安踏赞助队伍共斩获36枚奖牌，其中有14枚金牌，奥运装备科技主线传播曝光量破19.9亿次。安踏奥运装备科技1.0、2.0系列短片，借势安踏赞助运动员热点比赛释出，曝光5.2亿次，互动超过53.8万次。B站、抖音大号原创视频解读安踏奥运科技装备，成功揽获超过5481万次曝光、256.7万次互动。内容引发广泛自主传播，主流媒体争相转载，喜提热搜，全网粉丝热议，收获如潮好评。

活动现场

亲历者说 **于沐洋　北京博睿创维体育发展股份有限公司潮流运动事业部负责人**

东京奥运会领奖装备的发布和奥运期间的赛事传播，是此次项目的重要节点，而科技是贯穿项目始终的主线。整个项目颇具挑战性，也非常令人兴奋。安踏为本届中国代表团打造的“冠军龙服”有很大的突破，除了颠覆性的设计和制作工艺上的创新，还富含深厚的文化底蕴。传播中我们强化科技认知的同时，也在文化层面同步发力，引发了大众广泛的共情和认同，带来了超出预期的传播效果。而东京奥运会期间的传播则侧重于体现安踏专业科技对奥运健儿的助力。为此我们前期探访了举重、拳击、摔跤等诸多专业运动员和

专家，了解各项运动所需的科技助力，还走访了包括安踏国家级运动科学实验室、北京服装学院、北京交通大学等诸多科研机构，借助风洞测试等专业仪器和测量方法展现了科技如何为运动表现赋能，以此为基础打造了一系列包括视频、条漫等形式丰富的内容。我们还依据提早预判出的赛事热点，结合中国队一次次获得金牌和成绩突破的喜讯，将安踏运动科技理念传递给受众。

案例点评

点评专家：王兵 “首席赋能官”创立人，高盈人才高级合伙人

该案例传播目标明确、调研扎实、策略衔接顺畅、规划架构完整紧凑、传播执行有亮点，具备了一个优秀公关案例的大部分要素。

作为实效营销类获奖案例，对于“实效”的体现，如果单纯从传播维度进行衡量，该案例是能够支撑的。如果要从传播的转化维度进行审视的话，就得拓宽接触点、延长传播链。在后端，企业的底层运营模块贯通是必备基础，前端则需要各传播通道的数据沉淀、清洗和挖掘。

这当中，包括线上、线下的联动，传播与市场的协同，品牌与消费者的交互，都应统筹于一体。如果该案例能够在以上方面予以优化，“实效”会更为突出。

你好BOE 美好生活体验馆

执行时间：2021年9月4日—27日

企业名称：京东方科技集团股份有限公司（简称京东方）

品牌名称：BOE

代理公司：北京墨马市场顾问有限公司

获奖类别：金旗奖——2021最具公众影响力实效营销大奖

项目概述

为了提升大众对BOE品牌的认知度，传达“用心改变生活”的品牌使命，让大众知晓京东方是一个全球领先的物联网创新企业，项目组筹备了一个充满互动和体验感的品牌巡展。巡展设计中的每一个场景都基于“BOE在你身边”的理念，项目组希望能让大众感受到在家庭里、广场上，在每一个人类生活的地方，都有BOE的产品和服务，其和人们的生活有着非常紧密的联系。

项目策划

1. 策略

京东方是一家为信息交互和人类健康提供智慧端口产品和专业服务的物联网公司，致力于创新技术与管理，并始终秉持“用心改变生活”这一使命，以为人类文明进步做贡献为精神倡导。在本项目中，京东方打造了展示先锋高科技技术，融入大众生活的方方面面，进而提升大众生活品质的线下体验馆。

在体验馆中，大众将体验“穿越未来的一天”，拥抱全新的生活方式，用第一视角感受京东方带来的美好智慧新生活，解锁潮流的生活方式。整个展区以BOE为灵感，提取“O”元素作为展区布局，结合时间元素划分出不同的展区板块，带大众体验“一天”的各个时间段京东方带来的奇幻新生活。

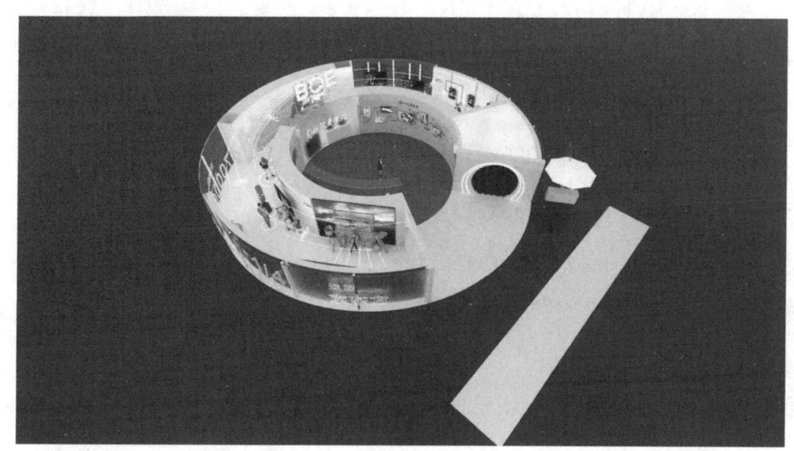

展区布局

2.实施策略

展区分为三个部分：外圈展区、中心展区以及内部展区。

（1）外圈展区：受众在此可以一目了然地了解京东方这些年所做出的显著成就。

（2）中心展区：主要展示BOE画屏以及BOE的发展史，画屏是BOE运用产品技术创新，将绘画、影像、文物、非遗等艺术品，通过人工智能及新型显示等技术进行展示的“数字艺术品”，更是一款让艺术品落入千家万户的实用的电子产品。除可供欣赏及提升艺术熏陶，它还搭载了带屏智能音箱和65寸智能电视功能，为用户提供了更好的客厅美学和AI体验。

（3）内部展区：共分为6个区域，分别是智慧家居区、智慧健康区、智慧城市区、智慧办公区、智慧文博区、沉浸式体验区。

在智慧家居区可体验通过压力传感床“躺”在枕头上，就能轻松切换49 寸拼接显示画面，选择一个想“穿越”的目的地，可以轻松身临其境。

智慧健康区包含一个健康智慧拳击装置，在这里佩戴拳击手套，根据拳击沙袋上的灯光指示完成击打互动，就可以看到所在地区的数值排行榜，也可扫码获得健康报告。智慧健康区还包含了BOE健康管理平台，分别有个人健康管理、社区健康管理、线上/线下诊疗功能，触摸不同的点位，可以解锁不同的智慧健康管理秘籍。

在智慧城市区，大众首先看到的是智慧公交站牌。靠近屏幕，站牌信息秒变可选场景，通过自选场景进行拍照后生成照片，扫码后可保存照片至手机，和BOE一起感受不同场景的互动体验。该区域还包含BOE高铁智能炫窗，高铁车窗将拥有OLED（有机发光二极管）显示屏，结合LC（液晶）调光及智能交互技术，给出行带来新体验。还可以通过旁边的装置进行区域解锁，点亮的数字也代表着京东方涉及各个领域的成就。此外，该区域包含Find智慧钢琴，在不通电时就是一架不折不扣的传统钢琴，而接驳电源后，通过前置的一块定制适配键盘的长条形4K高清大屏幕，只需简单操控，就可以开启全部功能。该功能曾荣膺德国红点奖。

在智慧办公区，大众可以扫码创建自己喜欢的小“O”形象，一键上屏加入BOE模拟场景，跟随小“O”揭秘职场达人高效生活。

智慧文博区是BOE黑科技柔性产品展示区。趣味BOE画屏展示，让艺术典藏“活”起来。让传统新生，科技与艺术的跨界出圈，操控装置，可让名画“活”起来，从而带来不一样的趣味体验。

沉浸式体验区的互动体验设计以大自然海洋为主要背景，场景的变化和视觉冲击，让观众沉浸其中，结合海洋生物，营造自由、畅享、新颖的立体空间，裸眼3D效果，用视觉唤起大家对理想生活的向往。

体验馆将高科技产品以更加趣味性的方式呈现，通过寓教于乐的方式输出智慧家的概念，从而构建智慧城市，塑造智慧强国，以科技成果为城市注入创新动力，驱动社会经济更进一步，迈向未来！

3.媒介策略与传播规划

针对此次活动的传播方面，项目组采取新闻稿和深度稿多层次解读，公关媒体和新媒体多渠道传播，财经类、科技类、生活类等多圈层覆盖，创意海报、短视频、专题音乐、KOL与KOC图文、直播等多形式内容呈现的媒介策略。于整体活动前一周进行预热造势，5地持续曝光传播，各大城市社交媒体平台互动引流，并穿插展期和展后的深度解读，实施周期性传播计划。

项目执行

项目执行具有合理的日程规划、规范的项目运营、成熟的三方管理、完善的应急预案、严格的防疫体系。日程展出规划：北京9月4日—6日，成都9月11日—12日，合肥9月16日—17日，上海9月21日—22日，深圳9月26日—27日。

项目评估

按照举办城市5地的自然人流量统计，在排除极端不可控因素的前提下，本次巡展线下触达自然人流约300万人次，展项深度体验2万～3万人次。

此次通过新闻稿和深度稿进行多层次、多渠道传播，媒体发稿量1000～1500篇，覆盖财经类、科技类KOL及视频类等媒体平台，同时邀请超过200家媒体进行参观交流。线上新媒体传播量超3000万次。

从展项设计上看，“O”形展区造型，外墙长虹玻璃、画屏、打卡场景等具有艺术性和互动性的展示设计，以及各大城市热门商圈的点位选择，对过往游客有很强的吸引力，游客纷纷进行打卡合照并自发进行图文传播，乐于将相关内容在朋友圈和微博进行分享。

从首站运营体验反馈情况看，许多以前不了解京东方的群众，现在知道了京东方和BOE，并认同高科技公司应当多走进大众生活；以前只知晓京东方屏幕领域的人，这次更多面地了解了BOE更多的领先技术以及在智慧交通、智慧办公、智慧文博等更多场景的应用，令BOE在大众心中建立了从0到1和从1到多的品牌认知。

综合来看，本次活动打破了B端企业不能采用C端方法营销传播的属性壁垒，并提升了C端大众对B端科技企业的感知度，可以算作B端企业破圈营销的亮点。

亲历者说 张莹　京东方CBMO品牌中心中心长

以往BOE虽然在行业内有比较领先的地位，但对大众而言可能还比较陌生，很多人只知道京东方的屏幕业务。这次活动，我们想走进C端大众生活，以亲切、温暖，易感知、能体验的方式，打造生活中不同的场景互动，让消费者更加直观地了解京东方的物联网创新企业形象，更近距离感受BOE就在生活中的方方面面，家居、健康、交通、办公、文博等场景都有京东方的身影。历时5个月的筹备，我们修改了无数次的方案细节，不断优化体验流程，希望能更好地让大众感受科技给生活带来的改变，感知BOE“用心改变生活”的品牌使命。

案例点评

点评专家：王晓晖　国际关系学院文化与传播系副教授

即使是行业领先的B端企业，C端用户也可能对其知之甚少。提升其品牌在C端用户中的知名度、提升大众对品牌的认知度，是众多B端企业的共同课题。本案例以非专业人士容易理解且喜欢的形式，将京东方高科技产品服务生活的各个场景，以一天中不同时间段为串联，独具匠心地展现在C端用户面前，配合多形式、多层次、多渠道的全方位传播，使公众对BOE的品牌认知完成了从0到1、从1到多的蜕变。此次活动实乃B端企业破圈营销的亮点，为其他企业提供了诸多可供借鉴的经验。

美的品牌破圈营销

执行时间： 2020年8月1日—12月31日

企业名称： 广东美的制冷设备有限公司

品牌名称： 美的

代理公司： 美格国际公关顾问（北京）有限公司

获奖类别： 金旗奖——2021最具公众影响力实效营销大奖

项目概述

随着Z世代的崛起和新消费特点的爆发，年轻人成为家庭民生必需品的购买主力。从消费占比看，手机、电脑、家电为年轻人购买排名前三的品类，显然，打开年轻人市场是接下来家电品牌的核心方向。

活动海报1

美的作为国民品牌，拥有较高知名度，但在年轻群体中的印象传统刻板，而年轻人更愿意为价值观一致的产品和品牌买单。因此，美的希望通过年轻群体兴趣标签更加精准地进行圈层传播，从而打开年轻群体市场，树立更加鲜明的品牌形象。

项目策划

1. 目标

将美的品牌的传播定位从“产品好”向“品牌美好”转变。

2. 受众

年轻群体——作为新时代人类，往往做出情感决策，更愿意为有情感共鸣的品牌买单。

中产阶级——中产阶级成消费升级主力军，更加注重品牌文化。

3. 主要信息

向目标受众兴趣圈层持续输出情感和品牌价值观，与受众产生共鸣，通过感官体验升级放大品牌效应，提升品牌活力和用户黏性。

4. 传播策略

经过调研，基于行业发展、用户习惯、品牌调性的转变，将传播从“产品好”向“品牌美好”升级。以年轻群体和中产阶级为目标受众，以“我们的美，不止一面”为话题，通过更直观、更容易产生记忆锚点的视觉表现形式，打造生活情感和价值观营销话题，借助头部KOL流量引爆话题，多圈层KOC形成社交围观，打破品牌固有圈层，提升品牌喜爱度和品牌认可度，强化品牌辨识度。

5. 媒介策略

通过“社交新媒体+权威传统媒体”的矩阵式媒体传播，进行360度全方位、系统化的整合深度传播，扩大受众人群。整体形成广度的社交媒体传播和深度的传统媒体传播。借各领域KOL的持续曝光，以及大量UGC应用案例分享和权威媒体专业点评，呈现多元、立体的品类形象和产品优势，通过层层递进的传播节奏，拉近品牌与受众各兴趣圈层的距离，传递“美的带给用户最美好的生活享受”的理念。

6. 执行规划

该项目分为三个阶段。

（1）前期：热点话题，社交围观。2020年8月，以“我们的美，不止一面”为话题拍摄街头采访Vlog，在微博平台发起话题，利用微博热门话题的即时性，配合KOC扩大话题影响力，引发用户迅速关注。后续结合七夕、国庆、圣诞三个热门节日，邀请摄影、旅游、时尚/探店、权威媒体等领域高流量KOL，横跨微博、微信、抖音、快手、小红书等时下

热门社交平台，发起线上美的集美计划，针对目标受众兴趣圈层，持续曝光品牌，打破圈层壁垒，形成破圈效应，引发受众与品牌的情感共鸣，拉近彼此距离。

（2）中期：线上线下联动，打造品牌跨界音乐节。延续线上“我们的美，不止一面”热点话题，同时配合美的与B站跨年晚会合作，联合理想音乐节，打造“理想live，最美的夜”线下活动，面向目标受众集中的音乐/摇滚圈层，输出品牌情感和价值观，并借助多平台KOL、KOC扩大传播影响力，在用户心中为品牌注入新的年轻化力量。

（3）后期：权威解读，行业占位。权威行业评论类媒体深度解读美的品牌破圈营销事件，并结合社会环境、家电行业现状、用户需求、消费发展等，深度剖析品牌塑造趋势和品牌价值，以及品牌和用户的关系。

项目执行

面向年轻群体、中产阶级，以“我们的美，不止一面”为话题拍摄街访Vlog，引发热点话题，在一周内进行全方位、系统化整合传播，通过短期集中大量曝光，快速抢占用户心智。

利用社交媒体平台意见领袖KOL和MCN机构的高流量，将PGC联合起来，在互联网高流量的有力支持下，保障内容的持续输出，最终形成互联网话题热点，借此拉近品牌与目标人群圈层距离，令其产生情感共鸣，提升品牌认可度和品牌喜爱度，自发产出UGC，从而形成社交平台下的指数传播。而且，通过调配不同圈层的个人流量IP，利用其流量为品牌造势，借助微博、微信、抖音、快手、小红书等，全方位传达品牌理念和价值观，在用户心中树立“美的带你享受美好生活”的品牌形象。

项目评估

1. 效果综述

本项目通过热点话题，利用不同圈层的个人流量IP和MCN机构的高流量，横跨微博、微信、抖音、快手、小红书等社交平台，持续向受众传递美的品牌理念和价值观，打通受众兴趣圈层，拉近品牌与用户距离，完成品牌形象转变。

2. 整体传播概况

线上总覆盖达5965.7万人次，总阅读量达10706.4万次，总互动量达20.5万次。

创建美的时刻超级话题，8月19日，由美的集团官方微博首发街访Vlog，发起话题“我们的美，不止一面”，后续KOC跟进讨论，同时与知名摄影博主林云合作，拍摄爱情题材Vlog，并在其微博、快手、小红书平台进行发布，并发起为长辈的爱情拍照征集活动，为#爱情美的样子#话题活动引流。“我们的美，不止一面”系列活动启动新闻稿共计发布11条，覆盖51万人次。

在国庆期间发起“解锁最美的中国‘密码’”活动，邀请知名旅行KOL行走的迈克尔发布旅行Vlog，并在微博、抖音、小红书等社交媒体平台推送摄影技巧图文内容，同时在微信朋友圈进行广告推广。

活动海报2

后续传播由线上活动转向线下活动，发起“理想live，最美的夜”音乐节活动，产出艺人预热短视频、动态倒计时海报、抖音信息流广告以及活动现场探店等多种创意短视频，横跨微博、微信、抖音等多个时下热门社交媒体平台，总覆盖量目标受众超过2034万人次，总互动量约10.8万次。

亲历者说 **孙鹏飞　美格国际公关顾问（北京）有限公司总经理**

2020年12月27日晚，在湖南长沙46LIVEHOUSE，我体验了人生第一场摇滚派对，五颜六色的灯光，动感的音乐，激情的氛围，让我感受到了不一样的年轻活力。现场随处可见的美的产品和品牌LOGO，给我一种打破次元壁的梦幻感，但并不违和，反而增添了一种潮流生活气息。从线上结合爱情、旅行、潮流等话题的摄影活动，到线下音乐派对，我

们聚焦时下年轻人的兴趣点，通过微博、微信、抖音、小红书等热门平台，用消费者参与分享的方式，与年轻人玩在一起。

案例点评

点评专家：魏家东　东狮品牌咨询CEO

这是一个典型的整合营销案例，其营销策略上有借势营销、话题营销、KOL营销等方式方法，发起众多话题，引发关注，激发用户参与感。在整合营销传播时，话题先行且持续更新迭代，保持热度，同时跨平台、多内容载体联动，从图文到视频，再到音乐节线下活动。当大众消费品做传播时，往往用户圈层较多，跨圈层营销通过“话题＋热点＋各圈层KOL+多平台”自然形成整合营销势能，这便是“1+1>2”的力量。

2021全新领克01一路趣野整合营销

执行时间： 2021年3月22日—4月14日

企业名称： 领克汽车销售有限公司

品牌名称： 领克01

代理公司： 迪思传媒上海分公司

获奖类别： 金旗奖——2021最具公众影响力实效营销大奖

项目概述

定位新时代高端品牌的领克汽车，为个性开放的都市人群而生。两站试驾活动，分别于陕西汉中和宁夏银川举行，两站六场活动，总计邀请媒体及车主家庭200人。活动中，媒体及车主家庭于野外寻找和拍摄珍稀鸟类，体验飞鸟部落式的野外奢侈露营生活方式，切身感知全新领克01的产品魅力，感受全新领克01不只是车，更是伙伴，不只是出行工具，更是私人空间、娱乐装备、社交符号的理念。

活动海报

项目策划

1. 公关策略

以“逃离内卷”与全社会共鸣：以从生活困境中逃离和自我放飞的试驾之旅，传递“一路趣野，似鸟归山”的自由向往，打造一场以车为载体，联结人与世界的对话。

多环节提升用户参与度，让领克01式生活方式深入人心：此次试驾活动通过联动各区域终端、领克车主，与用户产生长链接，打造独家用户生态，与用户相互成就，共创品牌内涵。除试驾挑战外，还有野外奢侈露营、观鸟拍鸟等互动体验，全方面输出品牌理念和生活方式。

2. 内容创意

通过“飞鸟寻踪”“飞鸟挑战”“飞鸟部落”三大活动设计，让试驾不仅是试驾，更是一场关于生活方式的体验，让媒体和车主全方位感知“一路趣野 · 飞鸟部落”的活动主张。“飞鸟寻踪”，即在野外寻找珍稀鸟类，在探寻鸟类的同时，探寻自我，收获自由；“飞鸟挑战”，即特色路况规划，深度体验趣野试驾的开放与自由；“飞鸟部落”，即以野营形式尽享生活的趣与野。

3. 媒介策略

试驾活动紧贴社会现象和产品性能、活动亮点，品牌、核心媒体、KOL全面发声，对活动进行体验式输出，并整合活动资产，沉淀品牌内涵。

4. 传播策略

利用情感营销抓住痛点：将“逃离内卷”“保护生物多样性”等社会热点议题融入试驾，以飞鸟图腾升华趣野主张，传递“一路趣野，似鸟归山”的自由向往，以及爱鸟、护鸟、保护生态环境的环保理念。

全维度、全平台体验式输出：邀请主流汽车核心媒体、综合类媒体、杂志媒体、达人博主，整合全渠道营销，采用微信、微博、小红书、抖音、线下活动等渠道组合拳，让受众通过多种渠道感知和参与。

传播形式：官方联合网易头部KOL槽值，直击社会痛点，引发消费者共鸣，发起“逃离内卷”计划，实现“飞鸟部落”成员的集结。在活动期，邀请跨界KOL亲临试驾活动，对三大活动内容进行专业有趣的接力直播，以跨界体验直观呈现领克01式生活方式。同时，官方以图文、视频等形式，不间断对活动亮点进行呈现。后续汽车类、旅游类、自然类、户外类、亲子类跨界KOL全面输出活动及品牌内容，形成品牌破圈；邀请车主从KOC视角输出飞鸟日志，将“观鸟、试驾、露营”融入生活感悟。官方出品露营攻略及自驾打卡攻略，打造活动资产，沉淀品牌内涵。

方案要点：预热期，直击社会痛点，引发共鸣；活动期，全面释放活动亮点，强化硬核产品力；沉淀期，跨界破圈，输出领克01式生活方式。

项目执行

陕西汉中站，领克01邀请媒体及车主家庭走进汉中朱鹮国家级自然保护区，在鸟类专家的专业指导下，探寻世界濒危物种朱鹮，于油菜花海、朱鹮梨园进行专业试驾，感受春日灿烂，体验不同路况下领克01的性能表现，并在汽车营地体验露营文化。

宁夏银川站，领克01邀请媒体及车主家庭探秘化石级鸟类鹮鹮，挑战大西北非铺装路面，全面展现领克01硬核产品力，在黄沙古渡体验野外露营，于西北见证领克01的野性觉醒。

官方邀请的汽车类、旅游类、自然类、户外类、亲子类跨界KOL分别于微博、微信、抖音、B站等平台对领克01的潮流设计、高颜值、趣野精神、家庭使用场景等进行产品力软性植入，形成品牌破圈效应。

汉中试驾

银川试驾

项目评估

活动期间，品牌官方直播间邀请汽车类、博物类、露营类达人，分别于汉中站、银川站对试驾活动进行体验式讲解和直播，36家主流媒体对试驾活动进行直播，全网直播累计观看量1557万人次，公关传播累计曝光量6470万次。除新闻通稿之外，受邀出席活动媒体分别以视频、音频等形式，对活动及领克01的产品性能进行立体式报道，传播范围覆盖Top级汽车媒体、综合类媒体、杂志媒体、达人博主等。

活动以饱含趣味性、多样性、人文性的试驾体验，引发全网热议。微博话题#一路趣野 飞鸟部落#获得阅读量1978.5万次，抖音官方平台相关视频观看量123.8万次，实现主流媒体、垂直类核心媒体、杂志媒体、达人博主全渠道传播覆盖，共获得总曝光9522.87万次，在汽车行业、媒体圈、用户群中都引起较大反响，实现了领克01的知名度和美誉度双提升，为行业内产品和品牌传播提供了新路径。

新时代的营销，需要品牌注重与意见领袖、普通消费者的协同演化。洞察消费者心理，玩转用户共创，提升情感信任是增加用户黏性、扩大品牌声量真诚且有效的武器，此次试驾活动让领克01实现了品牌从价值提供到价值共创的提升。

本项目具有以下亮点。

（1）将人文理念、生活方式注入试驾体验，突破对产品力的单一体验，让对车的体验更有场景，有效增强对参与者及车主、潜在车主的吸引力。

（2）官方开设直播，跨界KOL接力加盟直播，让直播更有看点，提升与大众的互动性。

（3）KOC传播增强品牌感知力。以用户思维回顾活动亮点，让试驾体验更具有用户感染力。

（4）官方出具露营攻略、自驾打卡攻略，将试驾活动转化为品牌资产。

亲历者说 朱熠　迪思传媒上海分公司第8事业部总经理

“逃离内卷”，追寻精神自由，是我们策划和设计本次活动的核心。这是当下社会现象的折射，同时与领克01“一路趣野”的自有IP的品牌诉求在某种程度上达成了默契。飞鸟是我们追寻自然的一种象征物，而车是我们追寻自然的载体，我们很荣幸找到了两者之间的契合点。作为策划者和执行者的我们，也在追寻自然、探寻飞鸟的过程中，得到了一次“似鸟归山”的精神释放。我们相信只有来自对社会的洞察，才能打动自己、打动用户。

案例点评

点评专家：闫浩　品牌营销专家

活动以饱含趣味性、多样性、人文性的试驾体验，让目标客户群体体验到产品优越性的同时感受到了品牌个性、开放、互联、挑战一切惯例的精神。活动创意新颖，又能和公益结合，传递“一路趣野，似鸟归山”的自由向往，以及爱鸟、护鸟、保护生态环境的环保理念。

2021最具公众影响力娱乐营销大奖

腾讯视频《锦心似玉》社交焕新整合营销传播

执行时间：2021年2月1日—4月30日

企业名称：腾讯科技（北京）有限公司

品牌名称：腾讯视频

代理公司：北京蔚蓝视界科技有限公司

获奖类别：金旗奖——2021最具公众影响力娱乐营销大奖

项目概述

《锦心似玉》改编自小说《庶女攻略》，讲述了永平侯大将军徐令宜和庶女十一娘先婚后爱、携手成长的励志爱情故事。针对前期预热中观众对家宅题材剧的负面评价以及大众对男女主CP感（般配感）的忧虑，项目组在传播策略上注重社交焕新，将甜宠内容前置，回溯剧情打造“体面”热词，通过线上线下全链路营销实现“体面夫妇”刷屏，成就了剧集在流量、声量、会员拉新等维度的长尾突破。

项目策划

1.目标

（1）打造家宅题材剧女性圈层爆款。“核心+社交”双用户留存，保流量、促声量，打造同档期女频剧市场声量第一。

（2）为腾讯视频引流，带动播放量增长与会员拉新。腾讯视频深耕古装家宅剧细分市场，差异化布局满足用户多元需求。

2.策略

（1）甜宠前置打类型，甜宠嫁接家宅题材，CP内容垂直化营销。

（2）热词强化打印记，“体面”诞生到下沉，打造社交货币。

（3）价值扩容打破圈，关注角色独立女性特质及家国情怀，深化剧集内核。

3.受众

（1）核心受众：《庶女攻略》小说原著粉、主演粉丝，主要关注人设、角色、还原度等，是口碑与亮点内容的原始发酵池。

（2）类型受众：家宅古装偶像剧剧粉，热衷家宅题材和情节，对古装偶像剧感兴趣，是口碑发酵助推人群。

（3）泛娱乐受众：娱乐八卦人群，受社交讨论影响较大，追逐热点，趣味内容对其吸引力大。

4.传播内容

（1）热词刷屏式营销：“体面梗”营销全端口覆盖，“锦心夫妇”变“体面夫妇”。

内容端：重塑“体面”含义，将“体面”一词“锦心化”，跟随剧情节奏，持续输出“体面”新内容。

粉丝端：“催体面大赛”激励网友卷入，反哺“体面”再创热词“面粉”。

艺人端：艺人盖章打造高甜“体面夫妇”，微博、抖音霸屏。如钟汉良进行#锦心似玉催体面大赛#微博话题互动，钟汉良、谭松韵直播唱《体面》，钟汉良、谭松韵微博“体面人”互动等。

外围端：联动跨界下沉扩圈，五大品牌Battle玩体面。如腾讯视频甜宠剧报到，现身教学“催体面”；《体面》原唱于文文送歌，失恋悲歌变体面情歌；床垫、面馆老板助阵，求徐令宜快体面等。

（2）CP氛围感营销：艺人沉浸式互动，“体面夫妇”刷屏处处甜。

定制仪式感从吸粉到固粉，CP营销高甜定制消解疑虑。CP定调开山之举，红线大片扭转用户认知；首创“以文载情”古风Plog（图片博客），重磅收官预热。

OST（原声配乐）首创密集剧透，感官冲击最大化，提高期待值。试验性以剧集高甜MV作为宣传牌前置，周深、郁可唯加盟，以声传情。

艺人全线营业，5G话题打造，为“体面夫妇”占位。剧情甜点释放；删减甜蜜片段逆营销，刺激用户情绪。“体面夫妇”线上线下全场景营业：衍生内容撬动艺人持续互动，《鹅剧有料》独家专访，钟汉良和谭松韵两人互吹“彩虹屁”①，剧里甜到剧外；钟汉良和谭

① “彩虹屁”，网络流行语，指粉丝花式吹捧自己的偶像。

松韵共同参与《快乐大本营》《王牌对王牌》录制，长尾期再续“荧幕CP”。

（3）以剧带人式营销：颠覆角色晋升3月流量，激发艺人社交活力。

剧中角色成就钟汉良3月高热度，产出了如#钟汉良bg之光##钟汉良演技细节##钟汉良哭戏#等微博话题。

飒爽十一娘反哺谭松韵独立标签，成就商业价值，产出了如#十一娘高段位怼人##十一娘追夫现场##谭松韵脸圆不代表好拿捏#等微博话题。

（4）“四跨”式跨界营销——四大领域梦幻联动，覆盖下沉用户知锦心、议锦心。

跨剧：借势顶流IP《甄嬛传》阵容，卷入圈层核心用户，产出了如#颖儿说自己不是夏冬春了##颖儿拒收一丈红##十一娘拿的是甄嬛剧本吧#微博话题。

跨声：UGC二创视频开水壶趣味配音，官方迅速响应，联动艺人演绎助推新玩法续航。

跨歌：区别于主题曲MV常规宣发，联动艺人周深率先发起翻唱挑战，带动50个音乐垂直领域KOL参与。

跨行：联动山东航空，助十一娘乘飞机追夫。

5.媒介策略

（1）核心渠道主攻社交热度：针对微博、抖音等主要社交平台，合作影视娱乐向“KOL+KOC”，打造锦心追剧矩阵，陪伴式追剧，最大化释放剧集甜宠气质。

（2）下沉渠道助推再破圈：下沉打通家居、饮食等品牌，深度触达再破圈。

项目执行

1. 预热期：2月14日—25日（CP前置，剧集立体化定调）

（1）节日借势营销，CP前置，情人节红线大片建立剧集气质。

（2）强势输出物料，输出剧集甜点、爽点，精准触达核心受众，辐射全圈层受众。

（3）定制专属开播互动，强贴剧集标签，OST歌手跨圈引流。

2. 开播期：2月26日—28日（甜宠爽感内容并行，抢占舆论高地）

（1）强打CP感，联动艺人开启“体面梗”营销链预热。

（2）场景营销，借势节日，打上“元宵节看锦心”的印记。

（3）初立主角个性人设标签，强化剧集爽点。

3. 热播期：3月1日—28日（话题卷入，爆梗玩法破圈）

（1）CP饥饿营销，全链路打通“体面梗”营销链。

（2）极致人设营销，树立徐令宜初恋感、十一娘独立女性形象，满足用户情感代偿

体验。

（3）艺人互动组合拳出击，群像丰满剧集内核。

（4）多维话题抢占社交赛道，共情话题破圈。

（5）口碑预期管理，联动粉丝进行宣传。

4. 收官期：3月29日—4月13日（维稳声量，强化口碑）

（1）艺人宣传锦心情怀强输出，名场面回忆笑泪齐飞。

（2）持续释放独家物料，维持社交热度。

（3）以超同期的播放数据切入，口碑软性输出，拔高剧集立意。

项目评估

《锦心似玉》腾讯视频站内播放量51亿次，日均、集均播放量都破亿次，首播17小时播放量破1亿次，腾讯热榜总揽37次，2021女性圈层爆款实至名归。

微博热搜总揽164次，连续41天登榜，最高一天登榜12个话题，相关话题10次"沸"。#锦心似玉#累计上榜31次。

抖音热榜总揽103次，Top1共计12次，最长霸榜48小时。同档期播放量断层第一，相关话题累计播放量超151亿次，主话题#锦心似玉#播放量破100亿次。

多渠道总揽150次。新浪热榜总揽51次，百度、知乎播出期连续在榜，微视、快手、B站、微信视频号、今日头条等热榜总揽28次。

权威榜单总揽171次。猫眼累计31日位居前三，全网热度榜累计10日Top1，连续37次播放量日冠。Vlinkage累计34日排名前三，累计8日排名第一。德塔文累计28日排名前三。骨朵累计26日排名前三。云合累计24日排名前三，连续5日五榜排名第一。灯塔累计15日排名前三。酷云累计13日排名前三。

钟汉良Vlinkage新媒体指数跃居Top6，骨朵榜单艺人指数最高Top 2，7天领跑Top3。谭松韵Vlinkage新媒体指数跃升Top5，德塔文榜单艺人电视剧商业价值榜3月登顶Top1。

亲历者说 吕艳阳 北京蔚蓝视界科技有限公司项目经理

《锦心似玉》从开播前起伏不断的热议，到开播后"体面梗"的全网刷屏，营销期间每一个有趣的创意背后，都离不开团队小伙伴的无数头脑风暴时刻，也离不开甲方客户的专业与包容。猛然闪现的灵感，经过每一个小伙伴的参与与加工，才得以更好地呈现与表达。

案例点评

点评专家：匡冀南　深圳国际公益学院教授

对于新媒体推广方面的效果，无论是微博还是抖音，以往很多品牌都做出很多尝试和努力，其中也不乏四两拨千斤的成功案例，但对于依据不同社会化媒体背后的规律做针对性推广，至今仍然没有一些公认的方法论。这次整合营销传播活动，不仅效果显著，而且在对新媒体规律的研究和应用方面具有分析和总结价值，是一个很有代表性的案例。

农夫山泉《忘不了餐厅2》用遗忘唤醒守候

执行时间： 2020年7月7日—9月29日

企业名称： 农夫山泉股份有限公司

品牌名称： 农夫山泉

代理公司： 众成就（海南）融媒体科技有限公司

获奖类别： 金旗奖——2021最具公众影响力娱乐营销大奖

项目概述

农夫山泉品牌始终关注饮水健康，通过赞助《忘不了餐厅2》，在自身品牌与认知障碍人群之间建立起一种情感联系，呼吁年轻人关注中老年人群体，凸显品牌社会责任感，并将品牌价值观、品牌理念潜移默化地植入节目，从消费者教育开始培育市场。

项目策划

1.目标

利用场景植入等营销方式撬动健康化、高端化和年轻化群体，从内容、价值等层面建立老年人群体沟通渠道，提高农夫山泉全系列产品曝光量及渗透率，将全系列产品自然融入节目内容，同时提升产品温度。

2.“让位”合作，品效合一

采用“以退为进”的合作方式。作为节目的赞助商，农夫山泉没有与节目内容做争抢，而是隐藏在幕后，默默为店员们营业期间的健康用水和营养补充提供保障，从而给节目的无剧本创作留出更多空间。旗下产品也以一种温情的方式，陪伴在阿尔茨海默病老人们的左右，最终实现比冲在前头更好的品牌植入效果。

3.明星效益

综艺节目需要趣味性和话题性。新一季节目由“店长”黄渤、“副店长”宋祖儿和王彦霖以及飞行嘉宾加盟，持续打造话题热度，组成覆盖多圈层的长效吸睛组合，产出新“忘不了”故事。

4.创新理念

通过邀请专家录制科普视频，将产品与节目深度结合，强化产品印象。

项目执行

（1）植入时长占比95%，正片平均每期露出时长56分钟。

（2）各类权益贯穿节目，多款产品摆放露出，品牌元素无处不在。

（3）每期2款产品自然使用，全系列产品自然融入节目内容。

（4）每期5秒品牌定制时刻，场景深度关联，传递品牌温度。定位节目高光时刻强势曝光，借情绪高点给观众留下深刻印象，与节目内容深度关联，传递品牌温度，提升品牌形象。包装突出农夫山泉LOGO及农夫山泉产品，植入形式新颖，深度关联场景与节目主旨。

（5）整季节目3次互动植入，花式口播强化产品优势特点。

（6）收集“产品水自然使用+科普视频”，将产品与节目深度结合。

项目评估

（1）网络端：腾讯视频总播放量达72811.8万次，正片集均播放7000万次，卫视同时段综艺收视第一，全频道同时段综艺收视第二（CSM，52城）。

（2）电视端：男女比例相对均衡，30～40岁中青年及50岁以上中老年人群为第一人群（CSM，52城）。

（3）揽获69个微博热搜，微博主话题阅读量达34亿次，引导观众对社会情感话题进行探讨。

（4）官方发起#忘不了云餐厅#微博任务，互动量达80.4万次，超目标8倍完成。

（5）抖音官方话题播放量达2.3亿次，权威媒体点赞彰显公益属性。

（6）各大主流报刊、头部权威媒体热力追踪，实时点评夸赞。

（7）联合权威健康医疗媒体全网科普阿尔茨海默病。

（8）百家媒体集结，头部媒体“自来水”实现超10万次刷屏。网络媒体发布节目相关稿件365篇；客户端发布稿件68篇；图文、焦点图推荐400篇，推荐率高达92%。

亲历者说 许亦恒 众成就（海南）融媒体科技有限公司客户总监

本项目执行效果超出预期，在新增2项权益的同时，各项权益超量溢出73%，品牌权益贯穿整季节目，权益时长远高于其他赞助商。另外每期5秒的定制时刻，深刻传递农夫山泉的品牌温度。在整个项目的执行过程中，我们和媒体、客户反复沟通品牌、产品希望向消费者传达的核心理念，以及希望通过节目树立农夫山泉品牌的公益形象。基于前期有效的客户沟通以及现场执行环节，我们最终超预期完成了本次项目的合作。

案例点评

点评专家：杨苓 京港地铁公共关系总管兼新闻发言人

本案例首先通过呼吁年轻人关心、关注中老年人群的公益视角，将产品特性与企业社会责任相结合，以温情的方式实现产品植入；其次将品牌元素自然融入并贯穿节目，加之综艺节目中明星带来的吸睛效果，提升了品牌及产品的曝光量；最后趣味加科普不仅强化了受众对产品的认知，也进一步让品牌关注饮水健康的理念深入人心，从效果看，很好地实现了品牌深度营销的传播目标。

三丽鸥肖像大赏整合营销[①]

执行时间：2021年4月8日—6月13日

企业名称：三丽鸥（上海）国际贸易有限公司

品牌名称：三丽鸥

代理公司：上海脉奥公关顾问有限公司

获奖类别：金旗奖——2021最具公众影响力娱乐营销大奖

项目概述

三丽鸥明星人气评选是三丽鸥每年为旗下IP举办的固定人气评选活动，本届三丽鸥明星人气评选的推广也以本土化、年轻化为目标。考虑到AKB48 Team SH从2020年开始沿袭

活动现场1

① 本文中所涉及的照片，三丽鸥（上海）国际贸易有限公司及上海脉奥公关顾问有限公司均已得到被拍摄者的使用许可。

AKB48本部传统（2009年开始举办人气总选举），而总选举作为AKB48的标签一直为大众所熟知。这次以AKB48 Team SH成为推广大使为出发点，强强联手，共同推广本次三丽鸥肖像大赏整合营销活动。

项目策划

1.基于项目调研结果推导出的项目实施策略

（1）用户匹配度。三丽鸥核心用户年龄偏小，其中19岁以下用户占32%，20～29岁用户占35%。女性用户占比65%，男性用户占比35%。其中喜爱二次元、动漫、日系文化的用户比重较大。鉴于用户群体属性，项目组将项目触达人群定位为29岁以内喜爱二次元、动漫、日系文化的Z世代年轻人。

基于三丽鸥家族与AKB48本部的联动背景，本届三丽鸥明星人气评选也联动了AKB48的上海姐妹团AKB48 Team SH，作为将剧场扎根上海的偶像团体，AKB48 Team SH既深受日系文化影响，又兼具国内市场运营本土化的特质。加上成员和粉丝对于三丽鸥的好感度与购买力也比较客观，这次联动为双方的粉丝们带来跨次元的追星体验。

（2）AKB48 Team SH 背景情况。粉丝主要为15～35岁的主力消费群；男女粉丝比例约6：4。由于成员参加综艺的优秀表现，女性粉丝数量正在稳步上升中。粉丝特点为喜欢音乐、追求潮流文化、有购买力并愿意为偶像买单。AKB48 Team SH的粉丝与品牌的目标用户完全吻合。

活动现场2

2.内容创意

通过选秀来选拔和培育明日新星的办法，在竞争同样激烈的IP届，似乎也能畅行无阻。三丽鸥作为老牌IP公司，旗下坐拥Hello Kitty、大耳狗等500多个IP。而每年主力运营哪些IP，又如何运营这些IP，对三丽鸥来说也是不小的课题。深知审美变化趋势的三丽鸥，不能只守着几位“元老级”IP坐吃山空，必须持续培育和发展旗下其他IP。而对于新IP和潜力IP，三丽鸥明星人气评选则是一个稳定的曝光平台。

本次活动为IP角色和其粉丝群体建立起了更深刻的情感羁绊，这种类似的关系让明星和艺人也深有同感，纷纷跨圈加入，这种强强联合的形式使话题性更强、影响力更广。曾多次和明星艺人、业界大咖推出跨次元合作企划的三丽鸥，破圈与跨界经验十足，懂得抓住兴趣点重叠的群体，才能更快打通圈层，达到用户拉新、流量变现的目的。

3.媒介策略

三丽鸥明星人气评选本身赛程较长，在长达两个月的投票阶段中，保持用户对于赛事的关注、保持投票的积极性、让评选变得更有悬念成了运营的关键点。三丽鸥通过不间断地发布战报（周报、中报、最终战报），并通过邀请AKB48 Team SH担任推广大使的方式，偶像一对一造势推波助澜，持续不断刺激粉丝胜负欲，为心仪的IP投票，从而不断提升热度，将赛事推向高潮，打破次元壁。

4.传播规划

第一步：三丽鸥官宣AKB48 Team SH 担任推广大使。以此为出发点，双方资源置换，共同推广活动。后续双方展开长线合作，吸引双方粉丝圈层讨论。

第二步：投票阶段 1v1，AKB48 Team SH成员从三丽鸥肖像明星中选取拉票角色并为其录制拉票视频。通过AKB48 Team SH成员一对一应援的方式，拉动AKB48 Team SH粉丝群体对活动的关注并参与到投票中来。粉丝跟着偶像为相应的三丽鸥明星投票，扩大传播覆盖群体。

第三步：线下合作公演。揭榜活动在AKB48 Team SH剧场举办，现场公布评选结果，三丽鸥肖像明星与AKB48 Team SH在剧场合作表演，打造跨次元联动话题。

活动现场3

项目执行

4月8日：官博官宣总选举开始。

4月12日：官博官宣AKB48 Team SH为推广大使。

4月15日—5月23日：官博发布应援视频、艺人同步推广、门户网站稿件铺发、微信行业稿件推广。

4月15日—6月13日：三丽鸥官方SNS（社交网络服务）矩阵持续宣传三丽鸥肖像大赏IP科普。

6月8日：总选举结果公布。

6月12日：三丽鸥肖像大赏颁奖活动直播，KOL到场参与，活动发稿开启，门户网站稿件铺发。

项目评估

活动整体传播总曝光量达2.8亿次。线上线下双向联动，打破次元壁，成功做到了将三丽鸥明星人气评选跨圈层推广，获得了双方粉丝好评。双方粉丝在观看了颁奖活动之后都被三丽鸥IP与AKB48 Team SH成员圈粉，真正做到了打通圈层，跨次元联动。

三丽鸥官方为颁奖活动开启了线上直播，获得新浪微博与一直播平台推流，实时直播热度高达100万，直播观看高达1300万人次。

SNS平台发布颁奖活动现场相关物料，整体曝光量高达1800万次 ，#三丽鸥明星人气评选#抖音视频播放量达82.9万次。

亲历者说 陈鹤　上海脉奥公关顾问有限公司总经理

很高兴能完成这样一个从线上到线下、从二次元到三次元、从梦想到现实的案例。作为三丽鸥的粉丝，能为自己喜爱的IP角色打造一个梦幻的活动将成为我毕生美好的回忆。

案例点评

点评专家：彭焕萍　河北大学新闻传播学院副院长

此次活动从创意上抓住兴趣点重叠的群体，以AKB48 Team SH担任推广大使为出发点，通过线上线下双向联动、打破次元壁跨圈层推广，快速达成了用户拉新、流量变现的目的。内容传播层以粉丝的情感价值为核心，扩大传播覆盖的群体，引发粉丝共鸣并有效拓宽了消费圈层。营销环节牢牢抓住三丽鸥明星人气评选赛程长这一关键点，有意识寻找运营突破口，有效提升并维持住了粉丝的积极性，为娱乐营销提供了鲜活的案例。

2021最具公众影响力
电视剧推广案例大奖

电视剧《小舍得》新媒体传播

执行时间：2021年4月2日—5月3日

企业名称：北京爱奇艺科技有限公司

品牌名称：爱奇艺

代理公司：北京众行互动数字文化传媒有限公司

获奖类别：金旗奖——2021最具公众影响力电视剧推广案例大奖

项目概述

《小舍得》是继《小别离》《小欢喜》后又一现实主义题材剧集，集中反映现实家庭小升初教育问题。如何把握重点剧情冲突吸引观众，提升整体剧集热度，且时刻做好维护剧集口碑成了重中之重，项目组致力于打造现实题材口碑爆款剧集，辅助平台实现引流。

项目策划

（1）阶段性传播有的放矢，放大受众情绪，助力剧集话题发酵。基于“小系列”前作高口碑、高热度、高人气的“三高”背景，预热期主攻IP捆绑营销，借前作之力强化“舍得”概念认知；热播期通过社会向议题凝练与靶向人设建立实现剧集内容上的破圈营销；收官期完成群像口碑营销，实现剧集话题与口碑的双赢。

（2）开放式话题发酵引热议，差异化定位剧集显著提升大众感知度，剧名屡登热搜。依托“小系列”前作热度，《小舍得》自身宣传优势在于IP粉黏性较高，有一定热度基础，但因为主创团队换血，大众期待值有所下降。项目组针对《小舍得》明确了“温暖现实话题剧”的宣传定位，将剧情向内容深度绑定社会向议题，引发大众共情，站内随关键剧情

点设置投票窗口，不做观点输出，而是提供发声平台，提升内容发酵声量，最终促成剧名累计上榜超28次，剧集大众感知度明显。

（3）消减受众负面情绪，提升剧集受众观看黏性，横扫各大权威榜单Top1。在剧集传播过程中尽量优化剧情向话题，实现剧集内容的正向传播；针对争议性靶向人设，宣传过程中注重物料的传播，既突出剧中人物标签，提升争议人物的大众认知度，又利用趣味性物料消减受众负面情绪，最终促成在播期间各大权威榜单稳居Top1天数超80%。

（4）形式局限基础上，利用适调物料完善传播，丰富话题页，助力各类话题发酵。后期短视频二创内容收紧时期，剧情向卡段内容尽量以官方渠道如爱奇艺矩阵等传播为主；其余大号内容以适应剧情调性的剧情条、GIF（动态图片）打包助力传播为主。

项目执行

（1）全周期站内外协同合作，共同助力剧集热度持续攀升。整合剧集调性，通过站内外协同合作打造话题，结合剧情亮点促使站内21问及外围社会向议题紧密衔接，引导网友积极参与线上讨论，实现爱奇艺站内流量反哺，助力站内热度突破9000大关；同时在执行过程中，针对剧中人设及网友追剧情绪，预判并抓取追剧观众嗨点，通过话题带动剧情热议，以鲜明靶向人设助力剧集热度进一步攀升。

（2）观众评价实时跟进，及时回转剧集口碑。对剧集口碑进行全网监测，针对网友讨论热点中的负面情绪进行及时抓取，快速跟进助推相关话题，扭转追剧焦虑情绪，及时回转剧集口碑。

项目评估

《小舍得》剧集上线后持续23天霸占爱奇艺热播榜、热搜榜、话题榜，微博话题榜，抖音、快手热榜，豆瓣小组、豆瓣热门电视剧Top1，成为各大平台榜单榜首，全网热搜540次。微博热搜238个，累计话题阅读量100亿次，剧名累计上榜超28次；短视频平台热搜120个，“小舍得编外观众”沉浸式运营助力41个视频播放量破百万次；在播期间各大权威榜单稳居Top1，天数超80%。

爱奇艺站内渠道：上线13日爱奇艺站内热度破9000，最高热度值9121，专辑弹幕量破千万个。

微博渠道：累计收获热搜话题数238个，累计话题讨论量150万次，累计话题阅读量100亿次。微指数峰值8053944，超过5000个娱乐KOL参与扩散。

短视频渠道：抖音主话题播放量超67亿次，快手主话题播放量超10亿次。短视频累计曝光量超20亿次。抖音热搜87个，登顶热搜总榜10次，居Top3高位30次，平均在榜时长72小时，快手小号贴合平台受众喜好沉浸式运营，深化快手渠道下沉效果，揽获渠道热搜33个，其中80%占据Top5高位。

豆瓣渠道：豆瓣话题向埋点首发，CP线引导前期拉动感知，争议向话题发布刺激网友观点发散，豆瓣热门电视剧连续12天Top1，豆瓣热门书影音榜单连续8天Top1，豆瓣小组日榜连续13天Top1。

权威榜单：自上线以来，云合数据综艺有效播放霸屏周榜、骨朵热度指数周榜稳居Top1，灯塔、猫眼、德塔文、艺恩热度排名连续斩获全平台Top1，持续领跑同期竞品。

亲历者说 杨从蓉 北京众行互动数字文化传媒有限公司客户经理

“小系列”作为一个具有国民度的IP，受众覆盖全年龄段，主要受众是年龄近30岁及以上成家的中年群体。还有一部分受众则是愿意在网上主动表达自己观点的青年群体，针对这部分群体我们考虑用偏娱乐的方式去进行关注度的抓取。这就有了后来我们以个性化的角色及独到的相处模式打出剧集的标签亮点。

案例点评

点评专家：郭为文 周末酒店度假App合伙人、首席营销官

电视剧《小舍得》新媒体传播给人的启示是，把娱乐产品当作实体产品来做。它通过市场调研了解客户痛点，抓住当前广泛的社会压力，把压力下的父母作为产品的核心观众，从核心目标群的痛点入手展开话题传播。它抓住产品的价值进行营销，电视剧的价值在于消减人们的负面情绪，通过剧情找到正确的成长之法，将现实生活中可能遇到的教育问题呈现并解决，让人们观看后感受生活的意义。它整合了新媒体营销手段、分阶段营销、开放话题、站内站外联动等，发挥了整合营销的作用。

腾讯视频《斗罗大陆》整合营销传播

执行时间：2021年1月1日—3月16日
企业名称：腾讯科技（北京）有限公司
品牌名称：腾讯视频
代理公司：北京蔚蓝视界科技有限公司
获奖类别：金旗奖——2021最具公众影响力电视剧推广案例大奖

项目目标

《斗罗大陆》是一部顶级IP改编的玄幻男频剧集，剧集自身题材门槛较高、改编幅度大、主演阵容用户认可度不高，外部还面临春节档竞品众多难突破等挑战，诸多难题需要攻坚。为实现同时期电视剧市场男频剧集声量第一的市场目标，前期静默维稳，后期高举高打，第一时间全方位抢占声量；同时通过人设营销、话题营销、事件营销和打造出圈梗的整合传播方式，成功打造2021爆款男频剧集，实现了剧集在声量、流量、会员拉新等多维度的巨大突破。

项目策划

1.目标

（1）打造2021年度爆款玄幻男频剧集。实现同时期电视剧市场男频剧集声量第一，微博等社交平台同档期剧热度第一，抖音等短视频平台同档期男频剧集声量第一；各类行业指数同期声量第一，行业媒体口碑好评度75%以上。

（2）为腾讯视频站内引流，带动播放量增长与会员拉新。将社交热度转化为站内流量，带动播放量增长与会员拉新，增强会员身份感知。

2.策略

（1）口碑侧：维稳先行，打好口碑攻坚战。

（2）社交侧：IP全场景赋能，艺人圈占全社交渠道声量。

（3）短视频侧："艺人+内容玩法"，助力热度升级。

（4）内容话题侧：卖点抓取定向分发，多维话题解构实现声量突围。

3.受众

（1）核心受众：《斗罗大陆》小说、动漫、游戏等IP粉及唐家三少粉丝——对IP有强烈情怀，对剧集口碑影响力大；主演粉丝——数量庞大较易调动，UGC积极性高，在意官方行为公正性。

（2）次核心人群：低龄电视剧用户、男性类型粉——关注电竞、游戏、热血内容，社交互动性强。

（3）破圈受众：影视综艺受众以及二次元、动漫等其他垂直领域内容受众。影视综艺受众——对颜值、衍生内容以及影视综艺信息敏感；垂直领域内容受众——活跃于垂直领域平台。

（4）泛娱乐大众：以微博、抖音为核心娱乐媒介的人群——易受新媒体话题影响，剧集口碑是诱发看剧行为的重要动因。

4.传播内容

（1）口碑侧。

多媒体矩阵打造"由上至下"的传播节奏：权威媒体护航播出，维稳品质，C端影评类媒体多角度安利，都市媒体解读社会价值，垂直媒体突破圈层吸引泛娱乐受众，下沉渠道搅动多类型受众讨论，行业媒体拓展剧集价值边界。

权威媒体行业背书，彰显剧集正能量：剧集播出期间，善用剧集内容进行线上普法，实现普法到剧集的受众转化，从而实现双赢的效果；利用权威媒体在人们心目中的优势地位和势能，对宣扬剧集所传递的价值观、正能量产生正向引导作用。

（2）社交侧。

全渠道、多维度破壁出圈，狂揽渠道热搜超500个；艺人带动热度升级，剧情结构降低追剧门槛；热梗打造，联动蓝V破壁出圈打造现象级热梗，节日借势热点直击引流泛娱乐群众；粉丝自发玩梗掀起模仿热潮，剧情脑洞解析反哺核心受众。

渠道定制玩法，针对不同圈层定点突破：针对渠道用户特性进行定向营销，向核心用户投递剧情向、CP向、逗趣向等内容话题，向明星粉和泛娱乐用户投递明星向话题，向

题材用户投递视觉特效等制作品质向话题，以及针对短视频的定向内容；联动QQ音乐等，打透泛娱乐群众。除此以外为男性定制的今日头条、虎扑论坛的内容也具有一定影响力度。

（3）短视频侧。

内容定向突破，拉流IP垂直受众；抖音定制首创玩法，植入IP“武魂”设定，艺人集体参与扩大声量，同时降低新IP受众观剧门槛；捆绑粉丝拉动热度，撬动多位千万级达人参与变装，参与人数总量破亿人，破次元传播至动漫圈层。

（4）内容话题侧。

爆点内容带动泛娱乐内容话题破圈，针对不同人群定向输出，特效、花絮等内容引发垂直领域受众关注；外围追剧号聚拢IP粉丝，解说号转化新IP粉。

借势艺人带动内容出圈：头部艺人多维发散内容、玩法带动腰部艺人，提升渠道整体热度，撬动粉丝，打造站内热度巨浪；腰部艺人铺量造势，承接头部艺人热度，联动内容话题，扩散自身热点；尾部艺人实时监控爆款内容，策划艺人及时回应，趣味玩梗，打造破圈记忆。

5.媒介策略

（1）“艺人联动+多维社交营销”，社交渠道抢占声量高地：艺人联动，捆绑粉丝，全渠道破圈社交；多维度社交营销，打开全新观剧切口。

（2）口碑战术攻防，实现IP品质输出：聚拢IP粉丝，建立题材信心；立足内容本体，品质取胜；权威媒体定调，多维媒体搭建；社交口碑巧妙引导，铺设中立内容，建立亮点新认知。

（3）用户定向传播，层层破圈引爆社交讨论：深耕男性下沉渠道，精准曝光，多种方式刺激男性发声；针对女性用户投递艺人、颜值、CP、趣味内容，持续提升观剧热情，群像、八卦等多元话题并行收割泛娱乐用户，共创社交新方式。

项目执行

（1）“预热+开播期”：1月1日—2月8日（口碑前置，稳住核心人群）。开播抢占社交声量，最大限度建立全渠道认知。多维度输出中立内容，吸引更多人关注。

（2）热播期：2月9日—20日（节日借势，打透泛娱乐人群）。场景化营销，结合剧集内容及春节、情人节等热点，多维度话题娱乐向打造。抖音、微博联动艺人，合力粉丝共创玩法和内容，借力打力，破壁出圈。艺人话题、物料强势输出，抢占社交赛道。趣味群像、热血团魂等内容定向投放，强势拉拢核心用户。

（3）收官期：2月21日—3月16日（群像营销，聚拢转化粉丝）。收官期“斗罗情怀”强输出，提升口碑品质声量，聚拢核心用户，最大限度挽留核心粉丝，同时将主演粉丝转化为IP粉丝。舆情危机预判，全渠道提前预防。艺人独家物料、剧情发放，助推社交热度维持。

项目评估

《斗罗大陆》腾讯视频站内总播放量破43亿次，单日最高播放量2.11亿次，总弹幕破7000万条。各大榜单均居Top1，站内热度领跑同期，2021爆款玄幻男频剧实至名归。

全网热搜超560个，成功斩获微博热搜超370个，微博话题榜、剧集超话、角色均稳居Top1，蝉联榜首天数超20天，领跑春节档。

抖音热搜超150个，主话题播放次数破2亿次，连续两周蝉联抖音剧集榜Top1；微视热搜27个，平台曝光超23亿次，连续多日蝉联剧集榜Top1；央视频平台播放量破6400万次，直播间观看人数连续多日破1000万人，为同期电视剧直播播放量Top1，最高收视率破0.4%，收视份额高达3.61%。

其他社交平台热搜：快手热搜9个、知乎热搜5个、虎扑热搜6个；海外人气爆棚，热搜超60个，多次登上世界趋势；豆瓣打分人数超77万人，开分6.3，最高评分6.4。

五大数据榜单——德塔文、猫眼、艺恩、寻艺、骨朵，在播期间连续21天蝉联Top1，德塔文破3。

亲历者说　杨宇涵　北京蔚蓝视界科技有限公司高级策划经理

《斗罗大陆》从预热到开播，我们面临的挑战不断，但正因为团队里每一位成员的付出与坚持，共同攻克了每一道难关，才有了后来的好成绩。随着剧集播出，团队成员之间、我们与客户之间磨合得越来越好，项目进展也越发顺利。总而言之，这是一段珍贵的经历。

案例点评

点评专家：陈永东　上海戏剧学院创意学院教授、硕士生导师

男频剧继男频小说后开始崭露头角，但其面临的挑战不小，打造爆款男频剧更是需要创意。面对挑战，本案例从口碑侧、社交侧、短视频侧及内容话题侧四方面着手，进行IP全场景赋能，定向投递内容，促进热度转化、圈层破壁。在具体执行层面可圈可点，如节日借势、艺人话题、物料输出、收官期“斗罗情怀”强输出及舆情危机预判等，值得肯定。特别是在口碑挑战背景下，不仅要打造好产品，还要维护好声誉，困难不少，但品牌总体处理显得游刃有余。

《风犬少年的天空》传播

执行时间：2020年9月24日—10月31日

企业名称：上海哔哩哔哩科技有限公司

品牌名称：B站

代理公司：北京音为文化传播有限公司

获奖类别：金旗奖——2021最具公众影响力电视剧推广案例大奖

项目概述

此次传播主要通过剧集内容延伸出多角度的外围互动话题，如社会向、家庭向、趣味向、情感向话题等，将剧集所传达的价值观投射至更多讨论领域中，拉拢泛受众。通过强化剧集的现实性及代入感，多维度吸引网友观看剧集。

B站开始涉足影视剧领域，以青春剧首次进行对外传播，项目组洞察到B站的受众与影视剧目标受众的高匹配度，以热点话题、社会话题等形式，在外围平台加持内容热度，吸引更多用户关注，向站内引流。

项目策划

（1）制造社会话题讨论度，助推热搜：让尽可能多的喜欢青春题材的观众能看到本剧。

（2）全网八倍镜放大话题玩梗，助推平台引流：让更多站内外用户知道B站丰富多样的品类，更贴合“你感兴趣的视频都在B站”的品牌口号。

（3）短视频精准投递，助推破圈：紧贴平台调性精准策划选题，实现破圈传播。

项目执行

剧集播出前四周联动娱乐号、影视号等多家KOL围绕#彭昱畅尴尬喊场终结者# #彭昱畅是拿了女主剧本吗# #彭昱畅 疯犬系男友#等话题在微博及抖音进行内容扩散。之后联动多个KOL在收官后围绕剧中最虐片段、致敬经典作品的片段、哪个角色最让你有代入感、你觉得最温暖的片段、五大名场面盘点做回顾及盘点向内容在微博进行传播。

项目评估

以外围海报物料为主要内容，从站内到站外，吸引外围用户的关注，趣味话题#彭昱畅是拿了女主剧本吗#收获超1500万人次的阅读量。多平台触发传播链路，抖音、微博同步进行内容发酵，加持站外的内容热点、热搜。本次活动还有以下亮点。

（1）以社会向、家庭向等公共话题内容填充热门，助力热搜话题成功破壁。初期借助彭昱畅在剧中的人设，以策划趣味向内容为突破口，打造出圈话题。其中#彭昱畅是拿了女主剧本吗# 话题阅读量达到1529.7万人次，讨论量1.2万人次；#彭昱畅尴尬喊场终结者# 话题阅读量943万人次。

（2）实现内容先行、平台信息紧随其后的导流链路，在收官后持续延伸剧集热度，把握长尾效应。通过与影视类KOL合作解说向视频，总点赞量高达314.4万次。

（3）根据剧集策划甜向、虐向及友情线等内容，完成对剧情故事线的延展；紧抓不同平台受众共情点，使得网友自发代入剧情。

亲历者说　兰亭　北京音为文化传播有限公司首席娱乐营销顾问

每个人的青春好像都一样，又好像不一样。懵懂的爱情、痛苦的成长和迷茫的未来，每个人都像一朵白云，自由地飘荡在时而蔚蓝、时而灰暗的天空，像风一样快，像狗一样野。十七八岁的少年，只要一直奔跑，终会有一片属于自己的天空，那里飘荡着只属于你的纯真年代。我很庆幸和《风犬少年的天空》一起过的这个青春季，看到剧集和用户的共鸣，作为营销人我感到很幸运。

案例点评

点评专家：王呈　奇点临近品牌营销副总裁

这个项目的目标是多层次的，不仅要推广剧集，还承载着在影视剧领域打响B站品牌的任务。“头炮”从来都是不好打的。本案例首先精准定位了目标受众，在剧集目标观众和B站使用者中选取了网络活跃度最高、重合度最大的交集，这就保证了内容和渠道发掘的有效性，已经成功了一半，再从多维度挖掘社会话题入手，并且很好地使用和发挥了当红明星、头部KOL的影响力，最终达到了不错的效果。

2021最具公众影响力
短视频营销大奖

农银壹私行品牌微电影《遇爱》整合传播营销案例

执行时间： 2020年7月1日—12月31日

企业名称： 中国农业银行股份有限公司

品牌名称： 中国农业银行私人银行

代理公司： 上海哲基数字科技有限公司

获奖类别： 金旗奖——2021最具公众影响力短视频营销大奖

项目概述

中国农业银行私人银行自2010年正式开业以来，市场业绩与品牌影响力齐头并进，相继推出了全方位的优质金融服务。当下财富向善已成为时代的主题之一，企业作为具有社会责任感的财富管理机构，也在不断探索“公益+金融”模式，积极引导财富向上、家族向善。项目组以企业与客户的真实故事——企业首单慈善信托玉爱慈善信托为原型，制作全新品牌微电影《遇爱》，在十年品牌焕新之际，帮助企业进一步丰富品牌内涵和价值，深度诠释品牌精神，展现推动社会财富向善的决心。

项目策划

1.整体策略

以品牌与客户的真实故事为灵感来源，通过影视化的表现形式与直触内心的温暖剧情，打造首部品牌微电影《遇爱》，传递不忘初心、向上向善的品牌力量。

2. 传播形式

通过举办线下微电影首映仪式，与来自全国各地的客户、合作伙伴与媒体等近距离接触，传递财富向善的能量，在体现强烈的企业社会责任感与品牌温度的同时，使更多受众深入了解企业慈善信托业务模式及服务体系。

微电影通过线上全媒体多渠道广泛传播，全方位触达高净值客户群，层层推进内容输出，逐渐引发大众观影热情，持续打造有温度的中国农业银行私人银行品牌形象。

项目执行

本次传播分为预热期、爆发期、延续期三个主要阶段①，线上及线下全方位覆盖。

1. 预热期（9 月 29 日至 11 月 25 日）

2020 年 9 月 29 日，微电影《遇爱》的首支预告片在品牌战略发布会上发布，提高大众期待值，主流媒体对此进行了一波集中报道。

10 月中旬至 11 月中旬，微电影《遇爱》的 15 秒预告片在全国各大院线投放映前广告，进一步提升微电影的传播能级。

在微电影首映仪式前，邀请百万粉丝量级的影视类微博博主——“影视圈外汉”和“电影 Mark”发布微电影海报及预告片链接，对微电影进行前期预热宣传，吸引更多新媒体受众群体关注微电影发布。

2. 爆发期（11 月 26 日至 27 日）

2020 年 11 月 26 日，于深圳市深圳湾 1 号云颂音乐厅举办“焕新出发，遇爱同行”微电影《遇爱》首映仪式，包括新华社、中央人民广播电台、深圳电视台、《南方日报》、《广州日报》等共计 15 家媒体出席当天活动，共享光影盛宴。

此次活动的举办地点云颂音乐厅曾斩获“世界最高音乐厅”“世界最高空中专业音乐厅”双认证，为这次微电影首映仪式提供了高品质的高空观影体验。其拥有绝佳视野，来宾在此可将整个深圳湾的景色尽收眼底。

活动由微电影首映仪式、微电影背后故事深度访谈和慈善信托业务分享三个主要环节组成。活动特别邀请了企业客户、玉爱慈善信托设立人李玉爱女士，中国农业银行私人银行部总裁孙宁女士，影片中玉爱女士扮演者、国家一级演员徐幸女士，青年新锐导演黄松先生带来一场关于向善力量的深度访谈，四位嘉宾从不同的角度，为到场来宾解读微电影背后的创作故事与思考。

同时活动邀请了资深家族信托专员张弛女士，拥有中国探险家、深圳市登山户外运动协会会

① 7 月 1 日—9 月 28 日为传播物料拍摄期，12 月 26 日—31 日为收尾期，此两部分不展开阐述。

长多重身份的农行人张梁先生，以及中国教育公益慈善信托首任委托人王卫东先生，三位嘉宾围绕着慈善信托和家族信托业务，为来宾带来了多方位的分享和讲解，积极传递财富向善、家族向善对财富传承的正向引导作用，提升大众对慈善信托以及家族信托业务的认知度和认可度。

活动结束后，包括新闻类、财经类、公益类等共计 64 家媒体进行了大量积极、正面、深入的报道，覆盖报纸、电视、新闻客户端、网站等多种渠道，进一步深化传播向善力量。

同时，腾讯视频及微信朋友圈在首映仪式结束后迅速跟进传播，全国范围内通过大流量平台向受众推广 微电影15 秒预告片，定向触达目标人群。

3. 延续期（11 月 28 日至12 月 25 日）

随着热度发酵，品牌营销类头部媒体广告门通过微博渠道进行全片发布，并深度解析微电影，揭示电影背后品牌引领财富向善的价值理念。

同时，以搜狐、腾讯、凤凰、百度、今日头条这5家综合类媒体为代表，在其新闻客户端对深度文章推进宣传，持续提升品牌传播价值。与此同时，包括“方君荐电影”“请叫我电影酱”“热门电影”“电影味道馆”“肖添仁”在内的数十位千万或百万粉丝量级的博主分批次分享微电影全片，号召更多粉丝前来观影，一同感受慈善力量。

项目评估

本次传播分为预热期、爆发期、延续期三个阶段，通过多位极具影响力的影视类博主掀起观影热潮，微信朋友圈推送及腾讯视频微电影15秒预告片定向触达目标人群，新闻稿内容发布进行活动传播扩散，营销类资深媒体深度解读电影细节及背后的品牌价值，构建了平面、电视、网络、客户端、自媒体的立体化矩阵式传播，兼具广度与深度地推广了有温度的中国农业银行私人银行品牌形象，引领财富向善，传播总曝光量超 1.8 亿人次。

预热期：百万粉丝量级微博博主进行预告片推广，曝光量近 370 万次，在全国各大院线投放映前广告，精准触及城市人群，曝光量超 1 亿次。

爆发期：首映仪式结束后，出席活动的媒体嘉宾对微电影内容、创作初衷、背后故事等做出一致好评。涵盖新闻综合媒体、财经媒体、影视媒体、公益媒体等近百家媒体，进行了大量积极、正面、深入报道，报道高达 160 篇次，曝光量高达 8728 万人次。

影片主角之一演员肖添仁在其抖音账号上发布约 1 分钟的微电影剪辑片段，受到其粉丝及抖音用户的广泛关注，抖音视频播放量超300万人次，获点赞9万次。

延续期：品牌营销类头部媒体广告门对影片进行了深度解读，同时在搜狐、腾讯、凤凰、百度、今日头条 5 家综合类媒体露出，总曝光量超27.6 万次。8 位拥有百万粉丝量的影视类博主在微博平台分批次分享微电影全片，引发全民观影热潮，总曝光量超过 1600 万人次。

《遇爱》海报

亲历者说 **黄松　微电影《遇爱》导演**

我们以真实客户故事——玉爱慈善信托为灵感来源，创作了企业首部品牌微电影《遇爱》。

2018年，玉爱慈善信托在深圳落地，设立规模3000万元，用于救助先天性心脏病儿童和资助贫困家庭孩子上学，至今已救助先天性心脏病患儿170名，为他们延续了生命，同时向受助家庭和全社会传递了一种爱的能力。

这是一部关于爱与信任、希望与传承的微电影，它是对品牌温度和服务理念的一次深度诠释，体现了品牌始终秉持服务社会的理念，致力于引导财富向上向善。

案例点评

点评专家：袁凌　力拓集团中国区企业关系总经理

本案例是将真实故事作为灵感来源拍摄的微电影，生动地讲述了品牌故事，传播品牌内蕴和价值，体现不忘初心、向上向善的品牌力量。经过多种媒体的传播，全面触达目标客户群。以真实的剧情打动客户，引发共鸣，提升客户对于品牌的认同感和好感度。企业在与客户及合作伙伴互动的过程中，也让其真切地感受到了品牌的诚意和温度，进一步强化了品牌美誉度及影响力。

冷酸灵：刷退敏感，温柔以喵

执行时间： 2021年7月8日—8月31日

企业名称： 重庆登康口腔护理用品股份有限公司

品牌名称： 冷酸灵

代理公司： 广州英扬传奇品牌营销有限公司

获奖类别： 金旗奖——2021最具公众影响力短视频营销大奖

项目概述

冷酸灵作为具有几十年历史的国民牙膏品牌，在品牌发展中面临着“老龄化”的挑战。在Z世代成为当今消费主力的时代，冷酸灵急需利用年轻化的表现形式，沟通新一代消费群，焕新品牌形象，促进品牌升级。借助冷酸灵牙刷产品，挖掘年轻一代的喜好，通过情感层面的沟通，刷新目标受众对冷酸灵品牌的认知，从而进一步占据“不惧敏感，温柔以待”的情感价值定位，抢占消费者心智，促进销售转化，是此次品牌传播的重要目标。

项目策划

1. 整体策略

（1）确立社交传播主阵地：取悦年轻人的产品，就去年轻人的阵地——以B站为主阵地，创作年轻人喜闻乐见的精品内容。

（2）最大化产品的猫元素：在B站打造一个“喵喵喵星球”，征选深受B站用户喜爱的硬汉艺术家——腾格尔，引爆冷酸灵牙刷新品上市热度，以反差萌制造话题出圈。

（3）改编腾格尔的经典代表作《天堂》，增加话题讨论空间。

2. 内容创意

（1）传播主题：基于“不惧敏感，温柔以待”的品牌主张，以猫爪牙刷为契机，延伸出此次传播主题——刷退敏感，温柔以喵。

（2）冷酸灵版《天堂》改编：在歌曲改编上，基于传播主题——刷退敏感，温柔以喵进行创作，围绕“敏感”人群和“治愈”场景展开，符合受众（“95后”）特性和态度，歌词创作上引入流行词；同时，植入感情层面的产品卖点和歌词相关联，强化“治愈”“温柔”等核心语句；歌曲调性方面，曲风活泼，易于形成传唱度。在MV呈现上，以腾格尔治愈穿越的舞台剧形式，打造不同的情景和人设，例如，吵架的情侣、独自伤心的女孩子、加班的女生……腾格尔起床后拿着牙刷，一一穿过上面设定的情景，然后通过歌词唱出当生活中遇到敏感时刻，都可以用这一款牙刷来治愈。画面整体以暖粉色为主色系，体现软萌、可爱、治愈的感觉。

冷酸灵版《天堂》MV落版

（3）多圈层二次创作：挖掘视频中有潜力成为内容模板或记忆点的地方，供UP主基于自身粉丝喜好二次创作，如全曲最魔性的高潮部分“刷一刷刷一刷刷一刷刷一刷刷一刷，刷一刷刷一刷刷一刷刷一刷刷一刷”，猫咪外太空飞行，致敬《E.T.外星人》名场面等，联合生活类、搞笑类、音乐类、鬼畜类等UP主用创意化原创内容渗透B站各个圈层。

3. 媒介策略

B站入圈，微博出圈，并潜入不同圈层形成传播链。

（1）基于产品的目标人群属性，选择在擅长生产内容的平台——B站打造创意内容，用年轻化的语言沟通年轻消费群。

（2）在微博发酵话题，扩大线上传播声势。

（3）撬动私域流量——微信矩阵（公众号、视频号、社群），打破平台壁垒，扩大MV

转发扩散的传播半径。

（4）运用种草机器——小红书原创图文笔记，助推猫爪刷产品流行。

项目执行

7月5日开始，在小红书预埋部分博主原创种草图文，承接后续用户对产品的搜索。

7月8日至9日，官方自媒体发布预热海报，提前吸引粉丝对冷酸灵版《天堂》MV的关注。预热海报分为悬念版和解密版：悬念版画面主体是腾格尔和猫咪背面形象，画面文字采用“喵喵喵星球”的语言（类似“火星文”形式），释放悬念信息；解密版画面主体则是腾格尔和猫咪的正面形象，正式官宣代言人及全新合作单曲。

7月9日晚，冷酸灵版《天堂》MV在B站、微博正式上线。B站多位知名UP主和微博情感类大号跟进扩散，话题讨论声量集中爆发。

悬念海报

7月10日至8月15日，MV通过B站内容推荐延长短视频生命周期，多圈层UP主陆续发布MV二创作品，增强内容可玩性。

7月中下旬至8月，多地城市户外楼宇投放全曲最洗脑片段，“喵喵喵星球”快闪店城市巡游，承接线下消费者互动及购买，现场“猫女郎Cosplay+游戏互动+软萌打卡”，吸引大量年轻消费者参与并自发传播。

8月底，深度解读本次营销事件。

项目评估

1. 效果综述

通过多平台、多维度、多圈层触达目标人群，项目总曝光量超1.8亿次。MV总播放量超1450万次。在B站，官方MV播放量超135万次，高于同期艺人合作的其他品牌内容。微博话题#腾格尔同款小喵刷#阅读量超8800万次，品牌声量及产品口碑均有显著上升。

2. 受众反应

在传播主阵地B站，“官方整活最为致命”“被

治愈到了”“上头”“我买买买还不行吗”“我看得好开心”“太可了！种草”等来自成千上万的真实弹幕和用户评论见证了冷酸灵在年轻市场中的品牌形象得到有效刷新。

亲历者说　戴雨婷　重庆登康口腔护理用品股份有限公司市场部副部长

冷酸灵作为一个几十年的国民品牌，受到消费者信任的同时面临品牌“老龄化”的挑战。因此，持续不断加强与年轻消费者的沟通，缩短与他们的距离至关重要。与牙膏相比，行业集中度低、品牌忠诚度低、外观关注度高的牙刷品类，更易于刷新消费者的品牌印象。冷酸灵牙刷在此次品牌重塑过程中，就结合功能与情感，以都市白领、学生等年轻人群为种子用户，焕新品牌。基于年轻人生活压力大、情绪敏感的洞察，我们以极具治愈属性的喵星人为创意载体，将情感治愈与超柔密泡功能有机结合，创新开发出猫爪刷这一具有软萌颜值、粉嫩治愈的产品，并以此为抓手，在年轻人的主阵地B站和微博治愈发声，为深受B站年轻人喜爱的宝藏大叔腾格尔精心打造人设，制造反差萌话题，改编版《天堂》不负众望引爆声量，萌萌猫爪刷“刷一刷”成为新晋洗脑神曲。引爆线上的同时，线下同步高频楼宇广告刷屏，并在北京、成都、重庆、长沙和西安五城进行“喵喵喵星球”快闪店城市巡游，将满满的治愈力量带给现场互动的消费者，引发大量朋友圈自传播，产品成功出圈。一场焕新品牌形象的整合营销活动告捷，提升了冷酸灵品牌在年轻消费群体中的知名度和美誉度，冷酸灵品牌年轻化又向前迈进了一大步。相信通过“喵喵喵星球”快闪店城市巡游在全国的进一步扩大，我们能推动冷酸灵进一步成为占领年轻人心智的“国潮品牌”。

案例点评

点评专家：霍静　陆领科技联合创始人兼COO

从案例分析来看，如果作为品牌营销来说，我个人认为是比较出奇的，一改以往大众对冷酸灵品牌的认知，从年轻人喜欢的角度、平台入手，将明星和产品结合，可以看出策划方旨在让传统的品牌焕发新的光彩。但是线上B站和微博的热点传播与线下实体店同步互动是否有效转化成线索没有体现。一时的新媒体热点传播并不能形成对品牌印象的扭转和升级，这是案例分析缺少的部分。

伊利安慕希情人节营销

执行时间：2021年2月11日—3月14日

企业名称：内蒙古伊利实业集团股份有限公司

品牌名称：安慕希

代理公司：爱创营销与传播

获奖类别：金旗奖——2021最具公众影响力短视频营销大奖

项目概述

网红限定产品成为风口，多品牌推出网红限定产品，这类“短平快”产品通过借势热点节日，实现灵活的消费者沟通，吸引全新年轻消费人群尝试，赋予品牌更多内涵与外延可能。

安慕希网红系列作为一个长线布局系列，承载着安慕希品牌活化的任务，聚焦更年轻的消费者，尤其是Z世代人群，以品牌跨界、内容物及包装创新的方式推进，通过持续曝光的方式增加产品话题量。

项目策划

1. 实施策略

情人节是各大品牌营销必争的大节点，如何在嘈杂的传播噪声中脱颖而出？

（1）聚焦差异化人群。几乎所有品牌情人节期间都将目光聚焦到女性，为这个节日买单的许多男性人群却没有得到太多品牌关注。

（2）深挖男性的痛点——送礼被吐槽。他们用心送出的礼物往往因太奇葩被吐槽，花钱不讨好。

（3）发出一个差异化主张——“浪漫不限定”。为男性发声——浪漫不仅仅是玫瑰，每个看似笨拙的礼物背后，都有一个爱的逻辑。浪漫不止在情人节这一天，而在每一个笨拙又精心的小细节，“浪漫不限定”。

2. 内容创意

（1）核心物料传递价值观——系列视频。展现情侣那些认真到笨拙的日常，藏着很多的浪漫细节需要细细感受，浪漫不止一天，每个精心又浪漫的小细节都是爱的体现。

视频1切入点：长久的浪漫是用我的爱好关联你的爱好。视频2切入点：长久的浪漫是让多喝热水不再是说说而已。视频3切入点：长久的浪漫是不擅长表达，所以用公式说话。视频4切入点：长久的浪漫是我只在意你有没有好好吃饭。

（2）品牌沟通载体——情人节限定款番茄味口红酸奶。

（3）话题互动激发用户参与，“为爱投保”。安慕希官微和微博热搜双双发起话题互动，征集用户生活中的浪漫细节，“为爱投保”。

3. 媒介策略

“微博＋微信＋用户反馈”，让更多人了解并认可品牌主张。

项目执行

2月11日吐槽海报上线，引发浪漫讨论。2月12日—13日电影感预热海报传播。2月14日系列视频上线，传递价值观——“微信朋友圈广告＋微博开屏＋微博信息流视频广告”；“为爱投保”微博活动上线，征集浪漫生活中的浪漫细节，同时冲上热搜。

定期发布情人节“为爱投保”活动与总结，不断提升曝光量，持续吸引大量用户分享自己的故事，引起一轮又一轮的讨论。

项目评估

1. 效果综述

通过有洞察的内容，引发用户共情，微博活动“为爱投保”引发网友积极参与讨论，阅读量突破1.6亿次，讨论量6.5万次。活动微博转、评、赞创安慕希微博历史互动量新高。

2. 受众反应

从核心物料、品牌沟通载体到话题互动，全程受到网友肯定。

3. 媒体统计

上百种优质UGC合计获得超33.3万次点赞；“微博开屏+微博信息流视频广告”播放量达110558408次；微信朋友圈系列视频播放量达51252114次。

亲历者说 牛楠溪 爱创营销与传播客户总监

“高昂的媒介成本+信息传播的碎片化”，是所有品牌传播的难点，如何在品牌集中宣传的情人节抢占热度？我们给出的答案是大众议题营销，通过送礼物的大众议题切入，发出核心主张——“浪漫不限定”。我们通过该主张，激发用户主动讨论与传播，让有限的媒介资源创造无限的传播价值。

在执行层面，我们不单单从传播进行思考，而且为了呼应传播节点与主张，进行从产品口味到产品外观的改造，实现了“策略—主张—产品—传播”的全方位聚焦，在情人节当天实现了“产品销量+传播声量”的双高。

案例点评

点评专家：隆伟利 罗氏制药中国企业事务与传播副总裁

伊利安慕希情人节营销案例创意洞察力强、立意点新、策划巧妙、执行到位，是一个成功的短视频营销案例。其系列视频以生动有趣、引人入胜的内容，以年轻情侣个性化的情感诉求引发受众共情，有效提升了系列视频的说服力和可信度。在传播方面，结合情人节这一特殊的时间节点及舆论热点和槽点，快速开发了新的网红限定产品，并将产品作为与用户沟通的重要载体，达成了品牌的年轻化沟通与受众群体的共鸣。从传播效果来看，微博活动引发的过亿阅读量、巨大讨论量以及转、评、赞创安慕希微博历史互动量新高的成绩，也达到了极佳的效果。本案例有很好的示范和推广价值，对于节假日营销策划、品牌推广都有借鉴意义。

中兴手机“生命不息，热爱不止”冠军精神视频[①]

执行时间： 2021年7月23日—27日

企业名称： 中兴终端有限公司

品牌名称： 中兴手机

代理公司： 上海铃印网络科技有限公司

获奖类别： 金旗奖——2021最具公众影响力短视频营销大奖

项目概述

在中兴手机新品推广期，如何让品牌和Z世代年轻人跨越时代鸿沟，产生共鸣，是中兴手机一直思考的课题。这一次品牌的解题思路是尊重年轻人，与他们玩在一起，于是便有了一场即兴的社交活动，即由UP主“提议+参与”，中兴手机支持创作冠军精神视频“生命不息，热爱不止”。活动连接对中兴手机不熟悉的年轻人，让品牌与Z世代年轻群体跨越时代鸿沟，产生共鸣。

项目策划

1.实施策略

打造一场“有调性+有内容+有产品场景+符合平台特征+从社交形式上创新”的“与众不同”的社交活动。

① 本文中所涉及的照片，上海铃印网络科技有限公司均已得到被拍摄者的使用许可。

2.内容创意

中兴手机于2021年7月发布的全新一代屏下摄像技术在上一代的基础上进行了升级。该技术的量产经历了千辛万苦，也是其他品牌想实现而最终没能实现的遗憾。因而在屏下摄像这块，中兴手机用实力证明了自己是独一无二的冠军。中兴Axon 30的屏下摄像手机发布时间正好靠近东京奥运会。运动场上的健儿奋勇拼搏为国争光，他们是冠军，而场外的每个追求极致的人也是自己的冠军。于是，企业围绕冠军主题开始展开新的传播序章。

本次参与创作的8位UP主是不同文化领域的代表，街头滑板、非遗绒花、中国传统骑射、高达模型、旅拍、悠悠球、无人机……他们大多是“95后”“00后”，来自五湖四海，有着截然不同的性格和兴趣爱好，却有着相同的坚持。他们本来是毫无关联的平行线，本次创作的契机让他们认识彼此，发现坚持热爱这条路并不孤独。他们与中兴手机不谋而合。中兴手机和8位优质创作者的共通点在于，不畏艰险，坚持追求自己的热爱，不断挑战和突破，成为自己的冠军。

中兴手机“生命不息，热爱不止”冠军精神视频通过直观的镜头语言，记录他们追求极致的日常画面，展现不畏艰险、力求完美的拼搏精神。中兴Axon 30手机一路陪伴，记录冠军时刻。

中兴手机“生命不息，热爱不止”冠军精神视频1

（1）前期以B站为主阵地，利用8位UP主的热度，进行扩散传播。同时，中兴手机官方B站号与粉丝互动，赠送礼品，进行二次发酵。

（2）中期，中兴终端事业部总裁倪飞的微博、微信视频号发布中兴手机“生命不息，热爱不止”冠军精神视频，引发关注和讨论。

（3）后期，多方媒体针对这一社交事件发声，进行回顾、总结和传播。方向参考：B站科技品牌社交媒体内容营销新形式，从评论区互动到内容共创，成就一支不经意间极

致遇见极致的大片；另辟蹊径的社交玩法，快速抓住营销机遇，即时响应意见领袖共同创作优质内容的要求；社交当以用户为中心，与KOL玩在一起。

3.传播规划

传播目标：建立中兴手机在Z世代心中的新印象，与他们玩在一起。

传播对象："90后""00后"，扎根B站的年轻人。

传播主题：生命不息，热爱不止，做自己的champion（冠军）!

传播渠道：以B站为主平台，结合微博、微信、门户媒体共同发力。

项目执行

（1）B站UP主提出共同创作优质内容的要求（7月23日）。

（2）中兴手机响应并支持UP主共同创作优质内容的要求（7月23日）。

（3）邀请和集结UP主，进行初步沟通（7月23日）。

（4）确认合作UP主名单，进行二轮沟通和档期确认（7月24日）。

（5）规划拍摄场地、脚本、人员安排、设备安排（7月24日）。

（6）设计8个UP主的镜头，输出分镜画面，确保最终效果（7月24日）。

（7）分8个拍摄组，前往博主所在的城市（8个博主在不同的城市），现场勘查拍摄条件，正式进行拍摄（7月25日—26日）。

（8）整合素材，进行后期剪辑（7月26日）。

（9）"配音+配乐"（7月26日）。

（10）修改（7月26日）。

（11）最终定稿，UP主联合发布（7月27日）。

（12）品牌官方账号现身互动（7月27日）。

项目评估

1.效果综述

中兴手机"生命不息，热爱不止"冠军精神视频在B站由8位UP主联合发布，累计观看量超22万次，综合互动量超1万次。全网综合传播量超过100万次。

2.受众反应

不同于传统的宣传片，本次的中兴手机"生命不息，热爱不止"冠军精神视频让UP主们做主角，中兴手机仅露出少许镜头，被网友们笑称为"最不像广告的广告片”。视频上线仅96小时，观看量突破20万次。值得一提的是，中兴手机与B站的用户正式会面和互动的地点选择在了视频的评论区，利用B站热烈的互动氛围，进一步拉近与年轻人的距离。网友们纷纷在评论区进行互动留言，表示认识到了全新的中兴手机。

3.媒体统计

《中国日报》、中国网、网易新闻、中华网、IT之家、中关村在线等13家重量级媒体从不同角度进行宣传报道，表示本次跳脱传统的勇气加上抓住真正内容及媒介特点的新尝试，让中兴手机打了漂亮的一仗。

4.项目亮点

（1）品牌0预算，即时响应意见领袖共同创作要求，72小时出片。

（2）从中兴手机的产品极致到社交极致，品牌放下“架子”和极客（博主）玩在一起。从评论区互动到内容共创，成就一支正能量大片。

（3）B站、微博、微信、门户媒体联合传播，呼吁每一个坚持热爱的人，做自己的冠军。

中兴手机“生命不息，热爱不止”冠军精神视频2

亲历者说　刘是昊　上海钤印网络科技有限公司创意总监

该项目是品牌、PGC、TA（目标受众）三位一体，圈子、兴趣、内容三力合一。从用户中来到用户中去，用热爱召唤热爱，才是在纷繁信息中建立认知区隔的武林秘籍。项目的执行一气呵成，参与者对这个主题都很有共鸣，相信也可以感染到观者。

案例点评

点评专家：刘畅　克诺尔中国区副总裁，欧盟中国商会政府事务论坛主席

中兴手机“生命不息，热爱不止”冠军精神视频的创意，妙在淋漓尽致地体现了“和而不同”这一中华文化特有的智慧。品牌与消费者、媒体与受众之间，以及视频中每个鲜活的角色，如何建立起自然的“和而不同”的联系？这本是不小的挑战，而公关团队非常巧妙地运用“平凡、勇敢”等主题，赋予品牌与年轻人这一特定受众拼搏向上、传播正能量的共性。

共创视频从选题的确立、场景的设立、人物形象的刻画，都极具时代感，既有趣、有爱、有激情，又鲜活、生动、接地气，同时凸显积极进取的主旋律，实现了在“一起玩”中“轻松”获得极佳的传播效果。

其推广策略及项目执行也成功运用了多种传播要件，整体设计和实施有想法、有新意、有亮点。

建议可考虑品牌不同年龄、背景、消费习惯等不同消费群体，继续拍摄系列共创视频，乘胜追击，期待更多优秀作品。

2021最具公众影响力品牌TVC大奖

中国邮政“更快更高更强”冬奥寄递服务篇

执行时间：2020年9月—12月

企业名称：中国邮政集团有限公司

品牌名称：中国邮政

代理公司：北京天大星辰文化传媒股份有限公司

获奖类别：金旗奖——2021最具公众影响力品牌TVC大奖

项目概述

中国邮政集团有限公司以加入中央广播电视总台“品牌强国工程”为契机，综合利用多种宣传渠道，开展了连续不断、形式多样的立体化宣传，实现了中国邮政品牌和重点业务板块的全面展示，品牌传播力和社会影响力得到进一步提升。

为进一步扩大品牌影响力，企业拍摄2020年冬奥寄递广告片，延续寄递业务“美好轻松寄 更快更安全”的品牌特性，融入冬奥元素和体育精神，呈现中国邮政不断拼搏、不断超越，为广大用户传递美好、成就梦想的服务理念，彰显企业综合实力。

项目策划

1. 目标

（1）实现中国邮政品牌和重点业务板块的全面展示，提升品牌传播力和社会影响力。

（2）在邮政寄递服务中融入冬奥元素和体育精神，呈现中国邮政不断拼搏和超越，为广大用户传递美好、成就梦想的服务理念，彰显企业综合实力。

2. 受众

中国邮政寄递服务的合作企业、签约用户、普通公众。

3. 实施策略

奥林匹克精神是不断进取的奋斗精神和不畏艰险、敢攀高峰的拼搏精神。勇往直前，不断战胜自己，超越自己，实现新的目标，达到新的境界。克服大自然给人类带来的各种各样的限制，挣脱自然对人们的束缚而获得更大的自由。

邮政寄递精神是肩负国企社会担当重任，体现国家风范的代表。对于寄递服务时限不断突破，对于寄递服务标准不断提高，对于邮政寄递服务自身不断发展，最终实现邮政寄递精神的张扬。

所以从策略上将奥林匹克精神同邮政寄递投递速度、寄递标准、服务能力相联系，分别用寄递时限、智能服务、美好体验三个板块，体现邮政寄递更快的投递速度、更高的寄递标准、更强的服务能力。

用分屏呈现：将足够丰富的两个画面同时出现在一个画面中，更突出体现二者精神的契合。通过画面引导，形成丰富内容，实现更新的视觉效果、更有张力的画面表现以及更具契合性的精神表达。

项目执行

由于拍摄期间处于疫情控制期，所以本次执行制订了相应工作原则和应急预案。

（1）工作原则：以人为本，安全第一；统一领导，分级负责；居安思危，预防为主；快速反应，从容应对。

（2）突发事件防范：在拍摄前一天，拍摄道具组和美术组将现场全部搭建和布置完毕，确保现场搭建稳固、安全，无坍塌等危险隐患。关注天气预报，拍摄当天如遇小雨等非恶劣天气，则剧组配备雨伞、雨衣等雨具；如遇恶劣天气，则延期或另行讨论后决定。拍摄前做好纪律教育，定岗、定位、定责。拍摄场地确保不占道路，确保不影响其他社会人员正常活动。派专人负责现场人员的物品管理，防止物品丢失。对现场参与拍摄人员进行拍摄前的协调以及必要的安全注意事项交代，确保拍摄有序进行。

（3）紧急情况预防：应急电话——保证电话在事故发生时使用畅通，项目部事故紧急救援指挥组主要成员均配置手机，并向有关单位、部门通报电话号码。关于传染性疾病应对防控预案，每位参与拍摄人员进入拍摄场地前全部需要扫描健康码进行验证，对每一个参与拍摄的人员进行体温测试，详细登记所有人员信息进行备案，现场所有设备和物品提前进行酒精消毒，现场人员必须戴好口罩等防护物品。

（4）遇到突发及紧急情况处理：现场如遇发热或者疑似患者，立刻停止拍摄，通知相关防疫部门对人员进行控制，全员组织核酸检测，等待检测结果出来再做进一步处理。

（5）突发事件处理程序：负责人员立即到达规定岗位，采取相应的应对措施；相关人员听从命令，坚决执行，其他人员积极配合，保证事件处理得当；如遇紧急情况，要及时向上级或相关部门汇报，并保持紧密联系。

项目评估

中国邮政第一支签约奥运的广告宣传片，本身就承载着客户太多的期望。在本次工作中，从最初的脚本方向、落地创意、沟通内容、筛选演员，到最后的实际拍摄执行，品牌方同项目组紧紧把握住品牌方向和市场反馈。在项目启动之初，项目组听取多方意见，听从各级领导的指示，对邮政业务具体发展脉络和服务特点等进行了细致入微的了解。最终执行完成获得品牌方的高度好评，同步被提交至《品牌中国》栏目进行播放，成为中国邮政品牌在服务升级新时期进行品牌焕新的华彩篇章。

亲历者说　杨磊　北京天大星辰文化传媒股份有限公司事业部客户群总监

我作为一名资深广告人，主导和参与过的品牌TVC或短视频已经记不清有多少了，但是可以说中国邮政拍摄的这支冬奥寄递广告片给我留下的印象是最深刻的。作为主创团队和制作团队的负责人，我感谢团队中的每一位成员。他们在创意概念提出到制作这一过程中所体现的那种探索、试错、相互协作的精神，至今让我记忆犹新。他们在后期处理整体片子时反复打磨的韧劲也让我感到赞叹。当然最重要的是制作片子的过程中，甲方对于我和团队在中所给予的无比包容与信任，这一点是很关键的因素，也是广告从业者可遇不可求的幸事。正因为有了好的甲方和好的团队，才能让我得此殊荣，记录下这段美好的回忆，感谢他（她）们!

案例点评

点评专家：星亮　暨南大学新闻与传播学院广告学系教授、博士研究生导师

寄递服务在普通人的记忆中，似乎是一件久远的往事，与互联网的世界相隔甚远；企业TVC似乎与老派广告人的荣光渐行渐远，在小视频的轰击下难续辉煌。在小视频霸屏的大势中，北京天大星辰文化传媒股份有限公司逆势而上，为中国邮政策划拍摄的冬奥寄递服务TVC，巧借大热门事件，巧搭强权威平台，在中央广播电视总台的“强国品牌工程”中风光亮相，迎来满堂彩！

微众银行微业贷《企业家的经营之道》品牌TVC

执行时间：2021年6月—8月

企业名称：深圳前海微众银行股份有限公司

品牌名称：微众银行微业贷

代理公司：华扬联众数字技术股份有限公司深圳分公司

获奖类别：金旗奖——2021最具公众影响力品牌TVC大奖

项目概述

中国商业的基础是建立合作，中国企业家们常常用一句自信、积极向上的“没问题”给予合作伙伴信心。《企业家的经营之道》品牌TVC通过四位企业家经营片段的场景化叙事，解构“没问题”背后的真相，以更广的故事脉络撬动情感共鸣，传递出微业贷作为一款普惠金融领域的创新产品，让200万中国企业家更自信地说出“没问题”。该影片传达出微众银行微业贷陪伴企业家共同成长的品牌理念，实现品牌角色的升级。

项目策划

1. 目标

内容上，延续“企业家系列”IP，立足企业经营场景，突出微众银行微业贷品牌的行业特色，引发情感共鸣；塑造“与企业共同成长的伙伴”的品牌形象，强化“企业贷款用户首选品牌”的品牌认知。

媒介上，针对传播内容，多位一体打造精准化的品牌媒介策略。从核心企业家到潜在企业家，再到泛大众，围绕目标人群层层渗透；权威媒体定调、圈层媒体渗透、流量媒体精准触达，最大化地扩散声势，以提升品牌影响力。

2. 整体策略

以完整版TVC、企业家主视觉海报、主题落地页为核心传播物料，配套四个故事单独剪辑版、悬念预告片、剧照海报等KOL深度解读内容，立体诠释“中国企业家的经营之道”和微众银行微业贷与企业主共同成长的品牌形象。

从细微处入手，洞察中小微企业家日常生活中的经营难题，聚焦四位企业家主角，从而辐射更广大的用户群体，激发他们的同理心和代入感，同时在剧情中引出微众银行微业贷品牌与企业、企业家们共同成长、互为见证的关系，以此来提升企业家对微众银行微业贷的品牌认知和品牌认同。

3. 内容创意

中小企业家在企业经营的过程中，时常遇到经营、生产、创新等不同的生意难题，但总会用一句自信、积极向上的“没问题”给予伙伴信心。微众银行微业贷的出现，帮助企业家解决最基础的资金问题。几年来，微众银行微业贷让200多万中国企业家更自信地说出“没问题”，不管是直面挑战或是机会当前，智造转型或是技术迭代，企业的每一次探索和突破，微众银行微业贷都陪伴企业共同成长，更助力中国实体经济“没问题”。

微众银行微业贷《企业家的经营之道》品牌TVC截图

品牌TVC落点于“一条产业链的四家企业”，刻画了荔枝果林公司、包装印刷公司、科创公司、果蔬批发公司的企业经营者的形象。他们在面对不同问题时有效对症下药，最终成功让远在3000公里外的新疆百姓品尝到新鲜的广东荔枝。品牌TVC在对用户群体进行叙事写实的同时，向中国中小微企业家直面困难的奋进和实干精神表达崇敬和支持。

4. 媒介策略

总体上，先聚焦目标人群，再层层扩散。根据核心企业家触及潜在企业家，再触及同行和大众的逻辑，选择权威媒体定调，用圈层媒体渗透，再以流量媒体精准触达，最大化扩散声势，提升影响力，打造良好的品牌形象。

内容上，以品牌TVC为基础，选择权威媒体，资讯类、财经类、营销类优质媒体，多维度探讨内容深度，提升品牌价值，扩大影响力。权威媒体从政策背景及宏观环境切入，讲述中小企业经营困境，结合TVC解读，展现微众银行微业贷的强大品牌实力。资讯类媒体从社会话题及企业家故事切入，引发读者兴趣，解读企业家精神，体现微众银行微业贷与小微企业共同成长。财经类媒体从中国小微企业经营现状及问题出发，结合TVC体现微众银行微业贷产品优势、获得的成效与发展布局。营销类媒体从营销层面引起读者对品牌的兴趣，总结梳理微众银行微业贷近年来的传播动作，提高品牌认同感。

5. 传播规划

根据整体的媒介策略将传播规划分为三个阶段：官方自媒体矩阵率先发声，发布剧照海报及悬念预告片等；紧跟硬广资源集中曝光，权威媒体背书，曝光媒体进行宣传推广，掀起传播热潮；后续资讯类、财经类、营销类等大V深度解读传播内容，延续传播热度，总结升华品牌价值。

项目执行

6月初，《企业家的经营之道》品牌方案正式定稿并开始执行。每一个镜头所呈现的真实效果，都离不开拍摄现场的忙碌。历经快一个月的奔波，项目组辗转果园、包装、科创、物流四大场景，在6月下旬顺利完成了拍摄任务，并在7月9日产出成片。

后续的TVC传播主要分为物料准备和具体执行两个阶段。7月12日至21日，在多方协作下，一周半完成了创意和媒介的准备工作。原计划当月下旬上线TVC，却遇上河南水患，忧心并驰援河南的同时，考虑到TVC原片中提及旱情的内容有违时事，决定延后执行并调整物料。最终具体执行规划调整为8月初官方自媒体渠道传播，并陆续辅以外部媒体渠道助阵，扩大影响力。

从前期策划到执行收官，项目花费了2个月进行统筹管理，遇到突发水灾后快速响应时事，及时改期，团队全面配合工作调整，落实好每一部分的内容，最后项目顺利上线并取得不错的传播效果。

项目评估

1. 传播效果

各平台总曝光量超1.9亿次，总点击量超188万次。其中，微信朋友圈点击率提升80%，总文章阅读量达41万次，抖音KOL视频播放量超115万次，自媒体H5点击率13%，H5完整参与率67%。新闻稿共46篇次，覆盖资讯类、财经类、营销类媒体，大大提升了传播声量，内容阅读量43.69万次，全网曝光6646次。

2. 受众反应

《企业家的经营之道》传播后评论的正向倾向增强，受众受传播内容感染，多次对中小企业家的精神和微众银行微业贷的品牌行为表达了高度支持，微众银行微业贷作为中小企业成长的陪伴者与见证者这一品牌形象也在受众中逐渐深化。

项目首次打造品牌向测试类H5，聚焦企业家专属社交分享场景，获得较高的用户参与度。7月19日和8月2日微众银行微业贷订阅号分别发出《微业贷借款通道已开》和《邀您申请可借款额度》两篇推文，并在末尾附上H5二维码链接，使得H5点击率激增。H5传播浏览量集中在自媒体端口，存量用户实现了有效互动。

项目首次尝试与抖音KOL合作，邀请财经领域垂直大V以视频形式对TVC进行解读与再创作。合作视频评论区收获大量好评，例如“这个视频好赞，我想转发到朋友圈”“这广告毫无违和”“让人长知识的广告我喜欢”等，上线2小时点赞量过万次，效果优于同行业合作视频。

亲历者说 **周潺　微众银行企业金融品牌经理，项目负责人**

视频取材于真实的企业案例，讲述了荔枝跨越几千公里到达新疆的故事。故事灵感来源于微众银行微业贷产业链上下游的客户，从农业种植到制造包装，从物流运输到终端零售，一颗荔枝的背后代表了中国经济最鲜活的小微企业。无论是直面挑战，还是机会当前，微众银行微业贷始终践行着“做生意简单一点”的品牌价值，见证、帮助企业家有底气地说出“没问题”，行走在红火的生意江湖中。

案例点评

点评专家：姚利权　浙江工业大学广告学系系主任、副教授、硕士生导师、信息与传播研究所副所长

本案例以品牌TVC为主要手段，洞察精准，内容有创意，呈现真实企业经营场景，以小见大，引起受众的情感共鸣，同时借助权威媒体及圈层媒体的传播，达到较好的曝光量及传播声量，从而强化品牌内容的识别度，打造微众银行微业贷良好的品牌形象，取得了不错的效果。

主要亮点如下。第一，调研深入，洞察到位。本案例从“没问题”这个点出发，很好地连接起品牌与企业家，同时在创意中体现中国企业家精神，有了很好的立足点。第二，内容富有创意，直达人心。以完整版TVC，再结合四个故事单独剪辑版、悬念预告片、剧照海报等KOL深度解读内容，从“个体”升华到“共同体”，激发目标受众的情感共鸣及相关思考。第三，传播渠道多样，传播策略有效。本案例结合多种媒体平台，多角度进行传播，根据不同媒介类型选择不同的内容视角，做到针对性强、传播效果强，从而提升受众的精准度，提高品牌的认同感。

成都建发央玺、央著品牌广告片《古今盛世，一府相见》①

执行时间： 2021年4月22日—8月17日

企业名称： 建发房产成都公司

品牌名称： 建发房产

代理公司： 成都念初文化传媒有限公司

获奖类别： 金旗奖——2021最具公众影响力品牌TVC大奖

项目概述

成都建发央玺、央著品牌广告片《古今盛世，一府相见》以建发房产新中式匠造理念“儒门、道园、唐风、华纹”为精神内核，将其转换为具象的、可被感知的影视语言表达。视频在展现示范区特色中式景观的同时，提取了唐代胡旋舞、诗人李白、名将裴旻、飞天神女等形象，以此传递和表达儒门的礼、道园的景、唐风的气度和华纹的唯美飘逸，体现了建发房产新中式匠造理念与“大唐盛世”的结合。

项目策划

1. 目标

品牌方面：展示建发房产新中式匠造理念，打造特色新中式标杆。

场景设计：采用全摄影棚拍摄，通过现场美术置景和后期数字特效，以央玺和央著售

① 本文中所涉及的照片，建发房产成都公司均已得到被拍摄者的使用许可。

楼部的特色中式景观为背景，还原盛唐风貌。

传播策略：线上线下联合推广，获取行业内外关注，打造地产界创新广告片形式，以文化致敬文化。

2. 内容创意

建发房产的新中式匠造理念是“儒门、道园、唐风、华纹”。这也是建发房产对中式建筑文化、中式理想生活的锻造和提炼。对于制作方来说，把抽象的匠造理念，转换为具象的、可被感知的影视语言表达，是广告片制作的重点和难点。为此，项目组做了很多设计和思考。

第一，把项目示范区的几大特色景观在棚内进行复刻，简其形而聚其神。第二，提取唐代胡旋舞、诗人李白、名将裴旻、飞天神女等形象，去传递儒门的礼、道园的景、唐风的气度和华纹的唯美飘逸。第三，用专业的影视级制作班底，确保最终的效果和质感，为客户和受众呈现一场视觉的盛宴。

3. 媒介策略

线上：建发房产成都公司视频号、新片场、TVCBOOK——2条悬念视频、1条正片、1条视频创作解读。

线下：选取成都太古里3D屏投放，人流量大，获得极大传播度和话题度。

项目执行

1. 项目进度

前期对接需求、探讨创意、撰写脚本等工作，为期1个月左右。项目筹备期半个月，项目拍摄时间为3天。原创音乐制作、数字特效制作、剪辑调色等工作共耗时约1个半月。

2. 控制与管理

为保持良好沟通、把握环节落实、确保成片质量，多方建立了稳定、快速、畅通的协作机制。城市公司负责人和策划负责人亲自对接品牌方，制作方搭建固定制作班底，专人专责，制片主任全程把关项目进度，推进环节实时把控、及时反馈，项目全周期共召开汇报会、交流会、线上反馈等各类会议20余次。

项目评估

1. 效果综述

通过线上线下多通路的媒介平台，创新的视频拍摄形式，在成都房地产行业产生极大话题度和传播度。

2. 受众反应

市场认可度高，被其他房地产项目借鉴和模仿，有效地建立了建发房产新中式的品牌形象，提升了行业关注度和知名度。

3. 市场反应

广告片作为房地产行业广告文化片的创新形式体现，为房地产行业提供了视频营销新模式。

4. 媒体统计

视频观看量合计：截至发稿前，总浏览量70余万次，点赞数7000余次，转发量6000余次。

广告片截图1

广告片截图2

广告片在大屏投放

亲历者说　黄勇　建发房产成都公司营销负责人

建发房产耕耘新中式产品数十年，项目组试图在建筑风格、设计、文化、生活方式等各方面充分体现大唐盛世的繁华与美。但现在主流的宣传方式往往只能呈现中式建筑的“表”，却很难触及中华精神的“里”。

所以项目组考虑通过视频的形式，将建发房产新中式匠造理念“儒门、道园、唐风、华纹”通过画面和情节的方式呈现出来，并且希望借助视频，将建发房产打造新中式的匠心、深耕一座城的恒心、致敬文化的真心传递出来。

案例点评

点评专家：杨智予　搜狐华北品牌营销商业化策略副总经理

中华文化宏大且厚重，能够形成特色的表达且具有较强的记忆度，是非常难得的。本案例的创作方，凭借深厚的文化解读能力和情怀，巧妙地将宏大厚重的大唐文化进行了具象化的解构处理，并用大家耳熟能详的人物进行生活态度和生活方式的演绎，消费者不仅看到了广告片的精致华丽，更感受和认可了这段影片背后的项目团队的专业和专注。

2021最具公众影响力
社交媒体运营营销大奖

万国公众号，哪里来的“路人缘”？[①]

执行时间：2020年9月1日—2021年9月6日

企业名称：历峰商业有限公司

品牌名称：IWC（万国）

代理公司：罗德（上海）传播有限公司

获奖类别：金旗奖——2021最具公众影响力社交媒体运营营销大奖

项目概述

2020年，瑞士制表名家IWC牵手罗德（上海）传播有限公司，以开拓性的思维打造既符合品牌调性又极具“路人缘”的本土化创意内容，以创意工程师的品牌气质，成功将品牌官方微信公众号打造成为奢侈品腕表界的标杆。

项目策划

1.项目实施策略

根据平台的特性进行运营。基于微信平台阅读体验更浸沉、传播途径更私域的特性，延续IWC的品牌公众号讲故事的文案风格，挖掘与日常消费者生活相通的话题，配合视觉画面及交互效果，达到与消费者进行深层沟通的目标。此外，其将微信视频号作为创意性内容的发布平台，丰富影像类内容的传播。

① 本文中所涉及的照片，历峰商业有限公司均已得到被拍摄者的使用许可。

2.内容创意

（1）洞察消费者与产品的关联度，用“放大思维”讲故事。

如微信公众号推文《大飞的场子。》，以IWC大飞特有的集装箱表盒为灵感，从表盒打开的无限可能衍生出对未来生活的大胆憧憬。

推文《大飞的场子。》配图

（2）围绕#IWC玩大了#这一话题做内容创新。配合手机页面交互，展现不局限于微信平台的创意形式；配合本土创意视频丰富自媒体内容形态，满足多元受众需求。

如2021年6—7月，IWC微信公众号以连续三篇开拓性的“如果”系列，通过“如果万国做抖音/小红书/B站”，解锁微信公众号的特殊打开方式，展现出平台“框不住”的创意，成功激发了读者的兴趣，读者跨平台和IWC一起“玩梗”，进一步丰富了其内容。

推文《如果万国做小红书。》配图

（3）为中国消费者量身定制本土内容。结合总部素材内容，输出与本土消费者情感关联度高、价值观认同感强的定制化内容；引用粉丝原创内容，以对话形式提升粉丝忠诚度。

如微信公众号推文《送你一计。》，从探寻“一秒钟”的意义入手，配合关于飞行、赛车、航海的素材，体现出计时码表与运动竞速精神之间的强关联，将产品的实用性与情感张力传递给消费者。

推文《送你一计。》配图

3.媒介策略

打通微信公众号、微信视频号平台，沉淀私域流量；以明星、博主为辅助媒介，充分利用名人影响力；配合朋友圈广告投放，让电商承接自然流量，给予消费者完整、顺畅的内容传播体验。

4.传播规划

在新品发布、活动配合、节庆话题等的传播规划上，优先从情感洞察出发，在主题表达上主动贴近消费者的生活，在形式和内容上摆脱传统奢侈品腕表品牌高高在上的形象，以故事性、趣味性、创意性实现有效的本土传播。

项目执行

1. 项目进度

2021年是罗德（上海）传播有限公司接手该项目的第二年，社交平台配合品牌市场规划，主打IWC飞行员系列腕表，完成“IWC万国表”微信视频号的开通及运营。

2. 控制与管理

积极寻求不同团队间的互助与融合。在团队内部管理上，设计团队与文案团队配合无间，从头脑风暴到落地执行，真正实现共创；公关团队、社交媒体团队、电商团队也全力配合，促进了渠道互通和素材的有效利用。

项目评估

1. 效果综述

自2020年4月至2021年3月，“IWC万国表”微信公众号粉丝增长数达68076人，平均阅读量55971次，平均互动量4147次，微博粉丝增长数5179人，平均阅读量达305574次。“IWC万国表”微信视频号自2021年6月开通，至8月已发布了11条作品，首条推送获得了23.3万次的观看量，累计总观看量达41万次。

2. 受众反应

每周四晚上十点，是“IWC万国表”微信公众号推送的时间，也是粉丝的“约会”时间，每篇微信公众号推文粉丝留言量均超过100条。粉丝有的会分享自己的故事，有的会以文章为灵感进行即兴文学创作。

3. 媒体统计

“会讲故事”“有人味”“接地气”“很会玩”，IWC的微信公众号在媒体圈也收获了热评。奢侈品行业媒体“华丽志”自发将IWC的文章做成深度专题报告，探讨奢侈品行业的本土化内容创新；数英网对IWC的文案进行了专题分析，发表文章《IWC万国表，可能是腕表届最会写文案的品牌，没有之一》，访问量达12000次以上，互动量超563次。

亲历者说 杨赓　罗德（上海）传播有限公司奢侈品组总监

在各大高级制表品牌中国市场部的小圈子里，“IWC万国表”微信公众号的运营一直是一个现象级的存在。公司成功竞标该项目后，压力大于喜悦。我们在充分理解IWC工程师精神的基础上挖掘直指人心的内容，将IWC价值观在微信平台上一次次以意想不到的方式成功表达。我们不仅在数据上延续了“IWC万国表”微信公众号的成功，而且凭借创意和内容的普适性，打破了受众在年龄上的惯性藩篱，实现了最大化共情。

案例点评

点评专家：闫浩　品牌营销专家

IWC社交媒体运营看似是一个常规工作，却需要较深的品牌营销功底。很多国外大品牌在中国运营，最难的就是如何“破圈”，如何与当地文化融合，才能既保持身份又能“接地气”地“走心”。

品牌营销是一场需要具备马拉松精神的长跑，在这个前提下，用“匠心精神”输出品牌内容，用优质内容、好故事去滋养品牌，才是品牌修炼的王道。IWC坚持长期用活动策略思维运营官方微信，洞察消费者与产品的关联度，用“放大思维”讲故事；结合总部素材内容，输出与本土消费者情感关联度高、价值观认同感强的定制化内容，引用粉丝原创内容等，是“靠谱”的品牌营销修炼。

2020 麦当劳“大薯日”①

执行时间：2020年7月15日—24日

企业名称：金拱门（中国）有限公司

品牌名称：麦当劳

代理公司：上海奕远公共关系顾问有限公司

获奖类别：金旗奖——2021最具公众影响力社交媒体运营营销大奖

项目概述

“大薯日”作为麦当劳品牌的创意节日，已经进入第六年，用户对“大暑续大薯”有了一定的认知，并对麦当劳周边抱有很高热情。如何让消费者对“大薯日”保持期待，让“大薯日”活动拥有持久的新鲜感？品牌与年轻人玩在一起，是此次项目的目标。

同时由于受疫情影响，如何让消费者一个人宅家也能快乐过“大薯日”成为该项目的挑战之一。

项目策划

麦当劳通过推出趣味周边“喵喵薯夹”，激发消费者好奇心和购买欲。同时进一步加深用户对于麦当劳“大薯日”这一品牌节日的印象，扩大活动影响力，拓宽活动传播范围，让更多的消费者了解并参与到“大薯日”活动中来。

---

① 本文中所涉及的照片，金拱门（中国）有限公司均已得到被拍摄者的使用许可。

项目执行

项目组选择日活跃用户数量多及年轻人黏性较高的“双微”平台作为传播主阵地，同步搭配线下发售。线上线下串联，形成传播闭环，三步使“大薯日”成功破圈。

1. 预热阶段

从“麦当劳变猫神器”这一角度出发，联合萌宠IP，引爆话题。

2. 上线阶段

通过猫夹玩法指南、人猫海报，吸引用户关注，同步在微博以猫的口吻实时互动，增强用户参与感。

2020麦当劳“大薯日”宣传海报

3. 外围

与KOL联动，衍生一系列“萌”物料，二次发酵话题。

项目评估

趣味周边线下5天即售罄，电商平台1周内即售罄。

微博阅读量合计2534万次，视频播放量460万次。

微信总阅读量近95万次，吸粉超过10万人。

#麦当劳大薯日#话题讨论度高，网友争相晒单引发大波UGC，总曝光量达1.64亿次。

亲历者说 **邵颖颖　上海奕远公共关系顾问有限公司资深总监**

一年又一年的“大薯日”，成为麦当劳和年轻人互动的重要节日，曾经融入过多个城市的消暑图鉴，也曾在赛博朋克①背景下展现一系列夏日迷惑行为。2020年的“大薯日”以“喵喵薯夹”盲盒形式现身，与潮玩和爱宠人群精准互动，进一步巩固了麦当劳“年轻潮流文化符号”的品牌印象。

案例点评

点评专家：朱立阳　北京行行行广告有限公司创始人

麦当劳在传播上的长期努力，是产生这个精彩案例的强大动因。该项目的亮点是其试图走入消费者的文化圈，以宠物文化为切入点，并通过一些互动制造广大用户的参与感。这件事本身，是绝大多数品牌从策略到行动上都不太容易做到的。这是一个从策略到执行、从产品到营销手段都非常优秀的案例。

---

① 赛博朋克指一种科幻流派和美术风格，是控制论、神经机械学和朋克的结合。

宇通客车新媒体运营[①]

执行时间：2020年3月—2021年6月

企业名称：宇通客车股份有限公司

品牌名称：宇通客车

代理公司：郑州出类文化传播有限公司

获奖类别：金旗奖——2021最具公众影响力社交媒体运营营销大奖

项目概述

宇通客车作为客车行业的领先品牌，针对各产品线的不同用户群体，通过社交媒体建立专属的用户生态圈；在充分覆盖各社交媒体平台的前提下，针对主流平台制定精细化运营策略，实现有侧重、有亮点的运营目标；联动各社交媒体平台，实现系统的矩阵化运营，获取更多有效的销售线索，为产品销售助力。

项目策划

1. 目标

（1）为品牌深化传播提供重要支撑。

（2）在完善自媒体矩阵化运营基础上，打造行业最强媒体。

（3）为市场销售助力，实现品效合一。

① 本文中所涉及的照片，宇通客车股份有限公司均已得到被拍摄者的使用许可。

2. 整体策略

基于项目调研和运营目标，项目组针对不同平台制定精准化策略，加强不同平台间的联动，发挥集群效应，并与跨行业品牌积极互动，实现品牌影响力的不断扩展，从新媒体公域中建立宇通客车品牌私域流量，搭建稳定的用户关系，具体有以下几点。

（1）精准化定位。针对宇通客车品牌B端的行业属性，以及宇通客车新媒体用户圈层的不同特征，结合不同平台的调性，策划不同的内容形式和运营玩法，打出宇通客车新媒体传播的组合拳，发挥宇通客车新媒体矩阵的传播力。

（2）跨平台联动。宇通客车各自媒体平台设立专区引流板块，完善素材分发机制，适合全网传播的内容通过各平台同时发布，同时策划阶段性的跨平台主题活动，实现粉丝群体间的相互引流。

（3）跨行业品牌互动。宇通客车不仅在各自媒体平台之间积极联动，其还与百度、蔚来汽车、深圳航空、中国联通、苏宁等跨行业品牌积极互动，实现品牌影响力的不断扩展。

（4）私域生态运营。打造宇通客车的微信生态圈，基于宇通客车微信生态（服务号、视频号、个人微信号、小程序和社群），做好深度运营，扩大宇通客车自媒体的私域流量池，沉淀更多精准粉丝，获取有价值的销售线索。

3. 传播内容

基于宇通客车品牌整体策略，从科技宇通、国际宇通、人文宇通三条主线出发进行内容策划和传播。

“美女说车”视频截图

（1）科技宇通。抖音、快手等平台策划“美女说车”“宇哥说车”科技类视频，通过发布介绍高环实验、T7座驾、小宇2.0、科技场站、房车、校车等内容的视频，展现宇通客车硬核实力。

（2）国际宇通。结合“卡塔尔公交车”“小宇2.0荣获红点奖”“全球巴士设计征集大赛”“乘宇通看世界”等重大海外事件，策划长图、深度文章、创意海报、互动活动等，进行立体化、多维度传播。

“人生巴士”视频截图

（3）人文宇通。抖音、快手等平台策划“人生巴士”剧情类视频，展现客车人文情怀，同时聚焦“宇通人”的美好生活，从衣食住行、公司福利等角度，策划多样化的内容传播形式。

4. 各平台规划

宇通客车新媒体矩阵包括微信服务号、微信订阅号、微博、资讯类平台、视听平台、问答类平台，根据不同媒介平台的特点，在传播规划上也有相应的侧重。

（1）微信服务号。作为宇通客车新媒体矩阵的核心平台，微信服务号承担宇通客车品牌大事的首发责任，内容涵盖新品上市、产品动态、客户案例、促销活动、企业文化等方面，以彰显宇通客车的品牌实力，塑造品牌形象，持续影响目标客户。

（2）微信订阅号。微信订阅号聚焦公交、客运等不同类型产品的直接使用者，即司机群体，日常内容聚焦司机群体的兴趣点，主要包括产品的维修保养、司机生活、驾驶交流、人物故事、口碑引导等方面。

（3）微博。微博日常输出行业人士、公交迷等感兴趣的互动内容，如行业大事件、产品亮点、热点探讨、生活方式、泛娱乐内容等方面，并阶段性策划互动活动，吸引并沉淀粉丝，进而提高品牌曝光度。

（4）资讯类平台（头条号、百家号等）。结合宇通客车品牌的行业影响力，发布品牌大事件、产品新动态、行业新趋势等，利用移动端兴趣推荐，最大化提高品牌曝光度。

（5）视听平台（抖音、视频号、直播等）。宇通客车的抖音定位于“客车的人文、科技、情感”方面，策划了“美女说车”“宇哥说车”等科技类视频，以及“人生巴士”“巴士剧场”等剧情类视频，并发起了#巴士节抖巴士# #科幻巴士动次打次#等抖音话题挑战赛。在直播方面，结合品牌活动、行业论坛等，持续开展线上直播，并创新运用慢直播的形式，展现宇通客车生产车间、高环试验场的风采。

（6）问答类平台（知乎等）。问答类平台面向细分领域的专业用户，围绕产品科普、行业案例、黑科技等专业内容，突出企业实力，形成与目标受众直接沟通的渠道，提升品牌好感度。

项目执行

新媒体矩阵运营需要明确的内容生产体系和规范的新媒体平台管理体系作为支撑，为此，在具体的运营执行中，宇通客车通过以下三大方面，确保运营工作的落地执行。

（1）完善内容创意的输出。通过与宇通客车内部各体系沟通、客户群体调研、社群话题挖掘、关键词信息收集、UGC活动等多个渠道，获取内容创意，为内容输出提供充足素材。

（2）做好热点及时响应。及时发现社会热点并判断是否可成为内容输出素材，找准热点素材的切入角度，制作并发布内容，同时注意发布后的运营管理工作。

（3）优化平台运营沟通。明确选题沟通、内容制作、审核确认、点检发布的时间节点及基本流程，便于进行内容策划发布以及后期的运营管理工作。

项目评估

结合品牌大事件、社会热点等内容，依靠宇通客车新媒体矩阵进行内容输出，并通过跨界合作、媒体和KOL联合进行整合营销传播，策划多篇阅读量超过10万次的文章、多个千万次曝光的项目。这不仅很好地提升了品牌知名度，也扩大了宇通客车在新媒体传播行业的影响力。

（1）宇通客车官方微信、微博及抖音粉丝分别突破100万人次，成为行业首个突破“3个100万”的企业，新媒体矩阵粉丝总数累积超318.7万人，2021年度新增粉丝超52.1万人，稳居客车行业第一。其中短视频运营年度共输出短视频465条，累计播放量达12523.1万次。

（2）宇通客车微信公众号一年4次在新榜上超越奔驰、宝马等品牌，排名汽车制造企业第一名。

（3）由巨量算数和威尔森达示数据联合制作发布的《启势焕新——2021年中国商用车市场研究报告》中，宇通客车抖音号领先解放、三一、重汽等商用车企业品牌，排名第一。

（4）宇通客车2021年度开展线上直播21场，累计观看量超221万次，在第二届中国企业直播创新峰会暨2021直播影响力榜单评选中荣获“最具创新力直播间”称号。

（5）初步实现品效合一，持续通过微信、抖音等新媒体平台推广公司重点产品，精准传递产品价值；T7、新7系等产品新媒体曝光总量超过3167万次，获取意向客户购车线索3243条。

亲历者说 陶冶　宇通客车股份有限公司品牌处新媒体运营主管

行稳致远，合力向前，自宇通2013年申请“宇通客车”微信公众号至今，公众号已成长为影响力覆盖全行业的平台，从T7打断外资车垄断，到小宇2.0斩获红点奖，从宇通校车为行业树立标准，到历时3年走进百所学校，惠及千万学童的“儿童交通安全公益行”活动，我们打造了多个行业“首次”，也创造了无数的新纪录，我们用实力获得了很多权威媒体的认可和背书，媒体的一次次报道拉近了我们与大众之间的距离，提升了宇通客车的品牌影响力。

案例点评

点评专家：殷俊　二级教授，重庆工商大学高层次人才特聘教授、博士生导师，艺术学院院长，重庆市元宇宙视听传播研究院院长

宇通客车作为传统的行业大品牌，在当前汽车行业不断开创新产品的竞争格局下，亟需营销的新观念和新变革。该案例针对各产品线的不同用户群，积极以新媒体思维架构开展营销。结合不同用户的习惯，通过社交媒体建立专属的用户生态圈。一方面力求充分覆盖各社交媒体平台，另一方面针对主流平台制定精细化的运营策略，实现运营目标的侧重和亮点打造。在谋求丰富有效的销售线索的同时，也为助力产品销售提供了新途径。

2021最具公众影响力社交媒体战役营销大奖

WEY VV6“小朱配琦”央视新闻直播间带货之旅

执行时间：2020年5月10日—31日

企业名称：长城汽车股份有限公司徐水魏牌分公司

品牌名称：WEY

代理公司：北京迪思公关顾问有限公司

获奖类别：金旗奖——2021最具公众影响力社交媒体战役营销大奖

项目概述

2020年中国品牌日，WEY品牌依托央视新闻和天猫国潮顶级流量，由“央视段子手”朱广权与“带货一哥”李佳琦组成的“小朱配琦”带来“国货正当潮”专场直播活动。活动迅速成为全民级刷屏事件，并打造了3个首次——首次央视直播带货汽车品牌；首次“央视名嘴”朱广权亲身试驾体验，为品牌微代言；中国豪华SUV WEY品牌直播带货首秀。

项目策划

WEY品牌定位于中国豪华SUV，致力于让豪华触手可及，而VV6作为一款专为顾家进取族打造的“越级领先的智能安全SUV”，一直都在为消费者提供无微不至的安全守护。WEY品牌的首次直播，没有选择爆火的娱乐名人或生活主播，而是果断选择了“小朱配琦”IP，因为其有着与WEY品牌一致的理念，充满正能量和社会责任感。疫情期间，央视新闻借“小朱配琦”IP多次帮湖北人民“带货”，首度在线“营业”就登上了《新闻联播》，而WEY品牌车友在疫情期间也自发组建团队投身抗疫一线，在整体传播氛围上保持了品牌

的一致性。项目组认识到，当下阶段，不应为了卖货而营销，从而丧失消费者的好感，而应让品牌回归纯粹而又有价值的传播，让用户感受到品牌的真诚。

1. 营销创意

（1）本次直播，选择在中国品牌日当天，借助“国货正当潮”专场，意在传递“中国智造”实力，让更多人了解中国汽车品牌的传承和创新，为国货代言。

（2）借助“央视段子手”朱广权屡创金句的形象，特别策划极具包袱与段子的直播文案，在有趣的直播环境中加深观众记忆点。

2. 内容创意

（1）“央视名嘴”朱广权试驾VV6，体验功能，并高调点赞。在直播中插播的2分钟试驾花絮，能让网友更直观地感受到VV6的智能安全。

（2）包袱与段子齐飞，加深记忆点。项目组结合朱广权的直播特点，提前准备了大量与VV6产品相结合的段子和金句，如“剁手就剁手，反正开车不用手”“向道曲终多少意，行车安全AEB”“昨夜雨疏风骤，安全出行还靠VV6，试问卷帘人，应是下单预购”“上车一键清新，下车一见倾心”“好看的皮囊千篇一律，智能的安全触手可及”等。这些内容在直播现场被完美呈现。

（3）央视新闻直播间展示VV6创意物料，与“央视名嘴”同框曝光。制作创意物料展示板，增加品牌及产品在直播中的曝光度。

3. 传播影响

（1）四大顶级流量平台同步直播。央视新闻客户端、李佳琦个人直播平台、淘宝直播、微博直播四大顶级流量平台同步直播，累计观看4903万人次，直播收获点赞2564万次，最高在线4013.7万人次。

（2）指数暴涨，创5月最佳峰值。微博搜索指数“WEY”峰值在2020年5月11日上午10时达65929，环比增长5637.95%。

（3）巧借东风，亮出组合拳。#朱广权rap#登上微博热搜榜，话题引发网友讨论，居热门榜单第26名，共计播放2199.3万次，点赞144431次，评论12091条。

（4）媒体大咖复盘：汽车类秋风空间、水滴汽车，营销类autocarweekly、赵圆圆等从央视新闻与天猫国潮强强联合、WEY品牌营销升级、朱广权金句结合产品点等维度展开复盘。

（5）官方发声内外联动，成为行业热点。“小朱配琦”联手，助力中国豪华SUV大品牌WEY直播首秀，开播前以小时为单位进行倒计时预热，持续提升用户期待值，多主题创意素材在微博、微信等平台进行传播，累计阅读量超千万次。

项目执行

（1）前期预热产出了创意预热长图、VV6产品功能长图、直播预告等，呈现出了全媒体社交圈现象级刷屏。

（2）特别策划“央视名嘴”朱广权亲身试驾VV6，直播中，包袱与段子齐飞，“段子手”朱广权在调动直播间氛围之余还充分解读了汽车性能，加深受众理解和记忆。并在直播中插播2分钟试驾花絮，让网友更直观感受到VV6的智能和安全。

（3）直播之后巧借东风，大玩社交组合拳，直播结束后1小时内，便制作10支小视频在抖音及微博等平台发布。

“国货正当潮”——WEY品牌

项目评估

除前文所述四大平台的直播数据外，天猫长城旗舰店访客59万人次，半价秒杀参与44036人次；WEY VV6整车定金订单7373辆，预计销售金额近12亿元。

直播成果制作战绩海报，在媒体、经销商、用户等圈层传播，实现累计发布超500频次，拓展品牌张力，提振企业信心。优质新闻稿件和社会化营销，调动全网参与，优质新闻稿件在重点门户、财经类等媒体扩散50篇次，环球汽车网、中华网、中国网、车讯网等媒体主动转发扩散26次。

亲历者说 **王丽男　北京迪思公关顾问有限公司事业部副总经理**

在2020年“中国品牌日”当天直播，借助“国货正当潮”专场，传递“中国智造”实力，让更多人了解中国汽车品牌的传承和创新，为国货代言。也借助众多品牌的齐聚、依托央视新闻和天猫国潮顶级流量，通过直播，让WEY品牌被更多人认知，VV6作为唯一一款汽车产品代表，彰显国货当自强的气势，让中国智能豪华SUV深入人心。

案例点评

点评专家：岳慧　爱德曼国际公关（中国）有限公司北京办公室总经理

常态化疫情防控下，人们对于安全、健康、正能量相关的内容更加关注。消费者不仅希望品牌追求商业利益，还期待品牌在这些重要的社会议题中贡献力量。人们对于传统媒体的权威性以及信任度稳中有增。WEY VV6 此次的“小朱配琦”央视新闻直播间带货之旅恰到好处地迎合了这几大趋势，突出产品的安全性能、借势顶级流量平台，以大家喜闻乐见的有趣文案和直播圈粉无数，并撬动了商业上的巨大成功。这是一次效果很好的营销。

CRM助力凯迪拉克品牌车主整体形象转变案例

执行时间：2020年8月31日—2021年8月31日

企业名称：上汽通用汽车有限公司

品牌名称：凯迪拉克

代理公司：上海合时广告有限公司

获奖类别：金旗奖——2021最具公众影响力社交媒体战役营销大奖

项目概述

以CRM为手段，对外传递真实车主形象，扭转舆论对凯迪拉克品牌的时评风向，进一步引导潜在客户认同凯迪拉克豪华汽车的定位，向车主及整个市场传递“尊享、科技、便捷”的豪华用车生活主张，强化风范、胆识的品牌形象。活动以风范新主张、风范新感受两个阶段展开，核心主题为“尊享、科技、便捷”，最终达成CRM助力凯迪拉克品牌扭转形象的目标。

项目策划

1.活动层面

（1）风范新主张。

豪华服务——凯迪拉克售后体验日。

结合品牌App，体验用车服务的各项环节，通过活动建立智能豪华用车生活及服务场景，树立车主对美式豪华的全新理解，并通过活动传播建立舆论对品牌的全新认知——用车生活的便捷就是彰显风范。

豪华生活——凯迪拉克Lady系列活动、高尔夫球赛。

以品牌联合、豪华生活方式、高端兴趣爱好，共同构建车主的风范生活习惯，培养风范生活兴趣，并通过传播内容，向大众传递凯迪拉克风范与豪华的本质。

（2）风范新感受。

豪华服务——凯迪拉克指尖上的服务专项活动。

通过“My Cadillac”品牌App，让车主体验品牌带来的便利服务，以“尊享、科技、便捷”的特点彰显风范，印证豪华背后的科技实力。

豪华生活——凯迪拉克中国初中篮球联赛。

冠名中国初中篮球联赛，同步邀请车主的孩子参与报名。让车主家庭全成员接触品牌文化，促进年轻一代对凯迪拉克品牌的初步理解。

2.传播层面

车主志——车主生活自述。

优选具有凯迪拉克风范与胆识形象的车主自述奋斗生活。在树立凯迪拉克用户形象标签的同时，利用车主故事让用户与品牌建立情感认同，并向公众展示品牌真实车主生活及形象。

风范圈——车主风范生活分享。

车主将生活随拍UGC上传风范圈，再通过培育KOC引导车主选择更具风范的生活方式，进一步扭转凯迪拉克的风评。

官方俱乐部抖音——指尖上的服务与新美式豪华生活分享。

以抖音视频的形式，讲述“尊享、科技、便捷”的新美式豪华服务与生活的样子，也让市场了解凯迪拉克车主的真实生活样貌。

项目执行

以CRM为核心，在2020年8月31日到2021年8月31日，分风范新主张、风范新感受两个阶段展开，核心主题为“尊享、科技、便捷”。整个过程涵盖车主俱乐部运营、经销商端车主俱乐部活动指导、“My Cadillac”App运营、风范圈UGC/KOC培育、指尖上的服务体验活动及传播、会员礼遇及积分精品推广、官方俱乐部抖音账号运营几大板块，引导车主风范生活，响应凯迪拉克品牌风范、胆识主张，将车主用车生活锁定在“尊享、科技、便捷”的豪华体验和定位上。

项目期间组织规划了以下活动。

（1）凯迪拉克售后开放日活动。

（2）凯迪拉克Lady系列活动。凯迪拉克与雅诗兰黛进行跨界主题合作。

（3）凯迪拉克车主俱乐部高尔夫球赛。6个大区，10场活动，邀约到达率达98%。男选手361人，女选手36人。

（4）凯迪拉克指尖上的服务专项活动——不凡的任务。

活动地点：上海、成都、广州、深圳、北京、杭州。

活动参与：共计300组车主。

不凡的任务活动

（5）凯迪拉克品牌荣誉冠名中国初中篮球联赛，车主家庭报名参赛人数占总人数的24%。

（6）各地经销商根据指引开展凯迪拉克车主俱乐部活动，总计完成车主俱乐部主题线下活动超过120场。

（7）风范圈——车主风范生活分享UGC及 KOC打造。风范圈保持用户每天平均UGC量达到120条，培育KOC共计205人，其中有专业领域知识的KOC共计83人，有自己B站或抖音正常运营账号的KOC共计21人。

（8）官方俱乐部抖音——指尖上的服务与新美式豪华生活分享，总计完成线上活动137场。

项目评估

通过一年来的CRM运营和引导，“凯迪拉克洗浴王”字样在近期的资讯中很少出现，

即便有也只是以“梗”的形式来吸引人们的目光。但要想彻底摆脱“洗浴王”的“梗”，还需要继续努力。但就目前看来，CRM助力凯迪拉克品牌车主整体形象转变已初显成效。

亲历者说 **邹澎　上汽通用汽车有限公司凯迪拉克市场营销部高级经理**

上海合时广告有限公司是一家极具创新力的公司，在凯迪拉克品牌遇到车主形象危机之际，其能够从行业和专业出发，与我们并肩而战，其担当和迎难而上的魄力给我留下了非常深刻的印象。

基于他们的整合思维与深度洞察，通过CRM的创新运营模式，有力地帮助凯迪拉克品牌扭转了形象。

案例点评

点评专家：姚利权　浙江工业大学广告学系系主任、副教授、硕士生导师、信息与传播研究所副所长

本项目围绕CRM，通过智慧化的手段及丰富的活动形式，向外界传递豪华用车的生活主张，从而塑造凯迪拉克的品牌形象，拉近与客户的距离，打破受众固有思维，助力车主整体形象转变。

主要亮点在于：第一，传播载体新颖独到。项目结合智慧化手段，通过“My Cadillac”App进行整体传播，自主搭建了与受众沟通的平台与载体。第二，活动策划精准有效。项目针对目标群体，开展了丰富的线上线下活动，从风范新主张到风范新感受阶段，以车主俱乐部为核心，从服务和生活两大层面展开，取得了不错的效果。第三，借助KOC的力量。项目创新培育KOC，让品牌、KOC、经销商形成了稳定的联动机制，通过KOC自制的UGC进行多媒体的传播与分享，提高了品牌的知名度，展示了品牌真实车主生活及形象，扭转了之前的风评，形成了外界良好的舆论声量。

舒适达牙膏2021新年营销[①]

执行时间：2021年1月8日—2月28日

企业名称：葛兰素史克

品牌名称：舒适达

代理公司：淳博（上海）文化传播股份有限公司（Genudite）

获奖类别：金旗奖——2021最具公众影响力社交媒体战役营销大奖

项目概述

舒适达护敏健龈红蓝管牙膏是一款高功效的抗敏牙膏，近年来在众多竞品纷纷进入抗敏牙膏市场后，舒适达的市场份额被挤压。与此同时，舒适达自进入中国市场以来，一直以专业医生的品牌形象与用户展开交流，然而因为用户对于牙齿敏感关注不积极，导致专业医生的品牌形象无法真正触动消费者。

在本次传播中，舒适达希望打造与消费者有共鸣的传播内容，提升大众对于品牌的认知度，促使品牌从专业抗敏解决方案的提供者转变为帮助用户重获美好生活的助力者，在此基础上提升品牌的关注度及销售转化率。

项目策划

1.受众行为洞察

在中国，多数患者并不清楚自己牙齿敏感的原因，对于口腔健康的认知度不足，同时

① 本文中所涉及的照片，葛兰素史克均已得到被拍摄者的使用许可。

对早期口腔问题不够重视，直到发生较严重的牙痛之后才会就医，因此需要加强科普，进一步提升大众对口腔健康的关注程度。

对于早期牙齿敏感患者来说，单一的说教式的沟通模式难以打动用户，应把基本的预防理念融入日常沟通中去。

“民以食为天。”与中国消费者沟通牙齿敏感，食物是最行之有效的话题，有情感共鸣的内容更能被注意到，从而引发受众思考。

2. 市场及竞品洞察

舒适达属于抗敏细分市场产品，针对牙齿敏感用户，通过对抗敏牙膏市场两大竞品进行洞察发现：走低端路线的冷酸灵以“冷热酸甜，想吃就吃”作为其传播主张，其传播点大多局限于食物本身；走中高端路线的云南白药近年来似乎将关注点更多地放在与用户的情感链接中，比如其近期的“尝尽人生百味”便是与用户进行大面积的情感互动，与口腔护理脱节。

3. 传播策略

重新定位品牌形象，将美食作为核心沟通载体，借助美食与牙齿敏感间的冲突，深化产品功效，并选用春节这个“高浓度”美食情感营销场景，通过不脱离功效的情感连接，近距离为用户提供牙齿敏感解决方案，同时借助春节疫情下用户心理洞察，捕捉社会热点，进而转化事件关注度。

舒适达牙膏 2021 新年营销海报

（1）传播实施总述。

第一阶段，打造首部微电影，释放全新品牌定位。

第二阶段，圈层式扩散，覆盖消费人群，提升受众关注度。

第三阶段，互动升级，突破地域限制，产品功效辐射全国。

第四阶段，明星加持，撬动粉丝经济，提升销售转化率。

（2）传播规划及媒介实施。

一是打造首部微电影，释放全新品牌定位。

“高浓度”场景激化美食与口腔问题的矛盾，强化功效与情感的连接，挖掘疫情下用户对于家乡味的情感羁绊，充分利用传播场景为科普口腔问题创造良好环境，深化更具亲和力的品牌形象。

借势热播电影《我和我的家乡》及主演李易峰的关注度，舒适达微电影《我和我的家乡味》在热度上自带光环，代言人李易峰更将自身故事融入其中，极大地引起粉丝共鸣并提升关注度。因双料加持，影片上线当日即登上微博影视榜Top2 。

跳脱常规微电影的叙述方式，以电影叙述逻辑呈现，借助双主线串联短片，通过两个时代的碰撞，让消费者清晰地感受用家乡味串联起的情感与口腔问题的矛盾点，高效传递品牌传播理念。

舒适达微博介绍微电影《我和我的家乡味》

二是圈层式扩散，覆盖消费人群，提升受众关注度。

时尚、情感、新闻、娱乐、美食、影评各圈层KOL从不同维度为舒适达发声，借助圈层效应升级微电影传播力度，成功助力舒适达拿下天猫年货节S级资源位，推动产品在电商平台的热卖。

三是互动升级，突破地域限制，产品功效辐射全国。

选择在春节宅家消遣主阵地抖音发起全民任务“和李易峰一起挑战家乡年味”，通过线上派样、“任务+激励”吸引网友参与品牌内容创作与互动，进一步升级牙齿敏感与食物的

"冲突"，用户投稿高达1.6万条，多地网友纷纷自发晒出自己的家乡菜肴，成功打破地域限制，将传播范围扩大至全国。

（3）明星加持，撬动粉丝经济，提升销售转化率。

在整个传播过程中，各大社交平台借助粉丝的力量强化传播和互动，全面引爆传播热度，进一步强化粉丝经济。"舒适达"和"李易峰"作为热搜话题的两个关键词，在投放期间声量共振，品牌指数环比提升27%，无论是声量及销量均创下李易峰代言期间最佳传播效果，远超代言人同期其他品牌传播声量。

项目执行

1. 疫情下的春节，为营销带来挑战

2020年下半年，疫情得到了有效控制，舒适达在2021年新年营销中主张鼓励大家回家过年，以弥补2020年缺失的年味，然而临近春节，疫情再度袭来，带着对市场的敏锐嗅觉，项目组及时调整策略，用"李易峰带你一起回忆家乡味"来替代鼓励大家回家过年，引导大家安全过年，在达成品牌商业目的的同时，体现品牌的社会责任及担当。

2. 有限的预算下呈现高质量的传播素材，为品牌优质口碑助力

传播的成功离不开《我和我的家乡味》这部高质量的微电影。值得一提的是，微电影在处理上跳出了常规的叙述方式，以电影叙述逻辑呈现，借助双主线串联，打造双时间线并行的效果，让消费者清晰地感受用家乡味串联起的情感与口腔问题的矛盾点。而实际上，短片的制作预算有限，项目组在同一条街道搭建了两个相差30年的场景，充分借助场景氛围来深化两个时代的特性，大大缩减了场景成本，并打造出了堪比大片的影片质量。

项目评估

1. 受众认知层面

微电影好评如潮，圈粉无数，在微博、抖音等社交平台受到热议，有温度的品牌成为舒适达在春节期间给受众留下的核心印象，并通过话题延展、圈层逐层覆盖、创造话题涟漪，实现大量优质的二次传播内容。

2. 品牌关注层面

总曝光量达5.6亿次，总互动量超569万次。

微电影《我和我的家乡味》上线当日播放量突破500万次，拿下微博影视日榜Top2。

品牌总声量达150965，与2020年同期（1099）相比增长了约136倍。

品牌总互动量达2503701，与2020年同期（9356）相比增长了约267倍。

2021年1月18日—2月28日，秒针营销科学院数据显示舒适达占据牙膏品牌声量排名No.1，对比去年同期上升了6位。

微电影播放量达1049万次，在新年传播期间，获得李易峰代言传播声量No.1。

3.销量转化层面

传播期间销量井喷式爆发，比2020年同期销售额增长41%，流量增长70%。

舒适达天猫搜索排名比2020年提升了7位，搜索指数提升72%。

亲历者说 袁琼 淳博（上海）文化传播股份有限公司客户总监

这是一个“很好吃”的项目，当我们决定用家乡味连接品牌产品和情感时，就开始研究各种家乡味，研究儿时家乡年味到现在家乡年味的变迁，研究成都正宗的酸辣粉到底是怎么制作的，还有三大炮、锅盔、担担面、冰粉……我们研究每一种食物，并成功还原了一条20世纪90年代的成都美食街。这也是一个很好玩的项目，微电影从李易峰的真实生活出发，去了解“吃货”李易峰的故事，同时和粉丝保持紧密沟通，去了解粉丝希望看到李易峰的哪一面，希望与李易峰进行什么样的互动。可以说，项目的执行过程也是一个与明星、粉丝共创的过程。另外，这个项目也让我们和舒适达品牌进行了第一次亲密接触，短短1个月的时间，我们迅速和品牌熟悉起来，同时得到了品牌的信任。

案例点评

点评专家：黄玲忆　朋百沟通国际有限公司创办人

舒适达愿意放下品牌在全球的传播方式，尊重中国市场，认真研究竞争品牌及消费者的生活方式，就国际品牌而言是非常不容易的事。而这也终于为品牌带来跃迁式的成功。

春节是中国人最关注的节日，牙膏跟中国年要自然地融合，在创意上是非常大的考验。执行团队非常专业，在视频内容上融入代言人实际经历过的生活情节，以具有普适性的故事延伸，很快就提升了消费者对品牌的认知度及好感度，进而带动了产品的销售。这是一个非常精彩的成功案例。

同道节之“星官赐福，祈愿同欢”[①]

执行时间： 2021年1月1日—4月16日[②]

企业名称： 深圳市同道大叔文化传播有限公司

品牌名称： 同道大叔

获奖类别： 金旗奖——2021最具公众影响力社交媒体战役营销大奖

项目概述

深圳市同道大叔文化传播有限公司（简称同道文化）第二届品牌节日——同道节之“星官赐福，祈愿同欢”在元旦期间拉开帷幕。打造同道节，实则是同道文化之前布局的第三大IP战略。作为同道文化核心的品牌资产之一，同道节的打造既是为了达成IP与粉丝的文化场景共振，同时也站在行业高度希望以“共同的IP价值内核和文化基础”为同道者所用。作为

同道节之“星官赐福，祈愿同欢”主题海报

① 本文中所涉及的照片，深圳市同道大叔文化传播有限公司均已得到被拍摄者的使用许可。

② 活动计划于2020年末举办，海报露出时间为2020年末，受客观环境影响，活动实际执行时间为2021年。

新生代国民IP同道大叔背后的“大树”，同道文化深耕IP商业生态，始终以IP为基础核心，内容广告、内容电商、IP衍生品和IP授权四大板块并驾齐驱，协同变现。

项目策划

同道文化从满足粉丝心理诉求出发，同时结合新年节日热点，以新年祈愿为核心打造同道节。旗下新生代国民IP同道大叔，在本次活动中带领同道12星座，化身星愿星官，为粉丝带来一场线上线下精彩联动的主题狂欢。此次活动意在引导大家告别2020年生活中的阴霾，对新年展开美好的期盼，心有所愿，尽如所期。项目前期，同道大叔基于自有的6000多万名核心粉丝、媒体矩阵以及粉丝社群，发出活动调研和宣传预热，收获众多关注。

作为同道文化重要的品牌节日资产，第二届同道节的打造既展现了国潮文化的潮流审美，又紧抓新年节日热点和粉丝心理诉求。据了解，此次同道节分设“祈愿游”“祈愿食”“祈愿玩”“祈愿智”“祈愿范”“祈愿潮”等多个内容板块，分别携手海昌海洋公园、派悦坊、奈雪的茶、INX戏精学院、百度输入法等进行创意项目布局，全方位为粉丝带来满分的游戏体验和精彩的内容呈现。

同道节之“星官赐福，祈愿同欢”活动现场图1

具体来看，在“祈愿游”板块，同道文化携手海昌海洋公园在上海、三亚、青岛、天津、大连、烟台、成都、武汉、重庆共同打造“极地冰雪节”主题狂欢节日，九城联欢，共襄盛会。在“祈愿食”板块，连锁蛋糕品牌派悦坊以及网红茶饮品牌奈雪的茶，在和平菓局国潮Party中，为粉丝提供足量甜蜜糕点和清爽甜饮，意为新年食糕饮茶，“食”来运转。在“祈愿玩”板块，同道文化与INX戏精学院在北京王府井和平菓局联合举办连续七天的国潮快闪派对。和平菓局是极具知名度的网红沉浸式体验空间，在2000平方米的空间中全景还原老北京民风民俗，更有12位“原住民”演员和多重游戏关卡，带领粉丝玩家“渐入佳境”。

此外，还有百度输入法同道大叔星运创意皮肤惊喜上线，隐藏IP动态小彩蛋供粉丝解锁。

除了品牌联盟好礼，同道文化还先后在咸阳、哈尔滨、深圳、邯郸、昆明五个城市，开启同道大叔IP祈愿主题展和星座嘉年华，实地掀起祈愿热潮。此外，同道节期间，同道大叔12星座“退水逆”[①]袜新品首发，寓意新年“退水逆”，红运平地起。

项目执行

同道节前期筹备工作为期2个月，线上宣传预热工作为期2周。受疫情环境影响，整个同道节横跨2021年1月—4月，元旦期间主要落实线上创意互动活动、品牌联盟以及与海昌海洋公园合作的九城联欢线下活动。4月11日—16日在北京王府井和平菓局落地沉浸式交互娱乐活动“星官赐福，桃源开运”国潮Party。

同道节之“星官赐福，祈愿同欢”活动现场图2

项目评估

同道节首创“星座+国风文化”沉浸式交互娱乐体验新模版，还原老北京民风民俗，打造全方位沉浸式体验。挖掘“星座+国风文化”力量，形成“星座+国风文化”的独特体验，联动资源，为国潮体验内核增加张力。

活动整体流量可观，除了原有粉丝群体外，还增加了很多新流量。

新活动形式弥补了同道节以往静态展的活动形式，具有沉浸式体验的互动和参与感。

星座元素的呈现和体验采用更新的形式，更具故事性、人设感，为后续同道酒馆、同

① “水逆”，网络流行语，完整的说法是“水星逆行”，指水星逆行而导致运势不佳。“退水逆”就是不受“水逆”影响，驱除厄运。

道古韵12形象露出提供新的参考。

此次同道节在全国范围内形成了多地联动，凭借丰富的娱乐内容和新颖的体验形式吸引了市场、粉丝的高度关注。同道节相关话题在微博的曝光量近7500万次。其中，与海昌海洋公园合作的同道节之“极地冰雪节”，微博话题曝光量达7578.8万次。与INX戏精学院合作的“星官赐福，桃源开运”4月10日—11日互动场活动期间，2天总客流达5万人次，2天活动线上曝光247万次，年轻客群数提升2倍，合作伙伴来访1000人次。整体来看，同道文化在实践IP开放生态战略，探索IP合作新边界的业务路径上既表现稳定，又显示出了充分的IP商业潜力和市场认可度。

亲历者说 朱艳　深圳市同道大叔文化传播有限公司品牌营销部总监

打造同道节，沉淀同道品牌核心资产，既能充分展现同道大叔的创意能力，又能更好地拉近大家与同道大叔IP的距离。项目组不断地进行头脑风暴、分析热点娱乐趋势、调研与洞察粉丝心理诉求、快速推进每一个创意环节的执行等，是每一届同道节背后的必经过程。我们希望能够向大众持续地展现有趣好玩、创意新颖的同道大叔IP，向年轻人传递积极的正能量和文化内涵，同时希望帮助合作伙伴提升流量关注与商业价值，这些都是项目组为之努力的坚定目标。

案例点评

点评专家：杨晨　上海外国语大学国际工商管理学院公共关系学系系主任

能用品牌名称设计出一个同道节并持续举办，本身就充满创意。第二届同道节将西方的星座，同国风文化（星官、新年祈愿、国潮）有机结合起来，设立“祈愿游”“祈愿食”“祈愿玩”“祈愿智”“祈愿范”“祈愿潮”等多个内容板块，分别携手海昌海洋公园、派悦坊、奈雪的茶、INX戏精学院、百度输入法等发动品牌联盟，在全国多地为粉丝带来一系列线上线下不同主题狂欢的沉浸式交互娱乐体验。活动参与性强、跨界面广、文化味足、曝光量大，利于增进同道节IP认同和商业变现。同时，本项目活动多、元素新、时间长、耗力大的特点也会为常态化防控环境下同道节的举办，以及探索品牌联合道路提供很好的经验积累。

万科西北返乡置业整合营销[①]

执行时间： 2021年1月1日—2月1日

企业名称： 西安万科企业有限公司

品牌名称： 万科

代理公司： 西安智讯策划咨询有限公司

获奖类别： 金旗奖——2021最具公众影响力社交媒体战役营销大奖

项目概述

从西安到新疆，西北五省印象里的小城市日新月异，正带着无限活力向上生长。2020年是万科西北区域成立的元年，2021年返乡置业节点，需要一场整合传播，冲刺新年开门红，输出区域认知，以品牌赋能区域营销。

项目组希望这场返乡置业营销一是要让每一个归来的旅人都能感受到家乡的新变化；二是要在牛年激发受众对家乡“牛气冲天”的自信；三是要激发受众回家建设的信心，传递“留下来就对了”的信念。

万科西北区域决定围绕“NEW”这个核心点一以贯之，将其“符号化”“标语化”，全力投入、着重发声，在繁杂的品牌活动中抢占用户心智，一击即中，推出返乡置业整合营销。

项目策划

一个核心符号，一场“NEW”计划。“NEW”是“牛”的谐音，代表对家乡发自内心

① 本文中所涉及的照片，西安智讯策划咨询有限公司均已得到被拍摄者的使用许可。

的自豪与认可，小到家乡味道，大到家乡成就，是每个人心中无可替代的“牛”；“NEW”是新颖的代表，承载着家乡的发展与变化，随着时间的推移，家乡也在向新发展，让人们看见更多可能；“NEW”是万科的号召，希望游子回到家乡参与、见证新发展。落叶归根，家是一辈子绕不开的圆，回归家乡，一起让养育我们的地方变得更好、更新。

项目执行

1. 预热阶段：献给外地游子的第一声问候——“回西北　一起NEW”

将画面铺排到每个返乡游子回到家乡第一时间接触的场景——机场与高铁站，向游子发出第一声呼唤——“回西北　一起NEW”。同步在线上，以用户真实感受和故事，阐明西北五省城市近几年的变化，彰显西北日新月异的大发展，细数游子回到家乡的理由，发布西北五省总宣稿件。

机场、高铁站宣传海报

2. 营销跟进：上线未来业主福利卡

同时，营销上第一时间依托易选房平台推出#NEW计划#，9.9元购未来业主福利卡，直抵西北五省10000元购房款，并享牛年NEW福利。

3. 重点执行：“在西北　一起NEW”音乐营销重磅亮相

（1）内容创意：返乡置业高定“催泪弹”——音乐故事片《听话》。

春节广告新洞察——反向依赖。随着新一代年轻人成长为社会主力，以及人口老龄化时代的到来，“反向依赖”越发成为年轻一辈与父母辈生活交集的主要体现，家庭的话语权发生了转移，这也是父母变老的明显表现，是年轻一辈常常忽略的柔软。项目组希望通过放大此话题，来让大众意识到家庭角色间的悄然变化，形成返乡的驱动力。

万科“在西北　一起NEW”主题海报

“听话”，中国人成长教育中再熟悉不过的一句话，却在今天慢慢由孩子对父母讲出，如何讲述一场关于家和爱的接力成为新的命题。过往被照顾、被庇护的孩子，如今成为家庭的顶梁柱，依赖关系的互换，正在揭示着家的“生长”，正是这种家庭责任的传承，让一个个家庭对未来展露出更多的希望。

万科音乐故事片《听话》

万科将音乐故事片的形式应用至春节视频创作中，区别于传统MV的画面纯粹服务歌曲，音乐故事片《听话》带着完整剧情和内容叙事的视觉表达，有它双重的内容输出。

一是用一种任何人都可以听懂的“语言”直接掀起情感波澜，快速生成氛围，形成旋律、记忆点歌词的传播，调动消费者情绪，并将其转化到品牌记忆度上；二是故事的视觉呈现，在场景的细节上依次戳中大众的泪点，开启记忆的匣子，促使大众代入情感，形成共情。

第一步，词曲方面。项目组找寻适合这一主题情感表达的词曲团队及歌手，制作了一支以亲情返乡为主题的歌曲，将情绪娓娓道来，返乡的呼唤在高潮部分一触即发，字句共情的承接让音乐输出的信息更完整。

第二步，故事方面。项目组也以一个独立视频广告的工作体量，拍摄了一支亲情广告片，通过父女之间的羁绊，呈现出代际沟通错位的现状。

第三步，将两者剪辑为音乐故事片，它们能够各自独立存在，戳中一部分受众，在一起又可达到“1+1>2”的效果，“音乐情绪的共情+视频情境的共情=传播的双倍轰炸”。

（2）媒介策略：全网投放，全域覆盖，叠加声量。

本次传播聚合“精准媒体+垂直媒体+自媒体”，如联合中国极具影响力的周刊品牌《三联生活周刊》《南方周末》，连续创作爆款特稿；娱乐下沉，抓住抖音市场，以引导、调动全民参与音乐故事片的传播，通过音乐故事片的影响力触达视频媒体；利用微博阵地，充分发酵用户话题与口碑等。

通过多次传播曝光，以多渠道、高权重、定制化的投放，在制造强大声量的同时搭建起关于“亲情关系”的情感交流阵地，引发再创作的传播过程，达到滚雪球式的传播效果。

（3）营销策略：未来业主福利卡，品牌与营销无缝对接。

全平台投放9.9元未来业主福利卡，在微信朋友圈、滴滴、支付宝定向投放，精准触达城市客群，最大化实现品牌活动曝光，助力销售转化。

联合安居客，搭建安居客线上品牌集合页，共上线五大主流在售项目，电脑端、App端双端口植入推广位置、新春置业全国城市直链推广。

同时在新春期间，推出“就是挺传统，易起云过年”“新春不打烊，狂欢嘉年华”等多场直播，观看量达千万人次。

项目评估

1.效果综述

本次传播活动以“在西北　一起NEW”为核心主题，以音乐故事片《听话》为超级物料，多渠道强曝光，实现了西安、新疆、银川、西宁、兰州五城联动整合传播，面向西北，精准达成品效合一。

2.受众反应

全国官微矩阵联动发布视频，#2021一定要听的话#“话题+热搜”赋能，实现阅读量超5800万次，讨论量1.9万次，在微博广场顺利破圈。

超级话题上线#离开家的你想对父母说的话#，实现阅读量1372万次，冲顶热搜。355条优质长文、700余条话题讨论、话题抽奖共实现1.5亿次裂变传播，各品类头部大V集中

站台。

抖音头部音乐大V小阿七深情翻唱，百位粉丝二次跟拍，参与歌曲互动。同时，更有多位百万级大V力挺，以情景演绎的方式加速传播，实现播放量4324万次、话题观看量515.7万次，全民创作热情持续发酵。

3. 市场反应

支付宝曝光量达200万次，点击量达21605次。滴滴弹窗曝光量达50万次，行程页曝光量达30万次。安居客品牌馆点击量达171284次、订阅1190条、来电321组、线上互动评价870条、有效线上咨询超1520条。

亲历者说 **关宁　西安万科企业有限公司品牌企划组负责人**

我相信对所有做传播的人来说，疫情下的返乡置业本就是一个新的挑战，这场传播也是一次新的尝试。首先从身边人访谈中得到链接的情感点，从而创造出一个符号，继而再生产出一系列内容；其次从一个独特洞察到创作出独一无二的音乐作品；最后将多平台、多素材综合统筹，这确实需要花费极大的精力与执行力。整场传播中有太多从0到1的过程，好在所有的努力都得到了收获。

案例点评

点评专家：杨智予　搜狐华北品牌营销商业化策略副总经理

整合营销，整合的不仅是传播通路，还有内容和感官触点。本次传播充分挖掘了目标受众的内心洞察和情绪共鸣，将万科西北区域成立这样的企业事件与用户的生活触点进行巧妙连接，并通过“符号化”“标语化”的传播策略，结合走心音乐故事片，形成一种全面的包裹感，让传播的内容跳出传统的认知，形成情绪的、感受的共鸣，并借助社交媒体将这种情绪进行引导释放，在大幅提升传播声量的同时带动了销量的提升。

万事达卡《英雄联盟》项目传播①

执行时间： 2020年9月1日—10月31日

企业名称： 万事达卡

品牌名称： 万事达卡

获奖类别： 金旗奖——2021最具公众影响力社交媒体战役营销大奖

项目概述

作为拳头游戏全球赞助商，万事达卡在《英雄联盟》全球赛事中（包括季中冠军赛、全明星赛和全球总决赛），通过赛事现场活动、无价体验网站平台（www. priceless.com）和其他优惠活动，打造了电竞爱好者的专属“无价”体验。无论是游戏玩家，还是观看和参与各类联赛的电竞爱好者，都有机会享受万事达卡的“无价”体验。

项目策划

万事达卡成为世界规模最大的电子竞技项目——《英雄联盟》赛事的首位全球赞助商，这一类型的合作在全球尚属首次。作为全球领先的支付科技公司，万事达卡旗下的世界级体育与娱乐IP资源再次扩充。在英雄联盟全球总决赛十周年之际，万事达卡以“十年铁粉，齐聚创无价”作为活动宣传话题，召集《英雄联盟》电竞粉丝参与话题活动，打造电竞爱好者的专属“无价”体验。

① 本文中所涉及的照片，上海美士达商务咨询有限公司（万事达卡公司注册名）均已得到被拍摄者的使用许可。

“十年铁粉”活动宣传海报

1.“十年铁粉，齐聚创无价”，多渠道精准推广

（1）万事达卡邀请电竞圈KOL参与话题互动，引爆宣传热点；设置微博推广页面，吸引粉丝前往主页参与话题互动；发布活动页面，吸引玩家参与话题讨论，留下属于自己的无价电竞回忆；微博上发起话题榜，呼吁电竞粉丝进行评论转发，提升话题热度；万事达卡官方微信与小程序进行引流宣传，助力话题讨论。

（2）联合合作银行机构，邀请数百位粉丝进行线下观赛活动，让用户到现场亲身体验对战氛围，收获属于自己的无价回忆。

万事达卡线下观赛活动现场 1

（3）利用官方微博进行“英雄联盟十年名场面”视频宣传推广，召集粉丝发布自己与《英雄联盟》间的无价回忆，将“十年铁粉”话题再次助推至顶峰。

2. 2020英雄联盟总决赛线下观赛活动

邀请幸运粉丝前往2020英雄联盟全球总决赛现场进行观赛活动，联合合作伙伴邀请各界媒体、头部KOL以及电竞粉丝进行线下观赛活动。

在全明星赛前期，通过微信、微博、小程序等社交平台进行话题互动，设置福利环节，鼓励用户参与话题互动。在随后的英雄联盟冠军季中赛期间，通过微信、微博、小程序社交平台以及英雄联盟赛事官网首页进行赛事推广，通过用户的二次传播，将“齐聚创无价”印刻于心，持续扩大万事达卡品牌声量和用户的口碑传播。

万事达卡线下观赛活动现场2

项目执行

2020年9月，万事达卡正式宣布赞助2020英雄联盟全球赛事（包括冠军季中赛、全明星赛和全球总决赛）。

9月28日，万事达卡"十年铁粉，齐聚创无价"活动上线，结合微博电竞圈头部KOL、微博话题论坛、微博粉丝头条、微信朋友圈广告等进行多渠道推广，全方位触达目标用户，累计收集超过390条故事，关于青春、友情、亲情、爱情、校园生活、职场、旅途……连接游戏与生活，创造无价回忆。

10月13日至31日，万事达卡邀请超120位粉丝到线下观看2020英雄联盟全球总决赛小组赛，邀请超100位粉丝到线下观看2020英雄联盟全球总决赛。同时在微博、微信公众号、视频号宣传推广赛事相关内容，累计阅读量超1.6亿次。

项目评估

万事达卡《英雄联盟》项目传播主题品牌活动60天共积累超1.6亿话题影响力，其中包括与电竞圈头部KOL闫紫境GwAwa、笑笑_孙亚龙、dsm大司马解说进行线上互动引流，产生近1000万次阅读，官方活动页面产生391个粉丝故事，8564条互动，超1.5亿次阅读。

赛事活动期间，万事达卡召集热爱电竞的中国玩家集聚上海虹桥天地，邀请超120位粉丝观看2020英雄联盟全球总决赛小组赛，亲身感受无价电竞体验，在总决赛比赛当日，万事达卡联合合作伙伴共同举办线下观赛活动，邀请超100位粉丝参与决赛观赛派对。

此外，英雄联盟赛事联名信用卡也同步上线，打通线上与线下无价玩乐体验。2020英雄联盟全球总决赛至2020英雄联盟全明星赛期间，通过微博、微信、视频号宣传，共积累60万话题影响力，在2020英雄联盟季中赛活动期间，通过微博、微信、视频号宣传，共积累100万话题影响力。

亲历者说 **王佳懿 “十年铁粉”活动幸运获奖者**

这次有幸能够参与由万事达卡举办的线下观赛活动，作为《英雄联盟》的忠实粉丝，万事达卡的“十年铁粉，齐聚创无价”活动一上线我就开始关注，也积极参与话题，当看见我本人的应援视频被官方选中并投放至总决赛的舞台播放时，我的内心相当自豪，那一刻，我让世界听到了来自中国粉丝的呐喊。《英雄联盟》不仅是一个游戏，更是大家的青春见证。非常感谢万事达卡能带我重回那段青春岁月，给予我无价回忆。

案例点评

点评专家：李国威 北京闻远达诚管理咨询有限公司创始人

万事达卡在英雄联盟三大赛事期间，采用话题引领、粉丝体验、现场观战等活动吸引电竞爱好者关注，在年轻圈层提升品牌影响力，是一个成功的案例。当然，如果在商业实效上提供一些数据会更好。

2021最具公众影响力 MCN×品牌短视频内容推广大奖

创维电视天猫“6·18”跨界营销

执行时间： 2021年4月23日—6月23日

企业名称： 深圳创维-RGB电子有限公司（简称创维）

品牌名称： 创维电视

代理公司： 北京抹茶互动文化传媒有限公司

获奖类别： 金旗奖——2021最具公众影响力MCN×品牌短视频内容推广大奖

项目概述

以“自在乐活”年度主题为策略，以创维A5 Pro为突破点，以年轻化沟通为主旨，打造创意传播活动，在全年品牌扎堆营销高峰节点“6·18”强势突围，实现一次事件性的破圈跨界合作。

项目组结合创维A5 Pro“Wi-Fi 6超高网速”的产品利益点，直击用户痛点，打造“看电视的独特感受”，让创维A5 Pro电视进入年轻消费者的客厅，让看电视这件事变得“很痛快”。

项目策划

2020年，国内电视的开机量终于结束连续10年的下滑，首次出现上升趋势。疫情让越来越多年轻人重回客厅，娱乐消费重新转移到了大屏上来。据国家广播电视总局“中国视听大数据”系统统计，2020年全年电视收视用户每日户均收视时长5.85小时，同比上涨12.9%。

在2020年爱奇艺iJOY悦享会上，其CEO龚宇透露了一个数字：2020年年初用户在互联网电视上消费爱奇艺的总时长已超过手机，这样的数据可能会打破很多人的刻板印象，即如今的年轻人已经不看电视了。由此可知，在投屏、电脑、手机等大小屏幕的围剿下，年轻人的客厅里，依然有电视的一“屏”之地。

1. 人群洞察

“慢”是职场命门死穴，“卡”是绊住生活的一道道坎儿，“顿”是爱情休止符……

对于被“慢卡顿”折磨得不轻的年轻人来说，在外解决不了的“慢卡顿”，至少回到家打开电视时不必再面对。

2. 内容创意

联合8家客厅生活品牌（小龙坎、好欢螺、德克士、豆本豆、芝华仕沙发、高夫面膜、有鱼猫粮、隅田川咖啡），为年轻人打造一场“尽情痛快”看电视姿势大科普，实现一次事件性的破圈跨界合作。

传播主题：尽情痛快。

创意形式一：“痛快大卖部”天猫站内直播。

痛快投资人——创维副总裁王海，联袂痛快店长——“谢大脚”于月仙，为“痛快大卖部”开业站台，现场拆盲盒，送福利。

“痛快大卖部”天猫站内直播

创意形式二：创维A5 Pro专享礼盒。

创维联合8大客厅生活品牌，打造联名款定制手办，推出最受年轻人追捧的盲盒玩法。

礼盒内容物为9款联名定制手办中随机1款。

创意形式三：痛快态度系列视频。

创维联合8大客厅生活品牌，打造具有“反差/乌龙”感的品牌联名系列视频。

9款联名定制手办

3.媒介策略

（1）首度发声——“痛快大卖部”开业 。

一场“痛快大卖部”开业发布会，痛快投资人——创维副总裁王海、痛快店长——“谢大脚”于月仙空降创维直播间直播，借助明星与王海的影响力，为直播事件及项目整体制造关注度。

（2）概念阐述——“痛快大卖部”售卖痛快生活。

一轮痛快生活的视频演绎，借助8大客厅生活品牌跨界梦幻联动，为年轻人打造一场痛快看电视的大型行为艺术，视频扩散传播痛快生活概念。

（3）落地体验——痛快生活概念实体化。

一次前所未有的超级盲盒玩法，创维A5 Pro专享礼盒跳脱上线。

4.传播规划

传播话题：#创维618尽情痛快#。

6月7日：创维电商官方微博发布王海及于月仙预热海报，官宣直播嘉宾及直播时间，为直播间预热引流。

6月8日：于月仙个人微博和抖音发布预热VCR，回应官宣内容，再次提升直播热度；微博KOL圈外老鬼同步发布于月仙预热视频，扩大预热声量；晚上8点，创维天猫旗舰店开启天猫站内直播，王海及于月仙亲临现场，“痛快大卖部”开业。

6月11日：创维电商官方微博发布8大客厅生活品牌联名视频，打响品牌联名热度；8大品牌蓝V账号转发8大客厅生活品牌联名视频内容，实现品牌联合互动；SocialBeta案例包装内容发布，为本次品牌联名事件背书。

6月13日：5大微博头部KOL发布品牌联名视频合集，再次提升品牌联名事件及定制

物料的传播热度。

6月16日：小红书KOL发布盲盒开箱（图文/视频）内容，展示痛快生活落地体验。

6月22日：发布案例包装内容，整合本次项目亮点，提升项目整体高度。

项目评估

1.整体评价

本次项目执行时间较长，需要筹备的物料也较多，但项目整体执行顺利，进度把控良好，取得了较好的传播效果，并帮助创维达到了预期销售目标，总体上获得了成功。

2.执行效果

本次项目前期筹备周期较长，在艺人选择上，项目组进行了多方调研，慎重考虑后选定了于月仙老师，最终合作很顺畅。传播内容方面，在与客户多次沟通后打磨调整，最终双方都较为满意。

传播物料设计方面，提供了多种风格供客户选择，物料制作期间也进行了多次调整，最终达到了客户满意的效果。

3.传播效果

传播主阵地为微博及天猫站内，抖音及小红书作为辅助传播平台，整体上线时间节点把控准确，且贴合了预先规划的传播节奏，极大地实现了曝光及转化。

共投入传播资源如下：创维电商（现已更名创维Ablaze）官方微博；于月仙个人微博及个人抖音账号；5位微博KOL；8家品牌微博蓝V账号；3个行业案例包装账号；4位小红书KOL。

明星账号曝光量达到31万次以上，粉丝互动热烈，且评论均为正向。

天猫站外传播总体曝光量超过1502.9万次，其中微博平台曝光量超过1471.9万次，在仅投放了5位KOL的前提下，曝光量依旧可观，充分说明了传播内容的优质性。

天猫站内直播互动量超过40万次，在以品牌官方店铺为主体的直播中名列前茅，登顶巅峰大电小时榜，成为同时段、同品类账号直播中的佼佼者，超第二名近22倍。直播当天引导成交金额超600万元，爆款创维A5 Pro销售破1000台。

4.项目优势

（1）提出“尽情痛快”概念，创意有趣，准确吸引目标受众。

（2）短时间内联系到8个合作品牌，为项目执行奠定基础，扩大事件影响力，并带来额外曝光。

（3）艺人沟通及把控到位，艺人配合度高，现场发挥自然，整体直播效果较好，登顶天猫直播巅峰大电小时榜。

（4）线下直播突发情况处理得当，根据客户需求及时更换场地，保证直播的顺利进行。

亲历者说 **仝蕴含　北京抹茶互动文化传媒有限公司项目经理**

本次项目从洞察的提炼到创意的阐述，将“尽情痛快”的概念表现得淋漓尽致。活动从年轻人生活中“慢卡顿”这一痛点的深度洞察切入，以客户品牌的爆款产品创维A5 Pro的核心特点为解决方案，把“如何才能痛快”这一话题以有趣的方式进行诠释，将明星直播、视频、联名盲盒等方式进行关联和叠加，成功让项目最终的呈现效果最优化，整个项目从传播内容落地到电商平台引流，形成完美闭环。

案例点评

点评专家：黄玲忆　朋百沟通国际有限公司创始人

电视类的大型家电属于成熟市场，要找到新商机非常不容易。创维电视在前期进行了扎实的调研，从中找到了可以切入的新主力目标群。虽然调查数据显示当下年轻族群的群像与人们固有印象差距甚大，但是执行团队以科学的精神、接地气的创意奇想，充分掌握了年轻族群喜欢互动的特性。跨品牌的合作、跨界盲盒、代言人及KOL的选择等，每个环节都搭配得宜，整个项目采用了多维度全线包围的策略，与目标消费族群沟通，这次获奖实至名归。

陆金所企业文化人文建设

执行时间： 2020年1月1日至今

企业名称： 上海陆家嘴国际金融资产交易市场股份有限公司（简称陆金所）

品牌名称： 陆金所企业文化人文建设

代理公司： 羲泽公关咨询（上海）有限公司

获奖类别： 金旗奖——2021最具公众影响力MCN × 品牌短视频内容推广大奖

项目概述

常态化防控下，陆金所作为全球最大的线上财富管理平台，除了复工复产外，更需要结合当下的社会及市场环境，提振员工信心，以更强有力的企业精神面对新的挑战。企业人文建设不只需要表层的传播与覆盖，更需要将现实问题传递至员工内心深处，使员工深化理解并乐于接受，建立正确的工作意识与价值观，营造良好的工作氛围。

项目策划

经过调研，项目组发现在经历疫情后，企业员工及团队在凝聚力和行动力上均有所下滑，普遍存在信心不足且注意力分散、不肯担责、不敢拼的情况，常规进行的企业人文建设的作用非常有限，不仅活动及传播的形式固化且单一，更浮于表面，未曾起到促进及警示作用。

基于以上调研情况，结合陆金所当前现状及社会形势，项目组发现一味地抚慰并不能解决问题，问题的存在必有缘由。经过思考，项目组决定制定反向刺激的创意主脉络，以职场普遍存在的真实故事撕开“职场遮羞布”，以幽默、无厘头的风格承载创意主线，将源于现实的职场现状进行反向演示，采用短视频形式扩大传播效力，联合各职能部门在线上线下同步开展活动，通过内外联动、持续覆盖保证项目的完整实施，有效完成企业人文建设战役并达成优异效果。

1.传播策略：制造悬念+互动触达+连锁效应

（1）行之有效的前提是唤起受众对内容的好奇。项目组通过品宣部及HR部门发布内部公共邮件及预告片，以“陆金所不需要什么样的人”迅速吸引受众关注，并引发紧迫感。

（2）强化记忆与效能的措施源于受众真实的感触。项目组通过揭示职场普遍存在的现状，如“甩锅”“职场水货”等问题，引起受众共鸣，并通过线上小游戏、线下活动等内容持续与受众进行互动，进一步强化项目目标。

（3）立体的角度和呈现持续影响受众感官。除了内部渠道，项目组同步在陆金所的对外媒介持续发布短视频及海报，并联动各部门开展讨论，从多维角度塑造更多记忆点，以形成多点多面的连锁效应，强化项目的持续性效能。

2.内容策略：反向差异+有效碰撞

作为金融行业线上财富管理平台的翘楚，陆金所的专业能力是毋庸置疑的，在面对企业及大环境的变化，尤其是疫情的影响时，首先考虑的是如何减轻特殊时期带来的负面影响。因此，项目组经过调研，制定创意主脉络后，首先考虑的是内容的选择。基于此，项目组围绕工作规划、团队士气、学习精神、工作责任、专业技能、协作整合六个方面进行内容创意，通过反向差异揭示职场问题，刺激受众感官，以提升项目的有效势能。

如何采取更易被接受的形式完成对员工的触达，将决定内容的触达效力，在反复考量后，项目组决定采用短视频作为项目主体内容，海报、邮件、H5作为次级传播载体，综合建立传播体系，通过在项目的不同阶段宣发不同内容进一步强化传播节奏，让受众在项目的每个阶段都能获得新的感受。

项目执行

基于项目目标，从员工所想出发，将职场问题触达员工，让问题成为核心，引发员工参与，全程基于“对事不对人”的执行原则，通过对内对外多平台、多渠道联动，使传播效能达到最大化。

对员工：公共邮件、海报、楼宇屏幕全程覆盖，配合奖励机制，引发员工热烈讨论，有效改善员工工作面貌，并得到各部门的积极反馈。

对企业：确保外部各平台渠道的内容上线，在社会层面有力提升品牌形象，建立一定程度的友好印象，便于开展品牌的其他外宣活动，同时引发平安集团其他子公司关注和联动，进一步提升项目热度。

项目评估

陆金所企业文化人文建设这个项目创造了极好的传播效果，在各部门都得到了积极反馈，共计超10万人对项目内容进行了阅读及分享，传播效果超500万人次，互动效果（转发、评论、点赞）超30万人次。

反向差异化的内容呈现，突破了传统企业文化人文建设传播模式，全程贴近受众，用更具趣味性的方式和年轻化内容形成传播核心，向目标受众传递和表达，引发受众共鸣，以故事带起互动，以互动还原故事，整体氛围浓厚且有效改善了士气低迷的问题。

整合式传播体系令传播达到了“1+1>2”的效果，单纯的短视频传播并不能达到很好的效果，但经过H5、邮件、海报、线下活动的配合，能令整体活动的故事性和延伸性更足。

年轻的沟通方式、潮流的内容结构、新鲜的媒介载体更能直击受众内心。使用更有效的传播内容与媒介工具，能更有效地传递企业文化人文精神的力量。

亲历者说 张旖旎 羲泽公关咨询（上海）有限公司项目经理

最初定创意的时候，我们首先提供了两个方向：一是根据当时的热点综艺《创造营》做一个“企业创造营”，把职场比作舞台，令“晋级”或是被淘汰形成对比；二是不刻意做创造营的概念，使用一些当下流行的词即可，比如把拥抱变化比作“乘风破浪”等，当然更多的是使用大量常规通俗的意向去贴合，比如把资源整合比作“做菜”，“做好一碟小菜，并非小菜一碟”，朗朗上口又能语义双关。我们花费了一个下午和一个晚上进行密集的头脑风暴，并在比稿中胜出。后续与客户继续沟通，打磨文案细节，绘制分镜，就演员、服装、布景等进行多轮讨论，最终拍摄一天，顺利完成作品。整个过程很顺畅，尤其是创意部分，没有经过太多修改，执行也比较高效。

案例点评

点评专家：张景云　北京工商大学商学院教授

该案例在通过新媒体开展企业文化传播、塑造雇主品牌方面具有独特的价值。与消费类品牌塑造不同，内部雇主品牌的塑造有其特殊的规律。常规的“鸡汤式”文案很难激起员工兴奋点，更难形成记忆点。系列短视频针对常态化疫情防控下的工作环境和员工状态，以困扰员工的真实问题为导向，从工作规划、团队士气、学习精神、工作责任、专业技能、协作整合六个方面进行内容创意。视频故事的叙事方式幽默风趣，以员工熟悉的语言和生活场景展开，如烹饪、“甩锅”、口中喷水、前浪后浪、打气等，比喻或暗讽部门之间不愿主动担责，“职场水货泛滥”等情况，来源于生活而高于生活。结尾以正向职场价值观为口号，画龙点睛，凸显主题。该案例策划以短视频为主，以海报、邮件、H5为辅，通过整合立体的传播方式开展，通过控制不同阶段的宣发内容把控传播节奏，使传播效能达到最大化。

2021最具公众影响力 MCN × 产品增长型 推广大奖

星际座舱思皓QX直播上市整合营销

执行时间：2021年6月1日—7月31日

企业名称：安徽江淮汽车集团股份有限公司乘用车营销分公司

品牌名称：思皓乘用车

代理公司：智美互动（北京）科技有限公司

获奖类别：金旗奖——2021最具公众影响力MCN×产品增长型推广大奖

项目概述

星际座舱思皓QX（简称思皓QX），在预热期及上市期，邀约短视频平台头部KOL进行内容产出，用爆款视频为思皓QX持续提升市场热度及关注度。产品上市当天，采取全网直播的方式，在抖音、快手、视频号官方直播间等直播平台引流，吸引用户关注，提升品牌知名度、好感度。从前期预热导流到上市当天，所有热度与流量都集中在思皓QX直播间，通过硬广投放等推广方式保障直播流量，打造"高光时刻"，即在最短时间内聚集最大的力量影响最多的人群，做思皓QX上市的传播大事件 。

项目策划

1.传播策略

（1）优质资源重组，多维度营造社会化热点，形成传播链路。

（2）打通分发渠道，提升用户关注度，为新品实现转化布局。

（3）辐射平台用户，提升新品温度，为品牌赋能。

2. 媒介策略

（1）预热期：大V助阵，聚人气，强势种草。

抖音、快手短视频KOL抢先体验思皓QX。在思皓QX上市前，抖音、快手短视频平台汽车类头部及腰部KOL抢先体验思皓QX，输出创意视频，为新品种草。KOL选择了牛哥说车、猴哥说车、学好姐姐、八戒说车、小刚学长、玩车女神等具有千万粉丝的网络达人。

重点区域达人体验思皓QX。针对思皓QX十大重点销售区域，在抖音、快手平台选择重点区域影响力KOL进行产品评测体验、创意视频制作，传播产品信息，为上市进行预热传播。

联合快手快说车，开展冰桶挑战和决战紫禁之巅横评测试。借助快手平台短视频/直播流量红利，创新玩法，线上线下联动，由快手汽车达人做整体传播串联，从场景营销到情景营销，让用户在实际使用环境中真实看到、触碰到产品，并形成自发传播，通过快说车与汽车大咖进行新品评测，为思皓QX产品背书，引爆流量池。

项目主要分为三个部分进行。一是盲测，通过线下活动，用户盲测思皓QX，引发用户真正的声音。二是冰桶挑战，本次冰桶挑战邀请快说车达人小刚学长、学好姐姐、八戒说车进行接力评测，用达人影响力圈住目标用户。三是决战紫禁之巅，线下横评大测试，邀请达人猴哥说车、牛哥说车、学好姐姐进行现场评测，思皓QX与其他品牌车型面对面碰撞，输出视频内容，线上传播，借助达人身份传达产品的优势信息。

（2）上市期：全网导流，强曝光，助力上市。

结合思皓QX的上市计划，通过快手、抖音等平台进行线上直播，在上市当日形成了立体、集中的产品信息传递，起到很好的势头。

思皓QX上市采用“3+4+10+1000”的模式，即3个平台（快手、抖音、视频号），4位网红大咖，10个全国分会场，1000场经销商直播同步引流，以吸引用户关注，提升品牌知名度、好感度，打造思皓QX上市直播间人气热度，传播思皓QX产品记忆点。

官方直播主会场在上市当天进行硬广资源支持，快手平台以硬广开屏直接引流直播间，抖音平台以信息流投放引流，视频号进行直播间推广引流。

邀请学好姐姐、牛哥说车、二哥说车、大可说车四名汽车KOL在上市当天进行直播，为产品上市助阵。

经销商筛选并推荐销售优秀、擅长直播且直播数据优质的人员进入思皓QX直播专项组，上市当天组建10个优秀经销商直播大咖分会场和1000名经销商直播分会场，利用直播推广组合，形成公域与私域流量叠加，从发现页获取流量，配合同城与关注页全面导流品牌直播内容。

项目执行

大V抢先体验思皓QX，分三批次进行，网罗抖音、快手的汽车类头部KOL为思皓QX站台，KOL有牛哥说车、猴哥说车、小刚学长、玩车女神、聂小雨、南哥说车、八戒说车等。

重点区域达人体验思皓QX，针对十大销售区域，通过两个角度邀请KOL创作传播内容，一是内容植入类——KOL结合产品特性，以创意的形式植入产品，加深用户对产品的印象，培养产品好感；二是汽车专业类——产品特性视频，以感性或理性的方式诠释产品卖点，帮助意向用户了解产品，促进购买。

思皓QX快手评测专项同汽车达人与快说车两个部分进行合作。共邀请5位达人创作6支短视频，汽车达人分别为猴哥说车、小刚学长、学好姐姐、八戒说车、牛哥说车。

项目评估

（1）思皓QX上市当天直播累计观看量546万人次。其中，快手直播观看量499万人次，最高同时在线3万多人，当日累计涨粉26万个；抖音直播观看量42.6万人次，最高同时在线超4万人；视频号直播观看量4.4万人次。网红大咖直播累计观看量66.9万人次。其中，学好姐姐直播观看量27.5万人次，牛哥说车直播观看量11.2万人次，大可说车直播观看量11.8万人次，二哥说车直播观看量16.4万人次，四位大咖均在线人数过万，占据小时榜第一。思皓矩阵10大经销商主播分会场在线人数均过万，占据同城小时榜第一，其中，恩施、淮南店有两位经销商头部主播单场直播观看破10万人次，单日涨粉破万人。

（2）大V抢先体验效果：多位达人及经销商为新车上市助力，全民参与互动裂变，上市前后，思皓QX大V抢先体验活动，累计发布短视频14支，累计播放量2.3亿次，累计点赞280万次，累计评论73205次。

（3）重点区域达人抢先体验效果：思皓QX重点区域网红达人抢先体验项目共安排广东省东莞市、安徽省合肥市、河南省信阳市、云南省昭通市、浙江省宁波市、重庆市、贵州省铜仁市、甘肃省兰州市、四川省成都市、山东省临沂市10个重点区域执行，参与达人共58人，累计产出53支视频，总播放量9801.3万次，总点赞量约84.9万次；累计进行12场直播，总观众人数超440万人，获得点赞约231万次，最高同时在线人数达1万人。

（4）快说车横评项目效果：横评测试项目中，邀约达人5位，结合快手快说车官方号，输出视频累计播放量2574.9万次，点赞量32万次，评论数21049次。

亲历者说 田菲　智美互动（北京）科技有限公司汽车事业部总监

思皓QX在KOL投放策略上搭建金字塔形投放矩阵，通过矩阵传播，层层渗透，通过头部KOL站台，制造话题，引发关注；头腰部KOL强化信任，优化口碑，刷屏级视频带动用户消费。我们希望绑定头部IP流量达人，建立"品牌挚友级"的合作，通过他们在专业领域的高知名度，快速提高品牌知名度。官方挖掘更多内容，尝试内容创新，以维护产品热度，渗透用户圈层。通过连贯式的产品品牌营销，缩短转化路径，缩短"从种草到拔草"的时间铺垫，增强销售转化。

案例点评

点评专家：岳慧　爱德曼国际公关（中国）有限公司北京办公室总经理

近几年，直播和短视频平台得益于网络信息的飞速发展以及碎片化时间的需求，已经逐渐成为人们所依赖的重要社交工具。一些品牌抓住这个风口，在一线城市做存量市场，在二、三线城市做增量市场，效果非常明显。思皓QX就是通过直播抓增量市场的一个很好的例子。品牌通过量身打造的KOL矩阵以及自己的经销商体系精准地触达了各级市场的潜在目标受众，在带动口碑的同时有效促进了客户的增长。

2021最具公众影响力电商战役营销大奖

天猫新年“换头”正当红[①]

执行时间：2021年1月5日—2月2日

企业名称：浙江天猫网络有限公司

品牌名称：天猫正当红

代理公司：天津市大肆科技有限公司

获奖类别：金旗奖——2021最具公众影响力电商战役营销大奖

项目概述

天猫新年“换头”正当红，结合新年节点制造潮流热点，新年“换头”打造破圈趋势，通过新年“换头”玩起来的传播主题及内容手段渗透圈层人群，传达“好玩才好看”的当代审美潮流核心概念，印证天猫正当红的生活及审美潮流趋势，并助推相关品类线上增量。2020年是“丧气”的一年，2021新年要“改头换面”，唤起自己的高光时刻，理想生活，就要从“头”玩出色。

项目策划

1.目标

（1）强化天猫平台的定位。

（2）深度演绎天猫正当红IP是新年“换头”潮流风向标的概念，用“追逐妆发一体潮流，上天猫”占领用户心智。

---

① 本文中所涉及的照片，天津市大肆科技有限公司均已得到被拍摄者的使用许可。

（3）激发UGC关注和讨论，站外传播量超2亿次、热搜破圈。

2. 整体策略

（1）通过对核心目标人群的洞察，输出新年妆发一体解决方案，还原各核心消费场景，用精美视觉效果作为抓手，激发消费者“变美”欲望。

（2）打造核心态度，通过官方物料输出品牌主张，引导当下妆发新玩法，构建传播热点。

（3）传播端瞄准核心人群，输出品牌心智——做好精致妆容，造型不过是初级班，妆发一体才是当下“最靓的仔”，用新媒体和互动玩法制造话题。

（4）线上营销事件，通过网络达人捆绑商家品牌进行内容覆盖，联合年轻人潮流汇聚地GQ（《智族》），推出时尚“四颗头”，通过直播矩阵进行带货。

3. 受众

核心人群：Z世代尖端妆发一体高手。

机会人群：喜爱彩妆人群、喜爱染烫人群。

4. 传播内容

（1）联手朱婧汐围绕当下最火的四大妆发造型，拍摄《换头行大运》音乐MV，亲身示范不同场合下的4种妆发小心机，官方推广“换头术”，打造妆发一体新趋势。

（2）联合GQ推出《刚到2021，她就换了一个》趣味长文，成功打造社交热度，营造四大流行妆发热点。

（3）通过网络达人捆绑商家品牌进行内容覆盖，推出时尚“四颗头”，通过直播矩阵进行带货。

5. 媒介策略

（1）联动明星朱婧汐开启破圈营销大事件。

（2）构建明星、潮流自媒体、美妆达人等多领域全国重量级媒体矩阵。

（3）除微博外，还利用淘宝直播、GQ新媒体等创新性传播平台进行线上传播。

6. 传播规划

（1）天猫正当红联手朱婧汐作为新年“换头”体验官，发布MV《换头行大运》，发现当红妆发一体新趋势，传递天猫正当红热点心智，打造微博话题#女生开始换头就是新年来了#。

（2）明星发布视频为当红“换头”潮流方式“打Call”，号召粉丝一起来说出自己的“换头故事”。

（3）抖音上线MV参与话题，配合发布内容。

（4）天猫官微发布四张明星海报，解析新年“换头”新方式，引出四大趋势，植入商家专属货品，露出权益。

（5）GQ推出《刚到2021，她就换了一个》趣味长文，打造社交热度，引领“换头”新趋势。

（6）淘宝人生新年“换头”合拍专场，打造妆发一体站内创新场景。同时开启站内直播，达人进行直播导流。

（7）整合抖音、微博、小红书、站内达人和KOC进行全网种草，捆绑商家品牌，露出权益，进行流量收割。

（8）行业专家营销号定调活动，发布公关稿件，露出权益。

项目执行

整体传播时间为2021年1月5日至2月2日，通过话题发酵、热度发酵、流量收割三步玩转整个天猫正当红活动期。

1月5日当天天猫上线《换头行大运》MV，进入第一波传播。天猫正当红联手新年“换头”体验官朱婧汐，发现当红妆发一体新趋势，传递天猫正当红热点心智。

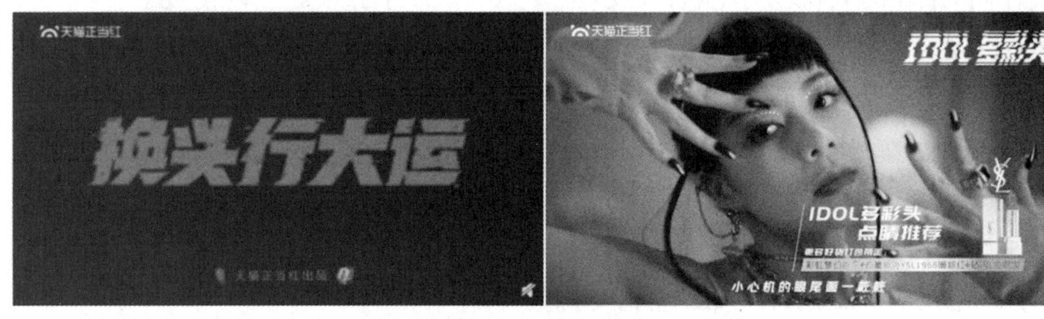

《换头行大运》MV截图

1月6日天猫上线当红“换头”方式海报，进入第二波传播。联合GQ发布趣味长文，引领“换头”潮流趋势，强化品牌心智渗透率；在淘宝站内联合淘宝人生，创立新年换头合拍专场，打造妆发一体站内创新场景；淘宝站内专场直播导流。

1月11日至2月2日是事件的持续期，整合抖音、微博、小红书、站内达人和KOC进行全网种草，匹配商家权益，实现流量转化。

当红“换头”方式海报

项目评估

1. 效果综述

（1）本次传播选择在全域营销，聚焦主流阵地微博、抖音、微信、淘宝。矩阵式传播触达受众平台，既兼顾品牌心智，又种草当红产品。

（2）贴合传播内容要求，实现了超高曝光。三大阶段输出四大妆发造型（新年开运头、idol多彩头、神明少女头、赛博朋克头）。

（3）联手朱婧汐打造天猫首支MV，建立新潮“换头”核心心智，通过GQ趣味长文搭建全民换头潮流趋势。

（4）以营销事件带动电商直播，助力复工复产复商复市，以及人们活力的恢复。带动全民一起“换头”，迎接新年，宣传妆发一体的新方式、新场景，帮助用户建立全新精致感，购买自己的专属美妆产品 。

2. 数据效果

（1）微博话题＃新年换头正当红＃ ＃女生换头才是新年来了＃，总曝光量突破6亿次，居微博讨论榜Top2，仅次于微博官方年度话题。

（2）《刚到2021，她就换了一个》GQ趣味长文，上线2小时阅读量破10万次，“换头”微信指数日环比增长50%。

（3）淘宝专场直播吸引超 380万公众参与，淘宝人生新年“换头”合拍专场超38万人次参与，曝光量超800万次，完成率高达182%，单品牌直接引导进店超60万次，比同量级活动高出172%。

（4）抖音平台的花式推荐累计播放近100万次，点赞量超3万次。

3. 受众反应

活动吸引了100多万名受众参与，分享以新年妆发一体为核心的新年“换头”视频和图文内容，达到了全民一起“换头”迎接新年的传播目标，并完成了淘宝的到店转化，实现用户采买新年妆发产品的最终目的。

4. 市场反应

本项目借助事件营销影响力，覆盖千万公众，并获得市场的极大欢迎。全网“种草客”矩阵种草、淘宝头部主播“换头”专场，实现流量收割，优质内容协同粉丝互动加速传播，最大限度提高内容传播度。

5. 媒体统计

（1）获得人民资讯等多家媒体报道。

（2）零成本撬动30多位具有百万粉丝的大V参与话题，原创人数为均值的200%。

亲历者说 **边钊　天津市大肆科技有限公司创意总监**

收到中标通知之后，我们迅速建立项目组，与客户积极沟通方案，进行项目创意策划，在客户回复策划通过的时候，我们很激动，但很快就静下心来继续推进项目，整个项目组的努力是值得的，我们很有信心。执行期逼近，我们同客户对接修改内容时，为了项目能保证最好的上线效果，每个人都带着12分的热情。话题上线第一天，冲到了微博榜第二名，浏览量在2小时内逼近了5亿次。这一天是值得欢呼的，但我们没有松懈，因为后面的传播活动还没有结束，我们还要继续努力。项目的成功得益于我们每一个人的努力、充足的准备和项目成员高度的责任感和专业度。这场营销圆满结束，客户反馈的数据也很不错，这让项目组的成员都很满足。

案例点评

点评专家：张宁　中国新闻史学会公共关系分会副会长，中国高等教育学会公共关系教育专业委员会副理事长，中山大学传播与设计学院教授、博导，中山大学公共传播研究所所长

借助“新年新气象”这一时机，把一场妆发品营销打造得合情合理而又充满新

意。传播时机、消费心态和市场需求都把握得十分精准，在此之上则是营销传播的精准定位和多次元联动式传播。新年“换头”正当红这一主题有趣而明确，使用代言人多方式合作产出话题、场景和内容，收获的是高话题度、高参与度和高完成率。话题一出则实现了以抖音、微博、小红书等为主的全网传播和互动，引发产品种草，辅以明星造势推波助澜，形成了矩阵式的网络传播态势和独特的话题效应，营销效果可以说是直达目标人群，提高了市场关注度。

京东母婴年货节

执行时间：2021年1月26日—2月20日

企业名称：北京京东世纪贸易有限公司

品牌名称：京东、尤妮佳、飞鹤

代理公司：欢腾盛世（上海）文化传媒有限公司

获奖类别：金旗奖——2021最具公众影响力电商战役营销大奖

项目概述

京东母婴联动官方号与纸尿裤、奶粉、婴儿零食及日用品等高关联品类进行连麦直播，以“组队打年兽”为主题，通过跨品类人群渗透，为各品牌及店铺带来增量，跨品类合作直播的流量流转被最大化利用。

“母婴CP征战年兽巅峰夜”主题海报

项目策划

京东母婴年货节大主题“母婴CP征战年兽巅峰夜”，为活动定下整体基调，从前期店播、跨品牌连麦，到终极PGC直播对决，项目组设计了专属年兽游戏进行赋能，增强直播与粉丝的互动性，提升粉丝黏性；在跨品牌连麦期间，给予CP品牌亦友亦敌的对决属性，刺激品牌双方整合流量资源，全方位拉动品牌数据提升，实现共赢；针对站外渠道资源，为参与活动品牌定制年兽海报并进行线下渠道投放，以对联的形式送出品牌祝福，并设计直播间视觉、线下电影院投放海报等一系列物料吸引目标用户；利用微博母婴垂直账号矩阵加社群，全面助推活动，最终实现不错的宣传推广及引流成效。

项目执行

项目执行期间，项目组根据各品牌直播时间、货品、品牌属性等进行了细化分类及排期设计，根据精准的时间推进表执行，不仅提升了项目执行效率，更大大降低了执行时遇到的各种难题，让执行更加顺畅。

项目评估

全网直播观看量达到142.6万次，成交金额达到178.6万元，成交件数达到9217件，总互动量达到203.8万次。

亲历者说 **贾海瑞　欢腾盛世（上海）文化传媒有限公司策划经理**

接到京东母婴年货节需求时，我们从项目调研到头脑风暴再到策划成案，每一次讨论会都经历了创意升级的过程，比如我们搭建了以“年兽”为主题的直播间，借助服装、发饰、扇子等，渲染年货节氛围。主播采用“1+N ”模式，固定一位主播人设，每天再更换一位新主播，如年轻妈妈、大姨妈等不同身份。同时直播过程中，不定时推送“年兽”碎片，让观众截图收集，每一个细节执行上我们都力求做到尽善尽美，给用户最好的体验。

案例点评

点评专家：朱立阳　北京行行行广告有限公司创始人

电商推广的重点，在于形散神不散。整个项目以“年兽”互动为核心项目切入点，结合电商直播并利用主播轮值作为直播手段，是一种有行业特色且很聪明的营销方式。该项目兼顾整合营销所需要的创意、数字营销、媒介、社交互动玩法，结合站内运营特色产品，有一定创新借鉴意义。

2021最具公众影响力整合营销战役大奖

真本事上台练练，真房源贝壳见见
——以德云社相声春晚IP撬动贝壳全链路营销[①]

执行时间： 2021年1月8日—2月25日

企业名称： 贝壳找房（北京）科技有限公司

品牌名称： 贝壳找房

代理公司： 众成就（海南）融媒体科技有限公司

奖项类别： 金旗奖——2021最具公众影响力整合营销战役大奖

项目概述

通过用户喜爱的喜剧类春晚IP、商业价值极高的喜剧团队德云社为品牌营销赋能，将传统相声文化的“真行活”“真功夫”与贝壳品牌“真房源”的核心价值进行深度融合，通过全媒体全平台曝光、德云社明星短期代言深度合作、品牌定制活动拉新促活等传播方式为贝壳开启春节营销新方式，打造晚会营销全链路整合新模式。

项目策划

1. 借喜剧类春晚IP，助力贝壳占领春节传播高地

晚会具备极高营销价值，春节观看喜剧晚会已成为全国人民的文化习惯，晚会营销是将大量观众转化为用户的最高效节点。

---

① 本文中所涉及的照片，闻视频（杭州）传媒娱乐有限公司［该公司为众成就（海南）融媒体科技有限公司的关联公司］均已得到被拍摄者的使用许可。

春节阖家团圆的氛围为品牌影响力的打造和传播搭建了天然舞台，春节期间的营销为开年及大三月房屋的租赁买卖提前打造声量。

德云社相声春晚主题海报

2. 贝壳合作春节晚会语言类第一IP——德云社相声春晚

IP影响力：德云社相声春晚，第一届晚会已打响品牌，收视、口碑双丰收。

嘉宾亮点：德云社齐出动，商业价值极高，演出阵容超过封箱，主力演员近几年不参演除央视晚会外其他晚会。

传播优势："1+3"节目形式传播周期长，打通大年二十九至大年初五黄金时段传播。

节目亮点：11个全新段子首次亮相，多个内容与品牌深度融合。

3. 全方位突出"VR真房源，还是贝壳全"主题，利用德云社热度为品牌赋能

全媒体广传播：覆盖卫视、互联网、平面媒体、户外音频等全媒体进行营销造势。

明星深度绑定：绑定德云社当红成员孟鹤堂，从宣传推广到长尾期，合作内容覆盖品牌深度植入、创意中插、品牌App短期代言、锦鲤活动等。

品牌定制活动：将品牌与晚会紧密连接，创造爆款大小屏联动活动，为品牌App导流。

内容深度结合：贝壳产品功能与晚会内容深度结合，体现品牌特点。

4. 全网发起"德云锦鲤"有奖互动，贝壳豪气送房引网友关注

联手推出"德云锦鲤"活动，0元秒杀贝壳商品房及德云粉丝专属福利（含贝壳好房、德云社全年门票等），活动提前两周预热，吸引网友的关注。

现场实时互动，掀起晚会高潮。

项目执行

1. 内容：深度阐释贝壳品牌理念

首创"1+3"节目模式，在春节黄金时段持续输出品牌声量。

艺人定制创意中插，趣味展示贝壳房源真、房源全、VR看房便捷的特点。

4组相声作品植入，贝壳品牌花式露出，与晚会内容深度结合。

主舞台区定制“贝壳小屋”，承担访谈功能，传递家的温度。

2. 艺人：深度绑定德云社当红成员孟鹤堂，放大品牌IP价值

2021年1月17日，孟鹤堂视频广告上线。

2021年2月4日至10日，“孟鹤堂送红包”活动上线，结合新春购新房活动每日派发牛气红包。

2021年2月10日晚会当天，孟鹤堂与周九良合作表演相声，进行“真房源全在贝壳Skr”内容植入；孟鹤堂与贝壳经济人互动，讲解贝壳买房步骤；孟鹤堂品牌创意中插，强调真房源等特点。

3. 活动：通过爆款活动一招实现品牌拉新、促活、留存

C端：“德云锦鲤”，0元秒杀贝壳商品房；新春购新房活动，每天送出红包。

B端：“带你上春晚”，探班台前幕后，贝壳经纪人参与节目录制与偶像同台。

4. 曝光：全媒体全平台曝光

（1）电视端：晚会现场、包装、内容等全场景植入。

（2）长视频：腾讯视频独家直播、点播（权益保留），多端首页焦点推荐，品牌框内硬广。

（3）节目宣推：“1次政府发布会预告+3次地标事件+4小时预热节目+多位媒体联动霸屏”，实现全媒体覆盖。

（4）贝壳品牌全露出：天津卫视宣传片高频播出、黄金时段节目主持人口播；抖音、快手开屏，微博热搜、资源位曝光；独家音频平台酷狗、天津当地4家主要广播电台、纸媒曝光；户外地铁、户外大屏、小区、天塔曝光；自媒体矩阵天津卫视、节目官方号、贝壳经纪人等全面曝光。

项目评估

（1）晚会软性权益累计触达约34亿人次，不重复覆盖7979万名电视观众，有效覆盖5534万人。

（2）德云社相声春晚收视为1.2%，创历史新高，同比增长17%，赶超知名晚会IP辽宁春晚，超越东方卫视晚会。IPTV（交互式网络电视）收视率13.15%，居同时段第一，酷云直播实时收视黄金时段第二，超越四大卫视。初二至初四播出的3期衍生节目《青春德云社》平均收视为0.19%，比频道同时段提升58%。

（3）网络端地方晚会播放量第一，仅次于央视春晚。天津卫视德云社相声春晚腾讯视频播放量高达5746.4万次，远超其他卫视晚会；衍生节目《青春德云社》3期累计播放量达930.4万次。

（4）45个全网热搜覆盖抖音、快手、头条、B站、网易、新浪、知乎等平台，18个微博热搜，19亿相关话题阅读总量；11个抖音热榜，数量居同期晚会第一；468家媒体参与报道，全网媒体累计共发布150篇新闻。

亲历者说 韩丹丹 众成就（海南）融媒体科技有限公司客户总监

项目筹备期间，我们就对这次合作有信心，这对贝壳品牌来说会是一个绝佳的营销机会，但实际呈现效果还是超出了我们的预期。最大的惊喜在于这一台晚会打通了贝壳在整个春节期间的传播，企业内部各部门参与项目的热情空前高涨。在C端，有节目大屏端和网端的各类曝光、植入资源，与德云社相声春晚强绑定，提升品牌的声量和美誉度，同时通过抽取“德云锦鲤”的互动活动，提升观众参与度，为平台拉新。在B端，一方面发起“经纪人后台探班权”投票，几十万经纪人使出浑身解数拉票打榜（最终获选的探班经纪人是一位德云社资深“老粉”，在德云社还名不见经传的时候就一直在追他们的演出），另一方面联合开发商0元秒杀一套房作为锦鲤奖品，并与开发商联合宣传造势。这是一次真正内外联动的营销活动。

案例点评

点评专家：何春晖 浙江大学传媒与国际文化学院策略传播学系主任，中国公关学会副会长

贝壳品牌此次策划，打通了营销全链路，在完成产品销售推广的基础上，向大众有效传递了品牌精神与文化。在传播主题层面，用相声“真行活”“真功夫”连接贝壳“真房源”的品牌核心价值，精准契合品牌调性。在传播渠道与语态层面，实现全媒体全平台曝光，注重与年轻消费群体的深度沟通，并借助年轻群体的互联网能量，实现高效发声。最令人欣喜的是，此次整合营销策划聚焦中华传统文化，用年轻人喜闻乐见的方式传递出民族声音。未来，贝壳品牌或许可以立足于中国人文内核的生活方式需求，进一步用文化创意支撑起品牌厚度。

2021年广汽埃安AION S Plus新车上市整合营销[①]

执行时间： 2021年5月—6月

企业名称： 广汽埃安新能源汽车有限公司

品牌名称： 广汽埃安

代理公司： 北京时空视点整合营销顾问有限公司

获奖类别： 金旗奖——2021最具公众影响力整合营销战役大奖

项目概述

2021年纯电汽车市场迎来新的机遇，新能源市场蛋糕越来越大，而分蛋糕的人也越来越多，广汽埃安面临着市场巨大的挑战。因此，其在年中推出广汽埃安纯电产品新改款AION S Plus。上一代AION S产品力标签模糊，C端用户关注度和喜好度低，新AION S Plus担负着重塑用户认知和全面抢夺C端市场的重任。

广汽埃安 AION S Plus从亮相到上市打破常规，开创了汽车行业营销先河。整个项目整合了引爆性话题#概念变现 天生惊艳#，星际遨游沉浸式试驾体验，以及风起星河脱口秀上市发布会，从汽车圈拓展到运动圈、时尚圈、娱乐圈、科技圈，让年轻人通过有趣的梗爱上产品，从而打破传统汽车上市只是“圈里热”的现象，重新定义汽车营销新玩法。

① 本文中所涉及的照片，北京时空视点整合营销顾问有限公司均已得到被拍摄者的使用许可。

项目策划

1. 目标

市场目标：全面抢夺C端市场，走进年轻人的心里。

形象目标：重塑用户认知，打造“15万级轿跑标杆”。

2. 传播策略

极致爆款法则：（星空战舰颜值+轿跑性能+15万元售价）×兴趣区块裂变。

兴趣区块裂变是利用用户关注的兴趣内容在圈层（运动、时尚、娱乐、科技、汽车）形成快速裂变式传播。

3. 受众

18~28岁不断自我超越的新锐时代青年，一线、新一线城市的时尚白领、年轻创业家。

4. 内容创意

（1）亮相，世界顶级概念超跑量产，提升用户的价值期待值。

以AION S Plus高度还原概念车ENO.146为噱头，引发用户关注，并利用颜值出圈，树立星空战舰纯电轿跑形象。

（2）试驾，科幻沉浸式体验，打造极致王者口碑。

围绕“星空战舰”形象标签，打造星际遨游沉浸式试驾体验，招募舰员登陆星球，从颜值、设计理念、科幻天幕、加速体验等方面体验AION S Plus的星空战舰产品力，营造极致王者口碑。

（3）上市，通过脱口秀大会上市发布，疯狂出圈。

以一场好笑、有料、年轻人喜爱的脱口秀发布会，趣说AION S Plus的产品价值和其给用户带来的人生加速附加价值，快速破圈。

5. 媒介策略

兴趣区块裂变：运动、时尚、娱乐、科技、汽车5个圈层进行兴趣裂变，虎扑、小红书、36氪、汽车之家、易车网、网上车市、太平洋汽车、爱卡汽车、有车以后、电动邦、电动生活、第一电动汽车、麻辣车事、路咖汽车等均有参与。

星空战舰纯电轿跑AION S Plus主题海报

项目执行

整个AION S Plus上市由引爆话题亮相预热、星际遨游沉浸式试驾体验、风起星河脱口秀上市发布会3个部分组成，逐步递进，用悬念话题撩拨用户，用星际遨游沉浸式试驾体现产品卖点，再用有趣有梗的风起星河脱口秀形式举办新车上市发布会，逐步将新车推入市场、推向消费者。

第一阶段，首先以#概念变现 天生惊艳#话题发布ENO.146概念车，引发全网关注，顺势公布产品名称AION S Plus以及其定位——星空战舰纯电轿跑，再利用冰玫粉、全息银超美公关图出圈，引发时尚圈快速裂变传播。

第二阶段，在线下打造星际遨游沉浸式试驾体验，通过赛博变形空间、风起星河走廊、粉色高定城堡、浩瀚全景天幕体验等多个不同“星球”主题体验设计，将产品点融入体验中，媒体和参与体验的用户可以通过视觉、互动等方式全方位了解产品，活动给予每个体验者“星空战舰舰员”的角色，让体验能更具沉浸感，体验完后，体验者能主动撰写体验报告，在全网实现大量传播。

第三阶段，打造风起星河脱口秀上市发布会，以脱口秀演员小鹿和王建国围绕#颜值为人生加速#话题展开拉锯战为引爆点，吸引了时尚圈的小P老师、运动圈的美娜等大咖围观，在广汽埃安发起的风起星河脱口秀擂台上，4人与广汽埃安总经理齐聚一堂，围绕#颜值为人生加速#话题展开了精彩的脱口秀表演，他们在段子中不经意地融入AION S Plus产品价值和产品价格，让观众在听段子的同时，也快乐地接收了AION S Plus的信息，并且更好地记住它、喜欢它。

活动现场

项目评估

1.效果综述

（1）通过汽车上市三步走和出圈媒体传播，扩大了AION S Plus新车上市整体传播声量。

（2）利用顶流脱口秀艺人流量平台对风起星河脱口秀上市发布会预热，#颜值为人生加速#话题热度值达3亿，#王建国小鹿爆笑来袭#话题登上微博热搜榜，热度值超5000万，位于排行榜第7，促成超1000万人次观看，重新定义了行业新车上市营销。

2.现场效果

（1）AION S Plus星际遨游沉浸式试驾体验线下总参与人数超1000人次，并成了网红打卡点，吸引了各路网红前来打卡。

（2）AION S Plus风起星河脱口秀上市发布会累计观看超过1000万人次，打破了汽车新车上市发布会的纪录。

3.媒体报道

（1）AION S Plus新车亮相媒体报道累计超5000次，累计阅读量超4000万次，微博话题阅读量累计超1000万次。

（2）AION S Plus星际遨游沉浸式试驾体验媒体报道阅读量累计超10万人次。

（3）AION S Plus风起星河脱口秀上市发布会媒体报道累计超1万条，累计发布、转载内容高达10万次，累计曝光量超过1亿次，累计阅读量超5000万次。

亲历者说 桑海岩 北京时空视点整合营销顾问有限公司汽车事业部总经理

我们已经服务广汽埃安近两年，本次项目产品是广汽埃安品牌独立后的第二款上市的新车型，作为以年轻用户为目标群体的纯电轿跑，该车型肩负刷新C端市场形象，抢占15万级纯电轿车细分市场的重任。在AION S Plus上市的前端策略研究中，我们发现年轻目标用户的购车关注点主要集中在智能体验和外观造型这两个方面，而AION S Plus极具科幻感的星空战舰造型，全场景感官交互系统，充分满足年轻用户的购车标准，成为我们将AION S Plus定位为星空战舰纯电轿跑的重要依据。在传播端，我们将AION S Plus 所代表的行业特性通过沉浸式试驾体验的方式进行全面深度解读。在AION S Plus的上市创意策划上，我们大胆突破常规，以当下年轻群体喜爱的脱口秀形式，为广大年轻目标人群带来生动、有趣的风起星河脱口秀上市发布会，AION S Plus的高价值产品力自然地植入其中，得到了广大粉丝的认可，也取得了优异的传播效果。

案例点评

点评专家：陈小桃　海南大学公共管理学院公共关系学系教授

新品发布的重要目的是吸引和锁定公众的高关注度，实现产品的高知名度，形成新车上市前的产品号召力。本案通过公众画像，锁定消费群体为18～28岁的年轻人，根据目标公众的特征，巧用有影响力的演员举办脱口秀大会，发布AION S Plus新车，运用趣味段子等方式传播产品信息，完全捕捉到了年轻群体的喜好，迎合了年轻消费群体的需求。随后的圈层高效传播、沉浸式试驾体验等营销传播活动，新鲜而又有活力，迅速获得了年轻消费群体的喜欢和认同，是一次成功的新品发布营销传播活动。

三亚 ×《和平精英》2 周年庆起飞狂欢节[①]

执行时间：2021 年 5 月 1 日—3 日

企业名称：海南凯撒目的地运营管理有限公司

品牌名称：三亚市旅游推广局/《和平精英》

代理公司：北京派合文化传播股份有限公司（简称派合传播）

获奖类别：金旗奖——2021 最具公众影响力整合营销战役大奖

项目概述

2021 年 5 月，《和平精英》上线两周年之际，为激发亿万玩家的梦想热情，带给三亚“五大新青年”，即章鱼青年（美食爱好者）、海豹青年（旅拍爱好者）、松鼠青年（人文热衷者）、鲨鱼青年（户外极限爱好者）、考拉青年（酒店奢享爱好者）城市品牌新主张，全面助推三亚电竞旅游文化发展，三亚市旅游推广局联合腾讯视频、爱玩游戏、凯撒旅游、《瑞丽》杂志、海棠区旅游协会、派合传播等，5 月 1 日—3 日在国家海岸三亚海棠湾新晋网红打卡地 —— 三亚海昌梦幻海洋不夜城举办三亚 ×《和平精英》2 周年庆起飞狂欢节活动，这是三亚首次同《和平精英》线下主题专区合作，是三亚与电竞 IP 的全新起飞。

项目策划

1. 创意推导

2019 全球电竞运动领袖峰会上，海南启动了“国际电竞港”建设，2020 年上半年，海

① 本文中所涉及的 Coser 秀照片，本次活动的协办方《瑞丽》杂志均已得到被拍摄者的使用许可。

南生态软件园游戏企业数量已累计达到1140家，“电竞海南”品牌正在逐步形成。随着海南全面深化改革开放布局的铺开，大力发展动漫游戏、网络文化、数字内容等新兴文化消费成为海南省明确的产业发展方向之一。2019年，海南省推出“海六条”等政策措施，为海南电竞产业的落地发展注入创新活力，掀起了电竞赛事的新热潮。

对于三亚来说，电竞IP能带动城市旅游等行业的发展，电竞代表的是年轻、具有活力的产业形象，无论从哪方面来说，电竞都是旅游产业发展中不可或缺的组成部分。电竞游戏全民参与度高、流量汇入渠道多、产业链成熟、投资参与度高，其正逐步走进线下场景。

《和平精英》为一款风靡全球的竞技类游戏，它旨在向守卫国家领空的蓝天勇士致敬。一方面，它贴近主流价值观，是正能量的产品。另一方面，《和平精英》2019年全球手游市场下载量第一，是中国排名第一的战术竞技手游，是新一代国民手游。它以年轻潮流的高消费玩家为主，18～25岁用户占比超50%，16～30岁玩家占比约7成。三亚市旅游推广局与《和平精英》IP联合必将引发新一轮全民热潮，就城市而言，必将大幅提升当地的形象和知名度，同时提高旅游消费，带来巨大的经济效益。

2.内容创意

（1）《和平精英》沉浸式互动之旅。

现场设置大型风洞装置，游客们可以在风洞装置中模拟跳伞降落。超人气的互动形式，引发现场来宾积极参与集章打卡、参与风洞飞行体验，引发活动热潮。

本项目不仅还原“光子鸡”“空投箱”“三级头”等经典IP元素，还随处可见《和平精英》皮肤真人秀，更提供多重《和平精英》限量礼品，塑造游戏沉浸式感受。

“五大新青年”与玩家的跨圈联合起飞，三亚旅游文化与游戏场景深度互融。项目组为“五大新青年”与五大《和平精英》玩家，打造“海豹抢镜P城”“松鼠知识研究所”“考拉灵感M城”“章鱼精英商店”“鲨鱼冲浪G港”五大互动区，他们可以在这里拍照打卡，进行互动体验、VR冲浪体验，互动区再现《和平精英》游戏内建筑，给予嘉宾更多意想不到的惊喜。

为庆祝《和平精英》两周年生日，激发玩家的梦想和热情，本次活动中惊现一个巨大的“生日蛋糕”装置，主办方和玩家们一起祝《和平精英》两周年生日快乐。走进“生日蛋糕”内部，“和平之旅展览”再现了“十三个赛季”的经典瞬间，深刻触动玩家心弦。

每天四场Coser（游戏角色真人扮演者）秀，不限次巡街表演，引发现场游客围观、合影拍照，形成一道亮丽的风景线。

设置《和平精英》创意主题摩天轮包厢，带给参与者一场惊喜的活动体验。

（2）《和平精英》电竞比赛和空投“大吉大礼”。

为了给予现场游戏玩家更多展示的平台，舞台区设置《和平精英》比赛，邀请十位超级玩家到场，与现场水友组队比赛，每天四到五场电竞比赛，座无虚席，更引发群众围观。每天整点空投“红包大礼”，礼物汇聚三亚吃、喝、玩、乐等内容，带动三亚周边消费。

3.媒体策略

（1）活动前期邀请《和平精英》NV战队和其他知名战队为活动发声，邀请广大玩家聚集三亚，带动三亚五一旅游消费。

（2）结合三亚得天独厚的“直升机跳伞”资源，邀请特种兵们为大家表演游戏里真实的“跳伞”时刻，录制视频，号召广大玩家参与此活动。

（3）活动中，邀请三亚市领导、腾讯高层领导、《瑞丽》杂志领导、凯撒游戏领导等共同出席，为活动创造巨大声势。

（4）活动后持续发声，为三亚树立“电竞”新标签，促进三亚文旅发展。

4.传播规划

（1）造势：活动前一周进行引流短视频传播、活动话题传播。传播形式为H5扩散引流、短视频传播引流、KOL发声、各大频道及媒体传播+裂变、倒计时海报预热。

（2）造事：活动落地进行话题为“全世界一起进三亚圈”“三亚惊现巨型空投箱”“Coser集结大秀”“三亚上空空投大礼包”的传播，活动全程直播，线上各渠道齐发声。

（3）造市：活动后续一周的传播为游戏、科技、旅行类等媒体发文，KOL自媒体红人转发等。

项目执行

1.前期活动方案策划工作

为达到预期活动效果，团队特别邀请多位游戏战队大咖以及游戏头部主播为盛典活动送祝福预热加持，邀请10余位《瑞丽》杂志签约模特参加本次盛典，承办单位积极通过自身平台资源联合腾讯视频、爱玩游戏、凯撒旅游、《瑞丽》杂志及派合传播为本次活动添砖加瓦，并邀请众多品牌参与，促使本次活动圆满成功。

2.活动现场具体执行统筹工作

以“起飞新青年”为主题，围绕“登陆出生岛”“新青年集结”“热血电竞赛”“空投‘大吉大礼’”“《和平精英》两周年生日派对”“和平之旅展览”“空投街区”“舞会派对”“水上实战”“起飞新青年”十大热门事件，将三亚本土文化与《和平精英》经典元素充分融合，打造一次玩家与新青年跨圈联动的《和平精英》电竞手游线下狂欢盛典。

3.落地执行活动内容

（1）《和平精英》沉浸式的穿越之旅，打造电竞文创新地标。

本次活动还原《和平精英》经典元素，再现游戏“跳伞”的惊险时刻，还有Coser与现场玩家们倾情互动，更有多重《和平精英》限量周边礼品倾情放送。

（2）“五大新青年”与《和平精英》角色组CP，冒险狂欢。

为促进三亚美食、旅拍、人文、户外极限、酒店奢享五大类项目推广，推动更多高消费力、高传播力的年轻游客玩在三亚、享在三亚，借助热门IP《和平精英》，打造五大拍照互动区，深入融合和平精英经典元素和三亚文旅内容，吸引来宾分享、拍照，提升大众对三亚美食、旅拍、人文等板块的关注度，提升三亚旅游的美誉度。

（3）空投“大吉大礼”。

为带动三亚多方消费，借助《和平精英》中引发玩家共鸣的“空投”概念，定时为嘉宾空投红包大礼，引发参与热潮。

和平精英空投箱地标

（4）《和平精英》两周年生日派对——“和平之旅展览”，点燃亿万玩家梦想。

“和平之旅展览”再现“十三个赛季”经典瞬间，深刻触动玩家心灵。

（5）《和平精英》热血电竞赛。

《和平精英》作为一款全民热门手游，拥有亿万玩家，两周年之际，为激发玩家热情，助推三亚“电竞”标签，舞台区全天开展电竞比赛，单排赛、双排赛、四排赛、常规赛，多种模式不断切换，邀请电竞专业选手和头部游戏主播现场与玩家见面，组成超级战队并进行游戏比赛，引发围观热潮。

《和平精英》热血电竞赛

（6）《和平精英》主题派对，Let's Party。

为提升大众参与热情，给予活动现场更加浓厚的《和平精英》IP氛围，项目组打造了《和平精英》主题花车巡游表演、主题摩天轮包厢、主题舞会、主题模特秀、Coser秀。在《和平精英》氛围中，"新青年们"尽情狂欢。

Coser秀

项目评估

三亚 ×《和平精英》2周年庆起飞狂欢节活动，是三亚市旅游推广局首次引入国内知名游戏IP的尝试，有效实现了与各个圈层的对话，拓宽了三亚新文旅的沟通版图，实现了文旅、时尚、电竞品牌等多方的共赢。这样的敏感度和创新性，正好符合年轻人的精神追求，达到了三亚新文旅联合手游IP多方赋能营销的理想效果。

1.整体活动数据汇总（截至5月5日）

注册报名参与活动人数累计：20494人。

现场红包雨活动总参与人次：39857人次（三天共14轮红包雨）。

现场电竞报名参赛人数：411人（5月1日—3日）。

品牌曝光总次数：106288次。

游戏KOL资源：10位大R①（现场活动）。

时尚KOL资源：11位（10位知名《瑞丽》杂志模特，1位直播博主）。

游戏头部主播：6人（现场活动）。

项目团队入住：超过600间/夜。

活动参与工作人员抵达三亚累计人数：超过480人。

带动三亚各行业消费金额：超过3000万元。

2.整体活动曝光量及传播

在活动中，参与单位有三亚市旅游推广局、和平精英、和平人生、腾讯视频、爱玩游戏、凯撒旅游、《瑞丽》杂志、海棠区旅游协会、派合传播。

活动期间产出稿件5篇、海报及焦点图16张、长图10张、短视频12支、“双微”文案22个、云相册2个。

活动总曝光量超过3亿次。微博话题#起飞新青年#阅读量4785.3万次，讨论量1.3万次。《和平精英》游戏站内日活跃用户数量达5000万人次，4月20日、5月1日两天海岛地图上线广告牌，同时制作《不看广告 就看我连蹦带跳》短视频，经多方官方自媒体传播，实现了对活动的充分预热。

亲历者说 迟佳培　海南凯撒目的地运营管理有限公司副总裁

三亚是具有热带海滨风景特色的国际旅游城市，丰富的旅游资源为文旅产业发展提供了坚实基础和广阔空间。近年来，随着年轻旅游群体崛起，时尚化、主题化、年轻化的需求凸显，三亚开启了新一轮的文旅升级模式。

公司始终致力于旅游目的地“文旅+”产业业态的创新融合，为旅游目的地提供发展新活力。本次活动中公司积极促成三亚市旅游推广局引入风靡海内外的顶级游戏IP《和平精英》，为年轻大众带来更具沉浸感的游玩体验，还赋予吃、玩、游、住、购等多个环节更加鲜明的IP特色，从而实现多方共赢。

① 大R指游戏充值消费较多的人民币玩家。

依托电竞文化，在网络游戏发展的浪潮中释放三亚文旅产业的新动能，成功构建三亚新时代电竞青年的旅游消费新场景。本次活动仅仅是个开始，未来公司将联动更多热门IP参与更多的新文旅项目合作。

案例点评

点评专家：李玲　安踏集团副总裁，企业对外发言人

项目定位准确，目标清晰，活动主体就是电竞行业的热门事件和人物，受众清晰，效果明显，实现了从主题到实施、到效果评估、到可传播性等的高度统一，是一个很精准的营销项目。但如果可以在电竞圈请更多有影响力的KOL形成很多社交类的话题，如果能将三亚电竞港与电竞行业发展借助这个活动实现更深入和简洁的传播，形成跨界热议的话题，那么就会形成产业的领先地位，可以让三亚与电竞行业的关系更加清晰。

BJ40军团2021年度场景化营销

执行时间：2021年3月1日—7月31日

企业名称：北京汽车集团越野车有限公司

品牌名称：北京越野

代理公司：北京雪润广告有限公司

获奖类别：金旗奖——2021最具公众影响力整合营销战役大奖

项目概述

作为中国越野第一品牌，截至2020年年底，北京越野用户已突破30万人，其中BJ40用户数量突破24万人，全国车友会、俱乐部数百个，用户涵盖越野狂热者、越野爱好者、越野向往者，以及不同的年龄圈层，形成了一个以越野生活方式聚集在一起的“悦野圈”。

从市场看，泛越野市场正在被逐步激活，形成一个数倍于传统专业越野车市场的新市场。而从企业看，单靠产品推动力，还难以带动整个BJ40军团的声量。利用已有用户群体的生活、文化场景，建立差异化优势，塑造独具品牌越野标签的竞争力，是北京越野2021年巩固第一品牌地位，以及北京越野BJ40市场赢得突破的关键点。

项目策划

1. 目标

在泛越野被激活的市场环境下，紧跟市场热点，提升BJ40军团关注度，并在专业越野圈内塑造“硬核越野”的引领者标签，在泛越野圈传递更高级的“悦野”生活，实现流量

传播。

2.思考

（1）对当前北京越野超30万越野粉丝族群的特征进行分析，明确粉丝们共有的特征，打造身份的共同标签。

（2）对当前新营销环境进行诊断，将越野文化演变为用户有感知、有场景、有共鸣、有流量的话题。

（3）基于北京越野目前的越野生态体系、卡位竞品，形成独有的生态标签，并继续推动生活及文化的发展，推出行业引领性举措。

（4）基于营销的改变，通过手段、形式及体验方式的改变，实现北京越野粉丝“悦野圈”的良性运营。

3.策略

“悦野圈”运营口碑裂变，实现从“卖产品”到“卖生活方式”的进化，站在越野产业圈的上游。

（1）“懂咖”用户标签塑造：针对30多万名粉丝不仅懂越野、更懂生活的特征，建立“懂咖”的独特标签。

（2）“悦野”生活方式进化：从爬山等征服自然的越野生活方式，向更高级的山顶咖啡、山谷露营等具有人文深度的“悦野”生活方式进化。

4.受众

越野爱好者、越野生活追随者、越野文化向往者。

5.传播内容

（1）以场景化传播带动声量，对北京越野BJ40新品优势进行传播。

（2）展现车主用户“悦野”生活状态，传递“悦野”生活理念，传播“悦野”潮流文化。

（3）展现高阶“悦野”生活方式，为用户“悦野”生活赋能。

6.媒介策略

（1）多领域、全方位覆盖：构建了生活方式、户外休闲及汽车等多领域全国重量级媒体矩阵。

（2）新媒体联动，扩大传播声量：通过微博、微信、抖音等创新性传播平台进行线上传播。

项目执行

2021年3月，北京越野BJ40军团举办沙漠刀锋会，为BJ40刀锋英雄版塑造“一箱油1000公里”的场景化标签，打响BJ40军团场景化营销第一枪——典型场景试驾。

6月11日—13日，“越野懂咖文化节”在北京“最潮街区”751 D·PARK北京时尚设计广场老炉区广场举办，项目组将越野人的场景搬到时尚文化街区，集越野改装、音乐盛宴、体验游戏等元素于一身，打破传统越野局限，以越野生活全场景、硬核产品全展示、泛生活文化全覆盖诠释全场景越野生活方式。

7月14日—15日，以悦为核，北京越野邀请车主、越野粉丝及100余家媒体齐聚“十万公里正青春·悦野部落开放日”，一起体验穿越试驾、山谷露营等高级“悦野”生活方式。

项目评估

1. 效果综述

（1）声量进化，用户关注度和产品口碑双效提升。

BJ40通过一年的场景化营销，将产品卖点浓缩成一句句的“梗”，在越野圈进行流传、裂变，推动北京越野品牌、BJ40军团产品声量不断提升，不仅获得了头部媒体的认可，更赢得了消费者的广泛认可，百度指数显示的搜索量相比2020年提升200%以上，汽车之家网站BJ40车型关注度从第27名进入前10名，并获得J.D. Power（君迪）“保值率风云榜”自主紧凑型SUV第一名。

（2）品牌进化，从“卖产品”到“卖生活方式”。

凝聚BJ40军团“专业越野文化、可靠品质、丰富改装”等核心产品优势，塑造了独有的硬核优势和生态优势，让消费者从购买越野车转变为寻求“悦野”生活，并将其转化为BJ40军团的差异化优势。

（3）生态进化，定义“悦野”生活方式，定义“悦野”新生态。

以山顶露营、车顶风景等典型场景展现更高级的“悦野”生活方式，打开了高级“悦野”生活的新视界。北京越野正以领导者的姿态，搭建起覆盖越野全场景的“悦野”生态体系，为越野生态的搭建提供了新范本。

2. 受众反应

（1）参与活动的百余位媒体纷纷表示“北京越野系列相关活动不仅成为越野圈内外车迷们聚会的最佳形式展现，更是高端越野生活方式的体现”“越野被重新进行了定义，越野不仅是豁沙玩泥，更是一种生活方式”。

（2）“越野懂咖文化节”“十万公里正青春·悦野部落开放日”现场吸引数千人关注，很多现场观众、时尚达人、潮流玩家以及国风爱好者也表示“这跟印象中的越野不太一样，从来没想到越野的花样玩法能这么多”“以前也开越野车去玩过，但基本都是去一些路况比较复杂的地方进行挑战，但没想到越野的乐趣居然这么多”。

3. 市场反应

北京越野通过举办系列化、场景化、品位化、联动化、多层次的活动，覆盖多类人群，并引起越野圈内外强烈反响，同时借由多种形式重新定义越野概念，传播越野文化，受到了大众的追捧与喜爱。

4. 媒体统计

活动选择了汽车之家、懂车帝、抖音等重点平台进行深耕，采用了汽车门户、跨界门户全网覆盖的媒体策略，同时整合KOC、KOL等IP资源进行深度传播，提升了传播声量，扩大了品牌知名度和影响力。全程产出各类传播素材，包括视频、照片、海报等，保证了传播的持续性和多样性，为品牌事件制造高声量和关注度。

5. 项目优势

（1）打破了以往越野单纯的试乘试驾活动模式，通过举办多样化的活动，紧密连接用户，为用户打开“悦野”新视界。

（2）从越野到“悦野”的进化，不仅是越野本身的形式突破，更是越野文化概念的全新突破，以深层次的场景展示，打通了越野文化展示新通路，展现了越野自身全新定义，提振了人们追求美好生活的信心。

（3）通过多维度友商的协同并举，从更多角度去展示“悦野”之美，并为相关跨界合作树立了新典范。

“越野懂咖文化节”现场海报

亲历者说 白斌 北京雪润广告有限公司北京汽车事业部总经理

网红爆款车层出不穷，这让不少汽车营销人一味追求“新奇特”。但冷静下来，真正能让声量和销量双效提升的，是从自身内核出发寻求沟通语言、场景和介质的变革，而非用营销改变产品本身。

在解构北京越野BJ40军团的营销策略的基础上，我们聚焦了自身优劣势和竞争优劣势，并以“短裤和七分裤”的差异化来区隔自身与竞品，最终确立更纯粹的场景营销策略，与品牌方一起推动了“从性能展示到生活场景，从卖产品到卖生活方式，从产品军团到行业生态”的三重转变，实现了广泛种草。

案例点评

点评专家：彭焕萍 河北大学新闻传播学院副院长

从“卖产品”到“卖生活方式”，北京越野在对目标用户进行充分心理洞察的基础之上，借助场景化营销抓住了用户的情感需求，通过构建沉浸式生活场景赋予了用户超级体验感。此次场景化营销重新定义了越野的生活方式，立意新颖富有创造性，善于运用话题来完成其在越野圈的口碑进化，有力实现了北京越野品牌营销与传播效果的提升。活动借助沉浸式生活场景、巧妙借势热点、打通线上线下“三大法宝”激发用户群的情感共鸣，实现了从产品到服务、从品牌到产业的全方位立体式营销。

京东家电“6·18”新品传播[①]

执行时间： 2021年5月15日—7月20日

企业名称： 广西京东新杰电子商务有限公司

品牌名称： 京东

代理公司： 北京信索咨询股份有限公司

获奖类别： 金旗奖——2021最具公众影响力整合营销战役大奖

项目概述

京东“6·18”属于京东重点促销大节点，本次项目基于京东家电重要新品线做站外推广，帮助京东家电在“6·18”期间对参与的重点品牌进行推介及对其重要新品进行推广。本条新品线是在“6·18”大促中独立的传播线、独立的招商产品、独立的新品会场页面。本次传播皆为参与品牌与旗下的产品进行的整合站外传播。

随着生活的改变，用户的需求也会不断发生变化，新趋势家电可以解决人们不同维度的趋势变化需求，新趋势在未来将会成为生活的主流，京东新趋势家电就是要让用户提前步入好生活。好家电要经得起时间的考验，成为一个时代的担当，此次传播意在引导用户买家电要高瞻远瞩目光长远，买到真正适合自己的产品。

① 本文中所涉及的照片，北京信索咨询股份有限公司均已得到被拍摄者的使用许可。

项目策划

1. 实施策略

聚焦趋势类目作为创意抓手，以“买家电长远看，选趋势新品”为核心创意贯穿传播过程，在“6·18”促销节点为消费者提供“未来长远家电需求的购买建议”。

2. 内容创意

（1）新品线创意海报。

内容，以“常远+家电新品”为主要元素，风格上采用活泼、前卫、略带艺术感的形式。

创意海报

（2）视频预热海报。

以“常远+家电新品”为主要元素，以简单大气的形式凸显“焕新”，打造新品家电、潮流趋势新品的基调。

预热海报

（3）常远视频。

从受众人群生活洞察出发，夸张演绎生活片段，突出矛盾。京东家电此次选择常远进行Icon化传播，在各个情境中利用“常远”即“长远”的同音梗，在介绍家电新品利益点的同时解决用户长远的家电需求。

（4）京东家电“6·18”收官战报长图与视频。

以江湖、热血英雄为创意包装点进行设计，整体风格大气、硬核、热血，有视觉冲击力。并基于江湖、热血英雄等创意点出发，创作简单大气的战报视频，由一位武林英雄出场吸引用户关注，缓缓拉开京东家电战报的序幕。

项目执行

1.话题预热：新品话题预热及海报发布

（1）以微博为阵地，家电官方账号率先发起互动，联动家电新品品牌、艺人常远、垂直及娱乐向KOL，共建话题、扩散传播。

（2）创建话题#买家电，长远看##原来家电还可以这样#。

2.爆发期：TVC发布

利用“常远”即“长远”的同音梗，在介绍家电新品利益点的同时解决用户长远的家电需求。

3.发布收官战报

本次“6·18”活动期间，家电全品类实现大幅增长，空调、电视、厨电、水洗等均取得重大突破，成交额攀上新高峰。

项目评估

（1）传播期间，在全网打造话题，其中，话题# 买家电，长远看#阅读量达到2.3亿人次，讨论6.3万人次，远超热搜榜单相关话题热度；话题#原来家电还可以这样#阅读量超10.6亿人次，讨论量29万人次。

（2）明星相关外围话题互动量 1.2万次，视频观看量 9.2万次。

（3）联合微博KOL进行内容覆盖，提升品牌影响力，多维度创意内容破圈。

亲历者说 孙玥 北京信索咨询股份有限公司高级策划经理

家电产品，大多数用户都会理性消费，并且购买后会有较长的使用周期。我们以聚焦趋势类目作为创意抓手，以“买家电，长远看”为核心创意贯穿传播，在“6·18”促销节点为消费者提供“未来长远家电需求的购买建议”，为用户带来“趋势新家电=解决消费者长远生活需求的家电”的认知，并在TVC创作中利用“常远”即“长远”的同音梗，在介绍家电新品利益点的同时解决用户长远的家电需求，加深用户印象。

案例点评

点评专家：朱瞻宇 励尚公关中国区总经理，亚太区合伙人

随着各种购物节的蓬勃发展，仅靠打折来吸引消费者已远远不够。京东站在消费者和品牌的角度，帮助品牌做营销，帮助消费者做决策，一手托双方，成为品牌和消费者的顾问，这是一个不错的思路。京东让明星代言，吸引流量；同时发掘各大产品的亮点，下足了功夫。如何把一次成功的战役打造成长期的品牌资产，是未来的看点。

荣耀30系列年度公关策划

执行时间： 2020年3月17日—7月8日

企业名称： 荣耀终端有限公司（简称荣耀）

品牌名称： 荣耀

代理公司： 智者同行品牌管理顾问（北京）股份有限公司

获奖类别： 金旗奖——2021最具公众影响力整合营销战役大奖

项目概述

2020年手机行业的比拼似乎进入“终局之战”，各品牌相继亮出绝杀，针锋相对。影像技术层面，手机用户对影像技术和功能格外“挑剔”，寻求更多玩法和高品质画面。产品外观设计方面，当下产品设计大多趋同，颜色各异且变化快，缺少独具时尚潮流属性的代表。荣耀30系列手机如何能在一众同类型产品中脱颖而出，树立影像技术硬实力差距，占领行业时尚地位，引领行业内ID设计发展，成为其营销传播的重中之重。

项目策划

基于用户爱好需求洞察及今年最大热点洞察，联合WWF（世界自然基金会）、中国国家天文台、新浪科技、GQ等权威机构与行业领先媒体，在智能手机影像与产品ID设计层面，打造多个系列的整合事件营销，全周期持续释放不同传播物料，递进式体现产品实力。

1.荣耀30系列 × WWF“保持距离 更加亲近”影像活动——用长焦守护地球的朋友

2020年人类经历了一场来自地球的考验，野生动物保护成为全民关注的议题，荣耀30

系列在大环境背景下提出生物多样性保护的倡导，通过影像传达野生动物保护的理念，既承担了品牌的社会责任，又体现了产品的影像能力。

发布会前，荣耀30系列便率先推出一组“神奇动物镜头”海报，借助卖点可视化演绎手法，将长焦、夜拍与疾速对焦功能，类比为不同动物，引发用户关注和自传播。

发布会时，现场宣布与WWF的合作，并联动花粉开启“花粉随手拍”活动，全网拍摄野生动物，随后在4月22日世界地球日联动重磅媒体《人民日报》，打造公益视频为话题背书，该支视频也是中国首支用手机拍摄的野生动物短片，强势彰显产品影像实力与高端品牌力。林志玲、佟丽娅、郭麒麟等一众明星自发参与，破圈助力自传播。头部媒体新浪加盟，记录青年野生动物摄影师保护野生动物的故事，体现产品长焦影像力，引发用户共鸣。并借势两会生物安全法热点，联合新闻媒体拍摄被保护区救助的野生动物，以新闻叙事的形式传达科技赋能生物多样性保护，引发共鸣，体现手机长焦产品力。

在两会节点，合作《中国新闻周刊》、英国报姐、数英网等行业媒体，为荣耀30系列影像力背书，通过影像守护地球的朋友，传达保护生物多样性理念。作为科技企业，荣耀以实际行动践行社会责任，向年轻人传达正确价值观。

2.荣耀30系列 × 中国国家天文台 × 新浪科技——天文跨界营销

区别于行业内普遍且常见的天文摄影图，荣耀30系列以全新且契合年轻人兴趣的摄影玩法展现产品卖点，打造出“手机+天文摄影”的全新组合，并在释放节奏、呈现方式与曝光内容方面环环紧扣，展示产品影像能力的同时吸引消费者目光。

荣耀30系列联动“国字号”机构——中国国家天文台，以时间为线索首发“十二星座定妆照”，定位“星座艺术家”，并合作著名星空摄影师多次发布星空物料，如星座样张、微观银河样张、深空银河样张、星空延时视频等，集中打造产品力，从视觉上直击每个目标受众。

同时基于渠道固有特点多方联动，合作各渠道大号进行专业解读与创意解读，如知乎大V木西、公爵，以及星座圈大号同道大叔，进行破圈传播。

随后将荣耀30系列拍摄到的星空图片及视频，落地国内最具人气的艺术主题公园——北京梵高星空艺术馆，利用投影仪技术复刻梵高经典名画《罗纳河上的星夜》，沉浸式体验，打造高阶质感的立体化营销。

在十年一遇的“超级日环食”天文现象日前后，联合新浪科技、科学探索，共同开启荣耀30系列“逐日之旅”。首先合作新浪摄影团队，提前去往最佳日环食观测地西藏阿里，释放探营样张，剧透观测地环境及直播搭建场景，吊足用户胃口。并由专业摄影师制作如何用荣耀30系列拍摄日环食的教程，发布于新浪科学探索微博，同时推荐至新浪App科技首页焦点图，以及新浪日环食专题页。

日环食当天，与新浪科技在西藏阿里、厦门、上海、北京、重庆五大最佳观测城市共同现场直播，并借助#2020超级日环食#话题扩散，其中金环日食样张全网扩散。

3.荣耀30系列钛空银爆款色整合营销

产品ID设计成为继影像之后最受手机厂商关注的焦点，而产品配色又是产品ID设计中最重要的一环，荣耀30系列联合行业顶尖时尚媒体，通过时尚视觉、潮流明星上手等方式，强力助推产品销量提升。

预热期，海外先行并捆绑荣耀潮时尚大使李现，发布多组高阶创意物料引导用户关注荣耀30系列即将发布的钛空银配色手机，为该手机的发布聚集声量。

发布会当天，特为钛空银配色手机举办了一场“2020荣耀春夏秀”，跨界INXX、Cherry、木九十、密扇四大潮牌，定制银色主题色周边，齐齐打Call“2020荣耀春夏秀”，并通过时尚代表国际超模金大川与其他时尚KOL及流量艺人的首发开箱打造明星同款手机，将明星流量转为产品销量。

同时合作NOWRE（现客）、潮流先锋、HYPEBEAST、膨胀青年四家头部潮流媒体，先后拍摄潮流图赏，多种角度诠释堪称“银色尤物”的钛空银配色手机，使产品效果呈现更立体。

随后跨界顶级时尚媒体GQ，打造行业深度时尚媒体合作，用大胆且有创意的故事包装“银色尤物”。微博阵地，GQ以“突发新闻”的形式发布“银色尤物”系列视频，并接管荣耀手机官方微博，通过“魔幻摩斯密码+时尚坠落大片”共同演绎太空人追寻“银色尤物”降临地球的过程。GQ实验室公众号同步发布阅读量10万余次的创意长图条漫一篇，引发全网关注。

为拓展品牌的无限可能性，荣耀30系列还合作了国际时尚品牌Todd Hessert，打造《追光的银·一瞬倾心》线下后现代主义艺术展，积极探索科技与时尚艺术的融合趋势，设计了以钛空银为灵感的代号“HONOR 30”工服及其他银色创意装置，为广大消费者奉献了一场视觉盛宴。

项目执行

发布会前，荣耀30系列便率先推出一组“神奇动物镜头”海报；发布会时，现场宣布与WWF的合作，并联动花粉开启“花粉随手拍”活动，全网拍摄野生动物，随后在4月22日世界地球日联动重磅媒体《人民日报》，打造公益视频为话题背书。5月联动“国字号”机构——中国国家天文台，以时间为线索首发“十二星座定妆照”，定位“星座艺术家”。

随后将荣耀30系列拍摄到的星空图片及视频，落地国内最具人气的艺术主题公园——北京梵高星空艺术馆，利用投影仪技术复刻梵高经典名画《罗纳河上的星夜》。在“超级日环食”天文现象日前后，联合新浪科技、科学探索，共同开启荣耀30系列“逐日之旅”。为钛空银配色手机举办了一场“2020荣耀春夏秀”，合作国际时尚品牌Todd Hessert，打造《追光的银·一瞬倾心》线下后现代主义艺术展。

“神奇动物镜头”海报

荣耀30系列“逐日之旅”主题海报

项目评估

1.荣耀30系列 × WWF“保持距离 更加亲近”影像活动——用长焦守护地球的朋友

预热期#神奇动物镜头#话题阅读量达1.7亿次，讨论量达4.9万次；发布期#承诺与它保持距离#话题持续发酵，阅读量达2亿次；#寻找生物课代表#话题阅读量达1.5亿次，讨论量达40.9万次；动物主题系列影片曝光2300万次，《人民日报》微博发布视频自然观看量1927万次。

2.荣耀30系列 × 中国国家天文台 × 新浪科技——天文跨界营销

相关星空影像视频播放量破百万次，占据知乎平台数码热搜榜第5位，知乎问答话题“如何用手机拍出漂亮的星空”，当晚浏览量高达50万次。其中，荣耀总裁赵明发布的星空延时视频微博播放量突破132万次，登上微博科技类热门日榜前10名；星空摄影师PapaJames发布的星空延时视频播放量突破112万次。超级日环食直播实时观看人数高达1267万人，直播回看人数达581万人，热度突破999万，微博互动达20万次；星座头部大号同道大叔软文阅读量达28万次。#2020超级日环食#话题阅读量达1.6亿次，讨论量达2.8万次，荣耀30系列日环食样张位居置顶第2位。

3.荣耀30系列钛空银爆款色整合营销

发布会前，通过蓄水直播，全平台在线观看已突破1500万次，刷新行业纪录，全网热度Top8。借用时尚圈玩法，策划GQ入侵荣耀手机全阵地潮流事件，打造行业首个传播案例，同时实现跨圈传播，引发女性向KOL以及用户的关注，#银色尤物#话题实现阅读量2.1亿次，讨论量14.8万次。合作沟通共计36位艺人及KOL，艺人及KOL产出物料总计播放量超1000万次。

亲历者说 **郝晓玉　智者同行品牌管理顾问（北京）股份有限公司第三事业部客户经理**

本次活动历时约半年，2020年人类经历了一场来自地球的考验，除了疫情外，还面临很多自然灾害以及濒危物种灭绝的难题。野生动物保护成为全民关注的议题，我们倡导保护生物多样性，试图通过影像传达野生动物保护的理念，引发更多人关注，引起共鸣。我们做的不只是一场公关活动，更是一场公益与爱的释放，以实际行动践行社会责任，向年轻人传达正确价值观。

案例点评

点评专家：邵松岩　北京阶承传播顾问有限公司总经理

荣耀30系列年度公关策划案例的特点在于将产品的卖点全面结合到时代的宏观叙事之中，既有公益层面的情感关照，又有融入大自然的情感关怀，还有时尚潮流的捕捉、引领……每一场公关战役，都引人入胜，妙趣横生，有极强的代入感，能营造出产品“爱不释手”“不可或缺”的形象，实属难得。

2021最具公众影响力国际传播大奖

CCF 2021意大利“非凡时空”艺术文化节

执行时间： 2021年4月1日—7月15日
企业名称： 上海乐仕博闻公关咨询有限责任公司
品牌名称： 非凡时空
代理公司： 上海则同新媒体科技有限责任公司
获奖类别： 金旗奖——2021最具公众影响力国际传播大奖

项目概述

非凡时空致力于成为全球绿色经济的参与者，通过多元化、跨次元的全景整合，深耕中外艺术文化市场，打造全新的商业视角和沉浸式消费体验，旨在深化中欧艺术文化和商业产业合作，共同推进人类命运共同体的建设和发展，为实现艺术文化发展及商业消费体验提供可持续性发展的平台，为文化、商业和生活方式带来独创性和活力。

项目策划

1. 目标

（1）构建“生活零距离、文化零边界、快乐零时差”一站式独家体验。

（2）打通全景传播闭环，做好品牌入市的试金石与试验田。

（3）看得懂的艺术，玩在一起的生活，做好消费者的“乐空间”。

2. 整体策略

（1）前期宣传：整合国际资源及本土渠道，为项目蓄水。

（2）执行：线上深度交流，线下丰富体验。消费者玩得尽兴，与品牌深度互动，形成

数据闭环。

（3）后期宣传：一站式资源对接与传播数据落地，服务好品牌及消费者。

3. 受众

（1）社区性人口密集型购物中心可辐射的周边5公里的用户。

（2）出海品牌。

（3）政府部门。

4. 内容创意

CCF 2021意大利“非凡时空”艺术文化节在中国掀起了一场意式旋风，内容涵盖艺术、文化、音乐、美食、教育五大板块，包括展览、论坛、实验室、秀四大形式，为大家带来了意大利最美好的艺术文化之旅，与消费者共同探索意式甜美人生，并体验原汁原味的意大利生活方式。

5. 媒介策略

联合政府平台和权威媒体发声，进行高度话题预热；联合品牌，针对目标受众，对活动进行深度报道，持续扩大话题曝光；联合自媒体平台、邀请KOL和粉丝参与活动打卡，实现不同平台的全覆盖，扩大活动影响力。

项目执行

国内组建项目专案小组：包括但不限于负责项目的策划、执行、落地；资源的统筹、整合、实施；人力的调配、组织、管理；品牌方的邀约、洽谈、对接；各政府机构的邀约、汇报、接待；出资方的统筹、汇报、核算；媒体方的维护、沟通、落地；艺术家及组织机构的接洽、沟通、实施。

国外组建项目顾问小组：负责项目的策划、执行、落地；海外资源的统筹、沟通、执行；落地实施品质的建议、沟通、实施；人力的调配、组织、管理。

项目评估

1. 效果综述

通过多领域、多样化的全媒体平台，在把控传播节奏的同时创造了持续且强劲的传播声量。

2. 现场效果

累计客流量破百万次，参观人数破5万人次。

3. 受众反应

政府：满意度高，回报率高，持续合作意愿度高。

企业：满意度高，曝光度高，签约率高。

消费者：复购率高，关注度高，加入会员计划。

4. 市场反应

消费者：加入会员计划，持续关注后续活动。

品牌：持续签约，积极开拓类一线城市市场。

政府：持续签约，积极参与线上线下平台建设。

资方：持续投入，全力支持。

渠道：线上平台即将上线。

5. 媒体统计

2021年媒体报道累计达432篇，媒体曝光浏览量达2.48亿次，总互动数量达660万次。

亲历者说 管桦　上海乐仕博闻公关咨询有限责任公司副总经理

当我们想为这个世界创建一座结构独特、使用稳定又兼具审美和艺术的商业价值之桥时，市场用坚定的回声让我们明白：只有你满足了每一个用户的需求，你才能同时满足每一个品牌、机构与组织的要求，并与市场紧紧地联结在一起。

案例点评

点评专家：汪珺　GE航空大中华区传播总监

项目方需要在线下联合多个意大利国宝级品牌，难点在于跨文化沟通、多品牌沟通，以及如何实现品牌之间的和谐共处、传播共赢。项目方赢得政府背书，通过创新线下消费场景、线上运用互联网工具等方式，打造了沉浸式的意大利消费体验，最终实现品牌签约年度战略合作的商业效果。

朗智无界，盛享未来——朗盛线上品牌日

执行时间：2020年6月1日—9月17日
企业名称：朗盛化学（中国）有限公司
品牌名称：朗盛
获奖类别：金旗奖——2021最具公众影响力国际传播大奖

项目概述

2020年9月15日至17日，朗盛因疫情首次举办线上品牌日活动，主题为“与合作伙伴共创价值”。本次活动聚焦亚太、覆盖全球，朗盛在活动期间设立在线虚拟展台，同时举办56场多语种线上研讨会，旨在搭建一个面向世界的沟通平台，以促进朗盛与各地客户及合作伙伴之间的交流，展示朗盛的最新产品及解决方案。

项目策划

1. 目标受众

已有客户：扩大和巩固市场。

潜在客户：展现至臻技术和长期合作伙伴关系。

媒体：为业务发展定制传播策略。

潜在员工：塑造具有影响力的雇主形象。

2. 实施策略

（1）“多部门+多地区”。

朗盛致力于打造一个与目标受众共同参与的互动平台，网站主页分设中文、英文、日

文模式，网站主页包含朗盛信息和业务介绍、会议日程和活动预告，以及虚拟交互展厅，提升受众获取品牌和产品信息的便利性，吸引来自全球各地的合作伙伴参与。

此次线上品牌日活动邀请到了来自中国、德国、日本、美国和东盟的主讲人，他们是高性能材料、无机颜料、液体净化技术、润滑油添加剂、聚合物添加剂等相关领域的专家。他们用中文、英文和日文向客户及合作伙伴介绍最新系列产品、最新工艺和最新技术，打造覆盖亚太区的多元化线上体验平台。

通过模块化和精益的设置，朗盛力求降低网站复杂性以便访问和操作，同时确保整个亚太地区可以流畅地访问网页。

（2）虚拟展厅。

本次朗盛品牌日活动中的展位采用交互式3D展示技术，确保观众在线上获得沉浸式参展体验。通过720度全景浏览，观众可以获得关于展品和解决方案的详细信息。在下载中心，观众还能下载产品手册和视频，从而对朗盛有更加深入和直观的了解，在畅游虚拟环境的同时保证了参观的质量和信息量。

（3）网络研讨会。

活动邀请各个行业领域的专家与参展观众进行交流互动，在为期三天的活动中累计举办56场网络直播研讨会，话题覆盖多个市场热点和业务发展重点领域。观众可通过直播间下方的对话框向主讲人提问并分享想法，达到实时互动的效果。研讨会期间，朗盛为行业展示创新解决方案，体现朗盛“为化工行业注入非凡活力”的品牌态度。

3.内容创意

虚拟展厅内部被精心划分为一个问讯处和四个展示区，参观者可在展示区内看到朗盛的产品和简介，并查看产品的应用领域。展出产品包括塑料、阻燃添加剂、润滑油添加剂、昆虫驱避剂、精细化学品、个人护理产品、橡胶、无机颜料、水处理和液体净化解决方案等。虚拟展厅为参观者提供了一个高度互动的3D虚拟现实环境，足不出户便如同亲临展会现场。

56场线上研讨会为思想的交汇和碰撞提供了绝佳平台，探讨话题覆盖移动出行、橡胶和塑料、建筑、涂料、电气和电子、金属加工、水处理和个人护理在内的诸多行业。从整个品牌日活动的日程以及内容的安排可以看出朗盛在可持续发展和创新等方面做出的努力和贡献。

4.推广策略

（1）线上直播。

观众可以在手机微信和QQ点击链接、扫描二维码，或者通过PC网页端在线观看研讨会直播，活动实现了微信、网站等的全覆盖，扩大了影响力，优化了传播效果。直播界面下方同时设有留言区，可供观众实时互动。

（2）社交媒体。

通过朗盛微信公众号、官方微博等自有媒体，对活动进行预热，及时跟进并呈现活动精彩瞬间，全方位向朗盛受众宣传活动，尽可能提升参与度。

与化工相关领域KOL合作，扩大传播影响范围。自有媒体与KOL联动，借助全员营销，持续扩大品牌声量。

（3）媒体。

整合多行业、多地区媒体资源，覆盖大众媒体和各领域专业媒体（包括工业、塑料和橡胶、汽车、建筑、涂料、个人护理等），传统媒体和线上媒体，本土媒体和其他地区媒体（包括日本、韩国、新加坡、马来西亚、泰国、印度尼西亚以及越南），从而获得大量不同领域、不同渠道的关注。

（4）定向推广。

EDM营销（电子邮件营销）：朗盛通过Peatix（活动票务平台）、AEG、日本化学学会、韩国汽车工程师协会、中国橡胶塑料、VOGEL、Ringier（荣格）等行业知名线上平台向各国目标受众定向发送活动邀请邮件。

同时，朗盛还在日本Peatix、AEG以及Chemical Society、Kenchiku、谷歌韩国、NAVER（韩国第一大搜索门户网站）等界面推送品牌日活动介绍及相关视频。

项目执行

1.项目进度

筹备期：6月1日—8月1日，完成整体项目方案策划，以及集结各方力量推进落地。

预热期：8月27日起，朗盛官方自媒体矩阵发布预告及直播二维码，并通过传统媒体、社交媒体以及定向推广等多组合方式全面展开预热，引发关注。9月14日，“朗智无界，盛享未来——2020朗盛品牌日媒体发布会”在上海召开，活动通过直播方式传播，朗盛相关业务负责人集体亮相，介绍了各自业务板块的经营现状、新产品的研发情况及对未来的布局规划，进一步提升关注热度。

活动期：9月15日—17日，为期3天的活动，共举办了56场英文、中文和日文在线研讨会。朗盛专家通过这些研讨会展示新产品、新工艺和新技术，为包括全新移动出行、橡胶和塑料、建筑、涂料、电气和电子、金属加工、水处理和个人护理在内的诸多行业展示创新解决方案。此外，特别邀请了人力资源的专家，举办了两场针对职场人士的线上互动交流。

后续期：朗盛通过此次品牌日活动，开创了行业内数字化传播的全新模式，设立了新的标杆，并不断收获客户热情反馈和媒体报道。

2. 控制与管理

本项目涉及内外部资源多方调动，项目组在方案策划、内容规划、资源调配、活动执行、技术保障、项目传播等各方面创新开展工作、严格把控质量，确保了本项目高效、有序落地。

项目评估

1. 效果综述

朗盛品牌日活动为各国各地区的客户及合作伙伴搭建了一个线上互动平台，设立了在线虚拟展台为观众提供沉浸式的参观体验，同时邀请到了来自多个国家和地区的多个业务部的数十位专家，累计举办了56场线上研讨会，在疫情期间为客户提供了一个直观生动、便捷有效的沟通渠道，使得朗盛与各地客户建立联系并拉近关系。朗盛通过此次品牌日活动，开创了行业内数字化传播的全新模式，设立了新的标杆，使朗盛从竞争环境中脱颖而出。活动反响热烈，朗盛德国总部或将考虑在欧洲、中东、非洲地区推广类似品牌日活动。

2. 媒体统计

两场新闻发布会分别邀请到45家和56家媒体出席，在中国发布共计100多篇新闻报道，另有来自新加坡、马来西亚、泰国、印度尼西亚、越南等的总计12家媒体参与报道，在海外发布40篇新闻稿。

朗盛微信公众号发布5篇推送文章，阅读量超4000次，分享459次，点赞量超100次；微博发布69篇博文，阅读量达64119次，“朗盛品牌日”话题阅读量达67000次。

3. 市场反应

朗盛品牌日活动期间，网页浏览量达15641次，61%来自网页端，39%来自移动端。视频浏览量达1022次，日均点击量近4000次，资料中心文件下载766次，虚拟展厅内各业务部展品累计浏览1652次。Webinar注册数为6947人，总参与人数为3715人，出席率为53.5%。

朗盛韩国在谷歌投放的广告曝光量达2391969次，点击量达7179次；朗盛日本通过Peatix发送15000封推送邮件，通过AEG发送14万封推送邮件，通过《化学工业日报》发送17000封推送邮件。在领英推广曝光量达92万次，点击量近4000次。

4. 受众反应

朗盛品牌日为分销商以及中间商创造了很好的机会，他们借此机会了解了产品知识，

能为拓展产品范围寻求新的机会，同时显著减少了单独宣传的耗时。分销商还邀请了许多中小型客户参加朗盛线上品牌日活动，了解朗盛产品，在很大程度上拓展了潜在客户。

一些客户对产品提出颇具价值的问题，或者与主讲人共同探讨解决方案。在此过程中，朗盛不仅更深入地了解到了客户需求，还发现了新的商业机会，如朗盛聚合物添加剂业务部（PLA）通过此次品牌日活动，获得了一家印度公司的试用订单。

此外，一些客户开始尝试在研讨会上介绍的解决方案，例如，一家来自本土的橡胶制造商开始评估朗盛VOC（挥发性有机化合物）吸收剂方面的产品的使用效果。

亲历者说　李琛琛　朗盛企业品牌与市场传播经理

余　婷　朗盛公共关系及政府关系经理

王一宁　朗盛企业品牌与市场传播专员

2020年年初突如其来的疫情对企业传播产生了很大影响。对朗盛来说，由于上半年我们取消了所有的线下活动，销售团队也无法跟客户面对面沟通，急切需要新的品牌传播和客户沟通渠道，朗盛线上品牌日应运而生。线上传播的形式，对于B2B公司来说并不是什么新鲜事，但是能把线上传播做得如此全面，在行业、客户以及全球范围内产生如此大影响的品牌宣传屈指可数。从项目之初设立目标开始，我们就没有一味追求好看的数据，而是把获取高质量的销售线索，以及优化与客户的沟通当作主要目标。为保证跟客户的顺畅、高效沟通，为期3天的56场研讨会，所有细节都是内部团队亲力亲为，从头摸索网络会议的技术细节，从平台搭建到论坛的注册邀请、现场主持，都是我们内部团队完成的。在项目结束后，我们收获了内外一致好评，在公司内部，这个项目也已经作为标杆，在全球范围内得到推广。我们为欧洲、美国以及印度等地区的同事提供了优秀范本和经验。

针对这次线上活动，我们提前在不同的平台上，针对不同行业的客户开展了宣传和推广，使活动官网参与注册的情况大大超出了预期。活动前一天，我们在上海召开了两场"朗智无界，盛享未来——2020朗盛品牌日媒体发布会"，共有58家来自中国及东南亚的媒体朋友通过线下、线上结合的方式参与并提问。同时，我们按照不同的产品和行业开展了9场媒体采访，不同领域的媒体老师能够对所关注业务部的发言人进行深度访谈。活动收集到了来自中国、韩国、日本、泰国、越南、新加坡、印度尼西亚等地的媒体报道，进一步提升了朗盛在这些地区的品牌形象。

疫情给我们带来了巨大的影响，但同时使得我们从一个全新的角度去看待生活与工作。我们希望能为客户与销售团队创造一个不受地域限制的沟通平台，以促进业务增长。同时继续加强公司的品牌传播，这就是2020年朗盛线上品牌日诞生的原因，也是目标。

整个活动从前期的主题、内容确认，线上平台的搭建，朗盛亚太地区团队之间的沟通与合作，广告传播与客户邀请，到为期3天的56场研讨会的现场执行，点点滴滴，无不体现着朗盛的“质臻”理念。数字化理念是这次疫情给我们留下的最生动的一课。

案例点评

点评专家：陈小桃　海南大学公共管理学院公共关系学系教授

在特殊的社会环境中，如果不想改变原有的经营管理思路，唯有适应环境的变化，找到组织与公众关系连接的新的契合点。朗盛将每年一度的企业传播活动品牌日放到线上进行，正是适应了当前社会形势的变化而进行的自身的改变和适应。“朗智无界，盛享未来”的活动主题很好地反映了这种变化与适应。项目繁多、内容丰富的朗盛线上品牌日活动，相比线下活动要复杂得多，不是简单地将线下的项目搬到线上就可以实现。如何将众多的项目放到线上开展，考验着项目执行者的智慧，也考验执行者良好的项目执行能力。

陕西省文化和旅游厅日韩社交媒体宣传推广

执行时间： 2020 年 12 月 1 日—2021 年 8 月 31 日

企业名称： 陕西省文化和旅游厅

品牌名称： “文化陕西”

代理公司： 上海未数之上企业发展集团有限公司（简称未数之上）

获奖类别： 金旗奖——2021 最具公众影响力国际传播大奖

项目概述

在疫情影响下，中国同日本、韩国以新的交流形式举办了多项文化活动。

秦始皇陵兵马俑

陕西是中华民族文化重要的发祥地之一，是中国历史上多个朝代政治、经济、文化的中心。历史积淀给予陕西周、秦、汉、唐的千年“烫金名片”，从而赋予陕西更多的时代

“新形象”。

为让中国文化更好地走出去，持续加强陕西省对外交流和旅游推广，助力陕西省品牌传播，提升“国风秦韵”“文化陕西”品牌的国际美誉度和影响力，陕西省文化和旅游厅运营日本、韩国社交媒体平台（5个平台8个账号），为疫情过后陕西省文化和旅游复苏做好准备工作。

项目策划

1.策划方案

根据项目需求，在项目执行期间完成共计12万的粉丝增长，并确保20%的活跃粉丝量和30%的账号互动率。日更文章覆盖陕西省吃、住、行、游、娱、购，通过阶段性线上及线下活动，如“又见”系列活动：“文化陕西——又见兵马俑”“文化陕西——又见古韵”“文化陕西——又见时光之旅”，保证每季度粉丝增长不低于25%，并通过各类互动活动提升粉丝互动率，达到项目要求的互动率和活跃粉丝数。

在账号运营初期，进行主页视觉形象的设计更新，使其体现出“文化陕西”的特色品牌形象。针对各平台的页面版式布局，收集、提炼陕西省文化和旅游的特色元素后，将其转换为视觉元素，融入平台主页页面的设计之中。

在头像选择上，为保证陕西省境外宣传目的的一致性，选择使用现有英文官方账号兵马俑形象的头像，后期在日本、韩国市场中将采用日语、韩语进行翻译展示。

在账号运营初期，对运营账号在一年里不同阶段的发布主题进行规划。在对陕西各旅游目的地的属性和游览热门周期进行梳理后，根据季节、月份等规划季度主题及月度主要推广旅游目的地，使陕西省文化和旅游资源都能在海外营销平台获得宣传与曝光。

在综合考量各账号需体现的旅游、文化、互动等属性后，根据项目需求，选择图文介绍、宣传海报、宣传短视频、特色游记、游客服务信息、互动内容六种发布内容形式，以更具吸引力和传播力的形式向海外市场宣传陕西省文化和旅游资源。

2.运营实施

（1）图文介绍。

图文介绍是各推广平台最为常见的发布形式，具有图文并茂、内容直观、易于编辑的特点。图文介绍适用于景区、文化、美食、特色产品等各类文化旅游产品的宣传推广，适用于所有平台。

（2）宣传海报。

宣传海报是由社交宣传平台发出的、非常适合手机用户观看的内容形式，具有主题鲜明、设计感强、极具吸引力和传播力的特点。宣传海报适用于景区、文化、美食、特色产品、城市风光等各类文化旅游产品的宣传推广，适用于所有平台。

（3）宣传短视频。

宣传短视频是一种自社交宣传平台发展出的内容形式，其动态展示的效果和感染力远超其他内容形式，具有吸引力和传播力强的特点。宣传短视频尤其适用于景点展示、特色文化展示、美食展示等，能够以最直观的方式展示陕西省文化和旅游的魅力，适用于Line、Facebook（脸谱网）、Instagram（照片墙）、Twitter（推特）平台。

（4）特色游记。

特色游记是旅游类宣传内容中最为常见的发布形式，通常从真实感和临场感强的第一人称视角出发，囊括了交通行程、观光见闻、美食体验、住宿体验和当地特色文化体验等内容。潜在游客能够通过一篇游记对该目的地的旅行感受有大致的预期和心理判断，阅读游记也是目前许多游客在决定出游前的必经过程。特色游记适用于Line、Facebook、Twitter平台。

（5）游客服务信息（交通信息、汇率信息、住宿须知等）。

游客服务信息主要涵盖交通出行方式、通信方式、住宿须知、国际汇率等海外游客到陕西省旅游所需了解的具体注意事项，对准备赴陕西省旅游的海外游客有很高的参考价值，适宜作为推荐内容长期更新。游客服务信息适用于Line、Facebook、Instagram、Kakao Talk平台。

（6）互动内容。

互动内容是社交宣传平台为了增进与用户的沟通联系而专门设计的具有趣味性的板块，包含小游戏、互动话题、投票评选等多种形式。在各平台账号中定期发布互动性内容有利于维护提升用户黏性，有效推动互动量和传播量的增长。互动内容适用于Line、Facebook、Instagram、Twitter平台。

3.配套服务

（1）媒体公关。

在陕西省文化和旅游厅开展相关的线上及线下活动期间，除在各平台账号进行活动宣传和推广之外，还通过合作的日韩线上及线下媒体资源为陕西省文化和旅游相关活动进行全方位宣传推广。

根据多年日本、韩国等旅游客源国的游客对于中国旅游目的地的信息获取、信息搜索习惯，以及不同社交媒体的独特属性，同时参考日本、韩国市场数据调研结果，计划策划丰富的主题营销活动，包括季度主题（游四季陕西）、文化主题（游陕西・懂中国）、体验主题（陕西旅游体验官招募）等，并且每季度（项目期内）在Facebook、Twitter、

Instagram上开展社交媒体话题营销活动。

（2）定期开展线上及线下活动。

在日本、韩国客源国市场开展游客层面、文化交流层面、旅行社层面的线上及线下活动，进一步挖掘陕西省文化和旅游产品，推出更符合日韩游客的针对性旅游路线。

（3）粉丝管理及互动方案。

项目组建立了访客互动工作机制，合作期内组建Facebook、Twitter、Instagram社交媒体访客互动运营组，由日本、韩国团队进行具体的访客互动解答。针对每个访客留言及咨询，日本、韩国团队均将内容提报至公司团队，并由公司团队组成的陕西文化旅游专家组成员进行问题解答，交由日本、韩国团队进行翻译及互动。

（4）舆情管理及危机公关方案。

项目组对陕西省文化和旅游厅日本、韩国客源国市场所有官方社交媒体账号进行安全监督，实行审核责任制，对发布的内容进行监督，杜绝出现违反法律、法规的内容，实时监测网页内敏感内容信息，如发现敏感内容及时修改并存档。

项目执行

陕西省文化和旅游厅日韩社交媒体宣传推广项目执行分为两条主线进行：一是根据日韩受众不同的喜好，按照吃、住、行、游、娱、购进行日常更新；二是以技术手段为基础，联合首尔中国文化中心、东京中国文化中心、中国驻大阪旅游办事处、中国驻首尔旅游办事处等驻外文化和旅游机构共同举办活动。通过“又见”系列活动，在渠道平台整合线上征集活动，KOL、网站、媒体发布及线下商场推广活动，杂志刊文，文创产品赠送等方式，在展示及内容整合技术、手绘、插画、文创设计制作、实景、视频、图文等整合营销方式，取得了线上平台覆盖119万人次的成绩，提升了中国文化和陕西省文化和旅游资源在日韩的国际影响力。

项目评估

2020年12月开通至今，陕西省文化和旅游厅日韩社交媒体账号“游陕西”粉丝总量超9万人，发布文章及视频4000余篇（条），覆盖超119万人次，主页互动量超35万次。

（1）“欢乐春节”活动。春节期间陕西省文化和旅游厅设计春节节庆海报、推出趣味游戏和视频宣传。此外，陕西省和塞尔维亚共同举办“秦QIN−兵马俑的前世今生现代艺术展”的宣传视频也在中国春节期间上线。该活动为期7天，覆盖195614人次，互动量达

6382次。

（2）“萌天使——和朱鹮做朋友”。该活动针对国际珍稀动物保护日这一节点，陕西省文化和旅游厅以此为宣传主题，通过制作精美主题海报及有趣的线上小游戏形式，邀请用户加入游戏互动或参与话题互动，提升内容互动量，加深用户对陕西省文化和旅游资源及朱鹮故乡洋县生态旅游的了解，同时参与互动发帖即可获得相应礼品，增加老粉黏性。该活动为期2天，覆盖67114人次，互动量达3396次。

（3）“春暖花开——绝美陕西最美春游打卡地”。该活动根据日韩群众春季游玩的习惯，结合陕西本地特有的春季旅游文化资源及特色，列举9个景点向日韩群众进行介绍。同步进行活动奖品发放，与获奖粉丝取得联系，鼓励其输出UGC作品，形成基层KOC辐射，提升曝光度，该活动为期9天，覆盖278343人次，互动量达4855次。

（4）“文化陕西——世界遗产兵马俑线上实景展”。该活动为陕西省文化和旅游厅同首尔中国文化中心联合举办，打造陕西省文化和旅游厅“文化陕西”品牌，同时推出“云游兵马俑——你印象中的秦兵马俑”线上征集活动，活动持续时间长达近一个月，在各平台得到了积极响应。多名幸运粉丝将陕西省文化和旅游厅赠送的秦兵马俑文创产品带回家。该活动为期28天，覆盖498277人次，互动量达87897次。在日韩媒体网站发布活动相关内容200余次，阅读量达31万次。

（5）“文化陕西——又见古韵”线上互动。活动由陕西省文化和旅游厅同首尔中国文化中心、东京中国文化中心共同举办。该活动为期54天，日韩境外社交媒体平台发布相关文章共888篇，覆盖194143人次，线上互动量26737人次，增加粉丝23487个。其中Facebook日韩平台共投放广告10次，覆盖23456人次，互动量达3773次。日韩杂志发布3期相关内容，发行量达17万册。共有205家日本及韩国线上媒体网站对“文化陕西——又见古韵”活动进行转发报道，阅读量达21万次。

“文化陕西——又见古韵”线上活动手绘插图

（6）“文化陕西——时空旅行”线上活动。活动包含“丝路文化奇幻之旅”“三国文化冒险之旅”“华夏文化探趣之旅”三段时空旅程，通过三种不同形式的趣味休闲小游戏，用时间、地点穿越的方式展现。展现视图以卡通、插画、板绘为主，结合H5技术，贴近日韩用户的触网偏好，带领境内外社交媒体平台用户探索陕西省的文化底蕴。

“文化陕西——时空旅行”线上活动手绘插图

亲历者说 梁武承　韩国首尔市名誉副市长

大家好，我是韩国首尔市名誉副市长梁武承，非常荣幸参与了本次陕西省文化和旅游厅在韩国的相关活动。远在两千多年前徐福东渡的故事，搭建了两国交流的桥梁。陕西省拥有非常丰富的历史文化资源，兵马俑更是享誉全球，陕西省文化和旅游厅和中国首尔文化中心以及首尔旅游办事处联合举办的系列活动，为韩国民众带来了丰富多彩的中国文化和相关内容。目前，疫情持续影响全球各方面交流，非常期待在疫情结束后，能够前往美丽的陕西省，实际体验活动中展示的各类美景和美食。

案例点评

点评专家：何春晖　浙江大学传媒与国际文化学院策略传播学系主任，中国公关学会副会长

如何更好地将中国文化向世界传播、将“文化自信”落到实处，是十分考验公关人智慧的一个问题。在对外传播当中，要让国际友人能接受、能听懂、能被吸

引，就需要在传播策划中根据受众的特点进行定制。本次陕西省文化和旅游厅日韩社交媒体推广活动，对陕西省文化资源、海外社交平台属性、各国用户触媒偏好都进行了详尽分析，从而得出了针对日本、韩国各具特色的传播内容。在形式上，涵盖图文、视频等形态；内容上，包括信息服务、特色游记等，解决了受众的“旅游痛点”。同时，在运营中重视线上线下的活动联动，实现了文化价值与经济效益的双赢。

2021最具公众影响力新锐品牌市场推广大奖

2020 ffit8品牌IP营销

执行时间：2020年3月1日—12月31日

企业名称：北京幸福能量健康科技有限公司

品牌名称：ffit8

代理公司：和智互动品牌管理（北京）有限公司

获奖类别：金旗奖——2021最具公众影响力新锐品牌市场推广大奖

项目概述

ffit8旨在用科技创新让年轻人吃得更健康。ffit8通过与《中国新说唱》、《潮流合伙人》、超级猩猩等IP联名，借助IP天然的破圈能力扩大ffit8影响力，从品牌形象、用户交互等多方面与年轻人进行有效沟通，全面融入年轻人的审美和文化。此次IP营销拉近了该品牌及产品与年轻人的距离，成功塑造了ffit8“潮、酷、燃”的品牌形象，使之成为“年轻人最喜爱的健康食品”。

项目策划

1.内容策略

（1）ffit8的策略是通过与不同的热门IP联名，深入年轻人的社交语境，构建品牌与消费者之间的强关联。

（2）挖掘潮流热词，与定制化产品及背后精神内涵产生联动。

（3）放大品牌情绪，照顾到年轻用户新的精神需求。

2. 内容创意

（1）借助爱奇艺《潮流合伙人》IP，量身打造颇具四川风味美食特色的川辣火锅味蛋白棒，引领新国货消费浪潮。

（2）ffit8与《中国新说唱》节目联名打造新产品牛肉味蛋白棒。英文单词“beef”除了代表牛肉之外，在Hip Hop文化中也有另一层含义——Rapper之间的过节和矛盾，可以通过“beef大战”来解决。可见，两者的联名并不只是将LOGO放在一起，而是充分发掘品牌与节目之间的共性，创造符合两者社交语言的“潮、酷、燃”产品。

（3）ffit8还与超级猩猩联合推出香蕉味蛋白棒，通过“猩猩vs香蕉”的天然符号匹配，借助超级猩猩的线下潮酷健身场景，打通优质蛋白与健身爱好者之间的强关联。在销售渠道上，延伸至健身房，更自然也更符合两者调性。

3. 媒介策略

（1）中国新闻网、《中国食品报》等主流媒体持续背书，为ffit8品牌营销建立良好的主流舆论环境，36氪、钛媒体等创投媒体持续关注，增强行业及资本方对ffit8产品理念及商业逻辑的认知。

（2）罗永浩、戴军、李静、李诞直播间带货，多领域融入年轻人触媒习惯与消费方式之中，不断提升品牌知名度。

（3）ffit8在小红书、B站、抖音等社交平台上开启全方位的营销。通过与KOL、KOC进行内容共创，让内容更加柔性，加之明星红人的推荐，让品牌的影响力逐步扩大。

项目执行

2020年8月24日，ffit8与超级猩猩的联名款产品——香蕉味蛋白棒横空出世，聚焦“够燃才够棒”，ffit8通过“猩猩vs香蕉”的天然符号匹配，借助超级猩猩的线下健身场景，打造优质蛋白与健身爱好者之间的强关联。

2020年9月9日，ffit8与《中国新说唱》节目联名的新产品牛肉味蛋白棒正式上线，点燃新一波潮酷能量。

2020年12月10日，ffit8与《潮流合伙人》在成都打造了麻将国潮文化，开发了一款川辣火锅味蛋白棒。

项目评估

品牌曝光：“微博+知乎+小红书+抖音”等社交媒体品牌曝光率超1亿次。

公关层面：获得大众主流媒体的持续关注，赢得良好的品牌美誉度。

赛道融资：一年内获得数千万首轮融资、数千万A轮融资，成为被资本青睐的活跃品牌。

营销成果转化：成为小米众筹历史上第一款食品类产品，众筹总金额突破1004万元，卖出近19万盒；在罗永浩直播间3小时内销售金额突破337万元；“6·18”期间，成为天猫、京东、小米有品等全渠道的蛋白棒及棒类代餐销售第一名；ffit8成立第一年销售总额破1亿元。

ffit8 × 超级猩猩香蕉味蛋白棒宣传海报

ffit8 ×《潮流合伙人》蛋白棒主题海报

ffit8 ×《中国新说唱》蛋白棒主题海报

亲历者说 赵杰 ffit8联合创始人

2020年是健康食品元年，对于许多国产优秀品牌来说也是一个好机会，但做品牌没有捷径，核心竞争力仍旧来源于产品。因此，除了将年轻人喜欢的、有知名度的IP作为联名首选之外，IP还需要具有延展性，能够与ffit8产品进行融合，产出足够有价值的创意让消费者记住。ffit8未来也将持续巩固产研、扩大产品线，营销上也会进行新一轮的赋能破圈，走到更大的人群和更多的场景中。

案例点评

点评专家：于剑 拉格代尔集团对外事务副总裁

健身热带来了人群对科学代餐的强烈需求。近七成运动人群进行运动以来饮食习惯有所改善，对于优质蛋白的需求前所未有的强烈。在这样的市场背景之下，ffit8与超级猩猩、爱奇艺等合作，具有非凡的战略联合意义。

超级猩猩、《潮流合伙人》的客户群体定位是中高收入的年轻人群，ffit8也将目光瞄准了年轻人，ffit8蛋白棒的消费人群总体为一、二线城市的年轻人，年龄大部分在25～35岁。用户和场景与超级猩猩、《潮流合伙人》等高度重合。这也让此次IP营销活动事半功倍。

俗话说："金杯银杯不如口碑。"企业产品最终的信誉来自产品质量，健康食品尤其如此。和一般的食品不同，除了营养成分外，消费者更关注产品的口味，食用效果也非常重要。

如果需要提一点建议的话，我认为选择直播带货，代言人的形象也很重要，代言人的气质要和产品的定位高度契合。

VMware智慧医疗公关传播项目①

执行时间：2020年8月27日—2021年7月31日

企业名称：威睿信息技术（中国）有限公司

品牌名称：VMware

代理公司：北京科闻领睿咨询服务有限公司

获奖类别：金旗奖——2021最具公众影响力新锐品牌市场推广大奖

项目概述

VMware是全球知名IT软件公司，为全球逾50万用户提供云、网络、安全和数字化工作空间领域的产品及服务。在中国，医疗行业是VMware极为重视的垂直市场之一。VMware希望借助公关手段，宣传自身在数字化医疗以及打造智慧医院领域的技术领先性和最佳实践，从而在市场竞争中脱颖而出。但是因为项目预算有限，不能走大批量、宏大铺开的宣传路线，只能用少而精的方式，选取代表性客户案例重点宣传，达到在医疗IT领域打响VMware品牌的根本目标。

项目策划

虽然智慧医疗是近两年的热点话题，但涉及疫情的话题，需要谨慎拿捏尺度，否则很容易适得其反，引起公众反感。同时因为IT软件产品比较偏技术，大部分部署在医院IT后台，其成效并非如快消品一样明显，所以讲故事不能从产品本身切入，从医疗应用场景、

① 本文中所涉及的照片，北京科闻领睿咨询服务有限公司均已得到被拍摄者的使用许可。

患者需求和医生体验方面着手，更能引起共鸣。

1. 疫情稳定期："互联网+"精细管理，打造一流智慧医院

2020年上半年全国都处在抗击疫情的第一线，在这个特殊时期不应蹭疫情热度大幅宣传自家技术和产品。因此，本次项目在疫情已经稳定的8月，选取已有成熟应用场景且知名度较高的合作医院进行重点宣传，打响智慧医疗宣传战役的第一炮。

2020年8月项目团队邀请北京电视台新闻频道采访了北京大学国际医院院长和CIO（首席信息官）。除了展示远程医疗场景外，项目团队独辟蹊径，聚焦北大国际医院如何借助VMware先进的技术打造"智慧医院一体化工作站"，从预约挂号、采血检验到缴费拿药，为患者提供全方位、一站式的数字化诊疗服务。针对复诊病人，提供在线问诊、开药服务，病人在家即可享受高质量的医疗服务。同时，因为其自身拥有雄厚的IT实力和丰富经验，早在疫情暴发初期，医院就将自己的全套技术打包，免费提供给武汉市卫生健康委员会，支持其为武汉市民提供在线抗疫咨询。

最终北京电视台新闻频道在其《晚间新闻》栏目播出了2分21秒的专题报道，重点突出北京大学国际医院打造智慧医院的这一优秀案例，打响了VMware智慧医疗公关传播项目的第一炮。

2. 疫情常态化：多学科会诊，智慧医疗新方向

2021年，国内领先医院对建设智慧医院的探索已经延伸到了创新层面，比如针对疑难杂症的多学科会诊。在这个方面，南方系医院明显走在前列。项目组选取了中山大学附属肿瘤医院作为重点宣传对象。该医院在整个广东省甚至粤港澳大湾区都属于医疗实力一流的明星医院。项目组计划利用广东知名电视频道、门户视频和大众媒体的影响力，重点宣传VMware如何支持中山大学附属肿瘤医院为病患提供多学科会诊的创新应用场景，从而大幅提升诊疗水平。

多学科会诊是由多学科资深专家共同讨论，为患者制定个性化诊疗方案的方式，近年来已成为大势所趋，对于肿瘤科来说也是最适合患者的治疗模式。但在以前，每场多学科会诊均需要所有相关科室的专家聚到同一个会议室才能进行。有些医院两个院区相距几十公里，如果要凑齐所有医生进行会诊，无疑会影响诊断效率。而且由于2020年年初疫情暴发，有些医生被外派支援，这无疑增加了会诊难度。

项目组重点突出了在VMware数字化空间解决方案支持下，中山大学附属肿瘤医院进行在线多学科会诊已成为新常态的现状。全院38个病区，每个病区每周都要至少举办一次多学科会诊，每周都会有300多名病患受益。未来这种模式还可以复制到医联体下属的其他医院，让医疗实力薄弱的医院也能拥有一流的诊疗水平。

2021年4月项目组邀请广东卫视、新浪视频、搜狐视频、今日头条（西瓜视频）、腾讯视频以及《羊城晚报》、《南方都市报》对医院副院长进行了现场采访报道，借助这些媒体的影响力，直接在广东省乃至全国范围内制造了一波VMware智慧医疗小高潮。

3.抢占行业制高点，直接沟通目标受众

在造足舆论声势后，项目组直接将传播目标对准了医疗行业IT采购的决策者，在目标受众云集的第25届中国医院信息网络大会上，项目组重点宣传了医院数字化转型的实战经验。2021年7月，项目组选择与医疗信息化领域的专业媒体——HIT专家网合作，在大会期间设立VMware“新一代医疗云与大数据平台”专场，邀请HIT专家网总编辑朱小兵主持论坛，多位医院信息主管与VMware技术专家一同分享了医院云平台建设和大数据平台的相关技术方案与实战经验。这次活动在医院CIO群体内获得了很好的反馈，直接为销售提供了具有潜在购买意向的客户名单。

项目执行

项目整体采用了“点、线、面”三步走战略，从2020年8月开始以北京电视台专题报道作为单点引爆，再到2021年4月抓住中山大学附属肿瘤医院这个明星医院的明星项目，以线的方式串起知名电视频道、门户视频和大众媒体，造出一波舆论声势。最后，回到业务销售层面，2021年7月在目标受众云集的知名行业大会，与知名医疗信息化媒体合作，全面覆盖国内医院的IT购买决策者，直接推动潜在客户名单的建立。

项目评估

从销售角度来看，通过在第25届中国医院信息网络大会采用线下活动与现场直播相结合的形式，总共覆盖医院IT专业人士300余名。因为该行业大会含金量高，所以参加上述活动的目标受众精准度非常高，为销售人员提供了一份含金量满满的潜在客户名单。

从媒体传播角度来看，北京电视台新闻频道在《晚间新闻》栏目播出2分21秒的专题报道充分传达了VMware在打造智慧医院方面的所有核心信息。在没花任何广告合作费的情况下，无论医院，还是VMware，都对传播结果非常满意，对应的广告价值也达到了几十万元，覆盖2000万人次。

此外，VMware支持中山大学附属肿瘤医院多学科会诊新模式的案例得到了广东卫视、新浪视频、搜狐视频、今日头条（西瓜视频）以及腾讯视频的广泛视频报道，同时《羊城晚报》和《南方都市报》也发布了深度报道文章。从影响力来说，实现了从当地媒体到全国媒体，从传统媒体到数字媒体，从文字报道到电视新闻、视频故事的全面覆盖，受众超

过5亿人次。

本项目有以下亮点。

故事角度新颖，内容接地气：从医院创新应用角度出发，选取的都是明星医院的创新应用，紧贴老百姓生活，达到了面向公众的科普目的。

高端电视媒体，覆盖人群广：两次媒体传播都是以覆盖广大人群的电视新闻作为主打，门户视频为辅助，TV和视频方便社交媒体二次传播，进一步扩大了影响力。

知名行业大会，直达目标受众：项目最后落脚于知名行业大会，帮助销售直达目标受众，实现了公关驱动业务增长的最终目标。

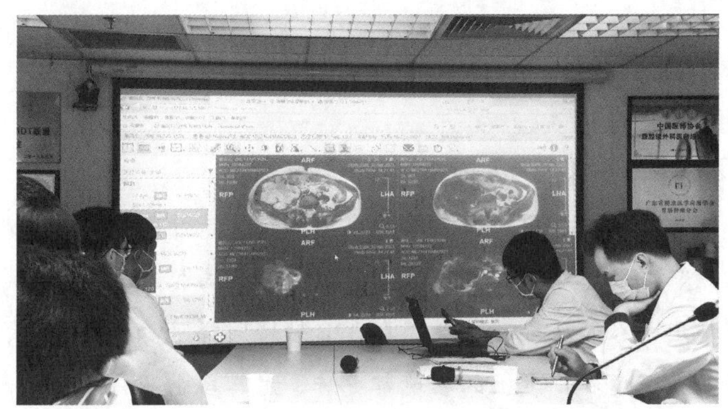

多学科会诊现场

VMware × 中山大学附属肿瘤医院智慧医疗视频报道截图

亲历者说 孙雅丽　北京科闻领睿咨询服务有限公司客户总监

做完这个智慧医疗项目，我深刻体会到“Tech for Good”对老百姓而言意味着什么。科技不是高高在上的，只有为人所用，才能发挥它的价值。VMware的技术都是部署在IT

后台的，貌似和普通人的日常生活没有那么紧密的联系。但当我看到这些技术支撑着医院快速上线抗疫咨询平台，从预约挂号、采血检验到缴费拿药实现全部数字化时，我被科技的力量深刻震撼了。这种震撼一直延续在项目进行中的各个环节。当我们听医生、患者描述这些数字化应用带给他们生活和工作的便利时，我心中总是涌起一股暖流。我为能参与到这些科技推广工作中感到自豪，我为能有幸成为一个科技见证者感到自豪。

案例点评

点评专家：王呈　奇点临近品牌营销副总裁

VMware这个案例在以下两方面做了很好的探索。

第一，在B2B商业模式中，公关能为市场营销贡献什么？有一种思维误区是市场推广主要靠销售，品牌公关作用不大。事实上，B端客户的决策者也是活生生的人，公关直接作用于人的认知和情感，在B2B领域同样可以发挥效用，甚至成本更低，效率更高，在深度和广度上的表现都更好。尤其当企业将要进入新领域，或计划在成熟市场发起变革时，善用公关手段可能带来奇效。

第二，当产品优势难以被简单地认知时，如何说服目标客户认可它？在这个案例里，我看到了以下几项有益尝试：一是聚焦产品带来的效用和价值，它如何解决现有痛点，如何大幅提升相关体验，而非产品这个项目本身；二是抓住公众关注点，把企业的商业目的与公众利益结合，用商业价值与社会价值的双赢，反向推动业务决策；三是树标杆，让企业、客户、公众都满意。

另外，我很喜欢该案例的撰写方式，对企业情况、产品特性、目标人群、社会环境条分缕析，有对商业目的和达成路径的系统思考，而不只是为了完成一个项目。

2021最具公众影响力新锐品牌品牌战役大奖

华硕天选虚拟偶像——天选姬整合营销

执行时间：2020年3月17日—2021年3月17日

企业名称：华硕电脑（上海）有限公司

品牌名称：华硕天选

代理公司：北京土壤营销顾问有限公司

获奖类别：金旗奖——2021最具公众影响力新锐品牌品牌战役大奖

项目概述

基于华硕全新品牌产品天选游戏本的核心利益点及二次元核心受众人群喜好，为华硕天选品牌打造虚拟代言人——天选姬，构建以IP为内核的生态矩阵，通过对IP的内容运营持续不断地向二次元圈层输出品牌文化价值，为品牌产品制造声量，促成购买决策，同时不断完善天选姬人设，摸索其商业化成长路径。

华硕天选品牌虚拟代言人——天选姬海报1

项目策划

为探寻IP与产品商业策略的机会方向，项目组以“民族志、符号学、语言学”的方法为基础，在样本库中筛选符合要求的消费者发送问卷进行访问调研，线下受访有效样本量达1500余份，调研内容分为“人、物、境”三个方面。依托于调研结果分析目标用户的行为偏好，进一步优化品牌IP拟人化符号内核、产品及视觉设计、营销推广方式与内容。

面对全新的二次元消费市场，项目组一直在不断探索新的玩法和新的运营模式，通过一年的时间摸索出一条完整且完备的华硕天选品牌及天选姬IP的成长及运营体系，将其划分为内核打造、品牌破圈、跨界分发三个进程。

1.内核打造

项目组通过对华硕天选品牌的核心二次元受众进行调研分析，针对其行为偏好，对天选姬的故事、人设、世界观、形象等精神内核进行深度定制；同时项目组在二次元核心的用户矩阵B站、微信以及微博构建了天选姬IP粉丝玩家的社区矩阵。

2.品牌破圈

项目组采用了“内外兼修，圈层破圈”的运营策略。内指的是天选姬自身的原创内容输出，通过垂直领域二次元用户喜欢的形式内容来传递IP独特的性格，让垂直领域用户知道天选姬是谁，并且通过对用户深度运营筛选沉淀出IP的“死忠粉”，构建IP私域；外指的是天选姬外部资源的整合联动内容输出，通过与垂直领域二次元KOL深度绑定合作，持续不断地开展“IP破圈企划”，借助“前辈”的流量及影响力让IP真正扎根在二次元圈层的土壤，树立“十项全能”的人设，最终实现二次元圈层的全面导流和圈内影响力全面提升的基础目标。

华硕天选品牌虚拟代言人——天选姬海报2

3.跨界分发

未来将开启天选姬IP的内容跨界分发及商业化进程，对内的原创内容更加追求精品化和爆款化；对外的合作内容将更多地向大众向的其他品类IP授权，进行跨界合作，将IP的价值及影响力发挥到极致。

项目执行

1. 天选姬出道

天选姬出道正式代言华硕天选游戏本，整合平台二次元圈内“名人”，画师、大触①、知名IP、CV（配音演员）等用他们擅长的方式庆祝天选姬出道，打造天选姬出道营销事件，为产品上市造势引流。

2. 天选姬破圈

天选姬不断与二次元圈层KOL交朋友，联动产出创意且硬核的内容，触达二次元用户的圈层社区，引起用户情感共鸣。

3. 天选姬社区运营

天选姬社区人格化，用天选姬的第一人称与用户交流，产出二次元人群喜欢的天选姬壁纸、动画、MV、开机语音、表情包、直播等内容，为粉丝提供专属的品牌服务。

项目评估

20余位次二次元明星集结打Call，共贺天选姬出道，#天选姬出道#微博话题阅读量破2亿次，荣登微博动漫分榜Top2，出道MV全网观看量超过200万人次，社区粉丝从0人增至1万人个仅用一周时间。华硕天选游戏本京东首发预约达7万人，发售日1秒售罄。

通过一年的运营，天选姬官方社区总计粉丝量为27万人，活跃度达95%，总计产出原创内容1944条，总阅读量3685万次，总互动量74万次。#我的天选时刻#UGC征集活动共征集超过1800项活动作品，覆盖同人、数码、音乐舞蹈、生活、潮玩、CV等二次元圈层，传播累计覆盖1022.6万人次，同时天选主题曲《天选的你》登上网易云音乐华语新歌排行榜Top25。

天选姬直播首秀最高人气值为15万，总计弹幕数2.8万条，涨粉1.3万人次；天选姬发布会直播最高人气值23万人次，互动量达8万人次，涨粉1.1万人次；天选姬线上直播5次，累计人气值超100万，5次登上B站首页推荐，5次登上虚拟直播榜Top10。

---

① 大触是指动画、漫画、游戏领域的绘制高手。

华硕天选品牌虚拟代言人——天选姬海报3

亲历者说 **邱冠杰　北京土壤营销顾问有限公司事业部总监**

华硕天选项目运营团队成员均为“90后”二次元爱好者和从业者，有着年轻人的热爱与态度，对二次元内容有着非常高的敏感度。面对全新的Z世代年轻消费市场，华硕天选项目是一次充满创新和挑战的尝试，我们一直在不断探索新的玩法和新的运营模式，整合全网二次元资源，通过1年的运营取得了阶段性成果，同时掀起了品牌拟人化营销的热潮，越来越多的品牌因为华硕天选项目打造了属于自己的虚拟IP。

案例点评

点评专家：邵松岩　北京阶承传播顾问有限公司总经理

这是典型的、标准的、教科书级别的整合营销案例。华硕天选作为一个老品牌，通过这个项目推出了新玩法。所谓新，并不是营销手段上的新，而是营销载体上的新。作为传统知名的IT产品品牌，要从产品规划、产品包装、市场营销全流程“一以贯之”，需要很强的资源整合能力做保障。以虚拟形象IP为核心载体，做产品品牌包装升级，也需要对市场的深刻的洞见，对市场营销能力的足够的把握。事实证明，华硕天选的这次大胆尝试是成功的。希望天选姬形象在后续的传播中能得到更丰富的内容滋养，可以更立体、更丰满、更个性化。

周杰伦飞凡汽车代言[①]

执行时间：2021年2月7日—4月23日

企业名称：飞凡汽车科技有限公司

品牌名称：飞凡汽车

代理公司：上海斯拓文化传播有限公司

获奖类型：金旗奖——2021最具公众影响力新锐品牌品牌战役大奖

项目概述

飞凡汽车作为国内造车新势力，拥有夯实的产品力与前瞻设计理念，但因品牌独立时间过短，国民对其形象认知不足。企业希望借新车代言人周杰伦的良好艺人形象，共建品牌认知；借突围粉丝圈，快速打响知名度，提高讨论量，实现市场冷启动。整个营销既是起点，也要形成闭环；既要与粉丝建立情感连接，把好感度转化为官方流量，锁住亚洲天王的高净值粉丝群体，也要结合车型传递科技创意，实现旗舰MARVEL R的销量转化。

周杰伦核心歌迷——“80后”与“90后”，是国产新能源汽车的消费主力军。这些人相对理性，绝对专一。大数据分析也验证：周杰伦正是飞凡汽车旗舰车型MARVEL R用户最中意的音乐人。飞凡汽车审时度势，与周杰伦一拍即合，双方在2月初签订合作协议，给足传播时间，用两个月酝酿和发酵情绪，在4月19日当天（第十九届上海国际汽车工业展览会首日），品牌高调宣布周杰伦为飞凡汽车代言人。

① 本文中所涉及的照片，飞凡汽车科技有限公司均已得到被拍摄者的使用许可。

飞凡汽车MARVEL R宣传海报

项目策划

国产自主品牌想要打响第一炮，一线流量明星少不了。周杰伦以“常年不翻车”的国货代言身份出名，其对品牌选择的严谨态度，以及对酷、对新潮汽车科技的热爱，都与飞凡汽车的品牌特性完美契合。

然而粉丝圈营销日益同质化，如何把营销创意和飞凡汽车核心品牌理念——“科技兑现想象力”结合，和MARVEL R的5G科技优势结合，做出量体裁衣的营销方案，悬念营销依旧是首选。

“3+1”套拳打法：设疑、互动、传播（悬念营销）和事件营销再整合。

1.一招：抖包袱

从明星车型MARVEL R上市到代言人公布，官方在多平台上发布代言人提示，提升粉丝关注度。

先铺传播宽度——2月7日，飞凡汽车CEO带头互动，通过视频向观众抛出代言人彩蛋，以“奶茶”为关键词，辐射章泽天、刘若英、朱亚文、林俊杰、周杰伦等多位身带“奶茶”标签的明星，引导粉丝团自发认领与传播，为品牌在自媒体阵地圈起第一波宽域流量。

再探传播深度——3月18日，缩小范围，抛出“这是不能说的秘密，将在4月车展上公布”关键信息，让周杰伦粉丝团内部进一步渗透传播。

回归功能认知——4月16日，周杰伦坐在钢琴前连弹5个G调，暗示代言与5G产品有关，将MARVEL R产品优势——“5G”关键词出圈关联记忆，玩转“想象力”，用户自己解锁“科技代言人”。显然，科技不仅能够兑现想象力，想象力也能“反哺”心仪的科技代言人。

飞凡汽车品牌代言人周杰伦

2. 二招：唤情怀

以资深“杰迷”视角，书写情怀向长微博，借周杰伦的歌与无可替代性，回顾或美好或带遗憾的校园岁月，与“杰迷”共情，构建进一步的情感价值连接。

3. 三招：玩互动

除了猜代言人抽奖送礼物、下载App送周杰伦绝版黑胶唱片等传统的私域流量粉丝互动外，官微这次借势“路人”，同样玩得出“奇”不意。悬念营销初期，有“路人”在飞凡汽车官微下扬言，如果代言人是周杰伦，他就把车吃了。官微抓住这次绝佳营销机会，趁热打铁，为周杰伦粉丝制作车形蛋糕，以小博大，扭转用户关系。

飞凡汽车代言人官宣日当天，周杰伦代言过的国货官微跨品牌联合互动，前来为周杰伦和飞凡汽车“应援”，玩到粉丝都捧腹大笑，好感度瞬间拉满。

4. 四招：赶浪潮

3月24日新疆棉事件爆发之后，“国货之光”周杰伦再度被拉上热搜作比较。面对计划之外的流量热度，品牌果断出击，快速响应，撰写公关软文发表至品牌官方媒体、外围抖音媒体号和微博媒体号，三管齐下，及时参与热点事件助推飞凡汽车品牌强势曝光。

项目执行

官方在线抛梗，吸引饭圈注意：2月7日，借MARVEL R上市节点，飞凡汽车官方抛出代言人线索视频，朦胧的关键词辐射多位明星，引导粉丝团传播讨论。

官方线下抛梗，缩小范围：3月18日，借R-TECH发布会，官方再次放出线索，聚焦周杰伦，引发周杰伦粉丝团高度关注。

公关借势事件营销：3月24日新疆棉事件后，火速撰写公关稿《国货保卫战》发表至

官媒，代言人VCR再抛梗。

粉丝会圈内造势：4月16日，周杰伦弹奏5个G调，亲自向粉丝抛出代言品牌的谜题，在飞凡汽车官微、外围抖音和B站接棒造势炒作。调动头号粉丝作为信息传播源头，同时在粉丝内部扩散传播，官宣揭秘。

跨品牌互动传播：4月19日，飞凡汽车正式宣布周杰伦为代言人，以微博为主阵地，联合周杰伦代言过的其他品牌，诙谐互动，传播造势。

携手KOL全网扩散：4月19日，通过段子手、娱乐、视频等外围自媒体发声，跨界传播代言人信息，提高品牌曝光度。权威媒体背书扩散：4月19日，通过官媒发布代言人新闻、背书公关稿，帮助飞凡汽车在中高端新能源定位战中突围，持续发酵讨论声量。4月21日—23日，通过时尚、娱乐、视频等外围KOL于微博、抖音、小红书发声，加深用户对品牌事件的印象。

项目评估

项目覆盖全网社交平台，30家官方权威媒体，100位KOL联合发声，曝光超8亿次，激发全网110万次互动。

飞凡汽车百度指数从4月15日的1305直线飙升到4月16日的46818，4月19日官宣后达100985，媒体指数也突增至波峰。

微博原创多条热搜话题，其中#周杰伦连弹5个G调#曝光量达1.4亿次，讨论量达34.8万次；#周杰伦新车#曝光量达2.5亿次，讨论量达37万次；#5G车MARVEL R全球上市#阅读量达4.1亿次，讨论量达5.7万次。

飞凡汽车官宣代言人微博累计转发306848次，评论41846次，点赞640457次。

新品牌的破圈传播任务超额完成，为品牌和产品的启动营销提供了强力支持。飞凡汽车与5G产品优势关联，品牌与“国货之光”隐性关联，在网友心中树立起较为正面的品牌形象。4月，飞凡汽车新车交付量环比增长15%。

执行：紧跟时事热点，快速决策落地。

创意：官方创新互动，公域、私域流量两手抓。

玩法：玩转悬念营销，成功策划、选对悬念关键词。

文案：创作10余篇优秀原创文章；为周杰伦提供合作文案。

投放：覆盖新闻媒体网站，覆盖多类账号，覆盖“双微一抖”[①]多个头部流量平台。

---

① “双微一抖”指微博、微信和抖音。

亲历者说 **蔡静仪　上海斯拓文化传播有限公司创意客户总监**

自飞凡汽车品牌于2020年面市起，我们的团队就一直在寻找那位与品牌契合度最高的代言人，通过半年的成长和沉淀，我们不仅积累了一些与我们共同成长的车主用户，更对飞凡汽车品牌、用户和新能源市场有了更深的认知。当运营和数据组告诉我们周杰伦是飞凡汽车车主最喜欢的歌手的时候，品牌代言人就有了雏形。在选定周杰伦成为飞凡汽车品牌代言人之后，我们需要让周杰伦和飞凡汽车建立让粉丝们印象最深的联结。魔术、音乐、创作、才子，是我们对周杰伦的印象，长达数月的策划中我们一步一步将这些特点在飞凡汽车品牌的各个平台上展露出来，让周杰伦的粉丝对飞凡汽车这个新生品牌逐步产生认知。品牌官方首先埋下代言人的“奶茶梗”，再以周杰伦亲自“连弹5个G调”回应及后期官方的一系列动作，将飞凡汽车的力作5G智能电动MARVEL R与周杰伦联系起来，并吸引了一部分粉丝及用户。

除了破圈营销，我们也对已有的用户“下手”，曾有粉丝扬言代言人要是周杰伦他就直播吃车，我们团队赶着节点给这位用户专门定制了MARVEL R样子的蛋糕，也算是让飞凡汽车“兑现想象”的品牌理念达到了一个“新的巅峰”。让我们的目标群体对飞凡汽车品牌及代言人周杰伦强绑定的认知达到一定的深度，我认为算是做到了。

案例点评

点评专家：杨苓　京港地铁公共关系总管兼新闻发言人

明星代言是常规做法，问题是怎么做出不同。该案例，一方面，通过设置悬念，再步步揭晓的方式，不仅联动了代言明星的粉丝，也引发了更广泛的关注和用户参与；另一方面，充分结合明星自身风格与产品特性，将科技、音乐、情怀这些元素强关联，强化了受众对产品的认知，有效地提升了传播效果和产品发布后的市场表现。

伊利优酸乳乳汽气泡乳新品上市

执行时间： 2021年5月—11月

企业名称： 内蒙古伊利实业集团股份有限公司

品牌名称： 伊利优酸乳乳汽（简称乳汽）

代理公司： 重庆灵狐科技股份有限公司

获奖类型： 金旗奖——2021最具公众影响力新锐品牌品牌战役大奖

项目概述

气泡水无疑是近两年业内极受关注也极拥挤的赛道之一，入场玩家逐渐在口味、包装等方面呈现出同质化趋势，“0糖、0脂、0卡”已然成为饮料标配，气泡水新品很难再戳中消费者的兴奋点。

伊利优酸乳作为伊利旗下的经典国民品牌，在面对着日益加速的行业上新频率和海量竞争对手的挑战时，交出了一份漂亮的答卷——开创一个全新的品类乳汽气泡乳。乳汽以“牛乳+气泡”的健康新碳酸组合，突破了传统乳饮料和碳酸饮料的概念。相比传统乳饮料，乳汽更符合年轻人喜欢的口感，而相比于市场上常见的碳酸饮料，乳汽又自带牛乳的温润和健康属性。这款产品能够让Z世代消费者在享受好喝碳酸饮品的同时获得牛乳的健康成分，升级快乐体验。

品牌通过大数据分析手段，找准赛道，洞察消费者喜好。新品上市的营销结合了数字化的手段，戳中了目标消费者的痛点，以更为贴近Z世代生活的方式去沟通产品内涵和品牌态度。最终乳汽这款新品上市完成了首发销量突破103万罐的好成绩，一举颠覆了碳酸饮料行业的竞争格局。

项目策划

1. 项目调研——从数据中发现赛道机会，将市场洞察转化为产品力

数据分析显示，2020年3月至2021年3月气泡水市场发展迅猛，销售额增速高达71%，成交人数增长86%。而含乳及含乳酸菌气泡饮料生意体量较小，仅占气泡水的3%，但近一年发展势头迅猛，销售金额增速高达2666%，成交人数增速超过1700%。伊利优酸乳从中解读出气泡乳市场体量虽小，但消费者对此有很强烈的需求，这也侧面印证了该品类具备相当大的发展潜力。

伊利优酸乳通过消费者大数据洞察分析，选出浏览、搜索、成交均高速增长的趋势赛道——碳酸饮料。通过阿里趋势洞察工具，进一步归因碳酸饮料行业新品成功三要素：新口味、新营销、新场景。

综合数据调研分析，伊利优酸乳将新品定位为碳酸类目，避开竞品主力赛道，将乳汽新品定义为“0蔗糖 + 牛乳营养 + 气泡绵密”的新型碳酸饮料，同时开创了全新趋势赛道——气泡乳。

2. 实施策略——找对人、说对话，用目标用户的话语体系激起共鸣

乳汽新品意在抢占消费习惯为“0糖、0脂、0卡”和“低糖、低脂、低卡、低温”的人群，为了更懂消费者，伊利优酸乳深度电话访问了3000多名碳酸饮品消费者，耗时25天进行多维度深入调研，挖掘出了“0蔗糖+牛乳营养+气泡绵密”卖点关键词。

通过新品消费需求模型，伊利优酸乳构建了新品定义公式：“新品=调优配方+匹配人群+优化素材”。应用KANO模型（一种对用户需求进行分类和优先排序的工具）分析发现，消费者在购买产品时主要聚焦感官刺激、功能满足和成分。因此，乳汽新品应在营销方面突出气泡绵密、营养升级、冰爽解腻等产品卖点，内容上强调0蔗糖、0脂、营养健康、气泡绵密等关键信息。

3. 内容创意——传递年轻人的生活态度，与Z世代保持同频共振

（1）签约代言人，发挥偶像效应。伊利优酸乳秉持与年轻人平等对话、成为年轻人朋友的理念，签约Z世代青春正能量团体“时代少年团”为乳汽新品形象代言人，让偶像男团“阳光少年、积极向上、正能量”的形象与乳汽新品“健康、清新、创新”的形象碰撞出奇妙的“化学反应”，向消费者传递品牌与年轻人共同成长的态度。

（2）虚拟IP，拉近与年轻人的距离。创新性地运用品牌虚拟偶像“小优”，通过绑定Z世代最喜欢的二次元内容，以元气、潮流、先锋的视觉语言推进品牌年轻化升级，实现品牌和产品影响力的提升。

（3）场景化营销，加深消费者的联想记忆。夏季是饮料销售旺季，乳汽针对年轻人的

生活体验进行了场景关联，构建起了火锅、追剧、游戏、聚餐这四个日常饮用场景，同步输出“冰爽解渴，干杯选乳汽”“一口乳汽，剧情更上头”“一口乳汽加BUFF，这把稳赢”“一口乳汽，八卦冒泡，干杯开聊”等营销金句，建立乳汽与对应场景的强关联，挖掘出年轻人自我取悦、健康养生、社交等消费情感需求。

4.媒介策略——数字化营销助燃，线下线上联动

营销过程中，乳汽通过新颖、线下线上联动的动作扩大声量。在线上，抖音、小红书、微博、B站四大App惊艳开屏，微博、抖音、天猫旗舰店、微信公众号同步上线多种互动玩法。在线下，广州、深圳、上海、南京、长沙、武汉、杭州七大城市户外广告牌豪华应援，吸引粉丝线下打卡同屏合照，加深了品牌和消费者之间的联系，让伊利优酸乳国民化、潮流化的品牌形象深入人心。

项目执行

1. 预热期做好粉丝营销

5月4日，代言人官宣。官方释放打造“清爽少年‘汽’”校园大片及单人侧颜花絮视频，同步上线抖音、小红书、微博、B站四大App开屏广告。粉丝关注天猫旗舰店并连续7天完成活动指定动作，即可解锁代言人“打汽寄语”，店铺增粉明显。

5月7日至14日，新浪微博陆续释放单人开屏广告，粉丝截图带话题@优酸乳，即有机会获得优酸乳乳汽饮品，放大微博声量。

5月7日至20日，代言人限量罐预约落地优酸乳店铺，吸引粉丝预约代言人限量罐，提高新品关注度。

5月，广州、深圳、上海、南京、长沙、武汉、杭州七大城市户外广告牌霸屏豪华应援，吸引粉丝线下打卡同屏合照，并发至线上参与互动活动。

6月，借势高考热点，打造“打汽罐+加优包”的“奶一口”组合，将新品乳汽与经典优酸乳联动，为高考学子送上祝福。

2. 引爆期持续在电商平台发力

（1）天猫小黑盒承接新品首发，灌入单日客流量183万人次，上线10天，稳居碳酸饮料周榜Top1。

（2）京东“6·18”沸腾之夜 5小时直播接力，天猫饮料超级品类日设置低卡冰饮专场，稳稳占位各电商平台的碳酸类目前列。

3. 长尾期流量加持助力销量增长

11月，参与新锐中国项目，明星主播林依轮、胡可等亲自试饮乳汽新品，主推

“双重口感”并持续进行推介，迅速构建品牌信任状，进一步压缩交易链条，促进下单。

项目评估

1.效果综述

伊利优酸乳乳汽气泡乳新品上市是一次成功的营销战役，无论是对消费者需求的精准洞察和敏捷验证，还是面向Z世代消费者的多元化的营销方式，都给行业提供了新的灵感。基于市场需求和消费者需求等多维度的洞察，伊利优酸乳反向推动研发、设计、营销等环节，精准洞察到健康碳酸品类的崛起，开创全新品类乳汽气泡乳，让乳汽刚上市就收获了年轻人的关注和喜爱，在进一步夯实优酸乳国民潮饮地位的同时，也推动了整个饮品产业的迭代升级，成功颠覆了碳酸饮料行业格局，打开了新的增长空间。

2.市场反应

上市即卖爆，销量超1000万罐。

新品上市首周冲榜碳酸饮料Top 1。

“6·18”开门红碳酸热卖榜Top 1。

“6·18”碳酸加购榜Top 1。

“6·18”新增10多万名品类新客。

3.媒体统计

#优酸乳乳汽时代# #优酸乳乳汽# #优酸乳为时代少年团打打汽# 微博话题总阅读量近7.8亿次。

亲历者说 于波 伊利优酸乳品牌总监

在当下的社会环境中，国货的崛起与国民自信心的高涨显然是分不开的，伊利优酸乳也在逐步从“中国制造”向“中国创造”迈进。和Z世代的新人群同频共振，是伊利优酸乳一直以来坚持的方向。

乳汽气泡乳是我们打磨了三年的创新产品，作为中国首款气泡乳，我们通过“牛乳+气泡”，以及低糖、0脂、添加乳清蛋白的健康配方，创新推出乳汽气泡乳这款产品。在产品开发过程中，团队首次提出与天猫一起采用数字化产品孵化手段，携手阿里的大数据优势和生态优势，为品牌提供新品全周期、全链路的营销解决方案，通过大量的大数据分析和测试，不断优化和升级产品力，真正做到从年轻用户出发。

“伊利要做消费者的真爱粉丝”，指引着每一个伊利人持续坚持和推动创新，鼓励我们释放“热爱”和“坚持”，持续学习、持续创新、持续超越，不断取得新的突破。

案例点评

点评专家：张辉　亚虹医药企业传播及公共事务总监

伊利优酸乳乳汽气泡乳新品上市作为快消品传播案例，充分利用了电商平台数据获得有价值的消费者洞察，并精准定位年轻人的差异化赛道，再通过数字化的方式实现有效触达，探索出了一条将品牌和销售转化率进行结合的道路，具有参考借鉴意义。另外从品牌的视觉呈现来说，洋溢着年轻人的活力，贴近了消费者的审美，创造出了一种新的饮品体验，这或许也是该产品能获得年轻人喜爱的原因之一。

安谋科技新业务品牌上层设计及传播①

执行时间：2020年全年

企业名称：安谋科技（中国）有限公司（简称安谋科技）

品牌名称：“核芯动力”

代理公司：广东博雅公共关系有限公司北京分公司

获奖类别：金旗奖——2021最具公众影响力新锐品牌品牌战役大奖

项目概述

安谋科技是中国最大的芯片设计IP开发和服务供应商，于2018年成立，是中方控股、独立运营的合资公司。

安谋科技希望通过推出自研产品线子品牌“核芯动力”及企业双轮驱动战略，强调自研IP安全可控、符合本土客户定制化需求、兼容Arm全球生态系统的行业优势。

该项目为“核芯动力”品牌制定的从0到1的完整品牌规划，兼顾与Arm及安谋科技的内在渊源和自主创新的品牌形象。

1. 为“核芯动力”子品牌的建立寻找支撑点

品牌的发展，需要放到特定的产业背景中，项目组综合考量产业背后的政治、经济、技术、市场等因素，剖析品牌未来发展的底层逻辑，定义品牌关键要素及能力支撑；同时对安谋科技各部门高管、产业协会、行业分析师、行业媒体及KOL等产业链关联方进行访谈调研，论证安谋科技推出本土业务品牌的必要性。

① 本文中所涉及的照片，安谋科技均已得到被拍摄者的使用许可。

2. 为“核芯动力”搭建完整的上层设计

利用3C品牌机会洞察法及金字塔模型，锁定安谋科技的挑战和差异化机会，产出“核芯动力”品牌清晰的战略，挖掘品牌属性及调性，设计品牌故事及传播策略。

项目策划

1. 整体策略

将“核芯动力”品牌项目分为品牌探索、品牌打造、品牌落地三个阶段，三个阶段环环相扣、内容紧密呼应，各阶段本身也拥有缜密的逻辑和策略。

（1）品牌探索。

通过对内外部挑战和市场机遇的分析，剖析安谋科技的品牌现状和痛点，建议安谋科技推出本土自研业务品牌并调整品牌架构。

（2）品牌打造。

面向核心利益相关方阐述“核芯动力”赋能中国智能计算生态的决心和实力，进而展现安谋科技的本土属性及其对中国半导体产业的重要作用。

（3）品牌落地。

2021年7月开始，通过自媒体渠道预热，8月举行新品牌发布会，正式引爆“核芯动力”品牌传播，通过品牌、技术、受众不同层面的传播，对新品牌进行全面阐释。

2. 内容创意

（1）设计品牌顶层信息。

中国智能计算生态的要素品牌：将“核芯动力”品牌置身于安谋科技业务、中国半导体产业、全球第五波计算浪潮之中，明确“核芯动力”品牌下的XPU是未来智能计算的技术主导，是中国半导体产业大有可为的领域，是安谋科技自研业务的代名词。因此，项目组将“核芯动力”品牌定位为“中国智能计算生态的核心要素品牌”，旨在打造开放的智能数据流融合计算平台，赋能中国智能计算产业，把握多域架构计算时代新机遇。

双品牌（双轮驱动战略）：为了使“核芯动力”品牌能够顺势提升安谋科技的形象，并与安谋科技共享品牌使命和愿景，将安谋科技原有的品牌使命和愿景升级为“中国智能计算生态领航者”。

（2）品牌策略与品牌故事。

顺“势”而为：分散的品牌信息需要淬炼成感性的故事传递给核心受众，引发受众的共鸣，“核芯动力”实际上是中国半导体发展之路上一个本土品牌代表，将在产业中起到激励和呼吁的作用。为此，安谋科技的品牌策略是将“核芯动力”与中国智能计算科技产业生态绑定，使“核芯动力”在一定程度上等同于中国XPU IP。

“理性+感性”双品牌故事：一为科技发展趋势的故事，讲述在智能计算时代，海量的数据流将驱使XPU变得越来越重要，“核芯动力”品牌的诞生极具产业洞察并顺应行业发展趋势；二为中国崛起离不开科技创新的故事，讲述中国有望在智能计算领域引领世界，而“核芯动力”品牌将聚集全球产业链资源，通过开放的模式，共建生态、共享成果，加速推进中国半导体产业的发展。两个故事引发广泛讨论和思考，深度展现“核芯动力”品牌的使命和愿景；同时辅以场景化、细节丰富的技术和产品信息，让硬核科技更有温度，同时展现“核芯动力”品牌的实力和自信。

（3）品牌视觉体系。

基于品牌顶层设计中的理念，诠释新品牌代表的XPU业务战略及探索引领、多样开放、无限可能、广泛赋能的品牌属性。整个标志酷似涡轮发动机，寓意是为中国芯片产业持续提供动力。此外，标志中所包含的A元素，代表了对Arm CPU生态的传承；X元素象征着XPU和未来；而众多的I元素，体现了新品牌所代表的创新（Innovation）、智能（Intelligence）以及无限可能（Infinity）。此外，整个标志像一双张开的翅膀，预示着“核芯动力”品牌在新计算架构时代能够乘风而起、展翅高飞。

“核芯动力”品牌LOGO

（4）构建影像传达。

技术、场景、生态为“核芯动力”品牌需要凸显的三大方面，为此，项目组通过三支主题分别为“智能计算时代下XPU的重要意义”“核芯动力XPU的开放创新性”“核芯动力广泛赋能智能科技生态”的品牌宣传片，用视觉化、多维度、多场景方式阐释品牌的内核。

"核芯动力"宣传片

3. 媒介策略

（1）立足核心媒体：在安谋科技的核心媒体渠道——半导体及垂直行业圈层，引起超高话题度。

（2）媒体组合矩阵，实现传播破圈：通过党政、财经、科技、汽车、物联网等头部媒体组合矩阵，触达整个泛科技圈。借势党政媒体，高举高打，重塑品牌本土属性，进一步提高品牌公信力和权威性。

（3）社交传播触达精准受众：通过"官方视频号＋媒体/KOL/合作伙伴朋友圈＋产业社群"传播发布会亮点金句和企业宣传片，广泛触达目标受众，留下深刻视觉记忆点。

项目执行

1. 第一阶段：品牌探索

通过调研访谈，深挖品牌现状与未来，点明推出本土业务品牌的必要性以及针对新品牌的策略和建议。

2. 第二阶段：品牌打造

围绕新品牌及其代表的XPU业务，打造品牌使命、愿景、价值观及策略等，并同步打造品牌LOGO和宣传片。

3. 第三阶段：品牌落地

预热期：联合产业伙伴成立智能计算产业联盟，并宣布全球首个开源NPU ISA（神经网络处理器指令集架构），通过媒体解读和传播，引发业内讨论热度。

爆发期：发布会官宣新品牌，借助多种媒体渠道全面解读"核芯动力"，涵盖品牌战略、LOGO、宣传片等，呼应安谋科技"创造核芯价值"的品牌使命，集中引爆传播。

延续期：通过产业及泛科技媒体深度文章，突出本土自研品牌“核芯动力”对中国半导体产业的深远影响。

项目评估

1. 效果综述

作为中国本土全新的半导体品牌，在行业内“一炮而红”，获得了广泛认知，并且引发了“出圈效应”，让终端厂商对“核芯动力”形成了强烈记忆。

（1）安谋科技的核心受众——半导体产业链上下游均已获悉这一新品牌的诞生。

（2）通过生态合作伙伴站台、研发团队出镜等方式，为公众呈现更加立体、有温度的本土科技品牌形象。

（3）以“新闻稿+金句短视频+宣传片”等多种内容组合，成功触达泛科技及商业财经领域读者以及众多终端智能科技厂商（客户的客户），从而实现了破圈传播，提升了品牌在泛科技领域的知名度。

（4）主流媒体参会并进行深度报道，精准触达产业决策者。

2. 受众反应

发布会采用定向邀请方式，受邀头部媒体及行业嘉宾直播观看量超5000次，在行业内引起广泛关注；1000多篇全网正面报道，覆盖党政、科技、财经、半导体、汽车等多媒体平台。媒体报道高度认同了XPU生态布局意义重大、双轮驱动战略符合中国产业及市场需求、新品牌的诞生将助推中国半导体产业快速发展等观点，充分实现了品牌核心信息的传达。

3. 市场反应

客户及合作伙伴反馈对母品牌安谋科技及子品牌“核芯动力”形成了生态完善、技术领先、高性价比、提供高度定制化及一站式协同解决方案服务的印象；新品牌在营销上增强了对应用场景及使用感受的塑造，有效通过C端市场反哺B端销售，实现品牌战略升级。

4. 媒体统计

财经、半导体行业、科技、汽车等领域的100家主流媒体及分析师参加发布会，32家头部媒体针对发布会品牌战略进行群访，100多家媒体对金句视频等进行朋友圈、微信群、微博等高流量私域转发，形成刷屏效应，10余家极具影响力的官媒予以原创报道，安谋科技及新品牌“核芯动力”的本土性得到权威认可。

亲历者说 **梁泉　安谋科技市场公关负责人**

“核芯动力”品牌下的XPU是未来智能计算的技术主导，是中国半导体产业占据重要位置的领域，也代表了科技创新的产业方向。因此，整体传播需要以策略为驱动，帮助品牌构建更加宏观、完整和长期的策略和传播体系。

该项目通过品牌探索、品牌打造、品牌落地三个阶段，诠释了新品牌代表的XPU战略及探索引领、多样开放、无限可能、广泛赋能的品牌属性。并在传播中基于与受众的共同利益塑造共识、赢得共鸣。

案例点评

点评专家：郑威　华硕电脑中国业务总部副总经理兼新闻发言人

该案例真正站在了品牌战略层面帮助企业解决问题。B端企业最难的是建立行业的影响力和公信力，从这点来看，如果没有对商业环境和行业的深刻洞察，就很难做出真正有价值的建设。这个案例由“大”入“小”，以金字塔的形式，从商业环境、行业痛点到具体的传播落地，全面地构建了企业的品牌价值体系和传播思路。在执行层面，也能看到对于当下一些先进的传播范式的熟练运用。这些都让营销传播更有效力。

“象由芯生·科技服务人民”——2020紫光展锐市场峰会①

执行时间：2020年10月23日—11月23日

企业名称：紫光展锐（上海）科技有限公司

品牌名称：紫光展锐

代理公司：北京科闻领睿咨询服务有限公司

获奖类别：金旗奖——2021最具公众影响力新锐品牌品牌战役大奖

项目概述

近几年来，国际形势纷繁复杂，中国科技行业进入高质量发展期，将半导体行业推上了“风口浪尖”。这个崭新的阶段被称为“硬科技时代”。这里的“硬”不仅在于大环境，更在于对企业提出的全新要求：一是要提高科技含量、制造含量；二是要更加重视承担产业和社会责任。紫光展锐是中国大陆市场仅有的两家5G芯片供应商之一，肩负着国产芯片创新的重任。

与此同时，紫光展锐重塑品牌内涵，积极与业界、公众对话。2020年11月，以“象由芯生·科技服务人民”为主题的2020紫光展锐市场峰会召开，峰会采用“线上+线下”的形式，旗下产品、技术、解决方案首次集中亮相。

① 本文中所涉及的照片，紫光展锐（上海）科技有限公司均已得到被拍摄者的使用许可。

"象由芯生·科技服务人民"——2020紫光展锐市场峰会

项目策划

1. 目标

（1）全面展示紫光展锐的新成就、新面貌。

（2）讲好紫光展锐"背后的故事"，树立紫光展锐5G领先的品牌形象，提升品牌知名度及美誉度。

（3）让更广泛的受众认可一个5G领先的紫光展锐，从而为企业发展营造良好的舆论氛围。

2. 内容创意

聚焦5G、生态等战略层面，同时与受众关注的5G热点话题相结合，围绕"做人民的5G""打造人民的数字世界""数字世界的生态承载者"形成宣传主线。

（1）正式提出一个新口号——"做人民的5G"。紫光展锐在5G时代的初心即"做人民的5G"。高科技行业不要把自己摆得很高，科技必须服务于社会，服务于大多数人。

（2）重新梳理了紫光展锐的企业战略——"打造人民的数字世界"。"打造人民的数字世界"是构成紫光展锐一切产品的核心理念，希望"人人用得起，处处都好用"。

（3）首次明确公司的产业使命和定位——"数字世界的生态承载者"。紫光展锐的目标是承担起生态承载者的责任，做好"土壤"，助力各类硬件和应用厂商蓬勃发展，让人人都能享受最好的智能服务。

3. 媒介策略

（1）权威媒体重磅发声，掌握舆论先机。借助权威媒体强大的影响力和公信力，第一时间释放紫光展锐高层声音、技术进展，在舆论引导上抢占优势，为紫光展锐品牌公信力背书，为紫光展锐5G领先营造良好的舆论氛围。

（2）借助垂直领域KOL进行“软传播”。邀请关注不同领域的科技博主、数码博主等垂直细分领域KOL参加线上、线下活动，输出鲜活立体的图文、视频报道，影响各个细分领域的受众，使得“紫光展锐市场峰会”“紫光展锐抢占5G先机”“做人民的5G”等成为社交平台热议的话题。

（3）短视频裂变式传播。利用微博、视频号等社交平台进行短视频的裂变式传播，引发更广泛的网络话题热点。

（4）“新媒体+传统媒体”全社交平台传播。覆盖微博、微信、今日头条、知乎、贴吧等平台，确保传播的广泛覆盖。

4. 传播规划

（1）分阶段、精细规划信息释放节奏，保证传播热度。

从活动前、中、后三阶段释放活动和关键内容信息，从活动预热、线上发布一连串的新品，到线下参观体验，再到高层采访，深度解读新紫光展锐的产业战略（“做人民的5G”“数字世界的生态承载者”等）、业务战略（“5G+AI”）等，传播内容由浅及深、层层递进，既保证充足的传播声量，又持续保持传播热度。

（2）密集输出多元化的原创内容，打造引爆点。

运用图文、视频、H5和现场直播等多种形式，密集输出品牌核心信息，引爆媒体、业界的关注，刷新其对紫光展锐的认知。

（3）活动现场布满“5G+AI”主题元素，激发受众情感共鸣。

通过将“5G+AI”主题元素融入线上预热海报，线下活动现场布置的签到处、易拉宝，乃至矿泉水瓶身中，以震撼的视觉冲击力呈现“做人民的5G”“打造人民的数字世界”的企业价值，有效促进品牌理念的传播。

项目执行

活动实行“1+1+N”的办会模式，即1场线上发布会、1场5G产业创新高峰论坛、8场线下专题论坛、1场媒体见面会、1场分析师沟通会，彰显紫光展锐以全新的姿态驶入“5G+AI”的创新时代的新面貌。

活动前，微博上发起#2020紫光展锐市场峰会#话题，对活动进行强势预告。活动第一天，举办线上发布会，连发6款5G方案，发出展锐“5G最强音”，实现第一波舆论引导。线上发布会在B站、视频号、微博等多家平台同步直播。“做人民的5G”“展锐抢占5G先机”等话题迅速占领各大主流媒体的头条。活动第二天，70家主流中央、财经、泛科技、行业媒体，以及Gartner（高德纳咨询公司）等业内主流分析师莅临上海国际会议中心，参加一系列媒体活动，包括参观“5G+AI”展厅，参加高峰论坛和分论坛、媒体专访、分析师沟通会等，输出深度原创报道。

现场装置

分论坛

项目评估

1. 效果综述

70家媒体、分析师受邀参会，发布相关媒体报道3091篇，以深度观察、现场特稿、图片故事和鲜活的视频，全面、立体地报道了峰会情况。其中，传统媒体报道1291篇，广告总价值达到1408万元。新媒体报道达1800篇，占比58%。

举例来说，每日经济新闻在微博发布的《#目前5G手机渗透率超过62%#，千元5G手机还要再等多久？》视频报道，观看量达57.3万次，点赞数达2300次。界面新闻发布的

《紫光展锐发布多款芯片方案，拓展5G应用场景》报道阅读量达9.8万次。

2. 受众反应

（1）C114（中国通信网）记者南山写道：这次活动的全面展示，让业界看到了一个生机勃勃、在5G时代自信向前的紫光展锐。

（2）手机中国记者孙斌写道：11月10日，上海国际会议中心成了紫光展锐的一个全新起点，这是一个全新时代产品线“再出发”的起点，预示着紫光展锐将以全新的姿态驶入未来“5G+AI”的创新时代。

（3）环球网记者张阳写道：紫光展锐在率先开启的线上发布会上，通过多款新品的发布，勾勒出了一条完整5G终端硬件生态的蓝图，形象地诠释了“打造人民的数字世界”的含义。

（4）通信产业报记者周腾写道：紫光展锐已经走在了5G前列。或许在未来的某一天，类似紫光展锐这样的中国企业将越来越多，到那时，或许我国将真的不再受到其他国家的技术制约。

（5）名为“通话童话同化”的网友表示：改变卡脖子的命运就看你们的了。

（6）名为“c扯什么呢”的网友评论：除了海思，国内最好的就是紫光展锐了。

亲历者说 王呈 紫光展锐品牌公关副总裁

2020紫光展锐市场峰会是“新展锐”首次举办的生态伙伴大会，对紫光展锐而言意义重大。我们需要借助这个舞台讲好年轻、活力、高端的“新展锐”的故事，为企业发展营造有利的舆论氛围。

为此，紫光展锐品牌公关团队对传播内容、媒体渠道都进行了精细的规划。在传播内容上，强调“数字世界的生态承载者”的产业使命，紧抓热点正式提出“做人民的5G”新口号，并基于此持续输出多元内容。媒体渠道则覆盖微博、微信、今日头条、知乎、贴吧等平台。

从最后的结果来看，这次活动充分展现出了紫光展锐的崭新形象，凸显了公司“硬科技”的价值，使得“数字世界的生态承载者”这一企业责任内涵深入人心，实现了品牌赋能企业价值的终极公关营销目标。

案例点评

点评专家：商容　微软亚太研发集团传播及公共事务副总裁

象由芯生·科技服务人民—— 2020紫光展锐市场峰会，聚焦5G催生的产业变革和全新生态，围绕“做人民的5G”“打造人民的数字世界”“数字世界的生态承载者”的传播主题，重塑紫光展锐为5G时代赋能的品牌形象。以人人可以享用的技术，建立紫光展锐5G芯片新品的市场认知。权威媒体重磅发声，掌握舆论先机。利用短视频裂变式传播和社交媒体的全平台辐射放大效应，实现传播的增强效果。围绕“5G+AI”的“硬科技”传播，紧扣技术创新和突破，或更有助于深化目标用户对新产品的认知与期待。

2021最具公众影响力
新锐品牌品效合一
推广大奖

2021吉利商用车远程星智轻卡新品上市发布会

执行时间： 2021年6月2日—7月2日

企业名称： 吉利商用车集团

品牌名称： 远程汽车

代理公司： 深度传播集团

获奖类别： 金旗奖——2021最具公众影响力新锐品牌品效合一推广大奖

项目概述

在我国“碳达峰”和“碳中和”战略目标背景下，减排达标、绿色运力成为新能源汽车发展的推动力。同时，社区团购、生鲜电商、快递物流等线上经济的快速发展，推动了城市智慧物流的大规模应用，促使着卡车行业融合新理念、新技术、新业态。在此背景之下，远程星智作为吉利商用车全新发展阶段的里程碑产品，突破传统新能源汽车发展模式，引领新能源商用车从1.0时代进入2.0时代。

运程星智新品上市发布会暨上饶数智工厂落成仪式

项目策划

1. 项目调研

在与吉利远程汽车共同深入对于商用车轻卡市场的研判后，项目组认为商用车轻卡市场正在呈现出两个维度的发展特点。第一个维度是产品升级。产品升级主要集中在新能源化、高端化、轻量化、智能化四个方面。第二个维度是应用场景细分。电商配送、商超配送、物流配送等伴随新经济形态而发展壮大的多维使用场景，正在对于车辆使用场景以及主机厂的延伸商业生态能力提出了更高的要求。

2. 实施策略

项目组将此次的策略方向归纳为以下三点。一是产品层面的性能升级依然是市场竞争的焦点。这其中包含新能源化、高端化、轻量化、智能化等产品需求。二是市场竞争已经开始向更加细分、场景化的领域进行延伸。产品定制化、服务方案化正在成为竞争趋势。三是新商业生态为产品赋能成为今后品牌竞争的又一市场领域，包含智能网联化、价值链多元化等。

3. 内容创意

结合远程星智“智慧物流创领者”的定位，以及在自身产品核心优势、核心场景及未来愿景三个方面的内容，远程星智的发布应该是一场打破传统商用车的潮流科技感的发布会，所以项目组确定以“智慧物流城”这一涵盖产品力、场景力、愿景力的设计意向作为整体活动的体验线索。

“智慧物流城”城市全场景化展现

4. 媒介策略

针对媒介策略，项目组从以下三个方面进行归纳阐述。一是高空占位。结合新华社、人民网等权威头部平台进行发声，从宏观层面认可商用车新能源智能化发展趋势。二是直击目标。垂直媒体结合用户及行业痛点，给出测评报告，正向影响用户口碑。三是精准触达。策划卡友直播、卡友探营智能工厂、卡友测评等用户运营手段，有效覆盖目标群体，形成有效的口碑效应。

5.传播规划

传播规划分前期预热、上市引爆、长尾传播三大部分，串联起智能工厂、智能潮酷轻卡、智慧物流解决方案，形成一次"高空传播占位＋垂直媒体评测＋发布会定点爆破＋口碑持续发酵"的立体式传播效果。

项目执行

此次活动筹备期只有一个月，要完成一场涵盖整个园区布置、外场展车布置、基地参观布置、主会场发布会以及试乘试驾等多维度、大体量的项目，并要实现还原"智慧物流城"这一场景化的设计方案。项目组立即兵分三路同时推进项目。

工程小组：第一时间前往活动现场，复尺并规划试乘试驾路线，并根据现场情况制定倒计时布展工期，边制作边布展，与时间赛跑。

策划小组：开展头脑风暴，打造沉浸式体验效果，为传播做先导输出，进行主流程策划、主视觉及延展设计、整体园区设计、"智慧物流城"场景化3D设计、主舞美3D设计等。

运营小组：与客户不间断地开会，确定执行需求、执行方案，制定执行工具箱，进行视频拍摄、人员安排、物料管控、彩排预演等。

新品上市发布会主会场外部

工程小组、策划小组、运营小组密切配合，任务分解落实到人，制定严谨的项目推进时间表，每完成一项都做好闭环，建立与品牌方每次的会议纪要，每日的项目进度反馈日

清，点对点对接，提高沟通效率，减少沟通成本，把控推进节奏，做到项目360度密切跟踪。虽然只有一个月的推进时间，但是项目组的每个人都在与时间赛跑，这背后所有的付出成就了“智慧物流创领者”远程星智新品上市发布会的完美呈现。

项目评估

1.效果综述

此项目中发布的远程星智是一款从技术理念、品牌包装、服务体系等多维度进行革新的创新产品，吉利远程商用车也借此次发布会真正意义上引领新能源商用车进入2.0时代，实现了行业的创新与引领。

从公关活动角度而言，此次发布会打破了传统商用车发布思路，以用户为中心，以产品为表达载体，深挖用户痛点、产品场景等细分内容，创造了场景内容的可视化展示与体验，更好地表达了智慧物流领导者的品牌定位。

2.市场反应

远程星智上市当天，远程汽车与上海轻程、京东物流、苏宁易购、地上铁租车、时代智慧科技、狮桥集团等企业进行战略合作签约，共完成5500辆远程星智签单。其中，与上海轻程签订的1200辆签单为远程汽车首次将氢燃料电池技术应用于轻卡产品，其他4300辆为纯电版。

亲历者说 王训　深度传播集团互动营销中心项目总监

从中标到执行，此次活动只有一个月筹备周期，这是一场要涵盖整个上饶数智工厂园区布置、外场展车布置、基地参观布置、主会场发布会以及试乘试驾等多维度、大体量的项目。为了实现并还原“智慧物流城”这一涵盖生产力、场景力、愿景力的设计方案，我们迅速组建项目，针对品牌方不同模块需求同时推进项目，从第一天就开启了一个月的倒计时。

本次项目极大的难点是要在一个月内完成整体项目的推进，包括活动前期的4场分论坛活动、执行方案确认、执行工具箱制定、视频拍摄制作、主流程策划、主视觉及延展设计、整体园区设计、“智慧物流城”场景化3D设计、主舞美3D设计等，在执行过程中需将7000平方米的主会场全部进行场景化打造，还需要在最炎热的7月给开放的7000平方米厂区制冷等。项目组的成员都没有退缩，迎难而上，并且分工明确，确定了严谨且明确的倒排期推进表，标准化执行工具箱，按照时间节奏节点化推进项目。

过程中，原方案AR模拟成像“智慧物流城”场景化，由于新车模型保密，建模周期不够等诸多因素，项目组果断根据预案做出了方案调整，通过数智升降灯球、电商、商超、物流配送等场景化营造，完美呈现“智慧物流城”的概念。经过30天夜以继日地工作，在7月2日发布会当天，所有小伙伴的努力都在沉浸式的场景化现场得到了最完美的诠释和最圆满的反馈。每个人所具备的责任感、专业度，以及会前充足的准备工作和应急预案，都是“智慧物流创领者”远程星智新品上市发布会圆满举办必不可少的。

很庆幸，此次我能作为深度传播集团互动营销中心项目负责人参与2021吉利商用车远程星智轻卡新品上市发布会，并通过本次活动深入了解吉利远程汽车商用车轻卡市场所呈现的产品升级和场景化升级，见证新能源商用车跨时代的突破与发展。

案例点评

点评专家：左跃　中国传媒大学高级研究员、硕士生导师

2021吉利商用车远程星智轻卡新品上市发布会通过场景化思路、讲故事的方式以及潮流化的表达，很好地诠释了“远程星智轻卡——智慧物流创领者”这一产品定位及品牌愿景。

新品发布会目标群体及营销事件点选取准确，在传播载体的选取上也比较明确清晰，尤其是将产品力与场景化的有效结合，堪称精妙之处。

从活动当天现场完成5500辆远程星智战略签约的市场表现来看，此次发布会项目是一次策划精、实施好、效果实的品牌营销案例。

“408出行生活节”

执行时间： 2021年3月15日—5月10日

企业名称： 华夏出行有限公司

品牌名称： 华夏出行

代理公司： 人民日报数字传播有限公司

获奖类别： 金旗奖——2021最具公众影响力新锐品牌品效合一推广大奖

项目概述

2021年中国共享出行超过320亿人次，越来越多的消费者更加倾向于购买出行服务，行业正在从孵化期逐步走向成熟期。华夏出行是汽车共享出行的领军企业，历时几年发展完成了自有出行生态产业闭环建设。华夏出行推出“408出行生活节”，目标是打造品类节日IP，以线上线下相结合的整合营销实现以小博大，强化用户与品牌的互动性，实现多点覆盖，聚合品牌力量，掌控出行行业生态圈内话语权，占据出行用户舆论制高点。

项目策划

基于第三方机构的行业研究报告，以及企业经营数据分析，项目组发现行业市场方兴未艾，正是品牌发力好时机。汽车共享出行将经历行业积累期、快速成长期和发展成熟期三个发展阶段。2021年正处在行业积累期，渗透率从15%增至25%，汽车共享出行正呈现线性增长。行业生态重构，品牌站位定乾坤。汽车产业消费者从买车开始转向买服务，出行服务平台成为汽车新产业链价值再分配的中枢。快速掌控出行行业生态圈内话语权，占据出行用户舆论制高点，对企业构建生态至关重要。华夏出行用户主要年龄集中在18～35

岁，以大学生、白领为主，出行的主要目的是逛街、聚会等娱乐活动。因此，需联动相关异业品牌用户共享，方可共创美好出行生活新方式。基于以上洞察，本次活动应运而生。

1.四两拨千斤，用巧劲实现多方共赢

华夏出行以美好出行生活创造者身份，创建行业品类节日IP“408出行生活节”，联动吃、住、行、游、购、娱六大品类34家潮流品牌，持续通过H5小游戏与用户交互，发起多角度话题进行内容引流，在用户情绪高潮期，联动人民日报数字传播有限公司旗下具有百万粉丝的微博大号有数青年发起“一起去看樱花”主题体验式营销直播。活动向目标群体——华夏出行以及各个合作品牌的老用户和渴望在4月出游的人群进行定向邀约，分区个性化渗透，不断进行圈层拓展，提升基盘用户黏性和新用户群对品牌的认知度。

多方共赢具体表现在：对行业，通过“408出行生活节”IP，宣传出行行业黄金发展期。对企业，首先，创建“408”华夏出行品牌日；其次，通过闭环设计，扩大华夏出行异业品牌朋友圈，汇聚了以用户为中心的品牌同心圆，降低CPM（千人展现成本），实现品效合一。对用户，以出行为场景，34家品牌携手让利百万元，为用户带来多种打开美好生活的方式。

2.专业与技术双赋能、巧设计

（1）“408出行生活节”节日IP：定在4月8日，首先，错开了“6·18”“双11”“双12”；其次，充分考虑营销节奏，为5月春游而生；最后，契合华夏出行4月成立的时机。

（2）H5互动游戏：手绘出虚拟商业街场景，将全部合作品牌及“408出行生活节”重要信息进行嵌入，以H5技术赋能文化创意，企业品牌“华夏云大街”开张。“华夏云大街”集展示、互动点击及外部链接跳转功能，摩范出行“云”汽车动态穿梭在街道中，品牌“店铺”LOGO一一亮相，用户心随车走，可随时领取优惠礼包、留言、打卡。

（3）“一起去看樱花季”主题直播：采用室内外同步直播方式。室外：有数青年主播团队驾驶华夏出行共享汽车直抵玉渊潭公园，让用户“云”经历从租车到驾车到停车还车的全流程。室内：人民日报新媒体大楼内，主播携34家品牌的丰厚礼品，一边和大家畅聊美好出行生活，一边派送礼物，将华夏出行品牌的快乐服务理念淋漓尽致地传递给受众。

3.谋定后动，有头有尾讲好“408出行生活节”的台前幕后故事

（1）筹备期：通过图文并茂、H5、快闪视频等多题材，预热活动。

（2）活动期：多媒体平台，多话题引流，持续发酵。

（3）收尾期：拔高定调，为首届“408出行生活节”画上句号，为下一届埋下伏笔。

4.在合适的地方，说合适的话

（1）媒介资源：以各大门户媒体、信息客户端和青年人聚集的微博、微信公众号作为传播的主要渠道，34家异业品牌官方微博、微信账号同步传播。

（2）分阶段进行主题投放。

第一阶段主题：49元租车，华夏出行救“宅”难。

投放媒介：门户媒体（汽车评测网、中国企业经济网等）和信息客户端（百度、今日头条、凤凰网）进行公关预热稿件、活动传播主视觉投放；微信公众号（LULU生活家、乐活记、有数青年）进行公关预热稿件、活动传播主视觉、活动H5链接投放；合作品牌微博微信账户进行预热文案、活动H5、合作品牌快闪视频、活动主视觉投放。

第二阶段主题：34家品牌百万豪礼就在“408出行生活节”。

投放媒介：34家异业品牌商私域流量，包括微博、微信、App开屏多天、首页主横幅广告多周，线下广告位，企业客服朋友圈、社群，20多位具有百万粉丝的微博大V助力，有数青年直播投放。

第三阶段主题：8万人瓜分百万豪礼，“408出行生活节”收官。

项目执行

1.项目筹备期（2月、3月）

以创意积极联系吃、住、行、游、购、娱相关品牌方，最终敲定34家合作品牌。同步进行H5手绘定制，实现了信息收集、整合、呈现，4月6日准时上线内测。

2.项目执行期（4月）

4月8日10时，以微博为主阵地，34家品牌准时官宣，吹响了“408生活出行节”的号角，创意H5“华夏云大街”、直播活动“一起去看樱花季”，持续为粉丝派送福利。线上传播为线下销售助力，线下门店最大化配合传播内容，实现品效合一。

3.项目收尾期（5月）

数据统计，以多方获益收尾。

项目评估

1.效果统计

（1）34家品牌联动，微博覆盖粉丝达到3615.8万人，累计发送活动相关微博67条。微博主阵地#408出行生活节#实际话题阅读量超1.2亿次，讨论量达9.3万次。34家合作品牌活动期间，微信公众号发送活动相关文案25篇次，微博发送含有“408生活出行节”的文案67条，转、评、赞合计超2.2万次。作为活动的发起方、组织者，华夏出行充分考虑到了各异业品牌友商的参与效率，在整体组织中，尽量简化行动指令，提升前后动作的连贯性和系统性，并且在关键节点及时进行沟通反馈，赢得了友商品牌的一致赞誉。

（2）“华夏云大街”H5总浏览量突破13万次，访客量超7.4万次，总分享量超1.6万次，H5直接留资率1%，华夏出行后台实际留资近4%。

（3）本次活动联合有数青年平台进行的“一起去看樱花季”在线直播2小时3分，观看人数破2万人，获得点赞超1.8万次，阅读量超3万次。直播期间抽奖不断，直播当天抽奖奖品金额近万元。

2.活动亮点

（1）以“行业节日IP+品牌”，助力企业业务突破。

项目打造了属于华夏出行以及出行行业的节日IP，节日IP具有延续性，为后续的品牌传播奠定了方向，同时为华夏出行每年的周年庆奠定了用户基础。

（2）以用户需求为圆心，进行数字营销新尝试。

考虑用户群体综合需求，根据用户需求进行破圈传播。通过互动营销的方式，用有限的预算完成了面向3600万用户的点对点品牌展示。从单个品牌角度来看，这是一次破圈传播新尝试。

（3）多品牌合作，一起为获客活动买单。

项目在完成华夏出行自身品牌传播的同时，也为友商带去了流量，参与品牌在营销的不同角度、不同层面上各有收获。

亲历者说 朱学婷　人民日报数字传播有限公司数字资产管理中心资产营销总监

“408出行生活节”是数字生态营销的一个尝试，活动联动34家品牌、6个业态，构成了一个立体的虚拟数字商业生态。在这个虚拟世界中，策划一场营销活动，需要突破两个层面：一是技术层面，“华夏云大街”H5需要链接34家品牌的不同技术环境，有小程序的，有App的，还有京东店铺的；二是文化层面，营销是一个复杂的商业系统，34家品牌有各自不同的传播节奏、营销重点，也有各自不同的合作规则，参与者和组织者需要去理解国企文化、民营企业文化、互联网企业文化，以及大型企业和小微企业文化的不同。这个过程中，可以体悟到的是：决定企业是否可以突破这两个层面，参与数字营销生态中的关键，是普世层面的利他思维，开放包容方有发展。

案例点评

点评专家：陈永东　上海戏剧学院创意学院教授、硕士生导师

本案例核心创意有亮点，较深入地挖掘了用户的需求，充分利用了多种渠道及多家合作品牌，取得了较好的效果。“408出行生活节”不仅创造了一个华夏出行以及出行行业的节日IP，而且充分考虑营销节奏，为春游提前做了铺垫。该案例充分把握了用户群体综合需求，根据用户需求进行破圈传播，充分利用了各大门户媒体、客户端和青年人聚集的微博、微信公众号等作为传播的主要渠道，联合34家品牌官方微博、微信同步传播，并利用相关青年平台进行在线直播，切准了目标用户人群。

隅田川咖啡代言人整合营销项目①

执行时间： 2021年4月—8月

企业名称： 杭州羽嬉贸易有限公司

品牌名称： 隅田川咖啡

代理公司： 上海麦彼攸斯广告有限公司

获奖类别： 金旗奖——2021最具公众影响力新锐品牌品效合一推广大奖

项目概述

2021年，隅田川咖啡签约成为杭州2022年第19届亚运会官方指定咖啡，官宣了肖战作为其全球品牌代言人，并通过一系列多元、走心的运营策略，将品牌声量推到了最高点，

隅田川咖啡主题海报

① 本文中所涉及的照片，杭州羽嬉贸易有限公司均已得到被拍摄者的使用许可。

吸引了大众的目光。更可观的是这次声量为隅田川咖啡带来的良好销量转化，以及品牌好感度的激增，实现了口碑、流量和销量的三重引爆。

项目策划

近年来，新消费品牌层出不穷，很多品牌为了在短期内抢占市场，获取增量，纷纷开启“明星代言+粉丝营销”的模式。但是通过明星代言合作造势却适得其反的营销“翻车”案例不胜枚举，套路化的流量收割早已经不被粉丝买账。如何能够和目标消费者进行有效沟通，从而达成品效合一，是一个值得探讨的问题。明星代言与流量并不是常胜将军，但若能兼顾明星、粉丝与品牌营销三方的诉求，那品牌也可以做到所向披靡。

1.实施策略

别出心裁的明星营销，从声量到销量实现自然转化。隅田川咖啡这一次的宣传推广过程可谓声势浩大，有备而来。在官方宣传之前，隅田川咖啡就已经先开始了一场预热战，在地铁和户外大屏投放“悬疑”物料。不见真容的神秘男星引发全网探讨和传播，成功制造话题。又通过预热GIF（图形交换格式）和小视频，在诸多细节下一点点透露出代言人的身份，观察细致入微的粉丝们通过唇下痣、敲击咖啡杯的手等暗示，纷纷将目标锁定在了肖战身上，提前在品牌自媒体阵地聚集起了第一波流量。

2.内容创意

“历火之香，鲜如初见”，以此为主题所发布的TVC令众人眼前一亮。这一次隅田川咖啡没有将TVC的重心全部放在代言人身上，打造成传统的明星MV，而是请知名导演林锦和为品牌及代言人量身定制，将隅田川咖啡的品牌特质与肖战的个人气质相结合，打造了一支兼有活力时尚和东方意向风格的TVC，呈现了代言人的多面性和立体感，展现出品牌与代言人在“鲜”理念上的绝妙契合。从观感上看，隅田川咖啡的TVC与目前的主流常规快消广告相比具有一定的辨识度。在立体式空间里搭建了一个“时空隧道”，用独具匠心的艺术感场景设计制造光与影的变化，表达时间流逝中的变与不变。同时应用了独特声音元素作为全片创意主轴，配合定制音乐，让整个片子一气呵成，如爵士乐般流畅清新。

3.媒介策略

在宣传推广过程中，隅田川咖啡对代言人的重视与诚意于细节之处见真章。官方宣传当日，隅田川咖啡不但专门对应肖战生日10月5日这一数字发微博，而且在发微博时间上拼接发出“1314520”的告白信号。TVC开屏、热搜话题、朋友圈广告同步上线，瞬间引爆了一波声量。北京、上海、广州、深圳、中国香港、重庆、杭州、成都、长沙、厦门、武汉、青岛、郑州十三城的CBD大屏和地铁站灯箱，在肖战清爽的形象中被点亮。不仅如此，美国纽约时代广场、英国伦敦、泰国曼谷以及日本东京等地同样相继出现了隅田川咖啡与肖战的官宣广告。在十三城首发官宣联动之中，除隅田川咖啡总部驻地杭州之外，还覆盖了肖战《如梦之梦》全国巡演的“如梦九城”，肖战的故乡重庆自然也没有落下。品牌对代言人的重视被粉丝群体看见，正向声量也随之不断攀升，品牌热度不断走高。

隅田川咖啡 × 肖战官宣广告落地地铁站

项目执行

4月初，项目开始筹划。

5月初，根据市场调研与本次传播调性综合考虑，确定代言人。根据品牌与代言人量身打造TVC脚本。

6月初，进入拍摄执行和后期工作。

6月22日官宣，全网引爆，进行媒介投放。

6月下旬至8月，陆续进行线上线下传播，延续热度，持续造势。

项目评估

1.效果综述

这次声量为隅田川咖啡所带来的良好销量转化，以及品牌好感度的激增，使其实现了口碑、流量和销量的三重引爆。官宣当日，隅田川咖啡旗舰店直播间引导成交金额超2000万元，天猫挂耳咖啡及咖啡液行业销售全年排名稳居榜首，销售额占当日天猫咖啡行业成交约81%，实现了咖啡行业的历史性突破。据统计，在天猫美食大牌日活动中，隅田川咖啡品牌成交消费者中新客高达92%。该TVC上线一周，全网播放量就已破6000万次。#肖战代言隅田川咖啡#话题在6月内阅读量就达到了14.3亿次，讨论量达到了380.8万次。

2.受众反应与市场反应

隅田川咖啡能取得如此不俗的成绩，明星流量的加成固然功不可没，但在后续的宣传运营与粉丝营销中，制胜的关键更在于品牌所展现出的诚意与用心。品牌成功地将粉丝对明星的喜爱转化为对品牌的喜爱，获得了流量、销量和口碑的多赢。

明星代言的品牌获得粉丝一时的支持并非难事，但要想将粉丝对明星的喜爱顺利转化成对品牌的喜爱，而使粉丝成为真正有忠诚度的消费者，难度非比寻常。在以往的明星代言营销中，不少品牌“翻车”是因为不懂粉丝痛点、收割意欲过重而被诟病。而这一次隅田川咖啡在对粉丝的洞察，以及与粉丝关系的构建上称得上可圈可点。在这场营销的后半程，甚至可以看作品牌运营与粉丝营销的双重合力。

隅田川咖啡所发布的明星物料，尤其是TVC花絮得到了众多粉丝的自发二次创作，收获许多优质的UGC。再加之KOL的组合传播，隅田川咖啡的声量进一步渗透到各个圈层，实现破圈，引发广泛关注。

粉丝在感受到品牌的诚意之后，已经对品牌有了不小的好感度。而后续隅田川咖啡的持续传播不仅维持了流量热度，还立住了“有趣的灵魂”设定，树立了鲜明的品牌个性，增强了与粉丝的互动和黏性，并且凭借产品实力的加持，在维护住老用户的同时积累了新用户。从粉丝狂欢到消费者拥护，实现了销量和口碑的双赢。隅田川咖啡与粉丝的互动之中不乏惊喜。比如，隅田川咖啡官宣当日原本计划于14：00发布的微博卡点失败晚了一分钟，却通过文案“卡到了14：01，爱是不是，多一点，也没关系”巧妙化解。这样俏皮和机智的回应方式，令不少粉丝直呼高情商。而隅田川咖啡“敷衍”的咖啡杯介绍海报，更是刷新了传统推广模式。众多商家为了卖出商品，都会制作精美海报，隅田川咖啡却直接标上“画不出来了”，各种手绘画作的潦草程度让人深感任性。粉丝辨别不出来咖啡杯真实的样子，几乎是盲买，但即便这样，咖啡杯在上线之后依然很快被一扫而空。

肖战作为隅田川咖啡全球品牌代言人，不仅为品牌赢得了超出预期的流量，并将这些流量直接导入电商平台，实现从流量到销量的完整闭环。杭州2022年亚运会官方为品牌直接发微博，实现了一次品牌与官方的成功互动。

杭州2022年第19届亚运会官方咖啡独家供应商签约发布会

3.媒体统计

“寻艺品牌星指数”根据社交媒体明星和品牌关联讨论量、新闻曝光量、明星相关品牌销量综合计算，肖战与隅田川咖啡的联合在10分制中得到了9.461的高分。由中国广告协会、艾漫数据与《博客天下》联合发布的“广告代言人效果数据报告”显示，隅田川咖啡官宣肖战代言后两天，肖战对隅田川咖啡的代言贡献热度指数达到99.62，超过5月所有新增代言的平均水平。

4.项目亮点

（1）根据品牌和项目目标，为品牌方挑选最合适的代言人——肖战。

（2）全程做好舆情监测，为品牌外围声量保驾护航。

（3）线上线下大量硬广资源投放，官方宣传引爆全网，为品牌造势，也让粉丝看到品牌方的实力和诚意。

（4）顶尖制作团队，出品别具一格的TVC、平面海报等传播物料，让品牌物料从常规官宣中脱颖而出。

（5）延续品牌出色文案与社交力十足的品牌人设，积极与粉丝进行互动，让粉丝对品牌留下深刻印象。

亲历者说 吴振 隅田川咖啡品牌联合创始人

这场营销的胜利是充满诚意的高投入与创意输出的结果。不论是情感细腻的TVC，还是俏皮灵动的出圈文案，隅田川咖啡在创意上所展现出的别出心裁，令许多不曾关注这个

中国咖啡品牌的“路人”也眼前一亮，加速了破圈的实现。隅田川咖啡在运营中透露出的诚意与用心能无阻碍地传达给粉丝，实属不易。一个品牌不仅顺利卖出产品，还为自己的形象注入灵魂，从结果上看无疑是成功的。在喜人的成果背后，自然也少不了幕后执行团队的辛苦付出与努力推动。

案例点评

点评专家：郭为文　周末酒店度假App合伙人、首席营销官

该案例的成功点在于“整合”，即把聘请代言人的营销事件各个点合成一个整体进行爆发式宣传。企业代言人营销往往被看作广告推广行为，很多企业多是拍一支广告片、几幅平面图，再加一次微博“官宣”即告完成。隅田川咖啡的代言人营销策划更全面，执行更到位，除了硬广，还加入了悬念、直播、公关多种手段，借助社交媒体推动，使得一次明星代言活动的品牌关联讨论量、新闻曝光量大大提升，有效带动了品牌可见度、品牌相关联想。这也反映出企业品牌部门和品牌服务商的专业整合能力对于新锐品牌的崛起至关重要。

奥美北京×伊利植选“植选燕麦奶新品上市”整合营销

执行时间： 2021年4月6日—6月18日

企业名称： 内蒙古伊利实业集团股份有限公司

品牌名称： 植选燕麦奶

代理公司： 上海奥美广告有限公司北京分公司

获奖类别： 金旗奖——2021最具公众影响力新锐品牌品效合一推广大奖

项目概述

1. 项目背景

一场疫情，带来全球消费风向的巨变。在健康、环保大势下，燕麦奶风潮席卷国内外饮品行业，中国600亿“植物基”市场也正在孵化。伊利植选以3个月内占位国内燕麦奶市场为目标，在2021年上半年推出新品植选燕麦奶。

植选燕麦奶新品上市海报

2. 项目调研

作为国内食品饮料业龙头内蒙古伊利实业集团股份有限公司旗下的新锐品牌，植选开创了中国中高端植物奶的先河。虽以植物奶稳固了植物基底色，但截至2020年年底，植选仅有豆乳类产品，急需推出多样性产品，进行品类占位和份额抢夺。

（1）市场洞察。

欧美市场燕麦奶的爆红带动了国内市场需求增长，在植物基饮品细分品类中，燕麦奶的消费趋势不断增长，同比涨幅快速提升，成为饮品行业的发展大势。

（2）消费者需求。

植选通过座谈会对新品进行评估，在燕麦奶概念得到消费者的一致认可后，以定量测试的方式进一步明确植选燕麦奶的包装、内容物等商品化方向，筛选出具有市场潜力的概念、口味和包装，并对它们进行详细诊断，以消费者核心需求支持产品的上市决策。

项目策划

1. 实施策略

2021年，植选推出新品植选燕麦奶，以0蔗糖、10g/瓶高膳食纤维，定义国内的燕麦奶品类标杆，向燕麦奶市场进军。要想在新品上市阶段成功突围市场，实现品效合一，不仅需要把握“黄金48小时”建立产品认知，还要向竞品宣战。瑞典老牌燕麦奶品牌OATLY（噢麦力）已先一步进军中国燕麦奶市场，国内众多饮品品牌也相继入局，新老玩家在燕麦奶赛道不断发力。

植选燕麦奶携手上海奥美广告有限公司北京分公司，选择以明星代言作突破口，借助明星国民度和流量，提升新品的知名度和销量。品牌实行“立体式双引擎”营销策略，在市场上掀起蓝色风暴。

引擎一：声量引擎打响市场，以顶级偶像国民度提升新品知名度。利用代言人李宇春的影响力快速实现大众市场对产品的广泛认知，打通线上线下，建立品牌气质与精神高度。

引擎二：流量引擎助燃销量，做爆款IP的“预言家”。抢先将龚俊签为品牌大使，成功调动粉丝热情，实现流量的完美变现。

2. 内容创意

（1）基于燕麦奶0蔗糖、0胆固醇、0反式脂肪酸的产品力，把产品感受提炼为“无负担”，确立“无负担燕麦奶”的新品定位。

（2）在包装视觉中，将“无负担”的核心产品力可视化。突破以往植物基饮品常规的绿色、白色调，选取清新自然的天空蓝作为底色，并以更极简、有态度的字体作为主视觉，吸引更多关注。同时，将蓝色系运用于整体物料的延展，覆盖线上、线下，涵盖平面及动态视频等传播形式。

（3）在传播层面，充分结合“无负担”的轻盈气质产出物料。TVC调性呼应平面，切入轻松的生活化场景，配合萌宠、植物等元素，体现出轻享的生活状态和无负担的精神状态，更将咖啡与燕麦奶搭配的场景植入广告之中，强化产品的使用场景，助力“无负担燕麦奶”出圈。

3. 媒介策略

（1）针对国民偶像李宇春，线上线下联动缔造产品认知神话。线上端打通微博、小红书、朋友圈三大社交平台，引发传播裂变。线下端以机场、电梯间、候车亭等人流量密集的地点作为广告投放点，争取最大曝光量，迅速打响新品知名度。

（2）针对人气较高的新晋小生龚俊，主攻线上渠道投放。结合微博、小红书、朋友圈不同平台的媒介特性，全面调动龚俊粉丝热情，将流量转化为销量。

4. 传播规划

（1）声量引擎打响市场。

3月23日，植选官方微博发布李宇春版新品TVC。

4月初，将主视觉海报及TVC在候车亭、电梯间、机场LED屏等生活场景集中投放。

4月23日，线上同步发力投放，在微博、小红书、朋友圈大量曝光。

“线上+线下”的传播闭环，以及国民代言人的影响力与感召力，让植选燕麦奶的名字响彻市场。

（2）流量引擎助燃销量。

3月敏锐捕捉小众圈层风向，以中插广告、花絮视频、社交海报、直播等形式，植入网剧。

3月底抢先签约龚俊，完成平面与TVC拍摄，并于4月27日在微博、朋友圈及小红书集中投放，将小众圈层流量转化为大众流量。

借官宣热度持续投放微博、小红书等多渠道的开屏、广告位，直接引流京东超市销售页面，迅速完成从流量到销量的转化。

项目执行

（1）网剧预热视频合作：在剧中植入植选燕麦奶产品，进行资源精准占位，全网热度大增，品牌实现大曝光。

（2）代言人李宇春硬广曝光及粉丝营销：通过大量户外广告、地铁广告等硬广增加产

品曝光量；在小红书平台开展粉丝营销，宠粉抽奖活动搭配开屏及热搜资源传播，扩大产品宣传范围，效果显著。

（3）新代言人龚俊“官宣”霸屏，助力新品高曝光与高销量：龚俊品牌大使“官宣”助推燕麦奶新品上市，转化艺人高流量为品牌私域流量。

（4）“520”植选旗舰店开店：微博发布天猫旗舰店海报。

（5）“6·18”植选 × 永璞联名合作：推出主题为“控糖减碳快乐星球”的联名礼盒。

（6）植选抖音直播号一体化：领跑行业超前创新玩法，品牌自有IP植选小表妹与抖音大V祝晓晗开创兴趣电商新玩法——连线邀约。

项目评估

1. 效果综述

此次新品上市营销，在极短期内收获了亿级品牌声量及超百万元的销量转化。无论对于品牌还是整个食品饮料市场，都是极成功的营销尝试之一。

产品组合图

2. 受众反应

（1）在项目执行过程中，植选燕麦奶的平面及动态物料引发了李宇春及龚俊粉丝的强烈反响，同时吸引了更多大众消费者关注。

（2）4月23日，李宇春版TVC在朋友圈正式投放，曝光量突破1510万次，点击量高达2万次，用户分享超5.9万次，产品信息成功触达目标用户。同时产品主视觉海报登上小红书开屏及官方微博，获得数万粉丝好评。

（3）4月27日，品牌大使龚俊“官宣”当天，48小时内话题阅读量破3.6亿次，互动点击超423万次，以90.5领跑3月新增代言指数。同时，TVC播放量突破746万次。整体累计曝光高达5.8亿次，GMV（商品交易总额）高达142.1万元，单日下单人数高达18135人。植选与龚俊的合作，在获取声量的同时吸引了大批用户消费，转化效果极佳。

3. 市场反应

（1）截至2021年6月11日，植选上半年销售额已超越2020年全年；2021年植选销售额同比增长70%。

（2）“6·18”期间，植选燕麦奶跻身线上燕麦奶品牌Top 2。

（3）4月27日龚俊官宣当日新品燕麦奶销售超30万瓶；5月20日植选旗舰店开店，“精准媒介推广+内容种草”推动曝光破百万次。

短短3个月，从破圈到出圈、从小众到大众、从新品到爆品，植选成功收割产品声量与销量，稳步占位国内燕麦奶市场。

4. 媒体统计

天猫、京东、抖音电商全域曝光量累计破千万次；龚俊直播间观看量破200万次，创液态奶品类销售新高，卖出10万多瓶；抖音小店累计卖出9000提，创造了开店以来最高新品销量纪录。

亲历者说 刘媛媛　上海奥美广告有限公司北京分公司商务拓展

一款读懂市场趋势、听见消费者的产品，必是好产品。如何从0到1，把这样的产品推出去，在这个时代并不容易。

对于营销人来说，流量就像一门绝世武功——练成容易，掌控难。人人见秘籍，但失败的大有人在。燕麦奶上市快、准、狠的连环大招，让我们看见了品牌营销的另一种可能。从战略决策到艺人沟通，从卖点拟定到落地投放，市场部和供应商的珠联璧合，将植选燕麦奶一步一步推到大众面前。

流量如何，时代又如何？有方向的人，不畏惧浪潮。

案例点评

点评专家：李志军　中央财经大学文化与传媒学院广告系教授

该案例让人印象深刻。一方面，该案例得到了品效合一的良好结果。植选燕麦奶短短3个月实现了从破圈到出圈，从小众到大众，从新品到爆品的转化，成功收割了产品声量与销量，稳步占据了国内燕麦奶市场。此次新品上市营销，在极短期内收获了亿级品牌声量及超百万元的销量转化，无论对于品牌还是整个食品饮料市场，这都是2021年极成功的营销尝试之一。

另一方面，该案例采用双引擎营销策略，复制国际时尚大牌“1+1”的明星代言模式——品牌代言人与品牌大使并行，事实证明，效果惊人。以国民偶像李宇春提升新品知名度，达成受众对产品的广泛认知；以新晋人气明星龚俊打破小众圈层，深挖目标用户，实现销量激增。这足以证明该整合营销案例的成功。